상품 카테고리별 연구

박범용 저

머리말

"22년간 상품을 다루는 무역일과 MD일을 하면서 또 지금까지 비행기를 오백여 번 이상 타고 전 세계 50여 개국을 누비며 지금까지 살아왔다.

2년간의 중남미 주재원생활, 7년의 중국생활 속에서 해외 상품의 생산과 유통의 흐름을 파악했으며 국내에서는 미국 월마트 MD와 스페인 엘꼬르떼 백화점 MD를 하면서 수천가지 상품을 생산, 제조 또 해외수출로 이어지는 흐름을 파악하면서 직접 상품하고 보낸 세월이 어느덧 22년이 흘렀다.

지금까지 수천 공장을 방문하고 제품을 검사하고 오더를 헨드링하면서 수천가지의 상품을 취급해 오면서 어떻게 상품을 다루는지를 누구보다 잘 알고 있으며 모든 상품에 대해 한국어, 영어, 스페인어, 중국어로 상품의 디테일을 챙기고 커뮤니케이션을 할 수 있는 노하우를 이제는 이 모든 경험을 바탕으로 상품을 사랑하는 우리 후배들에게 전해주고 싶은 마음이 너무 크다.

그래서 본 저자는 22년간의 상품을 다루면서 소중히 모아온 이론과 경험을 우리들의 후배들에게 전하고 싶어 이 상품학 책을 4-5년 전 부터 준비해 왔다.

또 글로벌화 속에 살아가는 우리는 지금 기본적인 소통의 상품학과 그에 관련된 어학을 모르면 우리는 상품의 기획, 디자인, 제작, 생산, 유통을 하는데 큰 어려움을 겪을 뿐 아니라, 또 상품의 기본적인 이론과 카테고리를 모르면 우리는 어떠한 상품에 관련된 학문을 연구한다든지 디자인을 하는 일에 많은 어려움을 갖게 될 것이다.

이제 우리나라에서도 90년대부터 높은 인건비 상승으로 인한 해외 공장이전으로 일반 공산품 및 의류제품의 50-60%를 해외생산에 의존해서, 수입으로 이루어지고 있는 실정이다.

그래서 많은 공장관리자, 상품 머천다이저, 해외영업 담당자, 생산책임자와 직원들이 해외 현지 직원들과 의사소통뿐만 아니라 상품에 대한 어휘들을 가지고 대화를 해야 하는 이 시점에 왔기에 우리는 더욱더 상품들의 기본적인 이론과 상품의 특징, 또 상품들의 영어 어휘연구가 중요하게 부각되고 있다.

이제는 한국에서 일반제품의 생산이 거의 없기에 우리 한국기업들이 진출한 중국, 베트남, 인도네시아, 방글라데시 등 4개국에만 현지인 채용 4백만 명을 이루고 있을 정도로 엄청나게 해외생산에 의존하고 있고 또 우리 MD들이나 디자이너들이 직접 현지공장이나 해외공장 수출 담당자와 영어로 또는 현지어로 상품 생산지시와 오더를 해 와야 하기에 더욱더 이 상품학 책을 공부하지 않고서는 많은 어려움을 갖게 될 것이다.

더군다나 최근에는 온라인 비즈니스가 활성화 되면서 E-business 학과, 상품유통학과, 전자상거래학과에서 일반 상품을 판매하는 상품의 모든 카테고리를 가르쳐야할 뿐만 아니라 특히 캐릭터디자인학과, 생활디자인학과, 실용디자인학과, 문화관광상품 개발학과, 공업디자인학과(제품디자인학과), 시각디자인학과, 산업디자인학과, 마케팅홍보학과, 공예학과, 인테리어학과 등에서도 상품의 기본이 되는 상품학의 전 카테고리를 연구할 필요가 있다고 사료된다.

또 무역에 관련된 학과에서도 상품의 기본 카테고리를 연구할 필요성이 더욱더 부각 되고 있다. 최근에는 이 모든 학과에서 상품 카테고리를 국제화 언어인 영어로 연구할 필요성이 적극 부각되고 있는 시점이다.

그래서 저자는 거의 40여개의 상품 카테고리별로 최근 전 세계에서 디자인한 제품과 함께 상품학 이론을 갖추어서 편집을 했다.

아무쪼록 이 상품학 카테고리 총론을 통하여 후배들에게 조금이나마 도움이 되고 앞으로 일터에서 활용할 가치가 있다면 저자는 그것으로 만족한다. 앞으로 계속해서 재판을 통해서 미숙한 연구는 보완해서 더욱더 완벽한 책을 만들고 싶다.

끝으로 이 책을 출간하기까지 가까이에서 많은 도움을 준 친구와 지인들에게 감사를 전하며, 7년간 상해에서의 어려운 이민생활 중에도 우리 가족을 잘 보살펴준 사랑하는 아내 박영미 씨에게, 늘 옆에서 힘이 되어주고 열심히 건강하게 잘 커주는 사랑하는 네 딸에게도 고마움을 전한다. 함께 사무실에서 많은 조언과 마음을 함께하는 도성친구에게도 고마움을 전하고 이 책이 출판되도록 도와주신 출판사 사장님께 감사드린다.

2010년 3월 14일

-당산동 사무실에서-

제1장 상품학개론 … 7

제2장 상품 카테고리별 연구 … 21

Contents

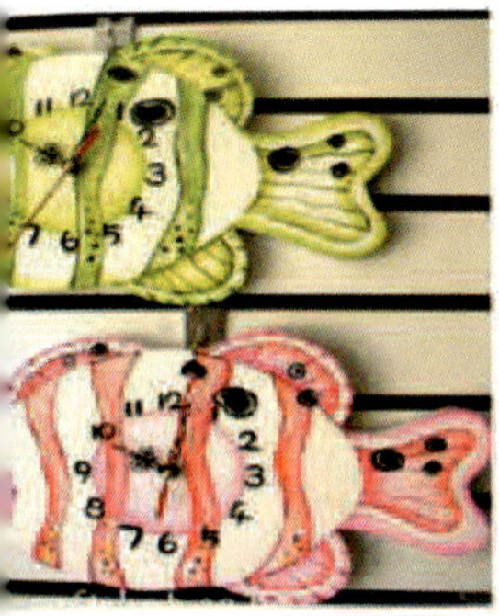

제 1 장

상품학 개론

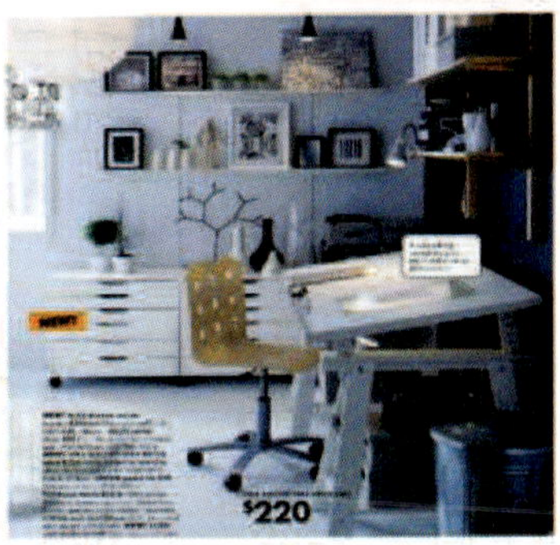

제1장

상품학 개론

1 상품학(Science of merchandise(=commodity))

상품학은 상품을 연구 대상으로 하는 학문으로서 기본적으로 다양한 상품군들의 개념과 특징을 연구하며 상품에 대한 본질의 올바른 이해를 바탕으로 체계적으로 연구하는 사회과학의 한 분야이다.

생산·유통·소비 등 서로 다른 면에서 상품이라는 동일 대상에 대한 연구를 하는 데에는, 근본적으로 상품이라는 물질이 지니는 물성(物性)과, 유통·소비가 이루어지는 데에 적합한 상품으로서의 성실·기호성이라는 두 가지 측면에서의 접근이 필요하다. 이 때문에 상품학은 자연과학적 측면과 사회과학적 측면이 병존하는 학제적 과학이다.

다만 상품학은 어디까지나 사회과학의 한 분과이므로, 자연과학적 측면과 관련된 연구는 사회적 생산물인 상품의 시장적 적격성을 판정하기 위한 보조적 수단에 불과하며, 생산수단으로서의 생산공학(生産工學)과는 명백히 구분된다.

상품학 자체가 독일 경영학적인 관점에서부터 차츰 미국 경영학적인 관점(마케팅 시각)으로 파악되는 추세이기 때문에 상품범주가 광의로 해석되는 경향이 커졌다. 즉, 마케팅론에서는 보다 실제적인 응용이 중시되어 물리적 실체뿐만 아니라 무형의 서비스까지도 상품 개념에 포함하고 있으며, 관념적인 권리나 유가증권, 여행상품, 보험 및 법률서비스와 같은 무형재화까지도 포함시키고 있기 때문에 상품 범주가 매우 포괄적으로 인식되고 있다.

(1) 자연과학적 상품학

자연과학적 상품학에서는 상품을 단순한 물질적 또는 물질의 결합체로 보고 있다. 여기에서 물질은 기본적인 특성과 구조적, 성분적인 특성을 지니고 있으며 이러한 특성은 주로 물리적, 화학적 특성이라고 하는데 이것을 자연과학적 원리와 방법에 의해 분석하여 상품 본질을 연구하는 것을 자연과학적 상품학이라고 한다.

즉 여기에서는 상품의 재료에서 아이디어, 디자인, 생산에 이르는 상품의 물질 자체를 연구하는 범위를 말한다.

(2) 사회과학적 상품학

사회과학적 상품학은 상품을 자연과학적 소산물이기 이전에 사회경제의 소산물로 보고 있다. 왜냐하면 상품이 사회경제에 미치는 영향이 확대됨에 따라 상품수준에 의해 사회경제수준이 결정되어지기 때문이다.

첫째 – 거시적으로는 사회적 측면에서 각종 상품이 산업사회에 미치는 영향을 분석하여 사회이익을 추구하고 사회적 책임을 부과하게 한다.

즉 사회복지적 차원에서 환경보전, 공해방지, 자원절약, 폐기물 활용을 권장하기도 한다.

둘째 – 미시적으로는 기업적 측면에서 각종 상품이 기업의 생산, 유통, 소비의 제반 활동에 미치는 영향을 분석하여 기업의 이익(수익성, 경제성)을 추구하고 동시에 소비자 이익(소비자 복지 향상)을 지향하기도 한다.

이러한 사회적, 기업적 측면에서 각종 상품이 산업사회와 기업에 미치는 영향을 분석하고 연구하는 것을 사회과학적 상품학이라고 한다.

이에 대한 경제의 3가지 국면인 생산, 유통, 소비단계에서 취급되어지는 학문적인 내용은

첫째 – 생산단계에서 관련 재료 연구, 생산원가, 생산화 시 과학화 및 혁신 그리고 자원의 재활용 분석 등을 들 수 있다.

둘째 – 유통단계에서는 상품의 유통경로연구에 따르는 포장, 수송, 하역, 보관 등과 상품의 유통 연구에 따른 시장조사 및 분석 등을 들 수가 있다.

셋째 – 소비단계에서는 소비자와 소비시장 연구를 통해 소비자 구매반응과 소비자의 가치 복지 그리고 품질 보증, A/S 등을 들 수 있으며 그 외에도 소비자의 욕구, 개성, 스타일과 이에 적합한 미래의 기획 상품 개발과 관련된 마케팅을 들 수 있다.

2 상품학 연구의 중요성

오늘날 대내외 환경이 급속하게 변화를 이루고 있는 지금 하루가 다르게 신상품, 아이디어 상품이 출시되고 있다. 이는 21C에는 더욱더 다원화된 복잡, 다양한 사회 속에서 과학, 정보, 기술이 혼합된 첨단 기술의 혁신적 상품이 계속 등장하게 되며 통신 기술의 발달과 컴퓨터 보급 및 전자통신의 발전 등은 우리 상품에 더욱더 발전의 가속화를 촉진한다.

또한 소비자들은 다양한 지적소비가 늘어나고 소비자의 기호가 다양화됨에 따라 "고품질 상품"을 선호하게 되었으며, 생산자는 컴퓨터를 활용해서 연속적인 제품설계와 생산이 가능해 짐으로써 상대적으로 쉽게 상품개발이 용이하게 되었다.

과거에는 상품학연구도 없이 산업현장에서 바로 상품학 기초와 실무를 배웠으나 이제는 이론적 실무, 기본적인 상품의 총체적인 개념을 익힘으로써 다양한 상품 개발과 아이디어를 얻을 수 있을 것이다.

앞으로 국가와 기업의 사활은 상품 경쟁력에 있다 해도 과언이 아닐 것이다.

과거 2차 세계대전의 패전국이었던 독일, 일본이 오늘날의 경제 강국으로 부각하게 된 것도 경쟁우위 상품을 개발할 수 있는 능력을 갖추었기 때문이라고 볼 수 있다.

이는 상품에 대한 국민적 관심과 교육의 중요성을 지각했기 때문이다.

그래서 우리는 다양한 상품의 분류와 상품이 갖는 특징을 연구하여 산업 현장에서 상품의 개발 및 디자인에 활용, 반영할 수 있다.

3 상품학의 발전과정

상품학에 관한 가장 오래된 저서는 아라비아의 디마슈키가 저술한 〈상업의 미(美)〉(11세기)인데, 상품에 관한 감별방법 등이 기술되어 있다.

15세기 말 아메리카대륙과 인도항로의 발견으로 알려지지 않던 자원이 유럽 각국에 유입되자, 이에 자극받아 일반적 상품에 관한 연구가 시작되어 이탈리아, 독일, 프랑스 등지에서 일어난 상품거래학(Handelswissenchaft)의 체계 속에서 상품학은 중요한 위치를 차지하게 되었다.

18세기에 들어와 독일의 C.G.루트비히는 상품지식에 대한 연구를 집대성한 사전 〈상인대학(商人大學)〉(전5권)을 출판하였으며, 이로써 상인학(Kaufmannschaft)을 구성하는 기초적 부분인 상품학이 정립되었다.

이에 반하여 미국은 독립 이후, 영국 산업혁명의 과학기술을 기초로 풍부한 자원을 이용한 대량생산방식을 채용, 눈부신 공업화를 이루었다. 그 때문에 원자재와 제품의 감정 이상으로, 판매를 어떻게 하느냐가 기업의 경영목표가 되어 마케팅(시장조사)이 학문적으로 성립하였다.

독일계 상품학에서는 지금까지 간과해 온 최종 소비재로서의 상품 연구를 중시하게 되고 여기에 소비자운동이 결부되어 상품 테스트의 개발이 이루어져 왔다. 또 최근 독일에서는 종래의 기술학 편중에서 탈피, 사회적, 경제적 관계를 다룬 연구를 활발하게 추진하여 이것을 상품학(Warenlehre)이라고 명명하게 되었다. 한편 1976년 상품연구를 위한 국제상품학회를 설립하였고 격년으로 학회를 열어 국제교류를 활성화하고 있다.

4 상품의 유통경로

상품이 생산자를 떠나 소비자에게 이르는 과정을 유통경로라고 한다. 유통경로는 상품의 종류·생산양식·생산장소·생산규모·시장의 구분 등에 의하여 달라진다. 상품의 유통경로는 일반적으로 그 생산양식 또는 출처에 따라 정리될 수 있다. 그런데 농수산물의 경우 산지가 분산되어 있기 때문에, 수집업자나 협동조합에 의해 생산물이 수집된 후, 산지도매상을 통해 소비지의 분산도매상에게로 보내진다. 소비지에서는 분산도매상에서 소매상을 거쳐 소비자에게 판매된다.

가공품의 경우 이와는 다른 경로를 취한다. 농수산물의 유통경로의 특징은 전반이 수집과정, 후반이 분산과정으로 된다는 점이다. 이에 비하여 광공업제품은 대량생산이 일반적이므로, 유통경로 전체가 분산과정이 된다. 국제무역에서의 상품유통은 수출상·수입상, 때로는 생산자의 대리점이나 브로커에 의하여 촉진된다. 국내로 들어온 상품은 원칙적으로 국내 상품과 같은 유통경로를 거쳐 소비자에게 도달한다.

5 상품의 매매

상품매매에서 그 품질·종류·수량·가격·인도장소·인도시기·대금결제방법 등을 계약에 의거 분명히 해야 한다. 이를 상품의 매매조건이라 한다. 상품의 품질을 정하는 방법으로는 현품·견본·상표·표준품 등에 의해서 정한다. 수량에 대해서는 상품의 종류에 따라 사용되는 기준이 달라지며, 유통단계(예를 들면 공장도나 도매거래 등)에 따라 매매단계가 달라진다.

섬유나 피혁은 길이나 면적을, 액체상품이나 목재는 용적을, 곡물이나 광산물은 중량을 사용하는데, 개수로 하는 경우가 일반 상품의 70% 정도 된다. 상품의 수도(受渡)의 장소나 방법도 여러 가지가 있으며, 운임·보험료·보관료 등의 부담방법에 따라서도 가격이 달라진다. 수도의 시기도 즉시인도나 일정기간 후 인도 등 여러 방법이 있으며, 대금결제방식에도 선불·후불·현금불 등의 구분이 있다.

6 상품가치의 발전

상품은 상품개념(concept)에 따라 상품가치의 인식이 변화하면서 기업의 상품개발 요소가 변화한다.
그럼 상품의 변화 요소를 연구해 보자!

첫째 – 1차 상품 요소는 물적 가치 그 자체로 Hardware, Software를 의미한다. 이는 기능 상품을 중심으로 상품자체의 고유 가치로만 이용하는 제품들이다. 즉 주방용품이면 단순히 그 쓰임에 맞는 도구와 상품 사용 목적만 두고 개발해 왔다. 이제는 2차 상품 요소를 반드시 함께 생각하면서 개발에 임해야 한다.

둘째 – 2차 상품 요소는 소비자 가치로서 feelware(감성공학), moodware(분위기 조성)를 의미한다. 이는 문화용품 중심의 고 감성 상품으로 소비자의 잠재욕구와 새로운 생활양식을 창출하는 조형성을 나타내고 있다.
즉 예전에는 주방용품을 두고 오직 spoon, fork, knife, grater 등 오직 주방에서 필요한 도구의 상품을 개발하였는데 이제는 Home decoration의 한 상품군으로 속해서 멋진 디자인이 가미가 되면서 감성적이고 자연성이 가미가 된 주방 도구로 소비자 가치가 높아진 만큼 제품 또한 그 가치를 부여해 소비자 요구에 맞춘다.
즉 진동과 소음이 거의 없는 자동차 개발과 삼성종합건설은 빌딩에서 근무하면서도 자연의 숲과 꽃냄새들을 맡을 수 있도록 공조시스템 개발과 아기 젖병에서 음악이 흘러나오는 변화가 바로 그것이다.

셋째 – 3차 상품요소는 사회적 가치로서 socialware, imageware를 의미한다.
즉 상품의 재질도 친환경으로 바뀌고 또 재활용 가치가 높은 것으로 재질을 선택하고 또 인체에 무해한 재질을 사용함으로 소비자들의 신뢰를 회복함과 동시에 사회에 기여하는 바가 크다. 또 매스미디어의 광고는 보통 30초 TV 광고 때에 느낌과 감성에 호소하는 반면에 디지털의 광고는 사실정보에 근거하여 이성과 논리에 호소하는 경향이 바로 그것이다.

7 상품의 일반적 분류

상품은 여러 학자에 의해 다양하게 분류되었다. 즉 일반적인 분류의 형태를 보면 다음과 같다.

상품은 다종다양하므로 일정한 기준에 의해 분류·정리해야 한다. 분류기준 자체에도 여러 가지가 있는데, ① 물리적 또는 화학적 성질에 의한 분류, ② 생산양식 또는 출처에 의한 분류, ③ 소비양식 또는 용도에 의한 분류, ④ 유통양식에 의한 분류 등이 있다.

즉, ①은 부패손상성의 유무에 의한 내구성 상품·신선(新鮮)상품, 가치집중의 정도에 의한 종량품(從量品)·종가품(從價品), 단위형태에 의한 액체상품·기체상품·고체상품·분말상품 등으로 분류한다. ②는 생산장소에 따라 농산품·임산품·수산품·광산품·공산품 등으로, 생산동력에 따라 천연생산품·수공생산품·기계생산품 등으로, 가공도에 따라 자연품·반제품·완제품 등으로 나누어진다.

③은 상품이 최종적 소비에 충당되는지, 생산적 소비에 충당되는지에 의한 구분이다. 전

자를 소비재, 후자를 생산재라고 한다. 소비재는 다시 필수품과 편의품, 일용품과 임시품, 소비품과 설비품, 식료품·의료품·주거용품 등으로 분류된다. 생산재는 원료품·재료품·부분품·보조품·설비품 등으로 나누어진다. ④는 편의품(便宜品 : 가장 가까운 곳에서 구입하는 상품)·선매품(選買品 : 여러 상점을 돌면서 품질·가격·의장 등을 비교 선택하여 구입하는 상품)·전문품·규격품·특별의장품, 일반품·계절품, 상표품·무상표품 등으로 분류한다.

저자는 이러한 분류의 사회과학적 상품분류에서 떠나 무역학적 분류를 활용하기로 한다.

즉 크게는 SOFT 상품과 HARD 상품으로 우선 크게 분류를 한다. 즉 Software에서는 말 그 자체인 부드러운 제품 즉 섬유제품을 말하고 hardware는 바로 딱딱한 것으로 제품을 분류하기에 Kitchenware, Stationery, Toy, Optical, Furniture, Shoes, Bags etc가 이 상품군의 분류로 본다.

8 상품화 개발의 과정

✤ 상품의 계획

상품의 계획은 소비자들의 다양한 욕구(Needs)와 요구(Wants)에 적합한 상품이 출현한다. 이로 인해 우리는 성공 할 수 있는 제품을 개발하기에 앞서 철저한 계획이 앞서야 상품의 성공을 거둔다.

마케팅론에서는 주로 상품계획(Product Planning), 제품개발(Product Development), 제품관리(Product Management)라는 표현으로 많이 쓰이지만 이는 머천다이징과는 다소 다른 개념이다.

미국의 저명한 마케팅학자인 코틀러(Kotler)는 '소비자의 즉시적 만족(Immediate Satisfaction)과 장기적인 소비자복지(Long-Run Consumer Welfare)와의 근접하는 제품기회(Product Opportunity)를 기본으로 하는 상품화 계획이라고 주장한다.

즉 소비자들의 요구(Wants)와 욕구(Needs)에 부합하는 제품을 기획하는 것이 성공가능성이 높다고 이야기한다. 지금까지의 전통적인 사고방식으로는 '제품을 만들기 위한 계획'이라는 것은 항상 생산기술의 문제, 재료들의 구매, 판매, 즉 '엔지니어'들이 앞장서서 제품계발에 일조했다. 그 결과로 실질적 사용가치에 중점이 되어진 그다지 다양한 고객의 만족에는 고려되는 바 없는 '제품'만이 만들어져 왔다. 그러나 최근에는 고객의 욕구와 요구가 점차 개별화, 다양화, 전문화, 차별화 됨에 따라 기업에서는 상품 또는 서비스를 생산, 판매함에 있어서 불특정 다수의 고객보다도 개별 고객의 성향에 맞추어 가는 추세이다.

미국 마케팅협회(AMA)에서는 상품화 계획을 "기업의 마케팅 목적을 가장 잘 실현하기 위해 어느 특정한 상품이나 서비스를 적절한 장소와 시기와 가격과 수량으로 판매에 포함되는 계획과 감독"으로 정의하였다.
따라서 상품화 계획은 단순한 제품계획이 아니라 시장수요를 창출할 수 있는 특정 개별 고객의 만족과 시장적 조건, 이를테면 상품매매의 장소, 시기, 가격, 수량 등의 적정성을 갖춘 5R의 시장성 분석과 같이 사전 제품계획을 하면 상품화에 성공확률이 높아진다.

그러면 상품 개발 시에 다음과 같은 과정을 검토하면 더 멋진 상품과 성공하는 제품개발이 된다고 코틀러는 이야기한다.

1. 아이디어 창출(Idea Generation)
2. 아이디어 스크리닝(Idea Screening) 및 사업 분석
3. 개념개발(Concept Development) 및 마케팅전략개발
4. 상품화(Commercialization)
5. 상품수명 주기관리(PLC : Product Life Cycle Control)

(1) 아이디어 창출

아이디어는 시대변화에 따라 소비자들의 필요성이 무엇인지 잘 파악해서 아이디어 창안을 한다. 일반적으로 아이디어의 원천은 상품사용자, 생산기술집단, 최고경영자의 요구, 기초 및 응용 연구 자료로 나눌 수 있다.

1) 상품 사용자의 요구

이는 사용자들이 상품의 이용과정에서 느끼는 평가정보를 바탕으로 신상품 아이디어를 산출하는 유형인데, 주로 소비자패널, 유통경로기관, 마케팅부서, 영업부서, A/S부서 등을 통해 그 정보가 수집된다. 특히, 이들 원천은 소비자들의 상품에 대한 불만 구매습

관 사용습관 등을 잘 반영하고 있으므로 상품의 개선 및 신상품 아이디어의 좋은 제안자가 될 수 있다.

2) 생산 기술 집단의 요구

이는 기술 집단의 구성원에 의해 상품의 기술상의 결함과 미비점을 발견하고 그 개선을 위한 동기에 의해 아이디어가 나타난다. 특히 이 과정에서 경쟁회사 상품과 비교한 장, 단점 분석을 근거로 아이디어가 산출되는 경우 경쟁력 향상에 크게 기여할 수 있다.

3) 최고 경영자의 요구

신상품개발은 기업성패에 결정적이어서, 기업의 최고경영자로부터 오는 경우가 많다. 오늘날 최고경영자들은 신상품아이디어가 창조적인 조직에서 창출될 수 있도록 조직혁신을 시도한다.

4) 기초 및 응용 연구자료

정부출연 연구소, 대학과 기업 산학연구소, 광고대행사, 마케팅조사 기업 등에서 아이디어가 나올 수 있다.

(2) 아이디어의 스크리닝 및 사업성 분석

수많은 기업들이 매년 수없이 아이디어를 수집하고 검토하는 과정에서 또 수많은 아이디어는 바로 사장되어 버린다.
이는 한정적인 자원을 효율적으로 활용하기 위해서는 그 많은 아이디어들을 걸러낼 필요가 있으며, 이들은 대체로 시장성이나 기술성, 자금성 등의 측면에서 또 다시 사업성 분석을 할 필요가 있다. 다시 말해, 시장이 충분히 크고 침투가 가능한지의 여부, 제품의 기술적, 효율적 생산이 가능한지의 여부, 실제로 시판할 경우 충분한 이익을 낼 수 있는지 등에 대한 질문과 판단이 필요하다.

(3) 개념 개발 및 마케팅 전략 개발

누가 이 상품을 사용할 것인가? 이 상품의 일차적인 혜택은 무엇인가? 언제 소비할 것인가? 이러한 질문에 기초하여 여러 경우의 개념을 개발하여 체크를 한다. 또한 상품과 상표가 다른 업체들의 경쟁 상품 속에 어떠한 위치 설정이 이루어지는가를 검토하여야 한다. 앞으로 개발하여 시판할 신상품의 마케팅 전략을 예비적으로 개발하는 단계이나.

여기에는 세 가지 부분으로 이루어진다.

1) 첫 번째 부분은 목표시장의 규모와 구조 및 행동패턴, 시장에서 신상품이 차지하는 포지션, 판매액, 시장점유율, 1차년도의 이익목표 등을 기술한다. 2) 두 번째 부분은 계획된 가격, 유통전략, 1차년도의 마케팅 예산이다. 3) 세 번째 부분은 장기적인 판매와 이익 목표와 마케팅 믹스전략이다.

(4) 상품화

신상품이 시판될 가치가 있다고 경영층의 결정이 내려져 신상품을 시장에 처음으로 내보내는 시장도입 단계로서, 출시(launching)단계라고도 한다. 이는 상품화가 이루어져, 최종적인 상표, 포장 및 서비스 결정을 포함하는 마케팅전략이 확정되는 단계이다. 이 단계에서는 언제, 어디서, 누구에게, 어떻게 출시하겠는가를 결정하여야 한다.

1) 언제(타이밍)

언제 신상품을 시장에 내보내는가 하는 결정은 기존 상품의 재고처리와 같은 기업 문제뿐만 아니라, 경쟁자와의 관계에서 시장반응을 호의적으로 얻는 데 있어서 가장 중요한 결정 중의 하나이다. 다음 세 가지 경우가 있다.

① 초기진입

경쟁상품보다 먼저 진입함으로써 유리한 유통경로를 선점하거나 특정 상품군에서 리더의 이미지를 확립하는 등의 독점적 지위를 누리고자 하는 전략이다.

② 동시진입

시장에 경쟁기업과 동시에 진입하는 전략으로 경쟁기업이 신상품의 출시를 서두를 경우에는 출시시기를 앞당기고, 경쟁기업의 출시시기가 늦어지면 역시 출시시기를 연기하는 진입전략을 사용하는 것이다.

③ 후발진입

경쟁기업이 시장에 먼저 진입한 후에 진출하는 전략으로, 초기진입에 드는 막대한 마케팅비용을 줄이고 시장에서 나타난 문제점들을 해결할 수 있는 기회를 찾을 수 있다.

2) 어디서(지리적 전략)

기업은 단일 지역에 상품을 출시할 것인지, 몇몇 지역에 다발적으로 진출할 것인지, 전국 시장 혹은 국제 시장에서 동시에 출시할 것인지를 결정해야 한다. 자본력이 있는 대기업은 몇 개의 지역이나 전국 시장으로 신상품을 동시에 출시할 수 있으나 대부분의 중소기업들은 성공할 가능성이 높은 특정 지역에 먼저 진출한 다음 점차 진출 시장의 범위를 확대시켜 나간다.

3) 누구에게(목표시장)

기업은 가장 유망한 목표시장에서 초기 유통과 촉진을 수행하여야 한다. 수용층에서 혁신자와 조기 수용층의 특성을 조사하여 그들에게 맞는 유통과 촉진을 수행하여야 한다. 최초 예상 소비자들의 마음을 사로잡아야 구전커뮤니케이션을 통하여 신상품 확산이 이루어질 수 있기 때문이다.

4) 어떻게(시장도입 전략)

이 단계는 신상품을 출시할 시장에 도입을 위한 마케팅 실행계획을 개발하는 단계이다. 마케팅 예산을 마케팅믹스 요소에 배분하고, 실행순서를 정해야 한다. 전기자동차를 개발하여 출시하는 경우를 예를 들어보자. 전기자동차가 전시실에 도착하기 수주일 전에 궁금증이 생기도록 명확한 내용을 알리지 않는 유형의 광고인 티저(Teaser)홍보 캠페인을 전개하여 소비자들에게 관심을 불러일으켜야 하고, 보다 많은 사람들을 전시실로 흡인하기 위하여 전시실에서 선물을 제공하는 것과 같은 판매촉진활동을 전개하여야 한다.

출시 후에 통제단계도 중요하다. 통제단계는 출시된 신상품이 어떠한 성장과정을 밟는가를 추적, 감시하는 단계이다.

(5) 상품수명주기

시장에 처음으로 도입된 신상품이 지속적으로 성장하여 훌륭한 상품수명주기(PLC : Product Life Cycle)를 가질 수 있도록 지속적으로 상품개선에 관심을 쏟아야 한다. 이 단계는 점차 상품의 수명주기가 짧아지고 있는 추세를 고려하여 신상품의 개량(Product Improvement)에 비중을 두면서 다음 세대를 준비할 수 있도록 해야 한다.

일단 시장에 도입된 신상품은 특정의 상품계열에 속하게 되어 그 기업에서 관리하는 상품군의 하나로서 일정한 상품수명주기 단계를 거쳐 다른 상품과 마찬가지로 성장하게 된다.

(6) 5'R의 시장성

5'R	개념	체크 포인트
적정한 상품 (Right Goods)	소비자의 이익, 욕구와 요구를 충족시킬 수 있는 상품	상품의 안전성(사용전, 사용중, 사용후)이나 상품의 공해예방을 장기적·단기적 관점에서 고려하며, 또한 욕구·요구를 충족시킬 수 있는 상품을 제공한다.
적정한 장소 (Right Place)	소비자가 상품을 구입, 사용, 보관하고 싶어 하는 장소에 적합할 것	소비자가 상품을 구입, 사용, 보관하는 장소에 적합한 상품 및 포장과 비사용자의 영향도 고려한다.
적정한 시기 (Right Time)	소비자가 필요·요구하는 시기(구입·사용 시기)를 고려할 것	소비(사용)기간 중에 충분히 상품이 사용가능한 상태로 유지되도록 해야 하며, 보수부품이나 보증기간에 대해서도 고려한다.
적정한 가격 (Right Price)	소비자가 기꺼이 대금을 지불할 수 있는 금액	품질수준에 합당한 가격이어야 하며, 가격비교가 쉬워야 한다. '싸겠지, 나쁘겠지'라는 생각을 일으키지 않는 가격으로 결정한다.
적정한 수량 (Right Quantity)	소비자가 구입·사용하기 쉬운 수량으로 조정할 것	소비자가 구입하고 싶은 단위(1회 사용량, 기간 사용량)와 향, 미, 신선도, 가격 등의 관계를 고려한다.

제 2 장

상품 카테고리별 연구

상품 카테고리별 연구

제2장

상품 카테고리별 연구

1 ARTS & CRAFTS(공예품)

실용적인 물건에 장식적인 가치와 상업적 가치를 부가함으로써 그 가치를 높여 상품화 시키는 제품군들을 말하며 예술적 상품과 손으로 주로 만들어서 제품화 시키는 것을 공예품이라고 한다.

1 Arts and Crafts

Arts and crafts comprise a whole host of activities and hobbies that are related to making things with one's own hands and skill. These can be sub-divided into handicrafts or "traditional crafts" (doing things the old way) and "the rest". Some crafts have been practised for centuries, while others are modern inventions, or popularizations of crafts which were originally practised in a very small geographic area.

Most crafts require a combination of skill, speed, and patience, but they can also be learnt on a more basic level by virtually anyone. Many community centres and schools run evening or day classes and workshops offering to teach basic craft skills in a short period of time. Many of these crafts become extremely popular for brief periods of time (a few months, or a few years), spreading rapidly among the crafting population as everyone emulates the first examples, then their popularity wanes until a later resurgence.

✤ Terminology

Arts and crafts also refers to the Arts and Crafts movement, a late 19th century design reform and social movement. Its proponents were motivated by the ideals of William Morris and John Ruskin, who proposed that in pre–industrial societies, such as the European Middle Ages, people had achieved fulfillment through the creative process of handicrafts. This was held up in contrast to what was perceived to be the alienating effects of industrial labour.

These activities are called crafts because originally many of them were professions under the guild system. Adolescents were apprenticed to a master–craftsman, and they refined their skills over a period of years in exchange for low wages. By the time their training was complete, they were well–equipped to set up in trade for themselves, earning their living with the skill that could be traded directly within the community, often for goods and services. The Industrial Revolution and the increasing mechanization of production processes gradually reduced or eliminated many of the roles professional craftspeople played, and today "crafts" are most commonly seen as a form of hobby or art.

The term craft also refers to the products of artistic production or creation that require a high degree of tacit knowledge, are highly technical, require specialized equipment and/or facilities to produce, involve manual labour or a blue–collar work ethic, are accessible to the general public and are constructed from materials with histories that exceed the boundaries of western art history, such as ceramics, glass, textiles, metal and wood. These products are produced within a specific community of practice and while they differ from the products produced within the communities of art and design, the boundaries of such often overlap resulting in hybrid objects. Additionally, as the interpretation and validation of art is frequently a matter of context, an audience may perceive crafted objects as art objects when these objects are viewed within an art context, such as in a museum or in a position of prominence in one's home. The term can also refer to the useful rural crafts of the agricultural countryside. Craftmanship refers to Plato's idea of specialization, in which the lower society has a specific job in the greater society so that it functions properly as a whole.

2 역사적 개념

넓은 뜻으로 미술 또는 조형예술의 한 부문으로 순수미술로부터 구별하기 위해, 19세기 중반부터 일반화되기 시작한 용어이다. 현재 한국에서 일반적으로 쓰고 있는 뜻으로서의 공예도 서양문명이 들어온 뒤에 받아들인 것이다. 그것은 art 또는 fine art가 미술이라고 번역되었을 때, 'craft' 또는 'technology'의 개념을 가지고 있는 말이 공예로 번역된 후부터 쓰여 졌다. 공예라는 말은 옛날 중국에서도 있었으며, 현재의 기술이란 말과 거의 같은 뜻이었다.

더 넓게 공예란 활을 쏘거나 말을 달린다, 글씨를 쓰거나 셈을 한다, 그림을 그리거나 기물을 만든다, 바둑을 두거나 도박을 한다는 것이 모두 포함되어 있었다. 한자의 공예라는 말의 원뜻은 지금과는 상당히 거리가 멀다. 어떤 기술로 물건을 잘 만든다는 뜻이니, 훌륭한 솜씨로 도구나 기물을 만드는 것이 공예의 일부라 생각되어 사용하였던 것 같다.

동양에서 공예라는 것을 이렇게 생각하고 있을 때, 서양은 이미 산업혁명을 겪고 근대공업이 뿌리를 내린 때여서, 서양에서도 공예의 개념은 일정한 위치를 차지하지 못한 채 동양에 들어온 것이다. 기계공업이 아직 발달하지 않은 때에는 회화·조각·공예 등이 모두 사람의 손으로 제작되었으므로 상호간에 구별 없이 혼연일체가 되어왔다. 그러나 회화나 조각은 사람의 손으로 이루어지고 있지만, 기계공업화로 인하여 공예품이라고 하는 제품은 수공예품 보다는 이제는 기계로 만들어 대량생산 체제 속으로 변화를 맞고 더욱더 다양한 제품개발로 발전하고 있다.

공예가 기계의 조작에 맡겨지자, 공예의 일용품은 유익하게 소비되는 것이라고 변화 되고 있다. 일용품의 제작술은 효용가치의 실현을 목적으로 하지만, 예술작품을 제작하는 기술은 미적 가치의 산출을 목적으로 하며, 그 이외의 목적은 가지지 않는다는 논리이다. 이런 논리 속에 나타나는 효용가치란 공예를 통해 제작되는 작품의 기능을 말한다. 이것은 또 쓰임이라고도 한다.

그리하여 공예를 설명하는 데도 여러 가지가 있다. 뛰어난 솜씨를 보이는 도구류를 공예품이라고 생각하거나, 조형예술의 산업화를 공예라고 하거나, 도구나 기물에 미술적 장식을 가하는 것을 공예라고 하거나, 조형적 아름다움을 가지는 광의의 도구를 만드는 인간 활동을 모두 공예라는 생각은 각각 그 시대의 역사적인 배경이 있는 것이다. 그 설명 중에서 공통점은 쓰임 이외에 아름다워야 한다는 것이다. 장식면은 물론, 구조적인 아름다움을 요구하는 뜻도 있다. 그런 것을 만들어내는 수단은 기술의 변천에 따라서 변한다. 이러한 전체가 공예라는 인간 활동으로 생각할 수 있다. 기계의 발달로 공예를 순수미술에서 구별하려는 움직임이 이미 일어났으나, 오늘날에는 기계공업이 또 공예의 영역에 밀고 들어왔다.

그리하여 공예를 몇 가지 유형으로 나누어 놓았다. 하나는 화가나 조각가의 뒤를 쫓아 스스로 미술 아카데미에 참가하려고 노력하여, 전람회용의 유일한 작품제작에 주력하는 미술공예가이다. 그러나 공예는 인간생활에 효용가치가 있어야 하는 것이며, 이런 작품은 생활과 유리되는 것이기 때문에 그 자체에 모순이 있다. 둘째는, 공업의 발달로 많은 제품이 쏟아져 나오는 세상을 외면하고 분업조직의 구석에서 단순한 손끝의 재주만을 이용하는 영세공예가이다. 다른 하나는 디자이너로서 산업계의 분업조직에 적극 참여해서, 자기의 창의성을 제품에 표현해 보려는 사람들이다. 과거에는 손에 의지해야만 비로소 만들 수 있었던 것도 기계발달에 따라서 기계가 손을 대신하게 되었다. 기계는 손보다 더 짧은 시간에 대량으로 정확하게 생산하기 때문에, 현대 인간생활에 쓰이는 것은 주로 기계가 만들어내게 되었다. 공업생산에 의하더라도 제품은 역시 아름다워야 하므로, 결과적으로 산업디자인이 탄생하게 된다. 그리하여 여기에 공예가들이 참여할 터전이 생긴 셈이다.

공예도 일부의 공업과 마찬가지로 아름다운 것을 만드는 데는 미술의 원리가 응용된다는 뜻에서 이것을 응용미술(Applied Art)이라 한다. 인간생활에서 쓰이는 도구제작을 공예활동이라고 생각할 때, 그 광의의 공예는 매우 넓은 영역으로 확대된다. 편의상 이 광의의 공예를 분할하여, 그 속에서 좁은 뜻의 공예영역을 구분하는 견해가 일반적이다. 그것은 순수미술·공예와 공업·디자인의 세 가지로 나누어 생각할 수 있다. 순수미술은 자체의 미적 가치에 존재 의의가 있기 때문에 공예에서 발전, 독립하였다. 다른 한편으로 대량생산이나 기계·기기의 생산을 목적으로 공업이 발달하여, 공예에서 독립해나갔다. 그리하여 현대공예는 공업이나 순수미술과의 상관관계에서 생각하지 않으면 안 된다.

미술은 미를 창조하고 싶다거나, 진실을 표현하고 싶다는 인간의 마음(Heart)을 중심으로, 지성과 손(Hand)의 기술이 결합되어 제작된다. 공예는 숙련된 손의 기술을 중심으로 지성과 마음이 엮어져서 이루어진다. 공업의 산업디자인은 지성(두뇌 : Head)을 중심으로 마음과 기술이 결합되어서 이루어진다는 설명이 근래 대두되고 있다. 이를 3H라고 한다. 세 분야는 각각 마음·손·머리가 중심이 되어 비로소 활동이 시작되지만, 각각의 영역이 서로 교차되는 가운데 이루어지는 것이다. 요는 무엇이 중심이 되는가가 문제이다. 아무리 손재주가 있고 머리가 좋아도 작가정신이 없으면 미술작품이 될 수 없다. 손의 기술이 숙련되지 않고는 본격적인 공예품이 만들어진다는 것은 바랄 수도 없다. 치밀한 계획 없이 공업이 성립되지는 못한다.

이 세 가지가 중복성이 있는 것처럼, 각각의 제품도 서로 중복되는 면이 있다. 이 중복된 부분은 어떤 관점에서 보면 미술이 되고, 다른 관점에서 보면 공업이 되며, 또 다른 관점에서 보면 공예가 되는 영역이다. 그래서 세상에는 공업적 미술이나 미술적 공업이 존재하는 것처럼, 공예적 미술이나 공예적 공업도 존재하는 것이다.

3 공예품의 분야

우리의 공예품은 원시시대부터 손으로 만든 철기, 청동제품 등에서 우리는 이미 공예품을 다루어왔다. 그 당시는 일상의 도구로 여겨졌지만 이제는 선진화가 되면서 그 제품이 대량생산을 통해서 상업화가 되고 또 생활의 발전 속에 취미화가 되고 있다. 이제는 재활용 재료로 공예품을 만드는 친환경으로 변화를 맞고 있다.

그러면 공예품은 재료의 사용에 따라 우리는 재료의 이름을 앞에 붙여 그 해당하는 공예품이라고 일컫는다.

공예품의 종류는 다음과 같다.

- 비드공예(=bead crafts)
- 한지공예(Korean traditional paper crafts)

- 리본공예(=ribbon crafts)
- 규방공예
- 골판지공예(=carton crafts)
- 펠트공예(=Felts Crafts)
- 공작공예
- 종이공예(지제공예)(=Paper Crafts)
- 도자기공예(=Ceramic & Porcelain Crafts)
- 목공예(=Wooden Crafts)
- 스트로우 공예(=Straw Crafts)
- 유리공예(=Glass Crafts)
- 금속공예(=Metal Crafts)
- 찰흙공예(=Clay Xrafts)
- 퀼트공예(=Quilting Crafts)
- 십자수공예(=Needle Point Crafts)
- 전통공예(=Folk Crafts)
- 조각공예(=Carving Crafts)
- 모래공예(=Sanding Crafts)
- 아이스공예(=Ice Crafts)
- 왁스공예(=Wax Crafts)
- 꽃공예(Artificial Flower Crafts)
- 풍선공예(=Balloon Crafts)

참고

규방공예는 조선시대, 엄격한 유교사회에서 사회적 활동이 제한되었던 양반집 규수들의 생활 공간이었던 규방에서 생성된 공예장르이다. 규방에 모인 여인들이 침선(바느질)을 통해 다양한 생활용품을 만들던 것에서 비롯되었다. 천연의 색으로 물들인 원단을 사용하여 한복과 이불을 만들고, 남은 조각들로는 보자기, 주머니, 바늘집 등의 소품을 제작하였다. 보자기의 한 종류인 조각보는 규방공예의 대표적인 작품으로 높이 평가되는데, 조각천을 활용하여 기하학적이고 창의적인 패턴의 멋스러운 디자인을 생활 속에 활용하고 예물용이나 장식용으로 많이 제작되었다. 삼베(마직물), 모시(마직물),옥사(실크) 등을 활용한 발(햇빛 혹은 창가리개)의 경우 실용성과 더불어 은은한 운치와 낭만을 표현하고 있다.

4 공예품의 상품 분류

- Arts & Crafts-Agents
- Art Supplies
- Antique
- Antique Imitation Crafts
- Antiques & Collectibles
- Artificial Crafts
- Artificial Plant & Flower
- Arts Designing
- Arts & Crafts Materials
- Artist Model
- Bamboo & Wooden Crafts
- Basketry
- Beadwork
- Body Tattoos & Nail Sticker
- Brass, Bronze & Copper
- Candles & Holders
- Carving Crafts
- Ceramic & Porcelain Crafts
- Clay Figurine
- Christmas Decoration
- Coloring & Painting Material
- Decorative Ornament
- Embroidery & Crafts Textile
- Enamelware
- Fine Arts
- Glassware & Crystal
- Folk Crafts
- Holiday Items
- Leather Goods

- Imitation Antique
- Jade Crafts
- Key Chain
- Metal Crafts
- Natural Crafts
- Oriental Carving
- Paintings & Calligraphies
- Paints Crafts
- Paper Crafts
- Photo & Picture Frame
- Photo Album
- Plastic Crafts
- Porcelain
- Pottery & Enamel
- Potpourri
- Religious Crafts
- Resinic Crafts
- Reproduction Crafts
- Sculptures
- Stamps & Coins
- Stones
- Stone Carving & Sculpture
- Vases
- Vases Bamboo & Wooden
- Vases Ceramic & Porcelain
- Vases Glass & Crystal
- Vases Metal
- Incense & Incensory
- Wood Bamboo & Rattan Carving

5 Types of Arts and Crafts

There are almost as many variations on the theme of "arts and crafts" as there are crafters with time on their hands, but they can be broken down into a number of categories:

(1) Crafts involving textiles

Banner-making
Calligraphy
Canvas work
Cross-stitch
Crocheting
Curve stitching
Embroidery
Knitting
Lace-making
Lacet
Macrame
Millinery
Needlepoint
Patchwork
Quilting
Ribbon embroidery
Rug making
Sewing
Shoemaking
Spinning (textiles)
Spirelli (also see Scrapbooking)
String art
Tapestry
Tatting

Weaving

T-shirt art

Metalworking

Jewelry

Pottery

Sculpture

Woodworking

Cabinet making

Chip carving

Marquetry

Wagae-nuri Japanese lacquerware

Wood burning

Wood turning

(2) Crafts involving paper or canvas

Bookbinding

Calligraphy

Cardmaking

Card Modelling

Collage

Decoupage

Iris Folding

Marbling

Origami

Papercraft

Parchment craft

Quilling or Paper Filigree

Scrapbooking

Stamping

(3) Crafts involving plants

Basket weaving

Corn dolly making

Pressed flower craft

Straw Marquetry

(4) Other crafts

Balloon animal

Beadwork

Doll making

Dollhouse construction and furnishing

Egg decorating

Etching

Glassblowing

Lapidary

Mosaics

Pioneering

Stained glass

Toy making

Polymer clay

참고 : 디자인 개발에 따른 정책적 지원 사항

- 디자인 인식확산
- 국가 디자인 위원회설립
- 디자인 기반 확충
- 지역 디자인 진흥 특성화
- 디자인 전문단체 및 민간 부분 디자인 진흥활동
- 디자인 교육강화
- 디자인 지적권 보호제도
- 디자인 경영 System 구축지원
- 세계적 디자인 상품성공 사례 개발
- 글로벌 디자인 NETWORK 구축

- 국내외 디자인 홍보 강화
- 디자이너들의 글로벌화

6 전통 공예문화상품이 갖추어야 할 특징

(1) 문화적 텍스트와 이미지가 있어야한다

즉 공예문화상품에는 문화가 있어야 한다는 것인데, 상품 속에 함유할 수 있는 문화의 텍스트를 의미하며, 여기에는 전통성, 지역성, 그 외 보편적 형식미로서 심미성을 들 수 있다.

문화상품 개발에서의 전통성은 원형대로의 보존, 전달, 재현일 수도 있으며 현대인 혹은 현대 생활공간을 위한 변형과 적용일 수 있다. 특히 이점에 있어서는 현대의 문화상품은 중요하다. 그리고 전통성은 지역성과 관련된다.

(2) 창의성과 차별성이 있어야한다

문화상품의 경우 기존의 일상용품이나 문화 생산물에서 발견할 수 없는 새로운 기능이나 이미지의 창출이라고 할 수 있다. 관찰력과 사고에서부터 창출되는 지적가치를 말하는 경우가 많다. 차별성이란 창의적 아이디어에 의한 창작물 상호간에 혹은 기존의 제품, 공산품과 구별되는 성질을 말한다. 차별성은 창의적 아이디어 뿐 아니라, 문화적 주제나 내용과 함께 기능, 재료, 기술 등의 형식적 측면, 그리고 직관적인 시각 이미지 등과 종합적으로 관계된다.

(3) 공예 문화상품에는 인간적 정서가 있어야한다

즉 개성과 희소성이 있어야 한다는 것이다. 개성이란 규격화된 공산품으로부터 차별되는 일품성으로 현대의 산업주의를 상쇄할 수 있는 정신적 대안이라고 할 수 있다. 미래의 문화 소비자들은 더욱 개별적 취향, 혹은 패션 취향을 반영할 수 있는 차별화된 상품을 원할 것이며, 이에 따라 생산자들도 소품종 대량생산보다는 다중의 소비자층을 향한 다품종 소량생산을 지향하게 될 것이다. 그리고 희소성이란 많은 문화상품은 복제생산이 아닌 개별적으로 만든 일품적 성격의 상품이라는 것이다. 이로 인해 생산자와 소비자와의 심리적교감, 친근감을 환기하는 동시에 세상에서 하나밖에 없다는 희소성이 주는 심리적인 구매력을 갖게 된다. 이 역시 현대에 있어 대량생산과 대량유통의 사회에서 벗어나고자 하는 소비자들에게 구매력이 된다.

(4) 공예 문화상품은 수공적 제작 방식에 의존한다는 것이다

많은 문화상품은 수공예적 방식의 손기술에 의해 제작되거나 수공과 기계적 방식을 혼합하여 제작되는 특성을 갖는다.

작자와 소비자 사이의 인간적인 유대감을 조성하는 문화적 특질이 된다. 그리고 수공 방식으로 제작된 문화상품은 특히 재료의 특성과 재질감이 깊이 있게 드러난다. 재료의 본성과 인간의 손길이 조화롭게 결합하면서 자연스런 미감을 창출할 수 있게 드러난다.

(5) 공예 문화상품은 기능성, 도구성, 현대성을 갖춘 효용적 가치를 가져야한다

문화상품은 일반인들이 문화상품에 친근하게 접근할 필요가 있으며 그 가치를 널리 공유할 수 있어야 한다. 기능성이란 상품을 일상생활에 접목시켜 생활공간과 연결하는 것이다. 도구성이란 상품의 효용적 가치는 그것이 우리시대의 생활공간이나 미감과 맞을 때 비로소 창출될 수 있는 것이다.

(6) 공예문화상품은 장식적 가치를 가져야한다

장식적 가치는 상품이 그것이 속하는 공간을 시각적으로 꾸미거나 돋보이게 하는 특질을 의미한다. 장식은 인간의 표현 본능의 일종이다. 이것은 시각적인 꾸밈 뿐 아니라 무수한 상징 행위와 관련을 갖는다. 장식은 인간과 사물 사이에 친근감을 제공하며 사물을 인간화한다. 또한 장식의 많은 모티브는 인간의 정신을 함유하며 또한 이 문화상품 자체가 그것이 속하는 공간(환경)을 장식하는 역할을 한다. 그런데 어떤 물품도 그것이 주변 환경과 시각적이고 물리적인 조화를 이루지 못한다면 가치를 잃게 되며 상품으로서 구매력을 잃게 된다. 조화는 우선 시각적인 어울림이다. 색상이나 재질감, 크기, 형태감 등에서 현대의 생활공간과 어울려야 하며 환경 친화적이어야 한다. 환경과의 조화라는 측면에서 국제적 통용성도 고려되어야 한다.

7 공예품 취급 시 주의사항

1) 다양한 예술성 Art와 공예품에 대한 소질과 취미를 통해 제품화 접목 시 예술성 디자인화로 제품개발로 이어지는 것이 더욱더 제품의 창조성으로 거듭난다.
2) 공예품은 선진화가 될수록 대량생산의 상업성도 띄지만 취미성에 더 접근화하여 후에 사업성으로 변환시킨다.
3) 주변재료들을 잘 연구하여 제품 소재별로 다양한 공예품 개발이 용이하다.
4) 재료들의 원 특성을 잘 살려 제품화시킬 것
5) 공예품은 가능한 원 재질의 특성을 살려 자연주의적, 친환경적으로 제품개발이 중요하다.
6) 공업화로 소비자의 감성을 건드리는 제품개발이 중요시 됨.
7) 특히 이 제품군들의 상품은 상품을 판다기 보다 문화를 판다는 의식을 가지고 제품기획에 임할 것
8) 공예품은 Souvenir 제품군이나 Home Decoration 상품군에 많은 접목이 필요하다.
9) 공예품은 다양한 수요가 요구되며, 주변에서 많이 재활용재료를 잘 재활용하면 다양한 공예품 분야를 개발 할 수 있다.
10) 이 상품군은 인터넷 판매 시 전문 사이트를 준비하며 DIY로 할 수있는 사용설명서와 재료를 함께 판매하는 방법, 또는 인터넷 상에 다양한 완성제품을 보여주는 것, 또는 인터넷상에 만드는 방법 등으로 판매가 가능하다. 또는 오프라인에서는 취미활동, 취미 동호회들과 연계한 판매계획이나. 전시회를 개최해서 판매를 유도한다.
11) 중국의 공예품들의 생산이 다른 나라에 비해 더욱더 활성화 되고 있다. 이는 이 제품군이 가장 노동력이 많이 필요로 하는 상품군이기에 중국 공장은 중국 전역에 위치해 있는게 특성이다. 즉 스트로우 제품들은 산동성쪽과 광시성의 계림쪽에서 목공예 제품이 많이 생산된다. 도자기 공예품들은 산동성의 지보(Zibo), 광동성의 潮州, 차오쬬우(=chaozhou), 하북성의 唐山, 탕산등 이 세군데가 중국 도자기 생산의 70%를 차지한다고 본다.

    한국은 경기도 여주를 중심으로 생활 도자기 발전이 가속화 되고 있다.

미국의 공예품 분류

일반적인 공예품 분류	
	Basketry
	Beads
	Ceramics
	Decorative Painting
	Dolls
	Fiber(Weavings)
	Glass
	Jewelry
	Metals
	Paper / Book Art
	Polymer Clay
	Precious Metal Clay
	Textiles
	Quilts
	Enamel
	Leather
	Stone
	Wood
	Mixed Media

자료 : The CODA National Survey, The Impact of Crafts on the National Economy(2001)

❖ ARTS & CRAFTS 디자인 연구

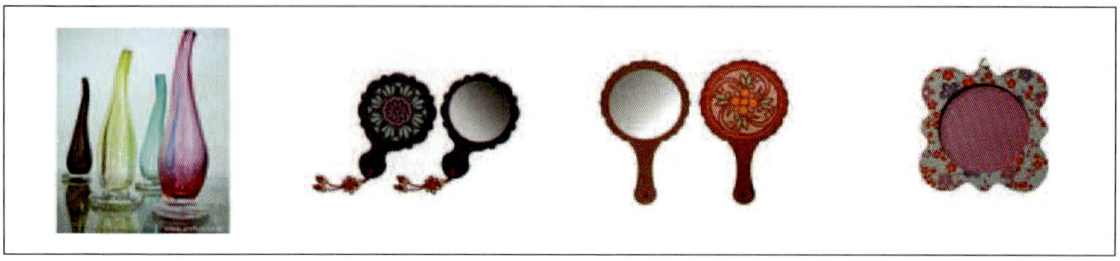

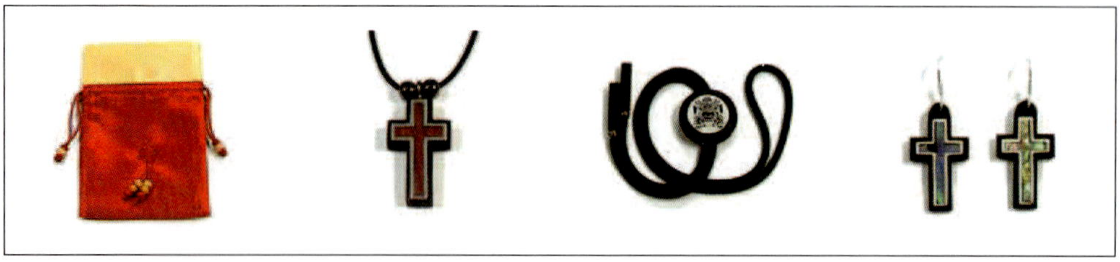

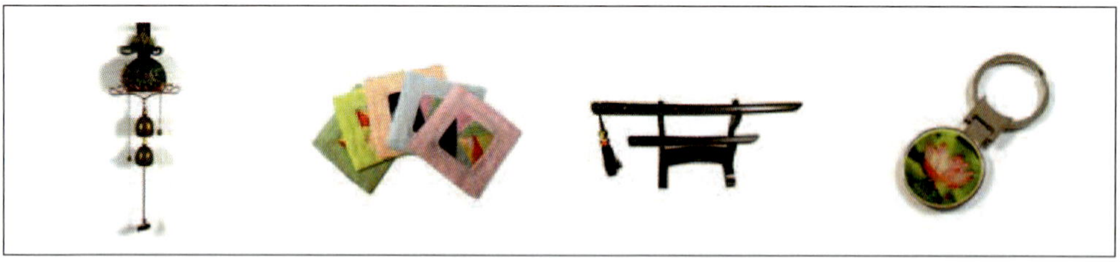

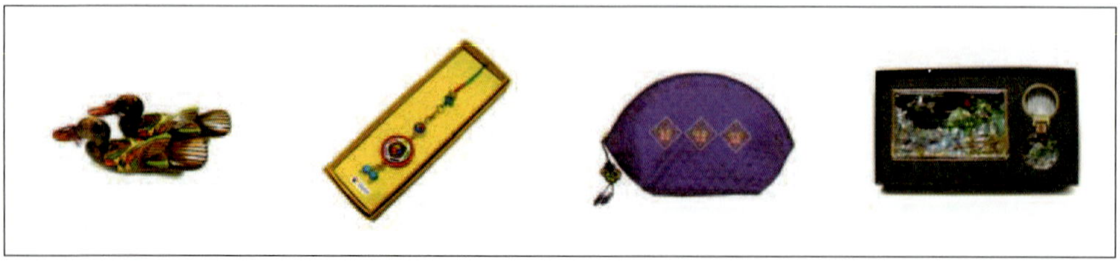

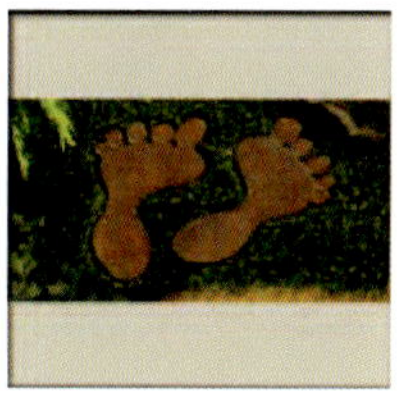

mr
mrs
mr
mrs

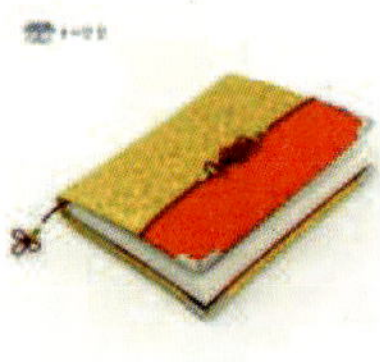

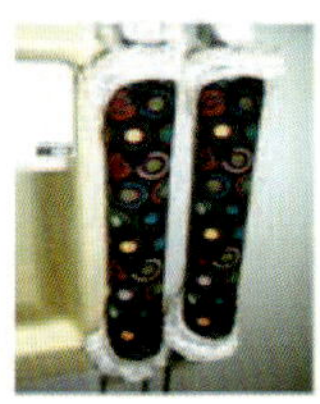
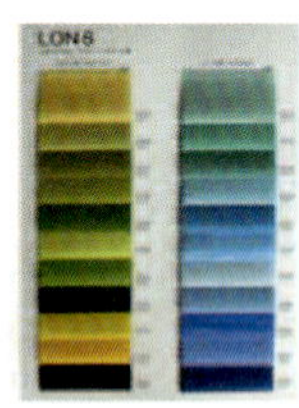

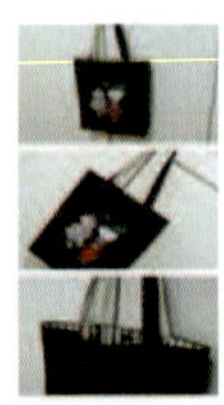

JOY

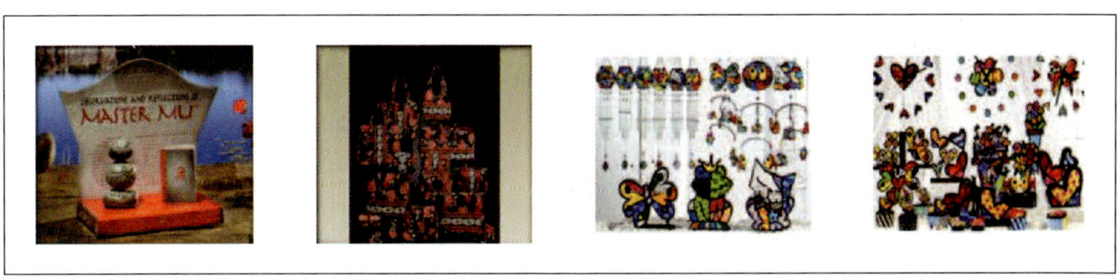
MASTER MU

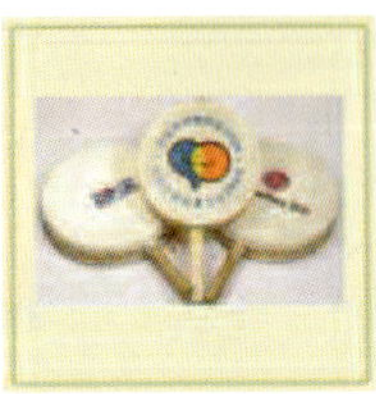

2 HOUSEHOLD의 연구

상품 중에 가장 범위가 넓고 포괄적인 범주를 가지고 있는 아이템의 집단군이다. 이는 우리가 가정에서 보내는 시간이 많다 보니 소비자는 그 만큼 다양한 상품을 가정에서 사용하고 요구함으로 이 상품군의 발전을 야기 시켰다.

여기에서 가장 큰 범위로는 가구, 주방, 장식, 가전으로 보고 연구에 임한다.

상품학에서 보는 HOUSEHOLD 카테고리는 전체의 15% 차지 할 정도로 큰 범위이며 날로 상품의 변화속도도 빨라지고 있다. 또 생활의 향상으로 더 디테일한 상품군으로 세분화, 전문화 되어가고 있다.

즉 최근에는 PET, BABY PRODUCT, BATHWARE, HOME DOCORATION, HOME TEXTILE, HOME FASHION, GARDENWARE 등으로 영역이 확장되고 있으며 특히 최근에는 친 환경적으로 집안 구조를 바꾸면서 자체 인테리어로 집안 장식을 하므로 DIY 제품을 선호하는 경향이 또한 늘고 있다.

또 나 홀로 독립가구가 늘어나면서 제품의 소형화, 저렴화, 패션화, 기능의 단순화, 조립형 제품 등의 상품도 소비자의 욕구에 맞춰 빠르게 변화하고 있다.

온라인과 홈쇼핑의 판매 패턴이 바뀌면서 가격이 저렴하면서 젊은 층을 대상으로 한 트랜드가 무엇보다도 중요하며 제품의 하자나 서비스의 불만으로 빠른 온라인상에 제품의 특성을 알리면서 판매자들의 고품질, 저가격 유지를 위해 더욱더 서비스나 다양한 제품들이 출시되고 있다.

이 상품 군은 우리 상품학에서 15% 정도 차지 할 정도로 많이 사용되며 연구의 가치가 높다고 본다.

✤ HOUSEHOLD 상품 분류

① Home furniture

② Gardenware(home and garden)

③ Kitchenware

④ Home decoration
⑤ Home appliance
⑥ Home textile
⑦ Home interior
⑧ Bathware
⑨ Family leisure

✤ HOUSEHOLD 제품의 최근경향

- 제품의 기능과 성능이 중요하다.
- 디자인과 브랜드, 특히 제품의 트랜드가 중요하다.
- 제품들의 소형화 및 지능화 경향
- 온라인과 홈쇼핑 판매증가로 소형 간편한 제품 선호
- 독립가구 증가와 실버산업의 발전으로 제품의 소형화, 단순화
- DIY 제품의 증가
- 아이디어 제품 선호
- 상품 수명이 짧다.
- 서구화된 생활로 제품의 동·서양 제품의 특성이 사라지고 있다.
- 프로모션 제품으로 많이 사용함
- 여성 선호제품 개발
- 친환경제품 개발에 중점
- 상품의 포장과 편리하고 실용적인 디자인이 중요
- 리사이클 재료 선호
- 레저 문화의 발달로 제품이 가정에서나 야외에서 동시에 사용
- 환경을 생각하는 디자인 개발
- 감성제품 개발 중요

1 HOME FURNITURE

다음 장에서 가구 상품연구에서 더 많은 가구를 연구하지만 여기서는 가정에서 사용하는 가구만 연구하기로 한다. 최근에 홈 가구는 원목 위주로 친 환경적으로 가며 과거와는 달리 반영구 적이지는 않고 이동이 편하고 패션에 트랜드를 맞춰서 자주 바꿔주는 스타일로 간다.

또 접이식으로 최대한 공간을 줄여주며 사이즈가 작아진다.

어떤 때는 칼라의 유행, Antique 트랜드의 변화도 주기적으로 돌아온다.

✤ Home Furniture Classification

- Beds
- Headboards
- Mattresses
- Nightstands
- Sofas
- Living Room Chairs
- Living Room Table
- Book Shelf
- Dining Tables
- Dining Chairs
- Kid'S Beds
- Kid'S Dressers
- Kid'S Nightstands
- Kid'S Vanities
- Chaise Lounges
- Entertainment Furniture
- TV Stands
- Entertainment Centers

✤ Armoires

Armoires help minimize clutter by hiding items from view. With shelves and drawers as placeholders for a variety of your items, it is a great organizational tool as well. More than that, its addition can also transform your space into a multi-function room. A home office with a computer armoire can now be an office slash den with the computer armoire drawers closed, opening more space for people to gather.

✤ 문과 선반이 있는 큰 이동식 장(欌)

물건을 걸 수 있는 공간과 때로는 서랍도 부착되어 있다. 이것은 원래 무기를 보관하는데 쓰였다. 17세기말 루이 프랑스 16세의 가구 제작자 앙드레 샤를 불이 디자인한 것이 가장 화려하고 인상적인 풍의 가구로 꼽힌다. 때로 방안의 벽장을 뜻하기도 하는 이것은 플랑드르 디자인을 기초로 한 세밀 조각이 특징이었던 16세기에 처음으로 사용된 것 같다. 다음 세기에 들어 뚜렷한 양각의 기하학무늬가 더욱 일반화되었고 17세기에는 이 이름이 옷장과 양복장을 망라하는 말로 그 범주가 넓어졌다.

- Video Game Chairs
- Home Office Furniture
- Desks
- Bookcases
- Kitchen Furniture
- Kitchen Racks
- Pot Racks
- Kitchen Islands
- Kitchen Butler Carts
- Kitchen Bar Stools
- Bathroom Furniture
- Kitchen Cabinets
- Bath Vanities
- Bathroom Shelves
- Laundry Hampers

- Entryway Furniture
- Coat Racks
- Entryway Benches
- Entry Tables
- Pedestals
- Traditional furniture
- Umbrella Stands
- Computer Desks
- Storage & Organization
- Closet Organization
- Decorative Baskets
- Decorative Boxes
- Decorative Cabinets
- Decorative Drawer Stands
- Laundry Room Furniture
- Ironing Boards
- Baby Furniture
- Baby Cribs
- Bassinets
- Dressing table and chair
- Mirror
- Dressers and Armoires
- Wooden coat rack(=valet stand)
- Wooden coat stand
- Baby Changing Tables
- Gliders, Chairs and Ottomans
- Billiards and Pool Products
- Game Chairs
- Checkers, Chess, Backgammon Tables
- Pet Furniture
- Pet Beds
- Pet Gates

- Indoor Bar Stools
- Outdoor Bar Stools
- Console
- Pub Tables

✤ Home furniture의 Business 상 특징

- 홈 가구는 부피를 요하는 제품이니 이점을 고려해 사업성을 연구 분석한다.
- 홈 가구는 유행에 민감하다.
- 인테리어나 아동 쪽이든지 전문성이 중요시 됨.
- 가구는 재료에 따라 사업 영역도 구분이 다양하다.
- DIY 가구가 사업영역이 커진다.
- 친 환경 가구 개발이 절실하다.
- On line 상의 비즈니스로는 부적합하다. 만일 가능성을 갖고 있으면 부피가 작은 상품이나 DIY제품이 좋다.
- 단품도 중요하지만 가끔은 세트화 상품구성도 좋은 제안이다.
- 가구에 붙이는 씨트지의 개발이 다양화 되고 있음

✤ DIY

The activity of making, repairing or decorating things in the home yourself, instead of paying sb to do it (abbreviation for 'do-it-yourself')

DIY는 전문 업자나 업체에 맡기지 않고 스스로 직접 생활공간을 보다 쾌적하게 만들고 수리하는 개념을 말한다. "디 아이 와이"라고 읽으며 "네 자신이 직접 만들어라"라는 뜻의 Do it yourself의 준말이다.

이 개념은 1945년에 영국에서 시작되어 미국에 퍼졌다. 전문가의 도움 없이도 자신의 집 안팎을 공사할 수 있게 되어 1950년대에 들어 "do it youself"라는 구문이 일상에 쓰이게 되었다.

최근에 DIY라는 용어는 다양한 기술을 동반한 더 넓은 뜻을 가진다. 이를테면 오늘날 DIY는 국제적인 얼터너티브 록과 하드코어 펑크 음악 씬과 관련되어 있다. 이러한 하부문화에 속한 사람들은 제작자들과 사용자들이 함께 가까이할 수 있는 사회 네트워크를 형성함으로써 제작자와 소비자 사이의 선을 희미하게 만드는 데 열정을 쏟는다.

✤ DIY 인테리어 용품. 소품판매

- 제일자동차용품 (http://www.zeilcar.co.kr) 자동차 DIY용품, 튜닝용품, 관리용품
- 화이트홈 (http://www.whitehomes.co.kr)
- 프리티홈 (http://www.prettydeco.com/)
- 데미스타일 (http://www.demistyle.com)
- 쉬크홈 (http://www.chichome.co.kr/)
- 바닐라스푼 (http://www.vanillaspoon.com/)
- 라라데코 (http://www.laladeco.com/)
- 원룸데코 (http://www.oneroomdeco.com/) 독신자 타겟 패브릭, 소품
- 로즈앤핑크 (http://www.rosenpink.com/) 인테리어 소품
- 앤스홈 (http://annshome.co.kr/) 맞춤 패브릭 전문
- 풍경 (http://www.pksopum.com/)
- 프로방스 (http://www.provence.co.kr/) 프로방스 풍 그릇과 가구
- 인플로라 (http://www.in-flora.co.kr/)
- 슈가홈 (http://sugarhome.com/)
- 포룸 (http://www.forroom.com/)
- 머쉬룸 (http://www.mushroomdeco.co.kr/)
- 햄마 (http://www.hemma.co.kr/ 이케아 제품 판매
- 핑크데코 (http://pinkdeco.co.kr/)
- 미세스델러웨이 (http://www.mrsdalloway.co.kr/)
- 로즈마리 (http://www.rosemarihome.com/)
- 바인홈 (http://www.vinehome.co.kr/)
- 두산오토 (http://www.otto.co.kr/)
- 씨씨브랜드 (http://www.ccbrand.co.kr/)
- 필데코 (http://www.feeldeco.com/)
- 프롬데코 (http://www.fromdeco.com/)
- 인플로라 (http://www.in-flora.co.kr/)
- 포홈 (http://www.forhome.co.kr/)
- 스위트베리 (http://www.sweet-berry.com/index.htm) 장식접시와 쿠션 등
- 소품채널 (http://sofum.co.kr/)
- 디피존 (http://www.dpzone.co.kr/) 화이트 철재 & 원목 등 상업 공간 인테리어 소품
- 인파스텔 (http://www.inpastel.co.kr/) 키즈 가구, 침구, 커튼

- 소품샵 (http://www.sofumshop.co.kr/) 인테리어 소품, 선물샵
- 디자인마노 (http://www.designmano.co.kr/)
- 앤틱하우스 (http://www.antichouse.co.kr/)
- 아름다운방 (http://www.beauty-room.net/) 침구 커튼 홈인테리어
- 담너머예쁜집 (http://www.damzip.com)
- 제이홈 (http://www.jhomes.co.kr/)
- 로맨틱홈 (http://www.romantic-home.com/)

✤ DIY 원단및 레이스, 부자재

- 화이트패브릭 (http://www.whitefabric.com/)
- 레이스나라 (http://www.lacenara.co.kr/)
- 천나라닷컴 (http://1000nara.com/)
- 싸다천 (http://ssada1000.com/v2/)
- 더싸다 (http://www.thessada.com/)
- 소잉박스 (http://www.sewingbox.net/)
- 데코랜드 (http://my.dreamwiz.com/decohome/mainp.html) 원단, 레이스, 태슬, 커버링
- 천모아 (http://www.1000moa.com/)
- 슈리본 (http://www.sueribbon.co.kr/) 수입 리본 재료, 선물 포장 재료 판매

✤ DIY 가구관련

- 씨리디자인쇼파 (http://www.seelee.co.kr)
- 한샘 (http://www.hanssem.com/)
- 까사미아 http://www.casamia.co.kr/)
- 올리브데코 (http://www.olivedeco.co.kr/)
- 프란시아 (http://www.francia.co.kr/)
- 디자인얀 (http://www.oyan.co.kr/)
- 디자인앤 (http://www.designann.com)
- 리빙트리 (http://www.livingtree.co.kr/)
- 대송가구 (http://www.daesongmall.com/)
- 리빙디자인넷 (http://www.livingdesign.net/)

- 제니아하우스 (http://www.zeniahouse.com/profile/)

✤ DIY 기타사이트

- 예쁜조명이 있는 사이트 데코하우스 (http://www.deco-house.co.kr)
- MY DIY (http://www.my-diy.co.kr/)
- 정크가구 (http://www.junkstyle.co.kr/)
- 상상나무 (http://www.interior911.co.kr/)
- 쉐르보네 (http://www.cherbonheur.com/) 야외 정원 용품 판매, 목재맞춤절단판매
- 브라이덜가이드 (http://www.bridalguide.co.kr/) 다양한 조화판매
- 조은자리 (http://www.jounjary.co.kr/)
- 로라애슐리 (http://www.laura-ashley.com/)
- 마샤스튜어트 (http://www.marthastewart.com/)
- 쉭새크 (http://chicshack.net/)
- 유로데코 (http://www.eurodecony.com/) 한인 조각가 최린의 조각 인테리어 소품 사이트
- 맘앤키즈 (http://www.momandkids.co.kr/) 로라애슐리 침구나 장식접시, 샤워커튼 등 수입대행
- 까사까사 (http://www.casacasa.co.kr/) 해외 주방용품
- 레이디경향 (http://www.khan.co.kr/)
- 리빙센스 (http://livingsense.ismg.co.kr/)
- 여성동아 (http://women.donga.com/)
- 팟찌닷컴 (http://www.patzzi.com/)
- 까사리빙 (http://www.casa.co.kr/home/)
- 행복이가득한 집 (http://www.design.co.kr/)
- 우먼센스 (http://womansense.ismg.co.kr/womansense/index.php)
- 썬마트 (http://www.sunmart.co.kr/)
- 부라더미싱 (http://www.brother-shop.co.kr/)
- 2001아울렛 (www.2001outlet.com)
- 이마트 (www.cyberemart.co.kr/)
- 홈플러스 (www.homeplus.co.kr/)
- 코즈니 (www.kosney.co.kr/)
- 전망좋은방(룸앤데코) (http://www.room-deco.co.kr/)

- 새싹닷컴 (http://saesak.com/) 식충식물, 허브, 관엽 등에 대한 질문답변, 판매
- 플랜트플러스 (http://www.plantplus.co.kr/)
- 노니포유 (http://www.noni4u.co.kr/) 직수입 석류, 노니 관련 제품, 건강 제품
- 웹딱 (http://www.webddak.co.kr/) 감각디자인소품 선물용품
- 소담(릴렉스비숫한거 공구) (http://sodam.odsoft.co.kr)
- 인하우스 지점 안내 (http://www.innhaus.co.kr/index.html)
- 수예품+소품파는 곳(커픈이쁨) (http://www.decotop.com/)
- 레몬스위티(행가집 쥔장 레오가 만든 쇼핑몰) (http://www.lemonsweety.com/)

✤ HOME FURNITURE 디자인 연구

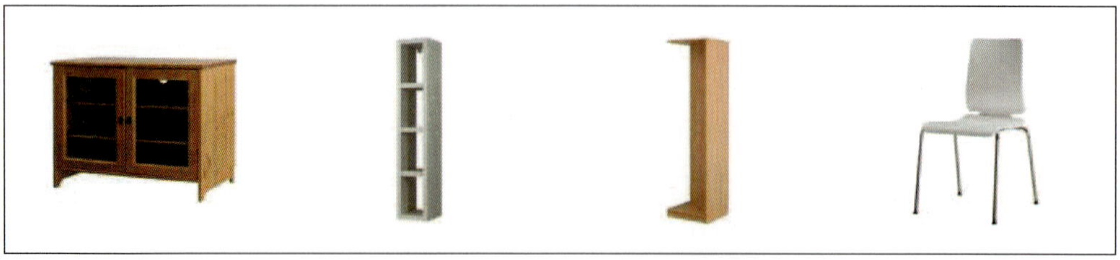

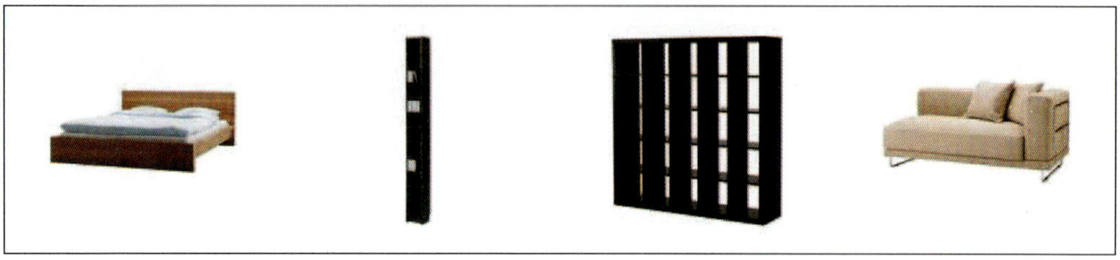

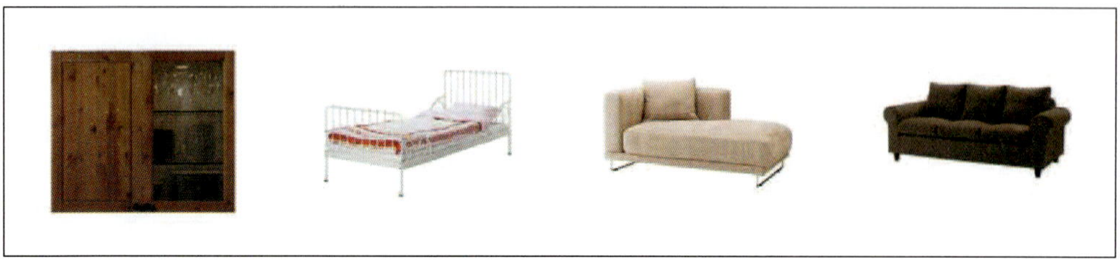

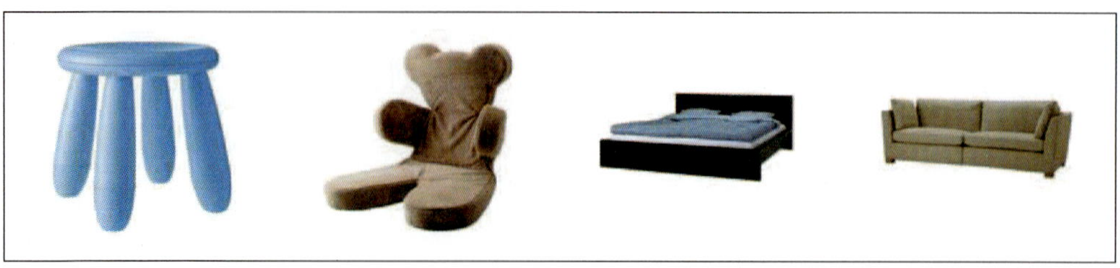

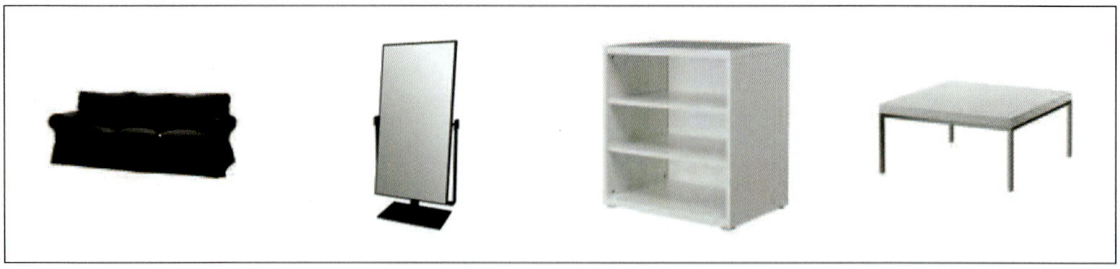
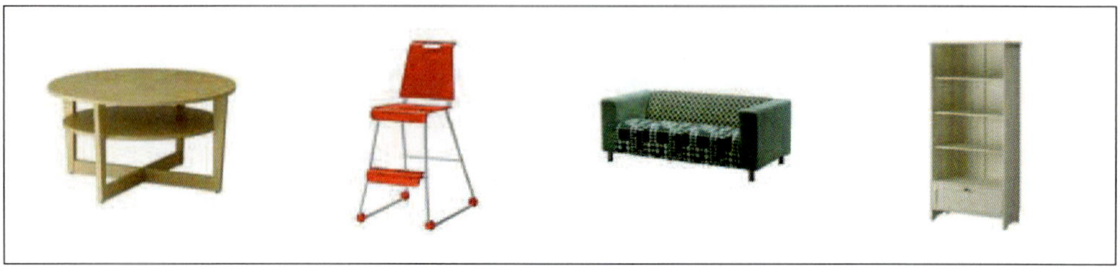
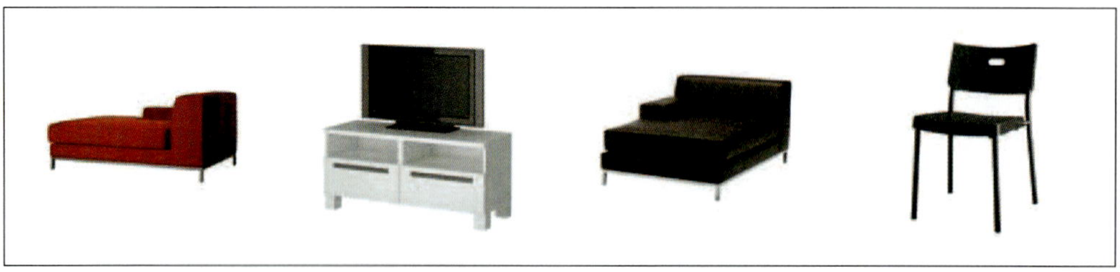

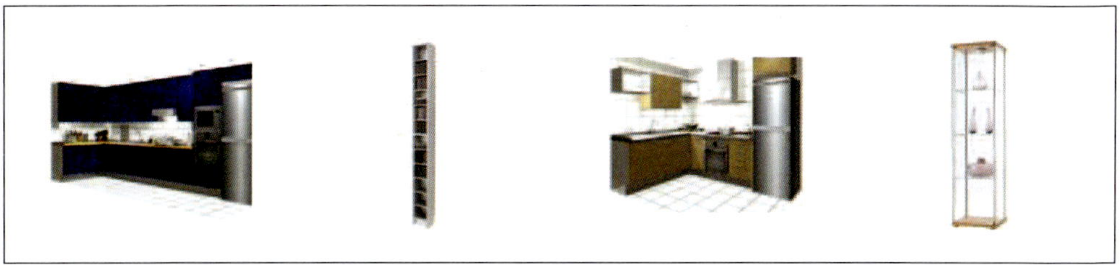

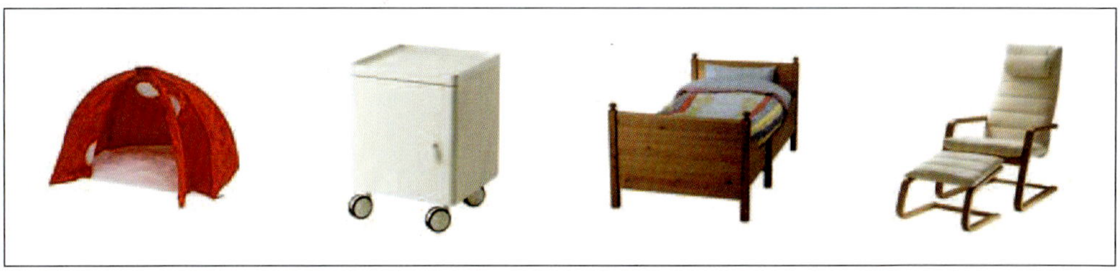

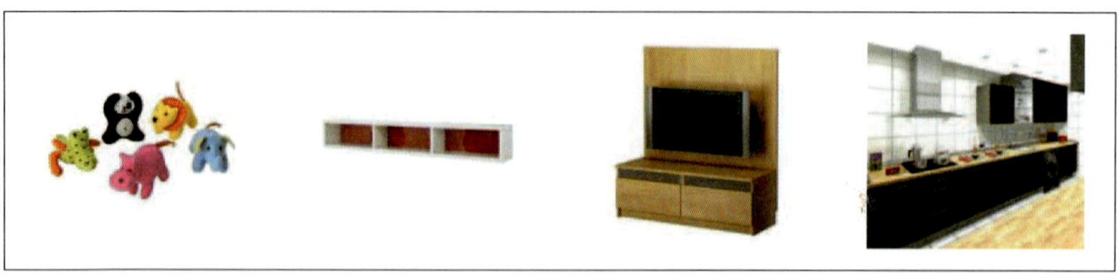

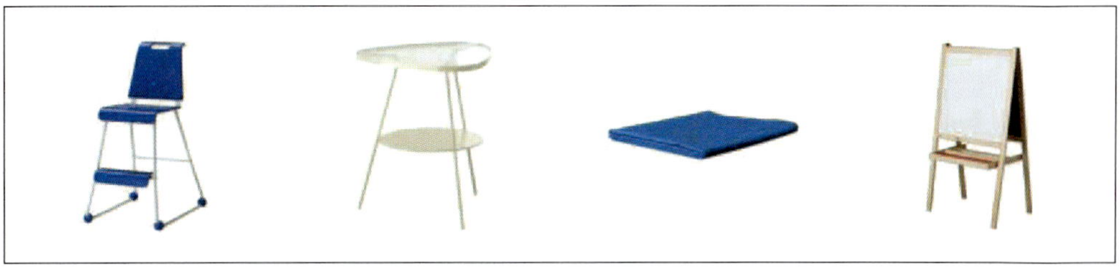

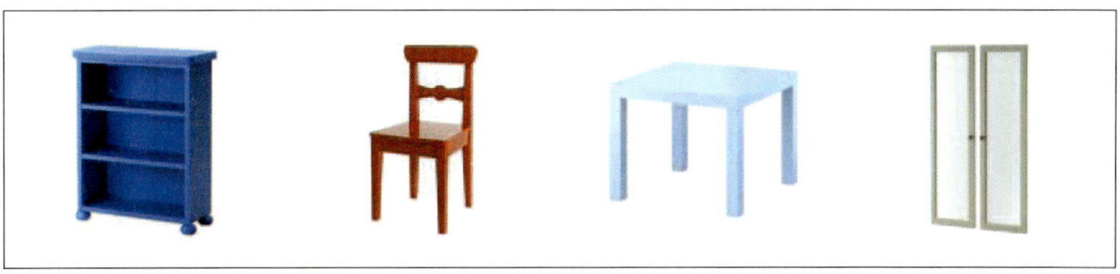

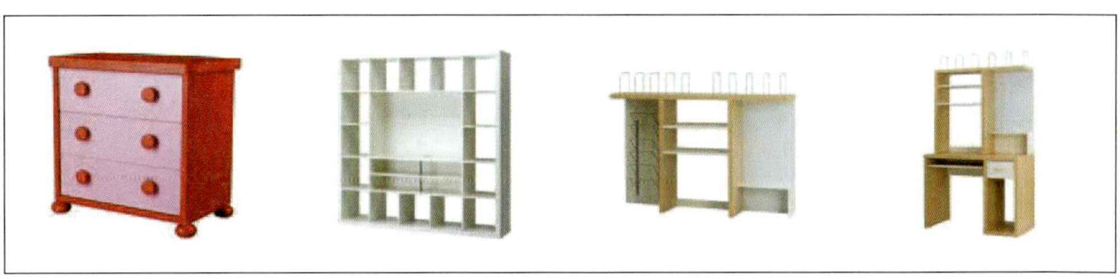

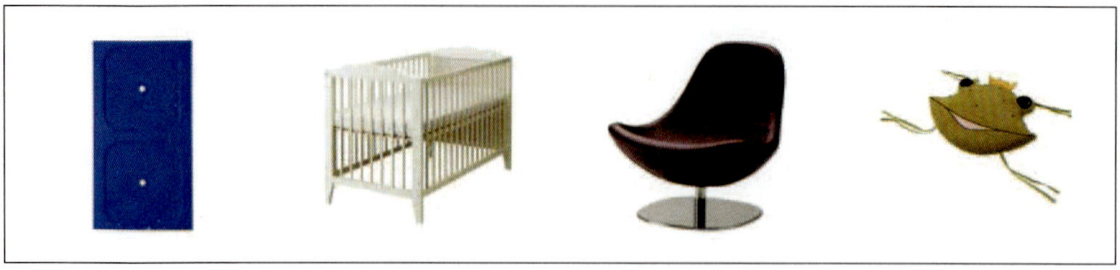

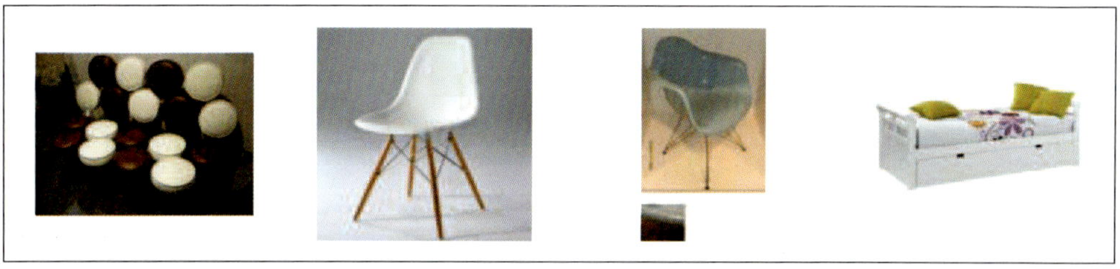
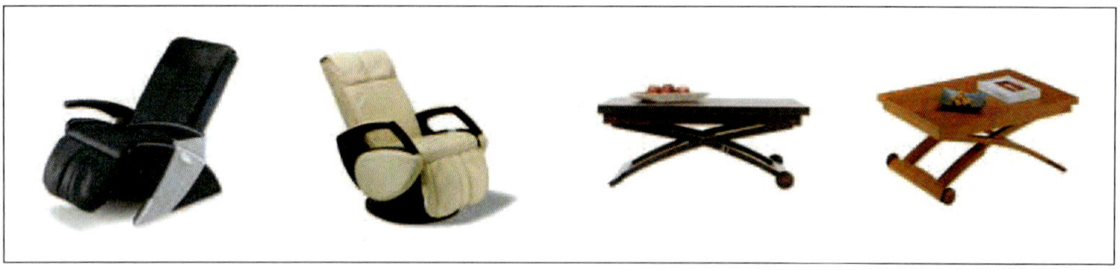

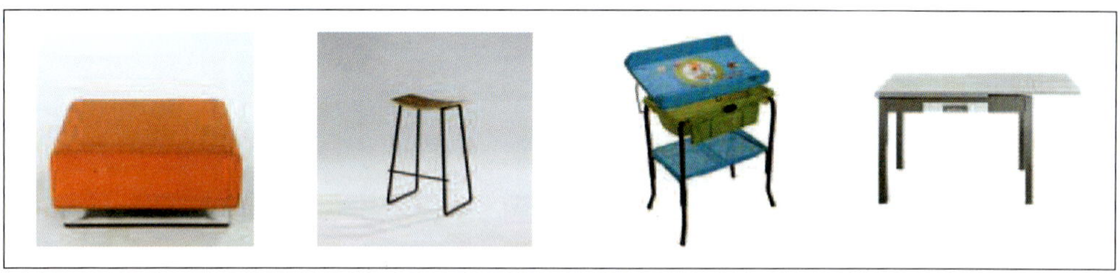

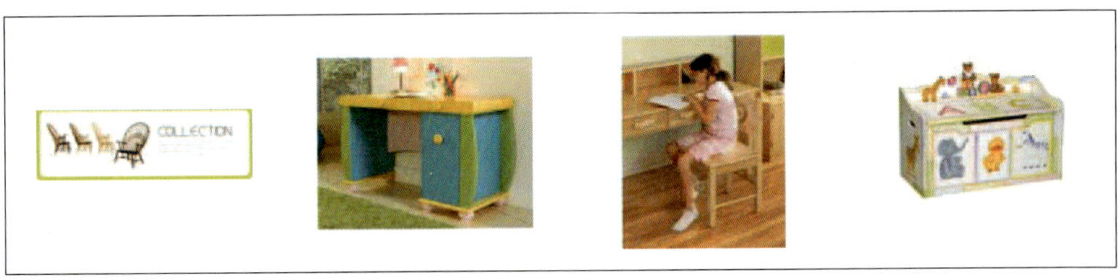
COLLECTION

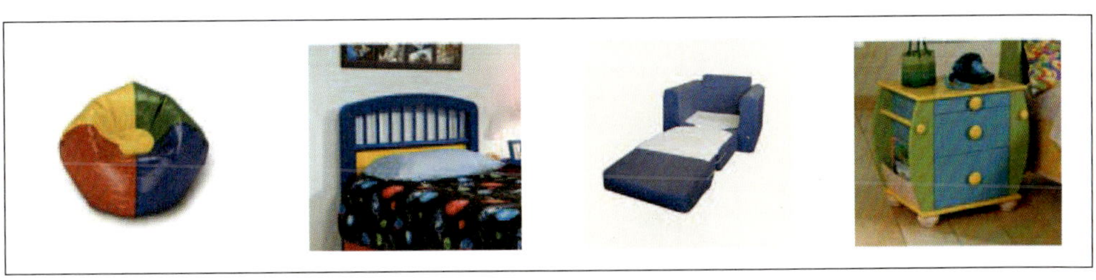

2 GARDENWARE

정원용 아이템은 우리나라에서는 아직까지 널리 알려지지 않은 상품군이다. 서양에서는 HOUSEHOLD 상품군에 아주 중요한 위치를 차지하며 home decoration 상품군에도 많은 아에템이 포진 되어있다. 그러나 이제 한국에서도 서서히 정원 문화와 펜션, 별장 문화의 유행이 확산되고 있어서 이 제품도 생활의 향상과 발맞춰 매년 마다 지속적으로 발전하고 있다. 최근에는 주 5일제 근무까지 겹쳐 여가시간을 활용하여 이 제품군의 발전 가능성이 매우 높다.

특히 이 상품 개척이 절실히 필요하며 아직은 미개척 상품군으로 보면 된다.

또 이상품은 원예산업(=gardening industry) 하고 연관이 깊어서 원예 상품과 연계가 되며 함께 생각할 수도 있다.

우선 이 상품군의 분류로는 크게 다음과 같이 보면 된다.

1. Garden light
2. Garden sprayer & hose
3. Garden shade
4. Garden umbrella
5. Garden gazebo
6. Outdoor furniture
7. Garden decoration
8. Garden tool
9. Garden fence
10. Garden fountain
11. Garden house
12. Garden Furniture

참고

They include flooring, lighting, kitchen, housewares, bathroom, furniture, paint, wall and window decor, horticulture and hardware.
여기에는 마루, 조명, 주방, 가정용품, 욕실, 가구, 페인트, 벽창호, 원예, 철물이 들어 있다.

✤ Gardenware classification

1) Garden light

주로 소재로는 LED와 SOLAR로 가장 많이 사용됨.

> **참고 : LED [Light Emitting Diode]**
>
> 발광다이오드. 전압이 흐르면 이를 빛으로 전환하는 화합물 반도체이다. LED가 개발되었던 초기에는 에너지 효율이 낮은 적색 LED가 주류를 이루었다. 그러나 1990년대 일본의 니치아(Nichia)사가 질화갈륨(GaN)을 이용해 청색 LED를 개발하였고, 여기에 노란색 형광체를 가미해 백색을 구현하는 기술이 개발되면서 LED의 적용 범위가 휴대전화 등으로 확대되었다. 요즘에는 자동차 부품으로도 많이 쓰인다.

2) Garden sprayer & hose

관련 아이템으로는

① pressure sprayer

② Plastic Sprayer

③ Trigger Sprayer

④ Patent-COLA Sprayer

⑤ Hose Reel

⑥ Spray gun

⑦ Sprinkler

⑧ Hose Connector

3) Garden shade

① 주재료 : aluminum, steel, metal

② fabric : polyester, pvc

③ type : patio, folding, party, pop-up

✤ window shade의 제품 설명 방법

① Fabric material : High-density polyethylene(HDPE)

② Shade Sail : COOL PROTECTION FROM THE HOT SUN.

③ Block out 85% sunlight, Simple to install; Heavy duty fabric and reinforced webbing and stitching; 5years UV warranty.

④ The shade cloth fabricated for shade sails are available with from 160gsm to 320gsm.

⑤ Any color can be made.

4) Garden umbrella

① Panel Material : Polyester, Nylon, PVC, Cotton

② Rib Quantity : 8쪽, 6쪽, 4쪽

③ Base Material : Wood, Stainless Steel, Plastic, Granite, Marble, Cement, Aluminium

5) Garden gazebo

warehouse tent, wedding tent, party tent, event tent, hall tent, exhibition tent, folding tent, pagoda tent

6) Outdoor furniture

① Garden & Patio Sets

② Bamboo, Rattan & Wicker Furniture

③ Beach Chairs

④ Metal Furniture

⑤ Patio Benches/Chairs

⑥ Garden Tables/Picnic Tables

⑦ Folding Furniture

⑧ Gazebos & Canopies

⑨ Sofas & Sofa Beds

⑩ Chairs & Recliners

⑪ Wood & Panel Furniture

⑫ Patio Swings

⑬ Plastic Furniture

⑭ Outdoor Umbrellas & Bases

⑮ Camping

⑯ Hammocks

7) Garden decoration

가장 많은 범주를 차지하는 것은 바로 주 아이템인 화분이다. 인공으로 동물 모양, 새 모양을 만들고 또 돌의 재료로 작은 정원을 만들고 심지어 돌로 스피커나 garden lighting 을 만들고 있다. 가장 많이 쓰이는 재료는 바로 수지(Resin)라고 보면 된다.

✤ gardening 데코레이션 주요 종류

① metal crafts
② marble status
③ stone status
④ stone carving sculpture
⑤ outdoor fountain
⑥ polyresin animal
⑦ ceramic flower vase, pot
⑧ artificial stone speaker
⑨ lighting

8) Garden tool

① Garden Spades
② Garden Forks
③ Hand Tools
④ Secateurs
⑤ Loppers
⑥ Hand Shears
⑦ Garden Axes
⑧ Saws
⑨ Hoes
⑩ Cutting Tools
⑪ Children's Tools
⑫ Miscellaneous Tools

9) Garden fence

10) Garden fountain

11) Garden house

Garden landscaping

✤ 정원 용품의 비즈니스 상 특징

① On line 상의 비즈니스에 적합하다.

② 재고 관리가 중요하다. 즉 소비성이 아니기에 제품 구매 시 소량의 구매부터 하는 것이 필요하다.

③ 아직 한국에서 브랜드화 된 것이 없기에 사업성이 좋다.

④ 서울 근교에서 사무실이 적합하다.

⑤ 정원관리업체, 철물점, 홈 인테리어 업체와의 연관 사업이 용의하다.

⑥ 계절 비즈니스로 본다.

⑦ HARDWARE제품 취급으로 영역을 확대하는 것이 가능하다.

⑧ 실내 정원의 발전으로 이 분야까지 함께 보는 것이 좋다.

⑨ 연관 산업이 발전할 가능성이 크다.

⑩ Catalog 비즈니스도 가능하다.

참고 : 제품의 연구

– SOLAR ANTIQUE LANTERN LAMP(6 sided lantern)

item no.:	HK-SL001
Article name	Solar Antique Lantern Lamp A (6-Sided Lantern)
Quantity 20'	3720pcs
Quantity 40'	7470pcs
Min. quantity	1000pcs
Packing	color box
Q'ty per carton	6pcs
color box	15×15×28cm
Weight	5kgs/ctn
Carton Size	47×32×29.5cm
CBM	0.045cbm
Specifications	Powered by Solar, with unique design. Material : PVC / Plastic / Metal, with 6-sided Lantern, Lantern Size is 12.7cm wideth x 12.7cm height, and the metal support height is 26.6cm, In the day time it absorb the Sun Power, and in the evening or in the dark place it'll give a flickering light (similar like the real candle light function) up to 6 hours light. Ideal for decorating your garden / table / house

✤ Gardenware 디자인 연구

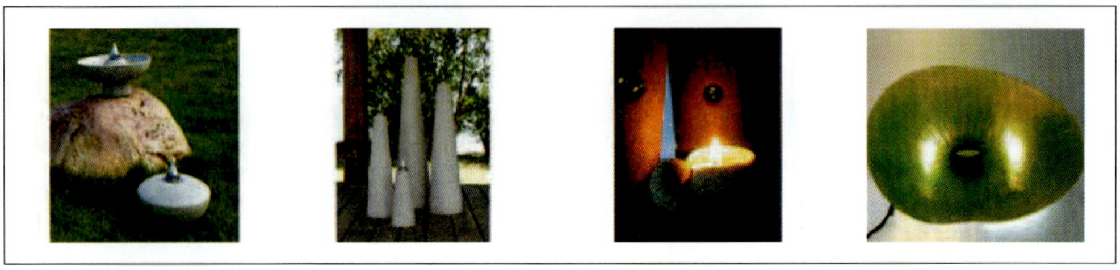

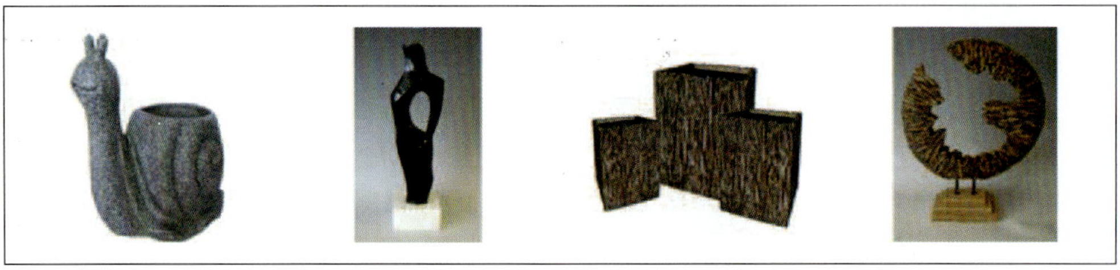

S4618
S4617
S4616

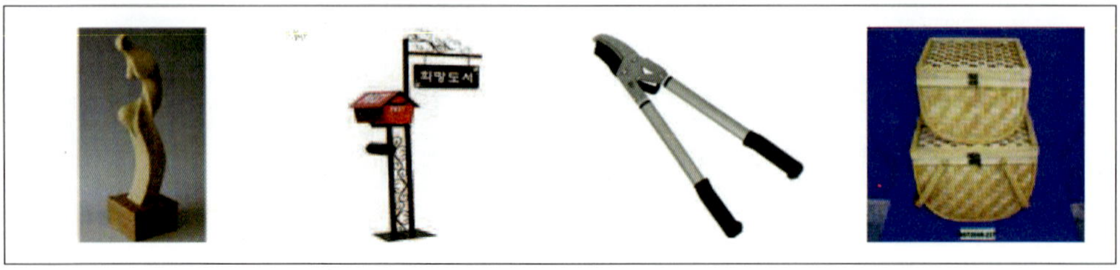
희망도서

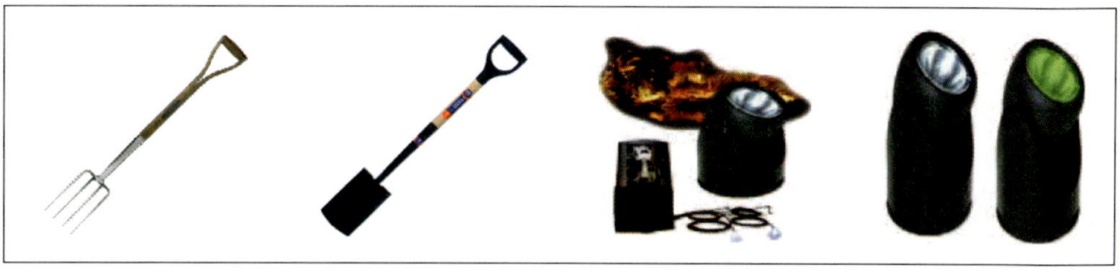

Arbors &
Outdoor Fireplaces &

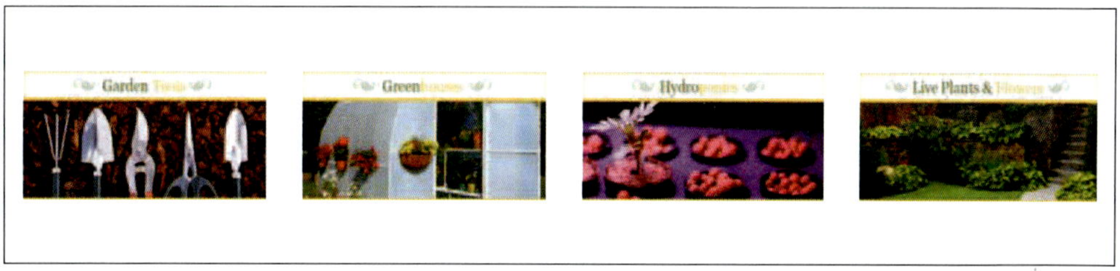
Garden
Green
Hydro
Live Plants &

Patio
Pest
Pots & Planters
Water Gardens &

Watering
Wild Bird
Eco-Friendly
Clearance

Personalized Address & Name Plaques
1401
74095
AC25259

JD07074

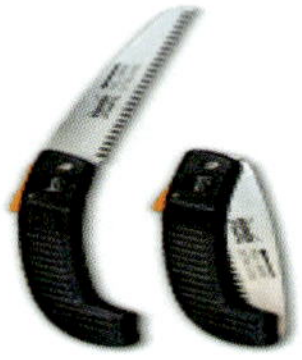

BS-007
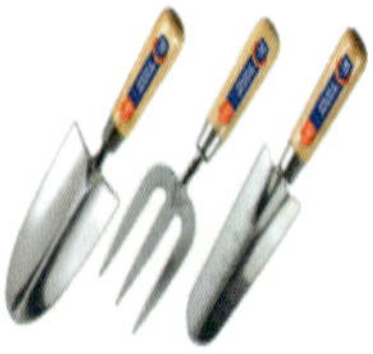

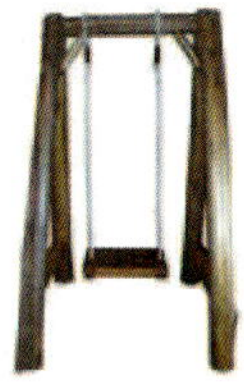

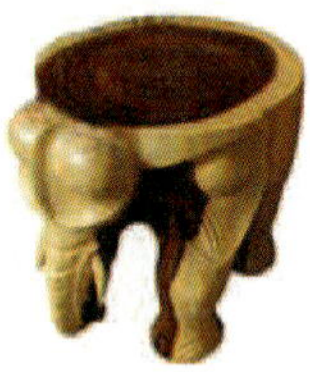

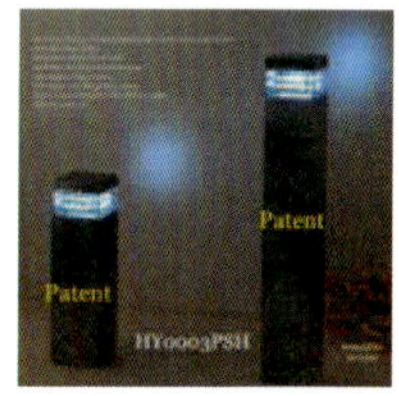
Patent
Patent
HY0003PSH

JD07116

AC24300

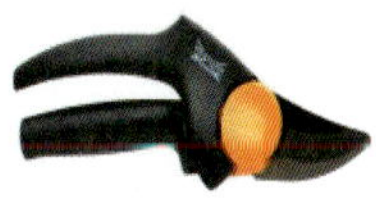

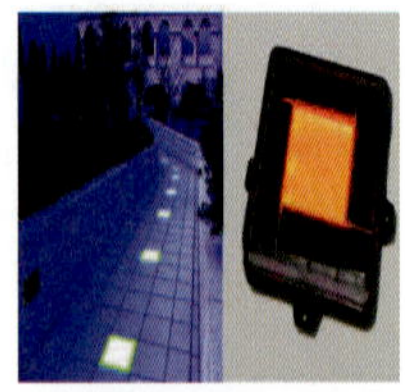

BS-301

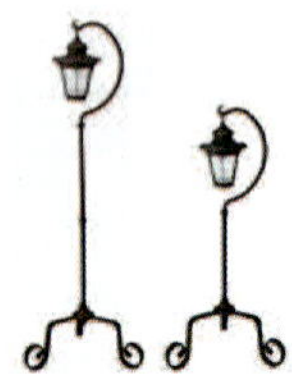

POST
POST

Tiny Traditions

③ KITCHENWARE

영어사전상의 정의 : Kitchenware include utensils, appliances, dishes, cookware, and so on for use in the kitchen.

- List of food preparation utensils
- List of Japanese cooking utensils
- Cookware and bakeware
- List of eating utensils
- Dishware
- Drinkware

Household 제품군으로 가장 큰 영역을 차지하고 모든 상품의 1/3을 치지 할 정도로 중요한 영역이다. 즉 주방에서 쓰는 모든 도구를 연구하는 학문으로 매일 같이 접하는 부엌 용기이기에 주부들의 기호도에 무척 민감하고 패션의 트랜드도 무척 중요하다.

이 장에서 우리는 이 상품군이 워낙 크기 때문에 하나의 카테고리로 다루기로 한다.

✤ Kitchenware small classification

- Cutlery(=flateware, tableware)
- Kitchen accessories(=tools, =utensils)
- Cookware(pot, sauce, kettle, vacuum flask etc)
- Chinaware
- Glassware
- Aluminumware
- Plasticware
- Melamineware

✤ 주방용품의 비즈니스 상 특징

- 제품군이 다양해서 사업이 광범위 할 수 있다.
- Season이 없어서 일 년 년 중 비즈니스가 가능하다.
- On line business가 좋다.

- 고객의 구매단가가 낮아 구매가 용이하다.
- 제품이 점점 브랜드화 되어가고 있다.
- 판매의 다양성이 용이하다.
- 트랜드에 민감하다.
- 여성고객이 주류다.
- 단가가 낮아 최소 구매조건을 달고 배송 준비가 필요하다.
- 판촉물 제품으로 최고이다.
- 제품의 사용 목적이 뚜렷해서 반드시 판매자는 사용 목적을 TEST 후 제품 판매를 한다.
- 중국 제품을 구입해서 수출도 용이하다.
- 제품이 작고 구입단가가 낮아 초기 사업에 용이하다.
- packing design에 집중해야 한다.
- 년중 판매가 가능하다.
- 친환경제품 개발 요구
- Design의 고급화 요구
- 서양 주방용품을 우리식으로 재연구하는 것이 필요하다.
- 제품의 환경호르몬과 인체의 무해성을 체크하는 것이 중요하다.

1) Cutlery(=flateware, tableware)

① Handle의 재료 종류로는 다음과 같이 분류

즉 stainless steel handle cutlery, bakelite handle cutlery, plastic handle flateware, wood handle flateware, s/s hollow handle cutlery, ceramic handle cutlery, forged handle flateware etc.

② Cutlery 종류 연구

㉠ Material : Stainless steel

㉡ Finish : Silver plating / gold plating / Satin / Mirror

㉢ Size :

NO	DESCRIPTION	Size		
		length (mm)	weight(g)	gauge (mm)
01	Dinner spoon	205	77	3.5
02	Dinner fork	205	67	3.5
03	Dinner knife	222	145	φ15
04	Dessert spoon	186	64	3
05	Dessert fork	186	42	3
06	Dessert knife	200	90	φ13
07	Soup spoon	178	54	3
08	US teaspoon	175	50	3
09	Euro tea spoon	135	33	2.5
10	Coffee spoon	110	19	2
11	Cake fork	148	26	2.5
12	Snail fork	144	20	2.5
13	Oyster fork	130	22	2.5
14	Fish fork	185	44	3
15	Fish knife	205	51	3
16	Butter spread	155	27	3
17	Butter knife	165	85	φ13
18	Steak knife	222	141	φ15
19	Serving spoon	225	117	3.5
20	Serving fork	225	88	3.5
21	Cake serve	220	74	2.5
22	Soup ladle	265	173	3.5
23	Garvy ladle	180	75	3
24	Soda spoon	165	41	3

✤ 스텐레스(stainless)

어원은 stain(더러움) less(없음)로 부터 온 것으로 더러움이 없다. 즉 녹슬기 어려운 강이라고 하는 뜻으로 이름이 붙여졌다.

스텐레스강이 녹슬기 어려운 이유는 주요 합금성분인 크롬(CR)이 강의 표면에 강한 산화막을 형성하고 그 피막이 더 이상의 산화를 방지하기 때문이다. 강을 녹슬기 어렵게 하기 위해서는 대략 11%의 크롬이 포함되는 것이 필요하고 스텐레스강은 모두 그 이상의 크롬을 포함한 합금이다.

① 스텐레스의 특징

㉠ 표면이 아름답다.

㉡ 내식성이 우수하여 도장·도색 등의 표면처리를 행하지 않고 고유의 표면을 살려서 다양한 용도에 사용할 수 있다.

㉢ 녹이 잘슬지 않는 내식성을 갖는다.

㉣ 반영구적이다.

② 단점

㉠ 색상의 변화가 없기 때문에 디자인은 오직 Pattern의 변화라는 한계성이 있다.

㉡ 제품의 차가움을 준다.

③ 스텐레스의 종류

㉠ 18/8(18% CR-8% NI) = STS304

사용용도 : 건축물 내·외장재, 주방용기, 화학 plant, 항공기용

장점 : 광이 더 난다. 녹슴이 없다. 강도가 높다.

㉡ 18/0(18% CR) = STS430

사용용도 : 건축재 부품, 자동차 부품, 가전용, 주방기구

장점 : 연성이 18/8보더 더 좋다. 가격이 18/8보다 30%정도 저렴하다.

단점 : 광이 덜 난다. 장기간 사용 시 녹이 슨다.

㉢ 13% Chrome = STS410

사용용도 : 건축재 부품, 주방기구, 자동차, 가전, 사무기기

장점 : 연성이 아주 강화다. 주로 나이프 사용

2) KITCHENWARE ACCESSORIES

- salad spinner
- salad bowl
- Ice bucket
- cutlery holder
- sugar bowl

- pepper miller & salt shaker
- canister
- bread box
- dish rack
- cutlery rack(=box,= holder)
- cruet set
- napkin holder
- dough roller
- candle holder
- measuring cup set
- fruit basket
- paper holder
- cup rack
- paper shalves
- cutting board(bamboo, wood board)
- storage box set
- kitchen timer
- glass oil bottle
- plate rack
- cooker hood
- cookbook stand
- kitchen towel
- s/s deep basin
- basket of washing rice
- mixing bowl
- colander
- stariner
- grater
- kitchen scale(=digital scale)
- serving tong
- sugar tong
- silicone scrubber (=silicone scraper)

- s/s scrubber
- kitchen wipes
- champagne stopper
- apron
- kitchen gloves
- oven mitts
- bottle opener/wine opener
- knife
- corkscrew
- pot stand
- pot holder
- sponge scrubber
- cleaning ball
- mop
- scissors
- 7pcs kitchenware tool set(rice spoon, leaking shovel, shovel, strainer, soup spoon, meat fork, steel shelf)
- nylon tool
- meat hammer
- wine shaker(=cocktail shaker, cocktail mixer)
- meat grater
- cake mold items
- bread mould
- egg ring
- cake decorator
- aluminum foil
- foods stick
- canister set
- potato chipper
- cup stand
- pot stand
- cutlery holder/cutlery box

- nut cracker
- gas lighter
- pizza server

3) COOKWARE

① 재료 별로 본 cookware

㉠ stainless steel cookware

㉡ aluminum die casting non-stick cookware

㉢ aluminum non-stick cookware

㉣ forging die-casting cookware

㉤ enamel cookware

㉥ glass cookware

② Handle의 종류

㉠ hollow handle

㉡ wire handle

㉢ bakelite handle

㉣ ceramic handle

㉤ wooden handle

㉥ silicone handle

㉦ cast handle

③ cover & knob

㉠ cover-glass cover and s/s cover, half glass & half s/s lid

㉡ knob-hollw, wire, bakelite, ceramic, wooden, stone, thermometer etc

④ body & bottom

- body shape : belly shape, straight shape, apple shape
- bottom : sandwich bottom, 3 ply capsuled bottom, copper bottom, induction bottom, body bottom

⑤ 12pcs cookware set:

㉠ 16×7.5cm saucepan w/lid

㉡ 16×7.5cm saucepot(=casserole) w/lid

㉢ 18×8.5cm saucepot w/lid

㉣ 20×9.5cm saucepot w/lid

㉤ 24×11.5cm saucepot w/lid

㉥ 24×5.5cm fry pan and helper handle w/lid

⑥ kitchen item의 종류

- pasta pot set
- 3 ply copper cookware set
- pressure cooker
- s/s tea kettle, whistling kettle
- tea pot
- s/s coffee pot
- air pot
- vacuum flask, vacuum bottle, s/s v/travel bottle, colorful s/s v/bottle, double wall s/s v/flask
- plastic flask w/glass inner
- sport bottle
- roaster pan
- Chinese wok
- travel mug
- ice barrel
- s/s v/food thermos
- s/s v/food jug
- s/s cup, plastic mug, camping mug
- hip flask
- twins pan(=double pan set)
- grill pan
- pizza pan
- bake try set

- fish bake pan
- pancake maker
- omelet pan
- pasta pot set
- portable sandwich maker
- s/s trash can
- leather coated waste bin
- barbecue
- 4pc-Saucepan w/ Fry Basket and Steamer
- steamed boiler

4) Aluminum die casting non-stick cookware

이 제품은 앞에서 설명한 s/s cookware의 아이템들과 거의 같다고 보면 된다. 단 재질의 사용과 제품의 공정이 다르다는 것이다.

die casting (영어). 용융 또는 반 용융 상태의 금속을 정밀한 금형 내부로 가압, 주입한 다음, 형상 그대로 주물을 만드는 방법.

- 녹인 금속에 압력을 가해 금형이나 주형에 주입하여 금속제품을 만드는 것.

1. engineering a form of casting in which molten metal or plastic is forced under pressure into cooled dies (see DIE[2]noun 1) usually in order to produce large numbers of small items of a particular shape.
2. Die casting is the process of forcing molten metal under high pressure into the cavities of steel molds. The molds are called dies. Dies range in complexity to produce any non-ferrous metal parts (that need not be as strong, hard or heat-resistant as steel) from sink faucets to engine blocks (including hardware, component parts of machinery, toy cars, etc). In fact, the process lends itself to making any metal part that:

   must be precise (dimensions plus or minus as little as 50 ?m--over short distances),

   must have a very smooth surface that can be bright plated without prior polishing and buffing,

   has very thin sections (like sheet metal--as little as 1.2 mm), must be produced much more economically than parts primarily machined (multicavity die casting moulds operating at high speed are much more productive than machine tools or even stamping presses),

must be very flexible in design; a single die casting may have all the features of a complex assembly.

If several machining operations would be required or assembly of several parts would be required (to make a finished part), die casting is probably far more economical. This level of versatility has placed die castings among the highest volume products made in the metalworking industry.

Common metals used in die casting include zinc and aluminum. These are usually not pure metals; rather are alloys which have better physical characteristics.

In recent years, injection-molded plastic parts have replaced some die castings because they are usually cheaper (and lighter-important especially for automotive parts since the fuel-economy standards). Plastic parts are practical (particularly now that plating of plastics has become possible) if hardness is not required and if parts can be redesigned to have the necessary strength.

✣ Process

There are four major steps in the die casting process. First, the mold is sprayed with lubricant and closed. The lubricant both helps control the temperature of the die and it also assists in the removal of the casting. Molten metal is then injected into the die under high pressure. The high pressure assures a casting as precise and as smooth as the mold. Typically it is around 100 MPa (1000 bar). Once the cavity is filled then the pressure is maintained until the casting has become solid (though this period is usually made short as possible by water cooling the mold). Finally, the die is opened and the casting is ejected.

Equally important as high-pressure injection is high-speed injection--required so the entire cavity fills before any part of the casting solidifies. In this way, discontinuities (spoiling the finish and even weakening the casting) are avoided even if the design requires difficult-to-fill very thin sections.

Before the cycle can be started the die must be installed in the die casting machine (set up) and brought to operating temperature. This set-up requires 1-2 hours after which a cycle can take anywhere between a few seconds to a few minutes depending on the size of the casting. Maximum mass limits for magnesium, zinc, and aluminium parts are roughly 4.5 kg, 18 kg, and 45 kg, respectively. A typical die set will last 500,000 shots during its lifetime with lifetime being heavily influenced by the melting temperature of the metal or alloy being used. Aluminum and its alloys typically shorten die life due to the high temperature of the liquid metal resulting in deterioration of the steel mold cavities. Molds for die casting zinc last almost indefinitely due to the lower temperature of the zinc. Molds for die casting brass are the shortest-lived of all. This is despite, in all cases, making the mold cavities out of the finest "hot work" alloy steel available.

A shot occurs every time the die is filled with metal. Shots are different from castings because there can be multiple cavities in a die, yielding multiple castings per shot. Also the shot consists not only of the individual castings but also the "scrap" (which, unlike in the case of scrap from machining, is not sold cheaply; it is remelted) that consists of the metal that has hardened in the channels leading into and out of the cavities. This includes, for example, the sprue, runners and overflows. Also there is usually some unplanned-for thin scrap called flash, the result of wear in the molds allowing metal to leak into the space outside the casting, between the dies.

✣ 제품의 종류

- aluminium cookware
- aluminium sauce pan & pot (size : 16/18/20/22/24/26/28/30/32/34---)
- aluminium non-stick cookware
- aluminium camping cookware
- die-cast aluminium cookware with glass lid
- aluminium tea kettle
- aluminium wok

• aluminium pot

✤ 제품의 장점

성형성과 가공성이 뛰어남, 표면 처리성과 내식성이 강하다.

5) ENAMEL WARE

Enamel ware는 법랑 cookware라고 하며 이는 에나멜질의 유약을 칠해 철제품, 도기제품, 기타 제품에 design을 더 넣어서 제품의 cookware 중에 가장 디자인화 된 제품의 주방용품 중의 일종이다.
가격도 저렴하고 디자인도 세련되어 유행을 자주 탄다. 단 오래 사용하면 법랑 칠이 벗겨지는 단점이 가장 크다고 볼 수 있다.
모든 제품의 종류나 spec.은 stainless steel 제품과 같이 보면 된다.

porcelain enamel (영어). 금속바탕 등에 유리질의 유약을 발라 구운 것.
[금속공학] enamel (영어). 철기의 표면에 2층 유리질을 피복하는 것.
영어로는 a hardened coloured glass-like substance applied as a decorative or protective covering to metal or glass 로 표현 한다.

6) PLASTIC WARE

이는 우리 주변에서 가장 많이 볼 수 있는 제품 중의 하나며 특히 주방용품에는 상당히 많이 사용 하는 제품 중의 하나이다.

① 우선 플라스틱이란 무엇인가?

플라스틱은 주형이나 다른 성형법으로 제품을 만든다. 대부분 플라스틱의 중요한 성질은 가열하면 연화되므로 원하는 모양을 만든 후에 냉각시키면 단단해진다. 이러한 성질은 중합체의 물리적 구조(그물구조)에서 유도된 것으로, 충분히 떨어질 정도로 가열하면 구조 단위체는 분리되고 냉각하면 다시 단단하게 그물구조를 형성한다. 최초로 개발된 플라스틱은 니트로셀룰로오스를 식물성 기름과 장뇌로 연화시켜 만든 셀룰로이드로, 1870년 미국의 인쇄업자 존 W. 하이어트가 특허를 받았다. 최초로 완전히 합성된 플라스틱은 1909년 레오 베이클런드가 포름알데히드와 페놀로 만든 베이클라이트이다. 분자물리학의 기본 지식에 대한 진보는 나일론, 폴리에틸렌과 다른 플라스틱의 개발을 촉진시켰다.

모든 플라스틱은 분자의 그물구조와 긴 사슬을 형성하는 공정인 중합반응으로 제조된다. 플라스틱은 열가소성 수지와 열경화성 수지의 2가지로 분류된다. 열경화성 수지는 불용성이고 열에 의해 용해되지 않으며, 페놀 수지, 푸란 수지, 아미노플라스틱, 불포화산의 폴리에스테르 수지와 알키드 수지, 에폭시 수지, 폴리우레탄, 실리콘 등이 있다. 열가소성 수지는 용융과 고체화를 반복적으로 할 수 있으며, 열경화성 수지와 달리 셀룰로오스 유도체, 첨가중합체(폴리에틸렌, 폴리프로필렌, 비닐, 아크릴, 플루오로카본 수지, 폴리스티렌), 축합중합체(나일론·테레프탈산폴리에틸렌·폴리카르보네이트·폴리아미드) 등이 있다. 그 밖의 다른 종류의 수지는 기름에 녹거나 변형된 수지, 천연 생성물에서 추출된 카세인과 리그닌 같은 플라스틱, 종이와 직물의 접착제와 첨가제로 사용된 수지 같은 특수 용도의 합성품 등이 있다.

플라스틱의 원료로는 석탄과 셀룰로오스가 있으나 주요공급원은 석유이다. 플라스틱은 여러 방법, 즉 취입성형, 압연, 유압 프레스에 의한 열경화 가공, 사출성형, 원심력을 이용한 회전성형, 진공성형, 압력에 의한 적층가공, 주조 등으로 성형된다. 거품플라스틱은 용융된 물질에서 기포를 형성해 만든다. 플라스틱 제품은 어느 정도 성형할 수 있으며, 레이저, 초음파 용접, 방사선 처리 등을 통한 기계적 방법으로 마무리한다. 플라스틱은 쉽게 조작할 수 있고, 경제적으로 제조할 수 있으며, 비중이 작고 내식성이 있기 때문에 금속, 나무, 유리, 다른 물질 대신 여러 용도에서 사용된다. 플라스틱은 산업용품과 소비재로 많이 이용하고 있다.

② 플라스틱의 종류

- 폴리에틸렌(polyethylene, PE) : 고압법에 의한 것은 필름, 파이프 등에, 저압법에 의한 것은 버킷, 바구니, 컵, 병 등에 사용되며 전기적 성질도 뛰어난 에틸렌의 중합체
- 폴리프로필렌(polypropylene, PP) : 성형시의 유동성, 치수 안정성이 좋고 광택이 나며, 내약품성, 내굴곡 피로성이 우수하고, 밀도 및 내열성도 좋은 중합체
- 폴리스티렌(polystyrene, PS)
- 폴리에틸렌 테레프탈레이트(polyethylene terephthalate, PET) : 청량음료 병 따위를 만드는 일종의 플라스틱
- 폴리아미드(polyamides, PA, 나일론)
- 폴리에스터(polyester, PES)
- 폴리염화비닐(polyvinyl chloride, PVC)

- 폴리우레탄(polyurethanes, PU)
- 폴리카보네이트(polycarbonate, PC)
- 폴리염화비닐리덴(polyvinylidene chloride, PVDC, 사란)

7) MELAMINE WARE

멜라민[melamine]

멜라민 용기는 우리 식기류에 다양하게 사용되고 있으며 주로 식기류에 집중 사용되고 있으며 깨지지 않는 장점과 일반 플라스틱은 전사라는 과정을 통해 제품의 다양한 디자인이 가능하지만 멜라민 용기는 한 제조 과정에서 다양한 디자인으로 뽑아 낼 수 있어 많은 소비자들이 선호를 하는 주방 식기류에 많이 사용하는 재료이다.

유해 화학성분 멜라민(melamine)은 석유나 석탄 등에서 나오는 물질로, 다량의 질산을 함유하고 있다. 주로 욕조나 접착제, 식기 등 플라스틱의 원료에 들어가며, 비료에도 첨부된다. 멜라민에 열을 가하면 독성 물질인 암모니아가 나온다.

FDA[美國食品醫藥局, Food and Drug Administration]는 식품에 멜라민 사용을 금지하고 있다.

- melamine cookware
- melamine cup & saucer
- melamine tray
- melamine spoons(tableware)
- melamine bowl
- melamine ashtray
- melamine kitchen utensils

8) Glassware

유리는 규석(또는 규사, SiO_2)·석회($CaCo_3$)·소다회(Na_2CO_3) 등을 조합하고 색을 내기 위하여 산화구리(CuO 또는 CuO_2)·산화코발트($CoCO_3$) 등의 금속산화물을 첨가한 뒤에 1,400~1,500℃의 용해로에서 녹인 인공의 재료이다. 그 결과물은 뜨거운 액체로, 식으면 결정되지 않고 단단한 상태로 냉각된 무기질 용융물로 비결정고체로 불린다. 유리는 주요성분에 의해 소다석회유리(soda-lime glass), 산화납(PbO)이 첨가된 납유리(lead glass), 붕규산유리(boro-silicate glass) 등으로 구분되며, 용도에 따라 판유리와 용기유리 등에 속하는 보통유리와 조명유리, 이화학용 유리 등에 속하는 특질유리로 나눌 수 있다. 유리는 투명하거나 불투명한 것이 있으며 내화학성이 크고 불연재이며 녹이 슬지 않고 강도가 높아 흠이 잘 나지 않는다.

① 제작 과정

액화상태의 유리를 쇠로 만든 대롱 끝에 묻힌 다음 입김을 불어넣어 성형하는 기법으로 나무, 가위 같은 도구를 이용해 자유롭게 만드는 것(free blowing)과 거푸집에 불어넣어 형태를 만드는 것(mold blowing)이 있다. 젖은 모래에 형태를 찍어낸 후 액화상태의 유리를 말아 넣는 방법인 샌드 캐스팅(sand casting)과 유리가루를 내화석고에 녹이는 방법인 파트 드 베르(pate de verre)가 있다. 이외에도 판유리를 잘라 실리콘 에폭시, 자외선풀 등으로 접합하여 구조적 형태를 만드는 방법, 거푸집에 유리를 용융·접합시켜 내려앉히는 방법(fusing slumping), 채색유리를 잘라 납선에 끼워 연결시키는 스테인드 글라스(stained glass), 그리고 유리봉이나 유리관을 녹여가며 기물을 만드는 램프 워킹(lamp working) 등이 있다. 장식기법으로는 작은 그라인더로 표면을 긁어내는 인그레이빙(engraving), 돌연마기에 갈아내어 면이나 선 등으로 문양을 만들어내는 커팅(cutting), 플루오르화수소산(HF)과 황산(H2SO4)으로 유리 표면을 부식시키는 에칭(etching), 모래를 뿜어내 표면을 깎아내는 모래분사(sand blasting), 저융점 유리질의 안료로 표면을 채색하는 에나멜링(ena- meling) 등이 있다.

② 제품 소개

- bottles
- candle holder
- glass vase
- wine glass
- crystal crafts
- glass kitchenware
- kitchen accessory set
- glass plates
  - glass table mat
  - glass cups with hand-painting
  - ice bucket
  - glass teapot

- glass ashtray
- 3D crystal
- storage jar
- glass canister
- lab glassware
- glass coaster

✤ 영어학문상으로 본 cookware and bakeware 연구

"Saucepan" redirects here. In Australia "the Saucepan" is sometimes used as an unofficial name for part of the constellation of Pavo, when finding the south by the stars. "Caldero" redirects here. For the geological term, see Caldera. "Pans" redirects here. For the mythological half-animals, see Pan.

Cookware and bakeware are types of food preparation containers commonly found in the kitchen. Cookware comprises cooking vessels, such as saucepans and frying pans, intended for use on a stove or range cooktop. Bakeware comprises cooking vessels intended for use inside an oven. Some utensils are both cookware and bakeware.

✤ History

The history of cooking vessels before the development of pottery is minimal due to the limited archaeological evidence. It has been possible to extrapolate likely developments based on methods used by latter peoples. Among the first of the techniques believed to be used by stone age civilizations were improvements to basic roasting. In addition to exposing food to direct heat from either an open fire or hot embers it is possible to cover the food with clay or large leaves before roasting to preserve moisture in the cooked result. Examples of similar techniques are still in use in many modern cuisines.

Of greater difficulty was finding a method to boil water. For people without access to natural heated water sources, such as hot springs, heated stones could be placed in a water-filled vessel to raise its temperature (for example, a leaf-lined pit or the stomach from animals killed by hunters.). In many locations the shells of turtles or large mollusks provided a source for waterproof cooking vessels. Bamboo tubes sealed at the end with clay would have provided a usable container in Asia, while the inhabitants of the Tehuacan Valley began carving large stone bowls that were permanently set into a hearth as early as 7000 BC.

The development of pottery allowed for the creation of fireproof cooking vessels in a variety of shapes and sizes. Coating the earthenware with some type of plant gum, and later ceramic glazes, converted the porous container into a waterproof vessel. The earthenware cookware could then be suspended over a fire through use of a tripod or other apparatus, or even be placed directly into a low fire or coal bed as in the case of the pipkin. Ceramics (including stoneware and glass) conduct poorly, however, so ceramic pots must cook over relatively low heats and over long periods of time (most modern ceramic pots will crack if used on the stovetop, and are only intended for the oven). Even after metal pots have come into widespread use, earthenware pots are still preferred among the less well-off, globally, due to their low production cost.

The development of bronze and iron metalworking skills allowed for cookware made from metal to be manufactured, although adoption of the new cookware was slow due to the much higher cost. After the development of metal cookware there was little new development in cookware, with the standard Medieval kitchen utilizing a cauldron and a shallow earthenware pan for most cooking tasks with a spit employed for roasting.

By the 17th century, it was common for a western kitchen to contain a number of skillets, baking pans, a kettle, and several pots along with a variety of pot hooks, and trivets. In the American colonies, these items would commonly be produced by a local blacksmith from iron while brass or copper vessels were common in Europe and Asia. Improvements in metallurgy during the 19th and 20th centuries allowed for pots and pans from metals such as steel, stainless steel and aluminum to be economically produced.

✤ Cookware materials

① Metal

Metal pots are made from a narrow range of metals because pots and pans need to conduct heat well, but also need to be chemically unreactive so that they do not alter the flavor of the food. Most materials that are conductive enough to heat evenly are too reactive to use in food preparation. In some cases (copper pots, for example), a pot may be made out of a more reactive metal, and then tinned or clad with another.

② Aluminium

Aluminium is a lightweight metal with very good thermal conductivity. It does not rust, and is resistant to many forms of corrosion. Aluminium can however react with some acidic foods to change the taste of the food. Sauces containing egg yolks, or vegetables such as asparagus or artichokes may cause oxidation of non-anodized aluminium. Since 1965 circumstantial evidence has linked Alzheimer's disease to aluminium, but to date there is no proof that the element is involved in causing the disease, and it is now considered unlikely. Aluminium is commonly available in sheet, cast, or anodized forms.[5][6]

Sheet aluminium is spun or stamped into form. Due to the softness of the metal it is commonly alloyed with magnesium, copper, or bronze to increase its strength. Sheet aluminum is commonly used for baking sheets, pie plate, and cake or muffin pans. Stockpots, steamers, pasta pots, and even skillets are also available from sheet aluminum.[5]

③ Anodized aluminum saute pan

Cast aluminium produces a thicker product than sheet aluminium, making it suitable for saucepots, Dutch ovens, and heavyweight baking pans such as bundt pans. Due to the microscopic pores caused by the casting process cast aluminium has a lower thermal conductivity than sheet aluminum.

Anodized aluminum has had the naturally occurring layer of aluminium oxide thickened by an electrolytic process to create a surface that is hard and non-reactive. It is used for saut pans, stockpots, roasters, and Dutch ovens.

④ Copper

Classically in Western cooking, the best pots were made out of a thick layer of copper for good thermal conductivity and a thin layer of tin to prevent the copper from reacting with acidic foods. Copper pans provide the best conductivity, and therefore the most even heating. They tend, however, to be heavy, expensive, and to require occasional retinning. They are now available with stainless steel rather than tin linings which last much longer. They are best for such high-heat, fast-cooking techniques as saut eing.

⑤ Cast Iron

Cast iron cookware is slow to heat, but once at temperature provides even heating. Cast iron can also withstand very high temperatures, making cast iron pans ideal for searing. Being a reactive material, cast iron can have chemical reactions with high acid foods such as wine or tomatoes. In addition, some foods (such as spinach) cooked on bare cast iron will turn black.

Cast iron is a porous material that rusts easily. As a result, it typically requires seasoning before use. Seasoning creates a thin layer of fat and carbon over the iron that coats and protects the surface, and prevents sticking.

⑥ Stainless Steel

Stainless steel is an iron alloy containing a minimum of 11.5% chromium. Blends containing 18% chromium with either 8% nickel, called 18/8, or with 10% nickel, called 18/10, are commonly used for kitchen equipment. Stainless steel's virtues are a resistance to corrosion, it does not react with either alkaline or acidic foods, and it is not easily scratched or dented. Stainless steel's drawback for cooking use is that it is a relatively poor heat conductor. As a result, stainless steel cookware is generally made with a disk of copper or aluminium in or on the base to conduct the heat across the base.

⑦ Carbon Steel

Carbon steel cookware can be rolled or hammered into very thin sheets of material, while still maintaining high strength and heat resistance. This allows for rapid and high heating. Carbon steel does not conduct heat as well as other materials, but this may be an advantage for woks and paella pans, where one portion of the pan is intentionally kept at a different temperature than the rest. Like cast iron, carbon steel must be seasoned before use. Rub a fat, lard is recommended, on the cooking surface only and heat the cookware over the stovetop. The process can be repeated if needed. Over time the cooking surface will become dark and nonstick. Carbon steel is often used for woks and crepe pans.

⑧ Coated and composite cookware

⑨ Enameled cast iron

Enameled cast iron cooking vessels are made of cast iron covered with a porcelain surface. This creates a piece that has the heat distribution and retention properties of cast iron combined with a non-reactive, low-stick surface.

⑩ Enamel over steel

The enamel over steel technique creates a piece that has the heat distribution of carbon steel and a non-reactive, low-stick surface. Such pots are much lighter than most other pots of similar size, are cheaper to make than stainless steel pots, and do not have the rust and reactivity issues of cast iron or carbon steel. Enamel over steel is ideal for large stockpots, and for other large pans that will be used mostly for water-based cooking. Because of its light weight and easy cleanup, enamel over steel is also popular for cookware used while camping.

⑪ An All-Clad clad aluminum pan Clad aluminum or copper

Cladding is a technique for fabricating pans with a layer of heat conducting material, such as copper or aluminum, covered by a non-reactive material, such as stainless steel. Rather than just a heat-distributing disk on the base, the copper or aluminum extends over the entire pan.

Aluminum is typically clad on both the inside and the outside of the pot, providing both a stainless cooking surface and a stainless surface to contact the cooktop. Copper is typically clad on its interior surface only, leaving the more attractive copper exposed on the outside of the pan.

Some high-end cookware uses a dual-clad process, with a thin stainless layer on the cooking surface, a thick core of aluminum to provide structure and heat diffusion, and a thin layer of copper on the outside of the pot that provides additional diffusion and the "look" of a copper pot. This provides much of the functionality of tinned-copper pots for a fraction of the price. [7]

⑫ Teflon® coated frying pan

Non-stick

Modern metal cooking pans are frequently coated with a substance such as polytetrafluoroethylene (Teflon®) coating in order to minimize the possibility of food sticking to the pan surface. This has advantages and disadvantages for flavor and ease of use. A small amount of sticking is needed to cause flavorful browning (called a glaze); adding liquid to lift the glaze from the pot is called deglazing. Additionally, nonstick pans should not be left on the stove at a high temperature. On the other hand, they are much easier to clean than other types of pots, and do not often result in burned food. When frying in pans without such a coating, it is necessary to use additional vegetable or animal fat to prevent sticking.

Nonstick coatings tend to degrade over time, and require vigilant care and attention. In order to preserve the nonstick coating of a pan, it is important never to use metal implements in the pan while cooking, or harsh scouring pads or chemical abrasives when cleaning. There has been controversy surrounding the use of Teflon® and Silverstone, as the decomposition products that they produce at high temperatures can be toxic.[8] More recent tests show that this decomposition only occurs at temperatures beyond those attained during cooking.[9]

⑬ Non-metallic cookware

Non-metallic cookware can be used in both conventional and microwave ovens. Non-metallic cookware typically can't be used on the stovetop, but some kinds of ceramic cookware, for example Corningware, are an exception.

⑭ Ceramics

Glazed ceramics, such as porcelain, provide a nonstick cooking surface. Some unglazed ceramics, such as terra cotta, have a porous surface that can hold water or other liquids during the cooking process, adding moisture in the form of steam to the food. Historically some glazes used on ceramic articles have contained high levels of lead, which can possess health risks.

⑮ Glass

Borosilicate glass, such as Pyrex, is safe at oven temperatures. The clear glass also allows for the food to be seen during the cooking process.

⑯ Glass-ceramic

Glass ceramic is used to make products such as Corningware, which have many of the best properties of both glass and ceramic cookware. While Pyrex can shatter if taken between extremes of temperature too rapidly, glass-ceramics can be taken directly from deep freeze to the stovetop. Their near-zero coefficient of thermal expansion makes them almost entirely immune to thermal shock.

⑰ Silicone

Silicone bakeware is light, flexible, and able to withstand sustained temperatures of 675°F (360°C) [1]. It melts around 930°F (500°C), depending upon the fillers used. Its flexibility is advantageous in removing baked goods from the pan. This rubbery material is not to be confused with the silicone resin used to make hard, shatterproof children's dishware, which is not suitable for baking.

⑱ Types of cookware and bakeware

The size and shape of a cooking vessel is typically determined by how it will be used. Cooking vessels are typically referred to as "pots" and "pans," but there is great variation in their actual shapes. Most cooking vessels are roughly cylindrical.

⑲ Cookware

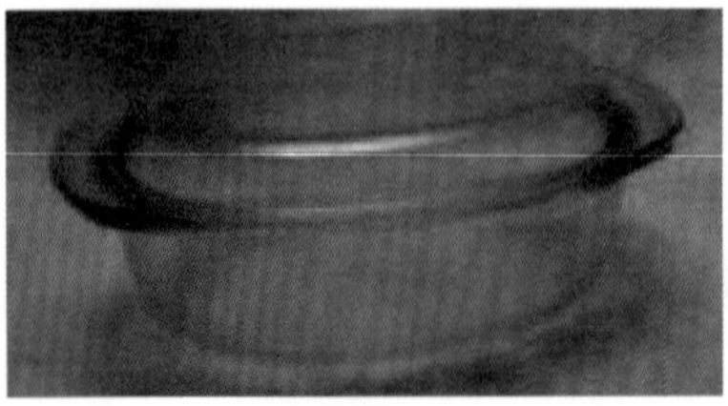

⑳ A Pyrex chicken roaster

Braising pans and roasting pans (also known as braisers and roasters) are large, wide and shallow, to provide space to cook a roast (chicken, beef, or pork). They typically have two loop or tab handles, and may have a cover. Roasters are usually made of heavy gauge metal so that they may be used safely on a cooktop following roasting in an oven. Unlike most other cooking vessels, roasters are usually oblong or oval. There is no sharp boundary between braisers and roasters – the same pan, with or without a cover, can be used for both functions.

Casserole pans (for making casseroles) resemble roasters and dutch ovens, and many recipes can be used interchangeably between them. Depending on their material, casseroles can be used in the oven or on the stovetop. Casseroles are commonly made of glazed ceramics or pyrex.

Dutch ovens are heavy, relatively deep pots with a heavy lid, designed to re-create oven conditions on the stovetop (or campfire). They can be used for stews, braised meats, soups, and a large variety of other dishes that benefit from low heat, slow cooking. Dutch ovens are typically made from cast iron, and are measured by volume.

㉑ Large and small skillets

Frying pans, frypans, or skillets provide a large flat heating surface and shallow sides, and are best for pan frying. Frypans with a gentle, rolling slope are sometimes called omelette pans. Grill pans are frypans that are ribbed, to let fat drain away from the food being cooked. Frypans and grill pans are generally measured by diameter (20–30 cm).

㉒ Electric griddle with temperature control

Griddles are flat plates of metal used for frying, grilling, and making pan breads (such as pancakes, injera, tortillas, chapatis, and crepes). Traditional iron griddles are circular, with a semicircular hoop fixed to opposite edges of the plate and rising above it to form a central handle. Rectangular griddles that cover two stove burners are now also common, as are griddles that have a ribbed area that can be used like a grill pan. Some have multiple square metal grooves enabling the contents to have a defined pattern, similar to a waffle maker. Like frypans, round griddles are generally measured by diameter (20~30 cm).

In Scotland, griddles are referred to as girdles. In some Spanish speaking countries, a similar pan is referred to as a comal. Crepe pans are similar to griddles, but are usually smaller, and made of a thinner metal.

Both griddles and frypans can be found in electric versions. These may be permanently attached to a heat source, similar to a hot plate.

㉓A copper saucepot (stainless lined, with cast iron handles)

Saucepans (or just "pots") are vessels with vertical sides about the same height as their diameter, used for simmering or boiling. Saucepans generally have one long handle. Larger pots of the same shape generally have two handles close to the sides of the pot (so they can be lifted with both hands), and are called sauce-pots or soup pots (3-12 liters). Saucepans and saucepots are measured by volume (usually 1-8 L). While saucepots often resemble Dutch ovens in shape, they do not have the same heat capacity characteristics.

Ironically, the saucepan is not the ideal vessel to use for making sauces. It is more efficient to use saucepans with sloping sides, called Windsor pans, or saucepans with rounded sides, called sauciers. These provide quicker evaporation than straight sided pans, and make it easier to stir a sauce while reducing.

Saute pans, used for sauteing, have a large surface area, like a frypan, but with vertical sides, to prevent food from escaping during cooking.

Stockpots are large pots with sides at least as tall as their diameter. This allows stock to simmer for extended periods of time without reducing too much. Stockpots are typically measured in volume (6–36 L). Stock pots come in a large variety of sizes to meet any need from cooking for a family to preparing food for a banquet. A specific type of stockpot exists for lobsters, and an all-metal stockpot usually called a caldero is used in hispanic cultures to make rice.

Woks are typically lens-shaped. This allows a small pool of cooking oil to be heated to a high heat using relatively little fuel, while the outer areas of the wok are used to keep food warm after it has been fried in the oil. In the Western world, woks are typically used only for stir-frying, but they can actually be used for anything from steaming to deep frying.

㉔ Bakeware

㉕ Angel Food Cake Pan

Baking pans are designed for use in the oven (for baking) and encompass a variety of different styles of bakeware such as cake pans, pie pans, and loaf pans. These are often made from light or medium gauge metal. The longest lasting bakings sheets and pans are made with heavy-gauge steel or aluminum. They are heavier in weight which helps in heat distribution and prevents the metal from warping.

Cake pans include square pans, round pans, and speciality pans such as angel food cake pans and springform pans often used for baking cheesecake.

Sheet pans or cookie sheets are bakeware with large flat surfaces.

Glass pie pans work best for pies as you can check the crust through the glass.

- A spring form pan with pizza
- List of cookware and bakeware
- Baking pan
- Bean pot
- Chip pan
- Cookie sheet
- Cooking pot
- Crepe pan
- Double boiler
- Doufeu
- Dutch oven
- Frying pan (also called Skillet)
- Griddle (also called Tawa in Hindi)

- Karahi
- Kettle
- Pan
- Pressure cooker
- Roasting pan
- Roasting rack
- Saucepan
- Saucier
- Saut   pan
- Souffl   dish
- Springform pan
- Stock pot
- Tajine
- Tube pan
- Wok

❖ KITCHENWARE 디자인 연구

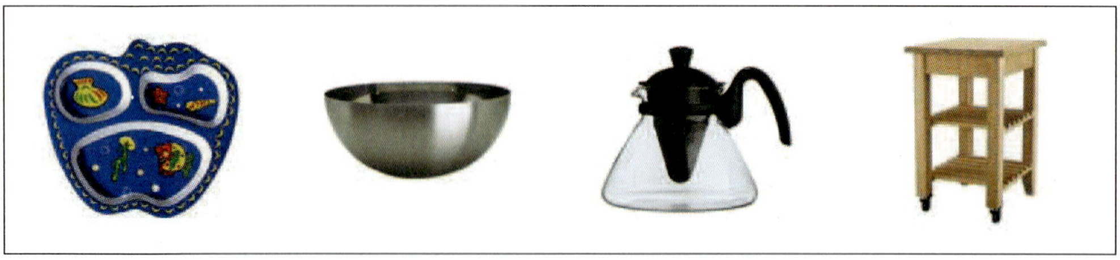

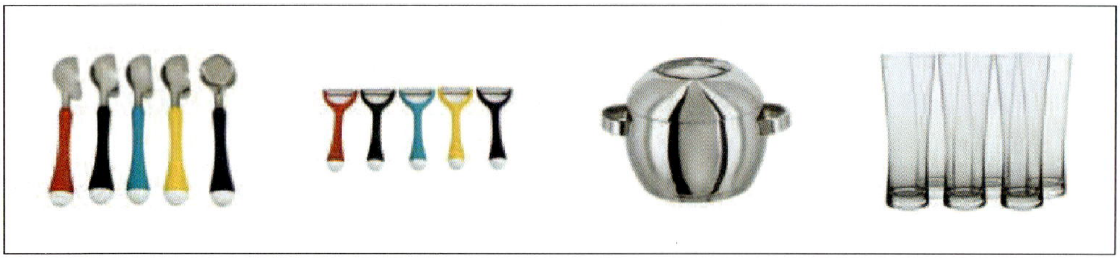

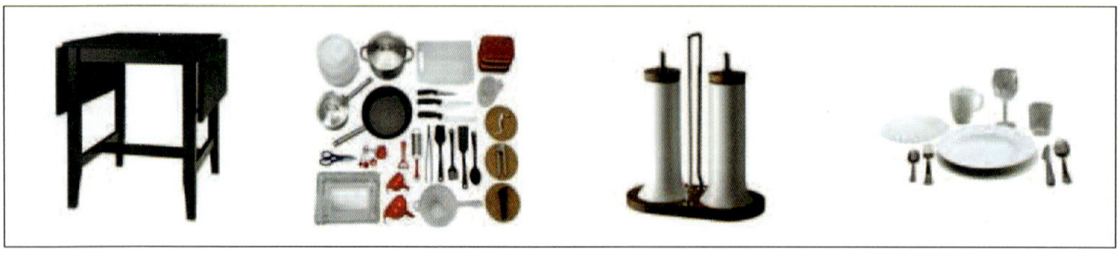

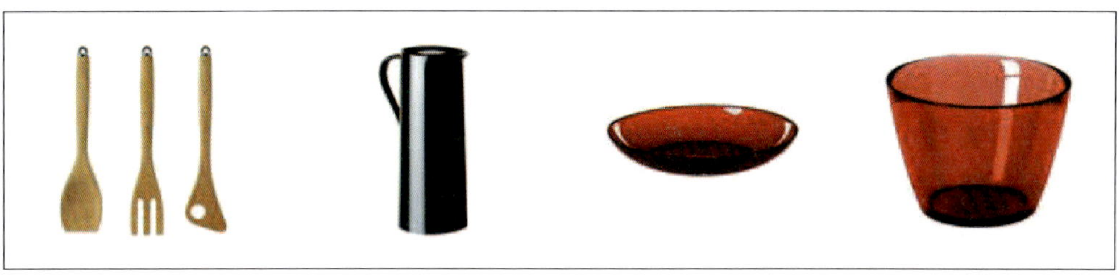

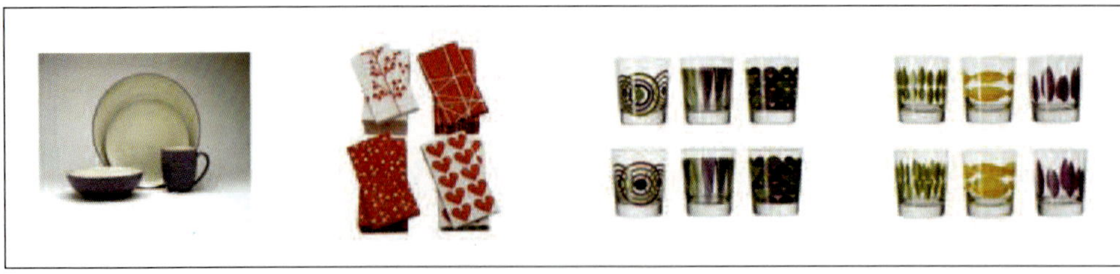

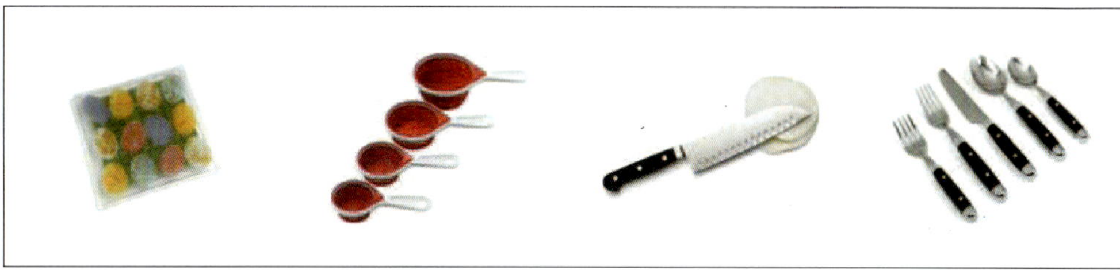

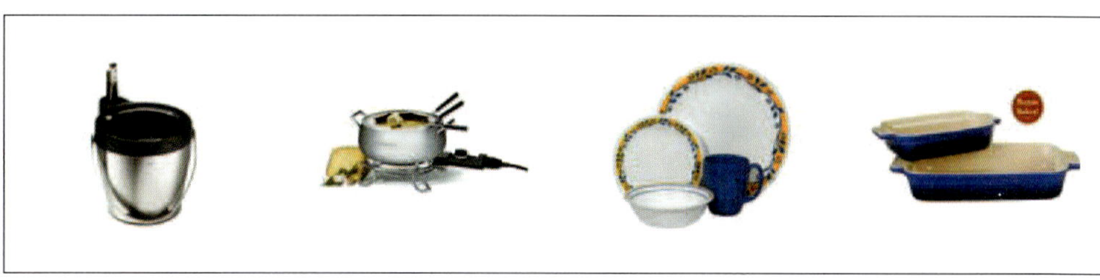

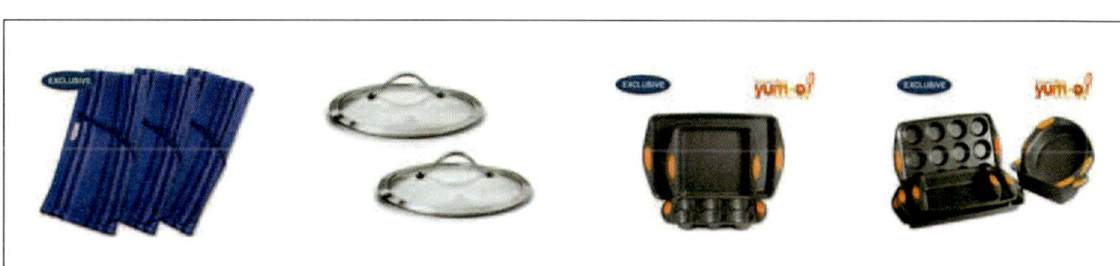

EXCLUSIVE

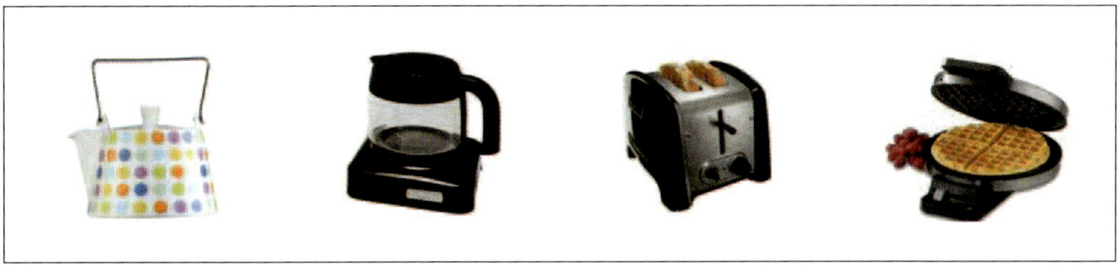

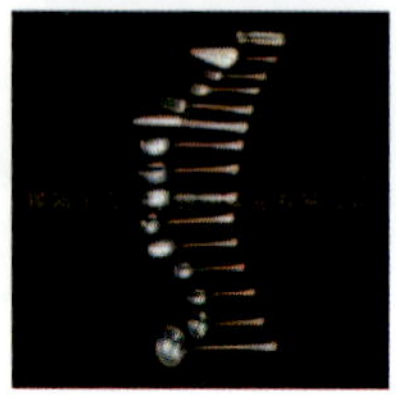

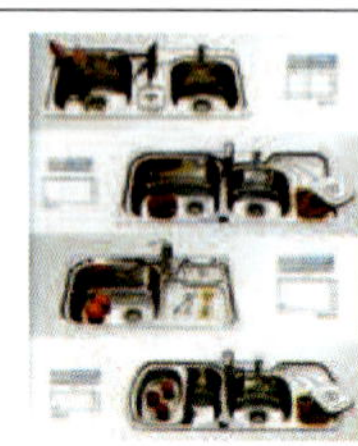

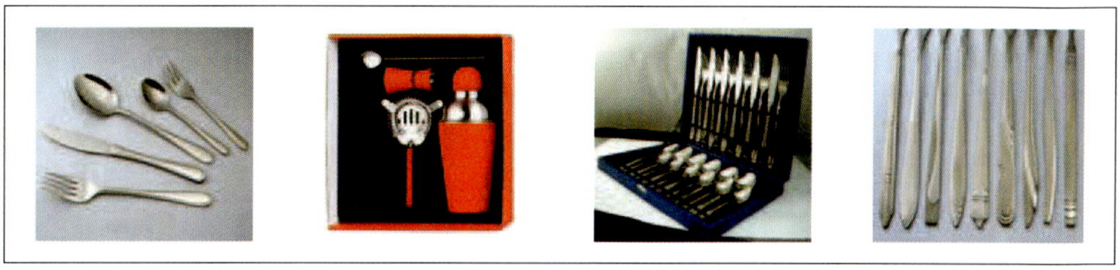

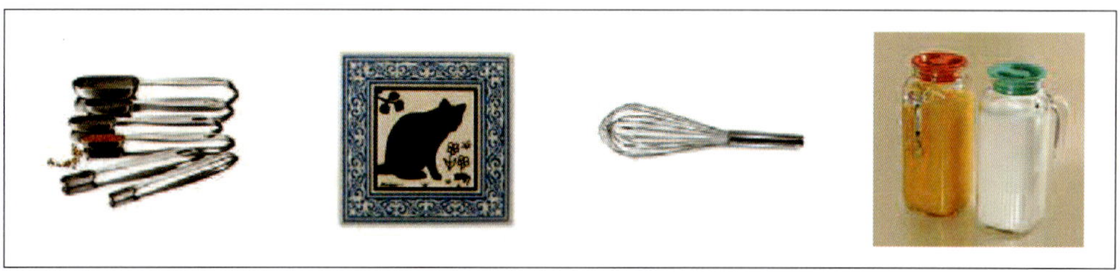

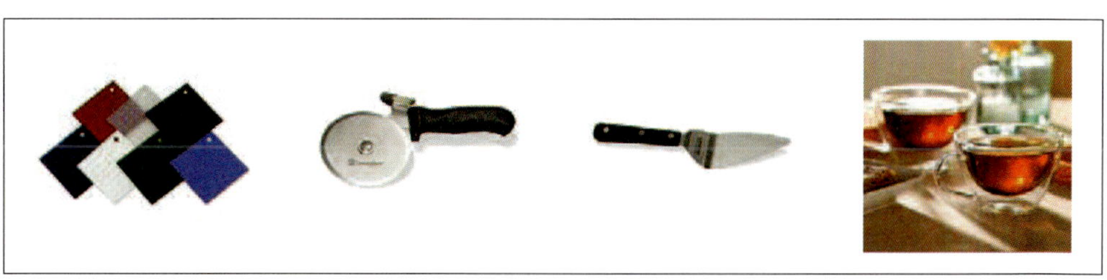

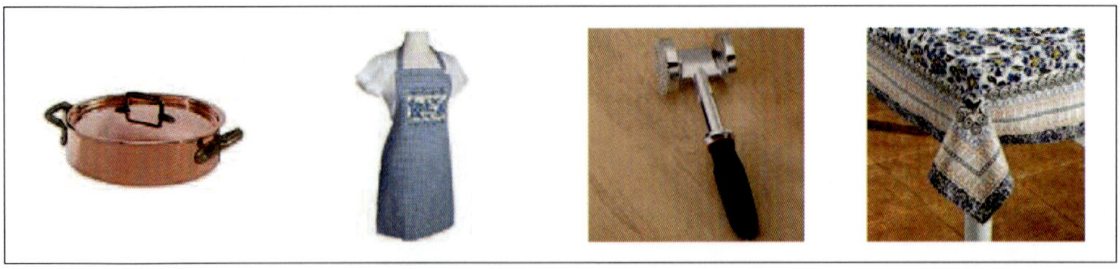

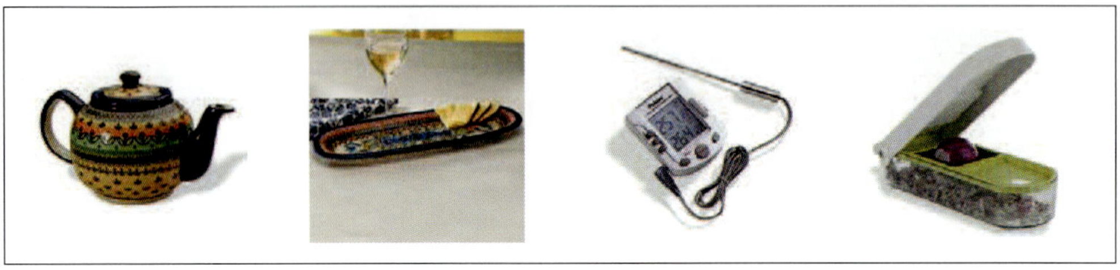

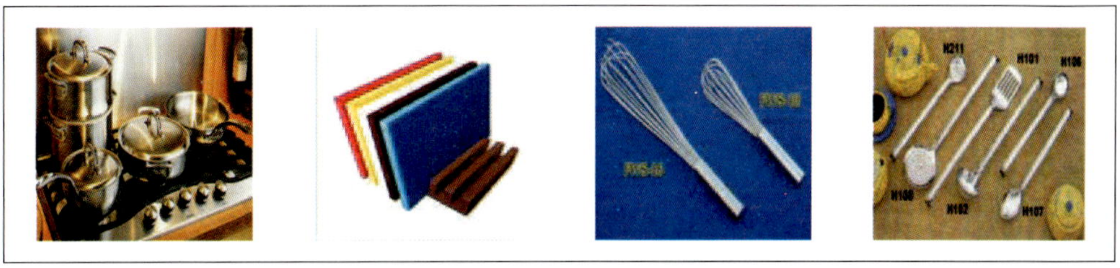

1300ml

4 HOME DECORATION

홈데코는 최근에 형성된 상품군으로 생활환경의 향상으로 lifestyle이 선진화됨으로 생활의 공간이 삶의 질을 높여 풍성한 공간연출과 예술적인 가정환경 조성 등으로 발전되고 있다.

이제는 HOUSEHOLD제품도 사용 목적이나 기능면보다도 제품을 아름답게 장식하여 더 좋은 디자인으로 만들어진 예술성이 가미된 제품이 출시되고 있다.

상품을 통하여 생활의 여유와 만족을 대신하며 실용적 가치를 추구하고 유기적으로 결합된 디자인은 소비자의 욕구를 더욱더 충족시켜서 고객의 매니아층도 형성한다.

홈데코 상품은 HOSUEHOLD 제품의 축소판으로 더욱더 디자인된 상품이며 감성을 자극하는 제품군이다. 이제는 이 제품군들의 샵들이 생기고 또한 체인점화 되는 기업적 아이템으로 자리 잡았다.

특히 상류층들이 고객이었지만 이제는 중산층 고객까지 구매층이 넓어지고 있다.

최근에는 친 환경 제품들이 선호 되고 natural material로 사용하여 가정에서도 자연주의 제품을 출시하는 경향이 늘고 유럽풍의 ANTIQUE 제품도 선호하고 있다.

또 현대가구나 콘솔은 white tone으로 실내를 더욱더 밝고 화사하게 연출을 한다.

fabrics 쪽은 파스텔 톤으로 선호하며 퀼트제품도 고정 고객을 유지한다.

향후 경제 발전으로 이 산업분야도 지속적으로 제품 개발을 통하여 발전할 가능성이 크다.

1) 홈데코 제품의 특성

- 친환경 제품으로 선호
- 유럽풍으로 디자인 된 제품 선호
- white tone 제품이 꾸준하게 유행하는 경향
- 고가구나 나비장처럼 antique 제품의 트랜드
- 제품의 소형화
- 중. 고가 가격대를 선호하는 경향도 있지만 중저가대의 부담없는 가격도 선호
- 향기제품, 캔들, 액자류, 앞치마, 러고, 주방장갑, 타월 등도 기본 상품군으로 보면 됨
- 온라인 비드, 카다로그 제품 판매도 가능함
- 늘 새로운 제품을 개발하는 것이 절실

- 고객층이 주부임
- 전문화된 디자인 조직으로 소비자에게 즐거움을 주는 실용적인 제품개발에 중점
- 자연 친화적 에코 제품 개발
- 모던, 내추럴을 기본 컨셉으로 로맨틱, 클래식, 캐주얼 등 다양한 디자인을 연출

2) HOME DECO의 DESIGN MISSION

- LIFESTYLE TREND-고객의 lifecycle에 맞는 섬세한 감각으로 상품을 통하여 풍성한 삶을 위한 가치부여와 만족을 준다.
- SPACE CREATIVE-공간에 대한 발상의 전환으로 새로운 공간에 대한 creative merchindise로 제품의 ART화 개발
- EMOTIONAL VALUE-제품의 감성화로 삶의 질을 높여 주며 풍성하고 여유로운 삶을 제공

3) HOME DECO MAIN CLASSIFICATION

✤ **Home deco furniture**

- Home fabrics
- Home deco kitchenware
- Metal deco item(flower stand, planter stand, corner rack, tea table etc)
- Wall decor
- Candle holder
- Photo frame
- Ceramic deco items
- Wooden deco items
- Mirror

4) 주요 제품

거울, 탁상거울, 베네치안 거울, 손거울, 전신거울, 전화기, 촛대, 액자. 장식소품, 플라워, 플라워콜렉션, 분수, 도어벨(현관종), 오르골(유리볼), 양면시계, 벽시계, 탁상시계, 샹들리에, 샹들리에, 장스탠드조명, 단스탠드조명, 벽등, 의자, 협탁, 콘솔, 서랍장, 장식장, 수납장, 화장대, 식탁, 침대, 파티션, 인테리어 선반, 디자인커튼, 데코레이스, 매트& 쿠션, 패브릭, 란탄바스켓, 정리함, 숍바틀 디스펜서, 욕실용품세트, 아크릴 욕실용품, 칫솔꽂이, 리빙/데코레이션, 컨츄리소품, 플라워, 리스, 꽃병, 향초, 촛대, 욕실용품, 바구니, 티슈커버, 슬리퍼, 가방, 타올, 데코소품, 식기/용기, 공기, 대접, 찬기, 접

시, 종지, 볼, 면기, 스파게티, 그라탕기, 세트류, 케익스탠드, 서버, 도시락/KIDS/찬합, 찻잔/티용품, 홍차잔, 머그, 점보머그, 스프머그, 티포트, 크리머, 슈거볼, 인퓨저, 스트레이너, 티받침, 티스푼, 포크, 세트류, 홍차, 허브차, 과일잼, 글라스류, 물잔, 텀블러, 고블렛잔, 쥬스잔, 맥주잔, 와인잔, 샴페인잔, 아이스크림, 파르페잔, 물병, 피쳐, 주방용품, 냄비, 밀크팬, 후라이팬, 주전자, 뒤지개, 국자, 거품기, 쿠키틀, 계량도구, 타이머, 주방소품, 저장/밀폐용기, 양념통, 수저, 수저받침, 수저통, 스푼, 포크, 나이프, 정리/수납용품, 접시걸이, 쟁반, 트레이, 받침, 주방패브릭, 식탁매트, 냅킨, 냅킨링, 컵매트, 앞치마, 주방장갑, 행주, 타올, 수세미, 주방세제통

✤ home decoration 상품

- Home Decor
  - Antique Clocks
  - Artificial Plants & Flowers
  - Bedding Sets
  - Candle Holders
  - Candles
  - Carpet & Rug
  - Curtain
  - Cushion
  - Cushion cover
  - Floor Clocks
  - Incense & Incense Oil Burners
  - Painting & Calligraphy
  - Photo & Picture Frames
  - Plaques
  - Screens & Room Dividers

- Vases
  - Bamboo & Wooden Vases
  - Ceramic & Porcelain vases
  - Glass & Crystal Vases
  - Metal Vases

- Resin Vases
- Other vases
- Wall Clocks
- Window Covering & Decoration
- Awnings
- Blinds, Shades & Shutters

❖ DIY 인테리어 용품. 소품 판매 관련 사이트 참조

- 화이트홈 (http://www.whitehomes.co.kr)
- 프리티홈 (http://www.prettydeco.com/)
- 데미스타일 (http://www.demistyle.com)
- 쉬크홈 (http://www.chichome.co.kr/)
- 바닐라스푼 (http://www.vanillaspoon.com/)
- 라라데코 (http://www.laladeco.com/)
- 원룸데코 (http://www.oneroomdeco.com/) 독신자 타겟 패브릭, 소품
- 로즈앤핑크 (http://www.rosenpink.com/) 인테리어 소품
- 앤스홈 (http://annshome.co.kr/) 맞춤패브릭 전문
- 풍경 (http://www.pksopum.com/)
- 프로방스 (http://www.provence.co.kr/) 프로방스 풍 그릇과 가구
- 인플로라 (http://www.in-flora.co.kr/)
- 슈가홈 (http://sugarhome.com/)
- 포룸 (http://www.forroom.com/)
- 머쉬룸 (http://www.mushroomdeco.co.kr/)
- 햄마 (http://www.hemma.co.kr/) 이케아 제품 판매
- 핑크데코 (http://pinkdeco.co.kr/)
- 미세스델러웨이 (http://www.mrsdalloway.co.kr/)
- 로즈마리 (http://www.rosemarihome.com/)
- 바인홈 (http://www.vinehome.co.kr/)
- 두산오토 (http://www.otto.co.kr/)
- 씨씨브랜드 (http://www.ccbrand.co.kr/)
- 필데코 (http://www.feeldeco.com/)
- 프롬데코 (http://www.fromdeco.com/)

- 인플로라 (http://www.in-flora.co.kr/)
- 포홈 (http://www.forhome.co.kr/)
- 스위트베리 (http://www.sweet-berry.com/index.htm) 장식 접시와 쿠션 등
- 소품채널 (http://sofum.co.kr/)
- 디피존 (http://www.dpzone.co.kr/) 화이트 철재 & 원목 등 상업 공간 인테리어 소품
- 인파스텔 (http://www.inpastel.co.kr/) 키즈 가구, 침구, 커튼
- 소품샵 (http://www.sofumshop.co.kr/) 인테리어 소품, 선물샵
- 디자인마노 (http://www.designmano.co.kr/)
- 앤틱하우스 (http://www.antichouse.co.kr/)
- 아름다운방 (http://www.beauty-room.net/) 침구 커튼 홈인테리어
- 담너머예쁜집 (http://www.damzip.com)
- 제이홈 (http://www.jhomes.co.kr/)
- 로맨틱홈 (http://www.romantic-home.com/)

✤ HOME DECORATION 디자인 연구

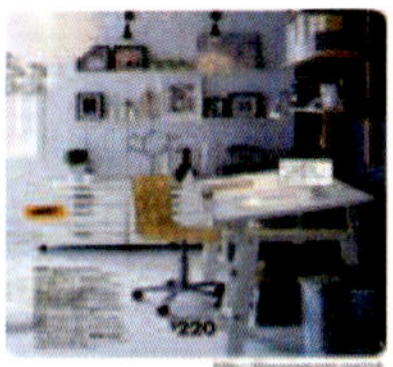

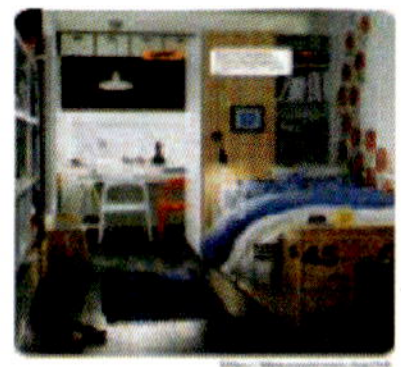

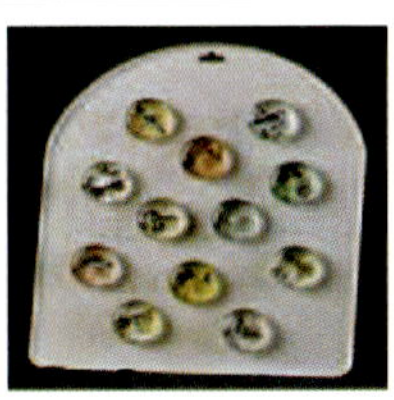

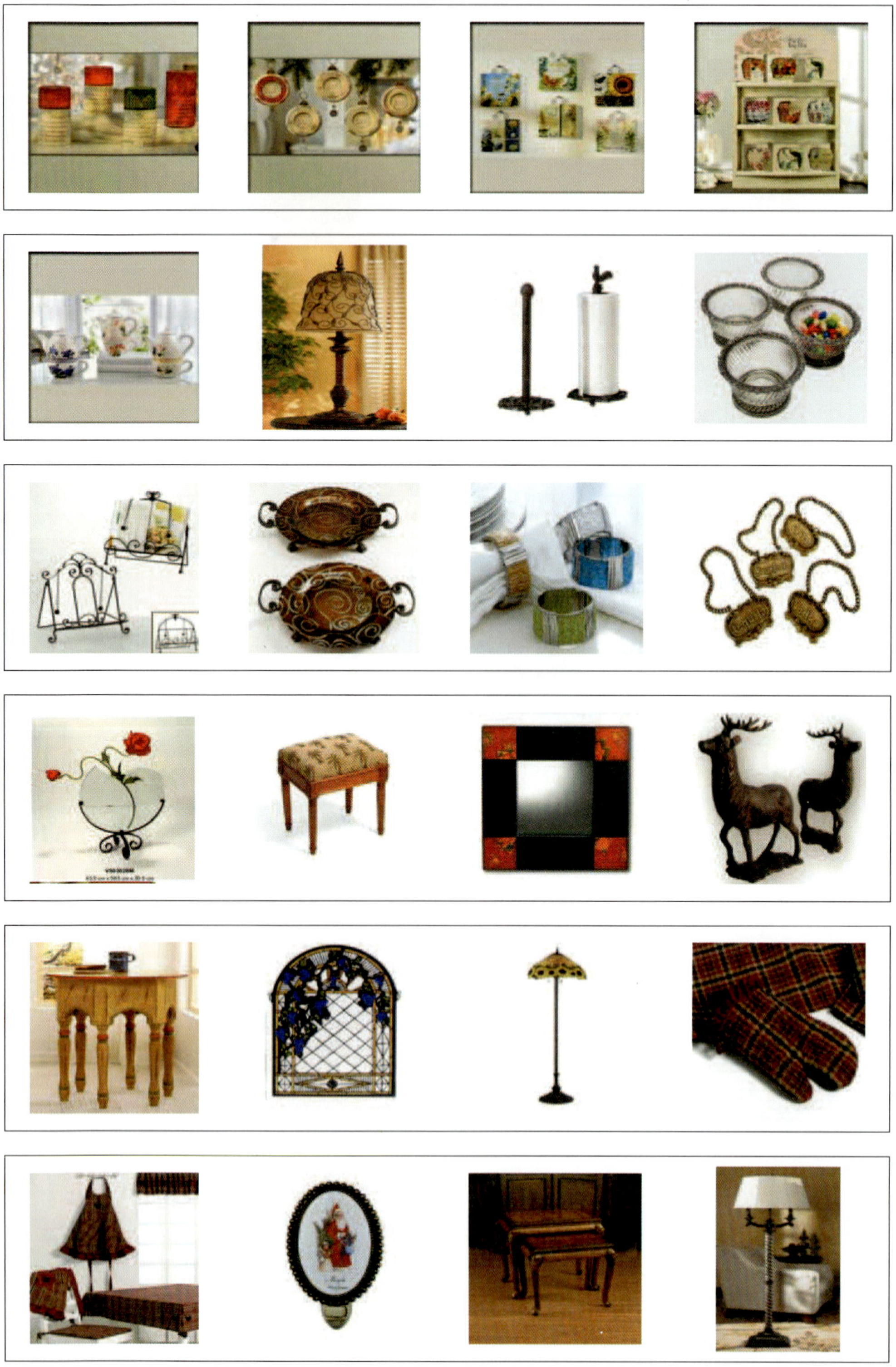

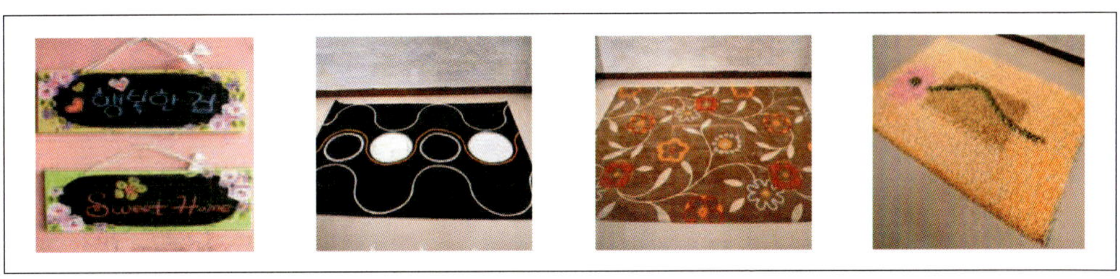
행복한 집
Sweet Home

WELCOME
FRIENDS
84803

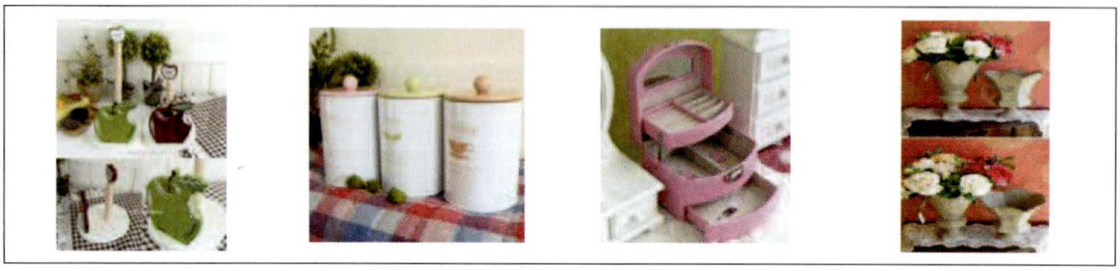

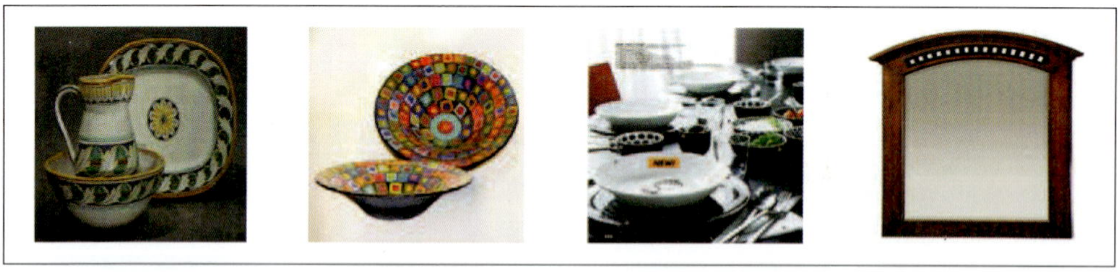

TOWELS
CLOTHES

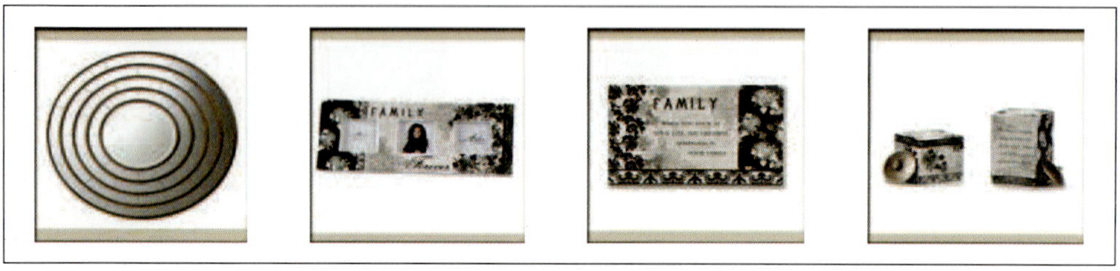
FAMILY
FAMILY

넌, 할수있어!

5 HOME APPLIANCE

Home appliances are electrical/mechanical appliances which accomplish some household functions, such as cooking or cleaning.

Traditionally, home appliances are classified into:

- Major appliances (or "White goods")
- Small appliances (or "Brown goods")

1) Major appliances

A major appliance, or domestic appliance, is usually defined as a large machine which accomplishes some routine housekeeping task, which includes purposes such as cooking, food preservation, or cleaning, whether in a household, institutional, commercial or industrial setting. An appliance is differentiated from a plumbing fixture because it uses an energy input for its operation other than water, generally using electricity or natural gas/propane.

An object run by a watermill would also be considered an appliance. The term white goods or whiteware is also used for these items, primarily where British English is spoken, although definitions for the term "white goods" can differ. In the United States, the term white goods more commonly refers to linens rather than appliances.

Major appliances are differentiated from small appliances because they are large, difficult to move, and generally fixed in place to some extent. They are often considered fixtures and part of real estate and as such they are often supplied to tenants as part of otherwise unfurnished rental properties. Another frequent characteristic of major appliances is that they may have substantial electricity requirements that necessitate special electrical wiring to supply higher current than standard electrical outlets can deliver. This limits where they can be placed in a home.

Major appliances have become more technically complex from the control side recently with the introduction of the various Energy Labelling rules across the world. This has meant that the appliances have been forced to become more and more efficient leading to more accurate controllers in order to meet the regulations.

Major appliances may be roughly divided as follows:

- refrigeration equipment
  - freezer
  - refrigerator
- stoves
  - cooker, also known as range, stove, oven, cooking plate, or cooktop
  - microwave oven
- washing equipment
  - washing machine
  - clothes dryer
  - drying cabinet
  - dishwasher
- miscellaneous
  - air conditioner
  - water heater
  - trash compactor

2) Small appliance

Small appliance refers to a class of home appliances that are portable or semi–portable or which are used on tabletops, countertops, or other platforms. Such items are contrasted with

major appliances, which are typically fixtures that cannot be easily moved. All appliances are intended to perform, enable, or assist in performing a job or changing a status, such as the humidity of a room. In this way, they can be differentiated from other portable electrical items that provide only entertainment. Some items not typically considered appliances, such as lamps, can be used as appliances if they are used to cook or warm food.

Many small appliances are powered by electricity. The appliance may use a permanently attached cord which is plugged into a wall outlet or a detachable cord. The appliance may have a cord storage feature. A few hand-held appliances use batteries, which may be disposable or rechargeable. Some appliances consist of an electrical motor upon which is mounted various attachments so as to constitute several individual appliances, such as a blender, a food processor, or a juicer. Many stand mixers, while functioning primarily as a mixer, have attachments which can perform additional functions. A few gas-powered appliances exist for use in situations where electricity is not expected to be available, but these are typically larger and not as portable as most small appliances. Items that perform the same function as small appliances but are hand powered are generally referred to as tools or gadgets, for example a hand-powered meat grinder.

Some small appliances perform the same or similar function as their larger counterparts. For example, a toaster oven is a small appliance that performs a similar function as an oven. Small appliances often have a home version and a commercial version. The commercial, or industrial, version is designed to be used nearly continuously in a restaurant or other similar setting. Commercial appliances are typically connected to a more powerful electrical outlet, are larger and stronger, have more user-serviceable parts, and cost significantly more.

Small appliances can be very inexpensive, such as a basic can opener or coffee maker which may cost only a few U.S. dollars, or very expensive, such as an elaborate espresso maker, which may cost several thousand U.S. dollars. Most homes contain several cheaper home appliances, with perhaps a few more expensive appliances, such as a high-end microwave oven or mixer.

Small appliances which are defective or improperly used or maintained may cause house fires and other property damage, or may harbor bacteria if not properly cleaned. It is important that users read the instructions carefully and that appliances that use a grounded cord be attached to a grounded outlet. Because of the risk of fire, some appliances have a short detachable cord that is connected to the appliance magnetically. If the appliance is moved further than the cord length from the wall, the cord will detach from the appliance.

3) Kitchen appliances

- Beer chiller
- Blender
- See also Immersion Blender
- Bottle warmer
- Breadmaker
- Bread / bun warmer
- Butter churn
- Can opener
- Non-chemical food sanitizer
- Chocolate fountain
- Chocolate melter / temperer
- Chopper / mini-chopper
- Coffee grinder
- Coffee machine
- Coffee roaster
- Convection oven
- Counter-top dishwasher
- Cotton candy maker
- Crepe maker
- Cup warmer / coffee cup warmer
- Deep fat fryer
- Dim sum maker
- Doughnut maker
- With fryer
- Egg cooker
- Easy-Bake Oven
- A working toy appliance
- Fondue set
- Food dehydrator
- Food processor

- Frying pan
- Frozen concoction / Margarita maker
- Garbage disposal
- Griddle
- Grill / smokeless grill
- Hot dog toaster / grill / steamer
- Hotplate
- Ice cream maker
- Ice grinder / shaver
- Ice maker (counter-top)
- Immersion blender
- Induction burner
- Jar opener
- Juicer
- Kettle / water boiler
- Knife
- Knife sharpener
- Martini maker / shaker / stirrer
- Mayonnaise maker
- Microwave oven
- Meat slicer
- Meat grinder
- Milk frother / Hot chocolate frother
- Milkshake maker
- Mixer
- Food grinder
- Sausage stuffer
- Pasta rollers / cutters
- Grain mill
- pea pod shucker
- Citrus juicer
- Fruit and vegetable strainer

- Nut chopper
- Nut cracker
- Pasta machine
- Pepper grinder
- Pizelle iron
- Pizza cooker
- Plate warmer
- Popcorn maker
- Potato peeler
- Pressure cooker
- Quesadilla maker
- Raclette maker
- Rice cooker
- Roasting oven
- Rotisserie oven
- Salad shredder / rotary grater
- Salad spinner / dryer
- Sandwich press
- Scales
- Skillet
- Shrimp peeler
- Slow cooker
- Smoothie maker
- Smores maker
- Soy milk maker
- Spice grinder
- Steamer / vegetable steamer
- Steam oven
- Stirring pot
- Sugar cane juicer
- Takoyaki pan
- Tea maker

- Toaster
- Tortilla maker
- Toaster oven
- Vacuum food sealer
- Vacuum marinator
- Vertical grill / kebab cooker
- Waffle iron
- Waffle cone maker
- Warming tray
- Water filter / chiller / heater / dispenser
- Wine cooler / wine chiller
- Wok
- Yogurt maker

4) Personal-care products

- Curling iron
- Hairdryer or blowdryer
- Shaver
- (Electric) toothbrush

5) Household appliances

- Carpet cleaner
- Clock / alarm clock
- Carpet cleaner / shampooer
- Fan (ceiling)
- (Electric) Fan (floor)
- Heater (convection) portable (1250 watts)
- Heater (fan)
- Heater (waterbed)
- Humidifier or vaporiser
- iron
- Lint shaver

- Electric wet mop
- Sewing machine
- Steam cleaner
- Steam wrinkle remover
- Trouser press
- Vacuum cleaner
- Water pump for in-tub spa

✤ Home appliances 제품의 특징

- 제품군들이 전기를 다루기에 반드시 전문성이 필요
- 제품 작업 시 반드시 전압, 플러그 사양, 제품 설명서등 철저한 준비요함
- 이 분야의 경쟁자는 다른 제품에 비해 덜 하다.
- 제품의 성능 체크 필수
- 몰드 제품이기에 초기 제품 개발비가 비싸다.
- 브랜드 비중이 중요하다.
- 한번 제품이 히트를 치면 다른 제품에 비해 수명이 길고 다른 업체에서 유사 상품개발 기간이 길어 수익성을 충분히 보장 받는다.
- 소형화, 디자인화, 지능화로 이동한다.
- 오프라인 비즈니스에 적합하다.
- 제품안전 승인 시 전기 안전검사를 요하기에 전기와 기계의 기술의 노하우가 있어야 한다.
- 독립가구의 증가로 제품이 소형화로 발전한다.
- 동시에 노령인구의 증가로 제품기능의 단순화 경향이 있다.

✤ HOME APPLIANCE 디자인 연구

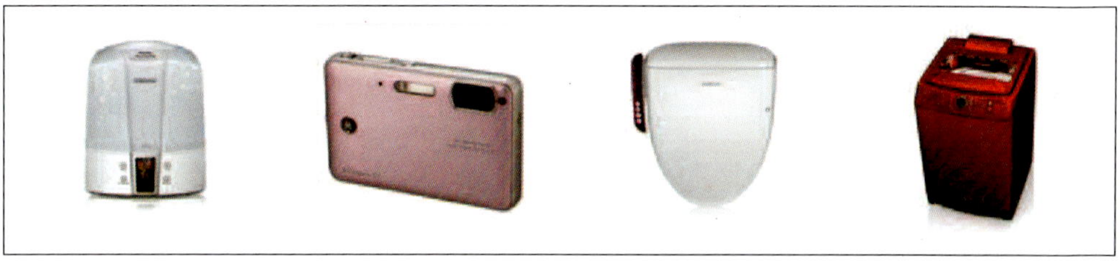

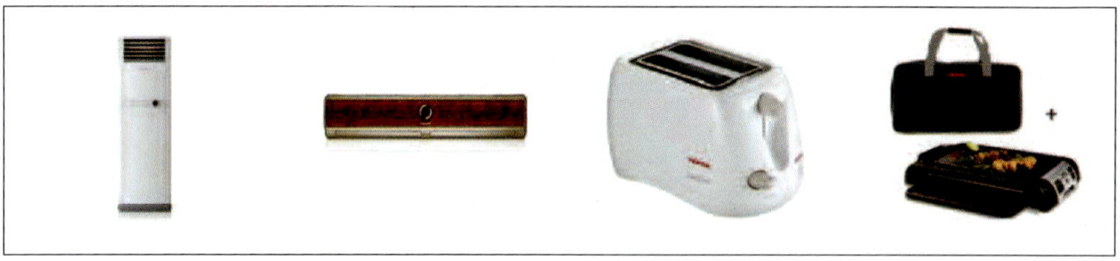

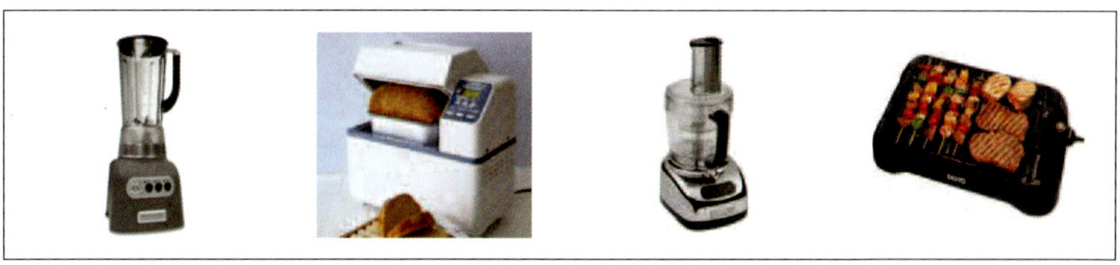

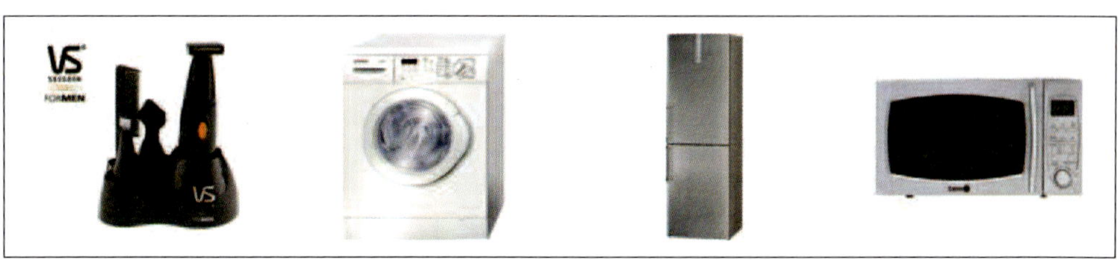

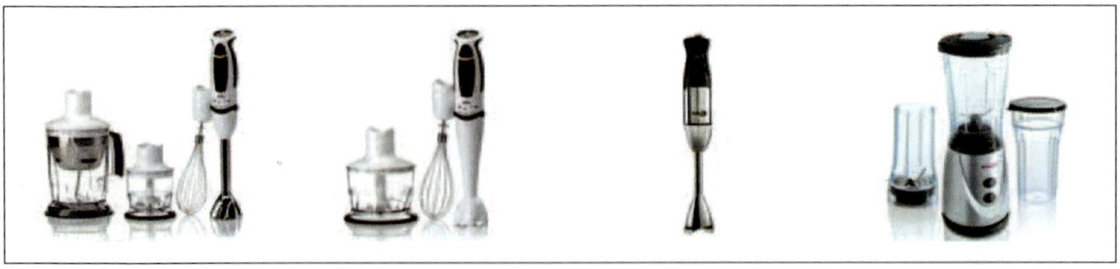

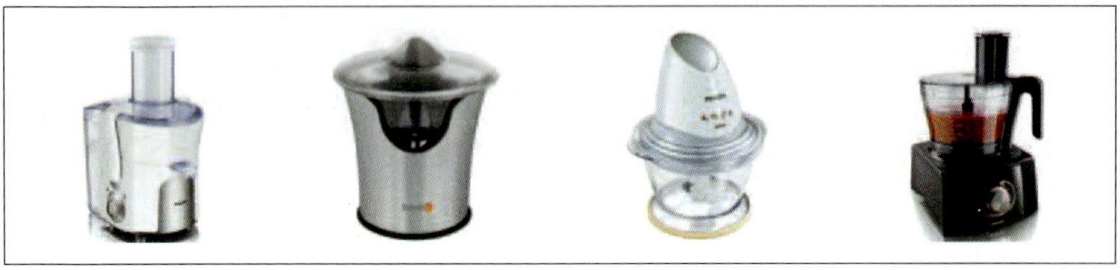

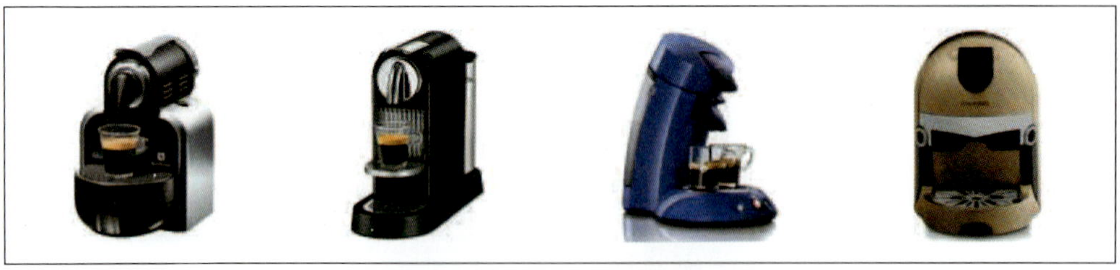

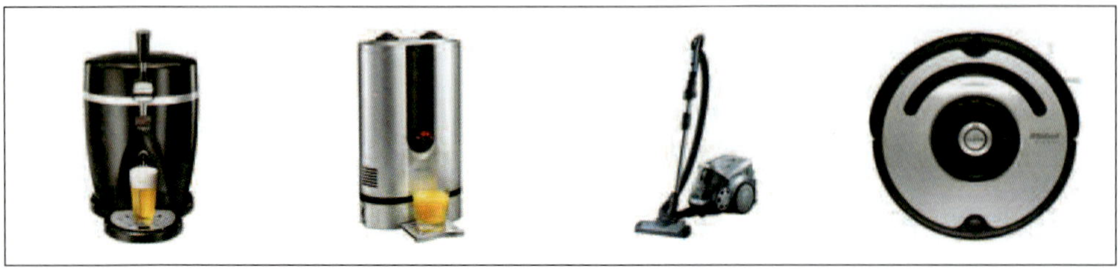

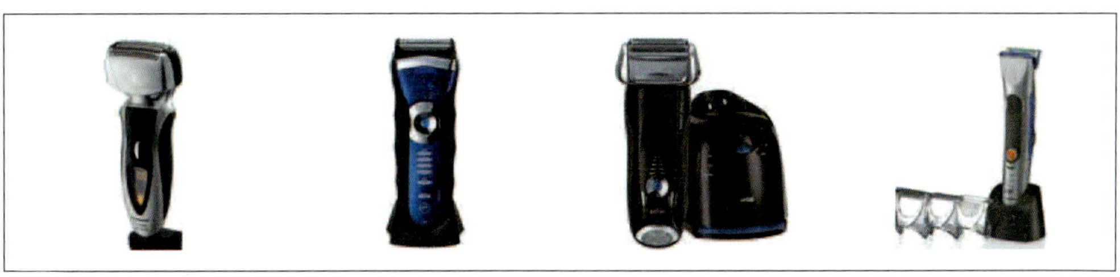
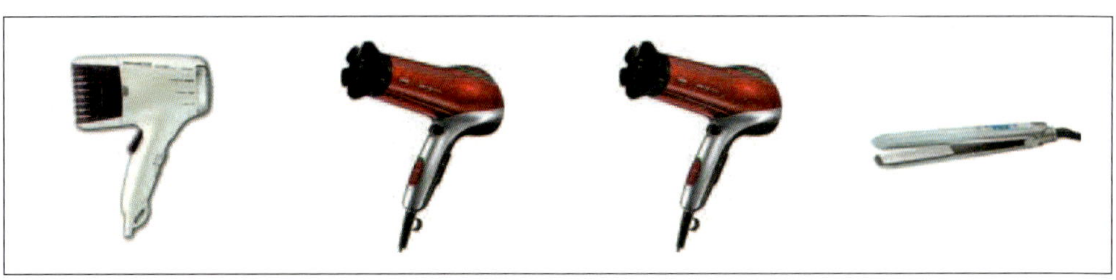
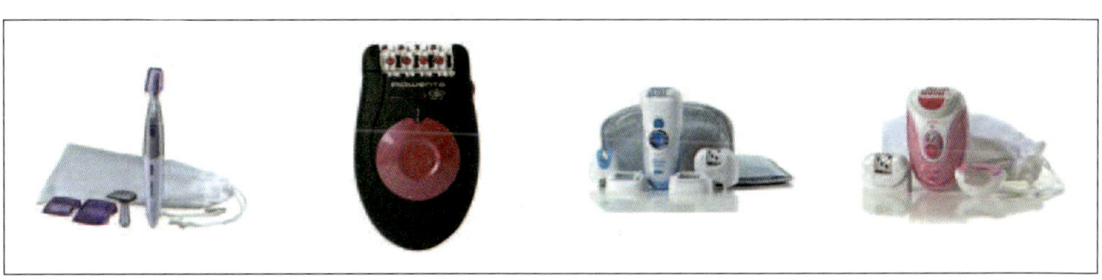

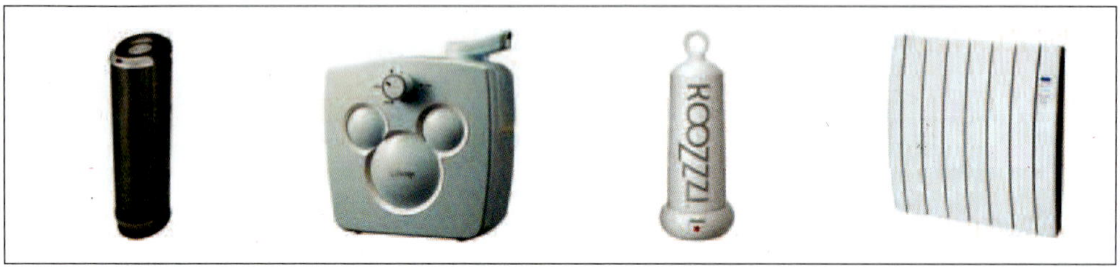

SONY

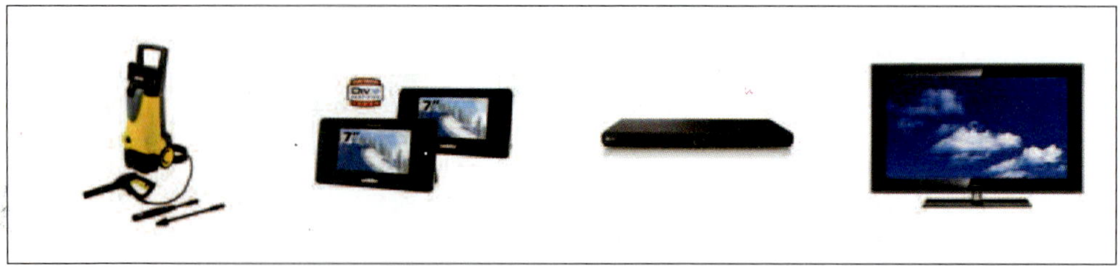

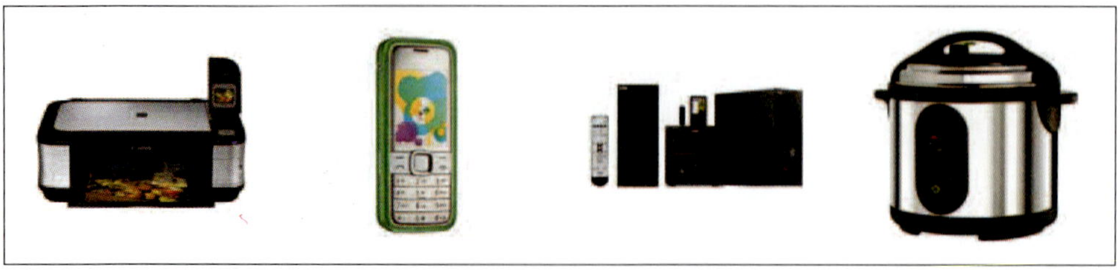

BRAUN

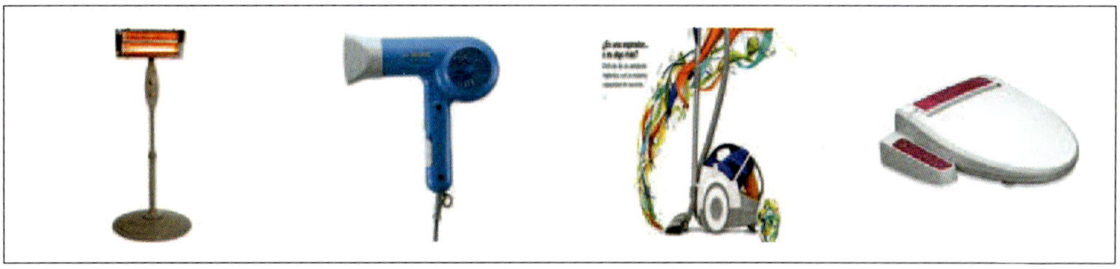

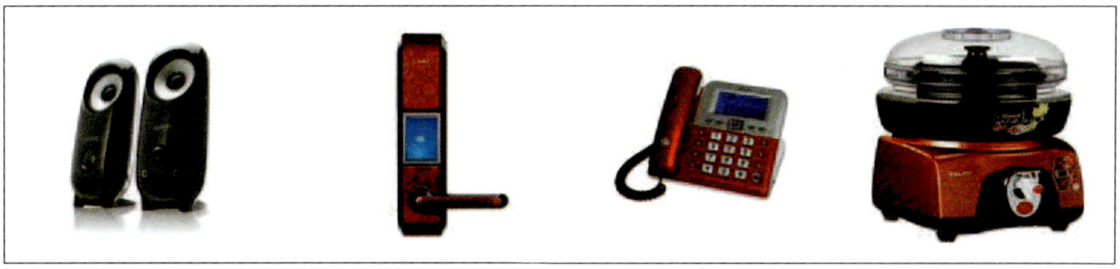

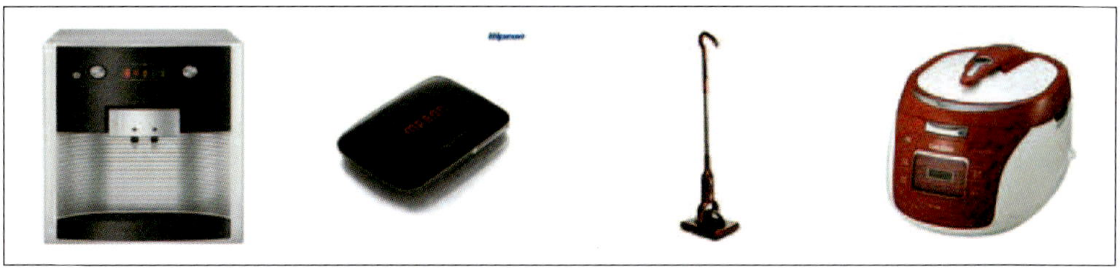

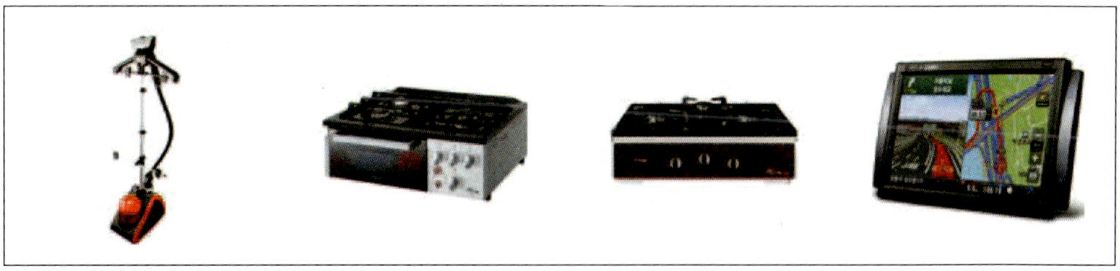

Magic

포켓몬스터

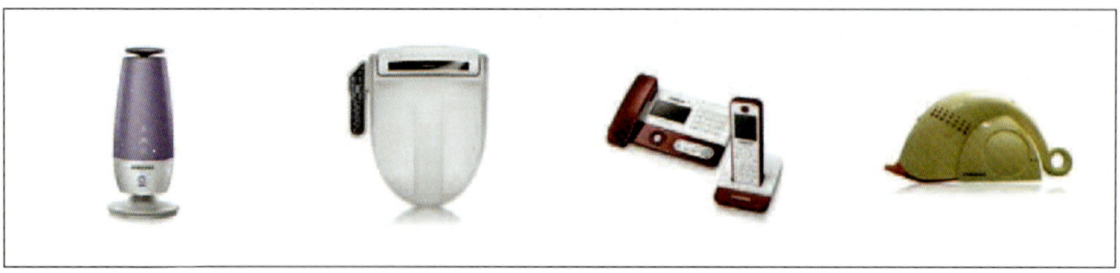

6 BATHWARE

✤ BATHWARE(=TOILETWARE)

1) bathware의 개념

경제수준과 생활수준의 향상으로 화장실 문화가 급속도로 선진화되고 있으며 즉 dirty에서 clean으로 이제는 goods에서 culture를 파는 것으로 트랜드의 개념이 변화하고 있다.

그래서 이제는 화장실을 제2의 room처럼 생각하며 다양하고 과학적인 화장실 상품의 발전을 가속시켜왔다. 90년대 초반부터 비데문화에서 이제는 첨단기능을 갖춘 기능과 TV까지 아니 먼 훗날에는 컴퓨터까지 설치가 될 것으로 전망한다.

문화·휴식공간으로 손색이 없을 정도로 발전하며 여기에 발맞추어 다양한 상품의 발전이 동시에 이루어진다. bathware는 크게 보면 household 상품군에 속하며 또한 home decoration 상품군에서도 많이 취급되는 아이템이다.

2) bathware의 상품 대 분류

- ceramic toilet and bath tub
- tile
- stainless faucet & stainless accessories
- rug
- shower courtain
- others toilet decoretaion

3) bathware 상품군들

- bathroom cabinets
- bathroom furniture
- bathroom vanity
- bathroom sinks(decorative basin)
- bathtubs(massage bathtub, computer controlled massage bathtub, denis series bathtub)
- SPA tubs
- bath mirror

- shower rooms/shower cabin
- shower enclosure
- shower curtain(pvc, polyester, pvc door curtain, plastic)
- glass bowl
- bath mat
- toilet(one piece toilet, two piece toilet, three piece toliet)
- bidet
- urinal
- shower panel
- Faucet/bathroom accessories(7pcs sanitary ware set, Toilet brush holder, Soap dispenser, Glass shelf, Double towel bar, Towel bar, Basin Tap, Paper holder, Soap basket, Kitchen faucet, Soap dish, bath mixer, Towel ring, Spring Kitchen Mixer, Tumbler holder, Hook, Towel shelf, etc)
- shower head
- fitting & valves

4) Bathware 상품군의 특징

① 제품의 고 품질화

② 독립가구의 증가를 위한 제품의 소형화

③ plastic product→ceramic product→stainless steel product로 발전 경향

④ tile의 다양한 디자인 발전

⑤ bath tub의 기능 발전화

⑥ 비데기능의 지속 발전

⑦ toilet cabinet의 효율적인 공간배치

⑧ accessory 아이템의 디자인화

⑨ toilet 공간의 문화화로 인한 제품의 자연주의

⑩ toilet 제품의 디지털화

⑪ 화장실의 문화를 판다는 개념의 디자인 연구개발

✤ BATHWARE 디자인 연구

  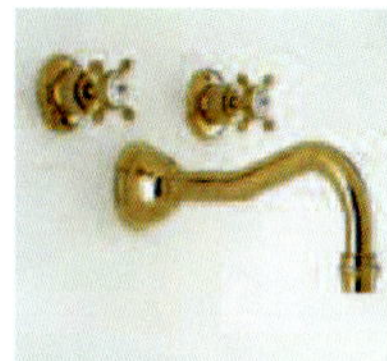 

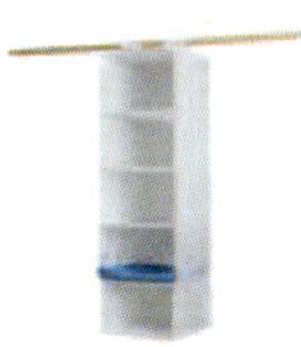  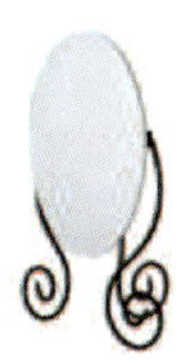 

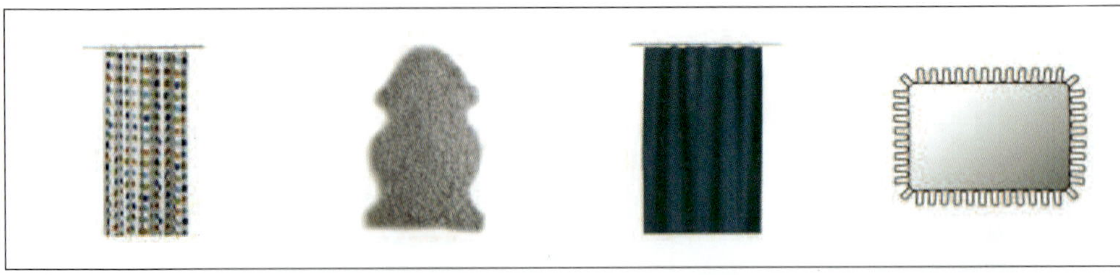

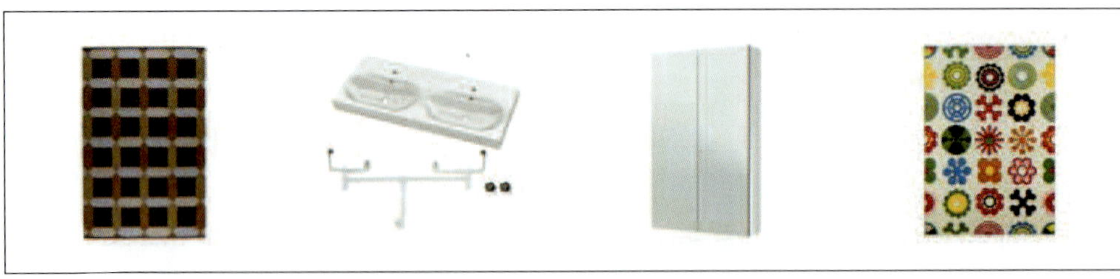
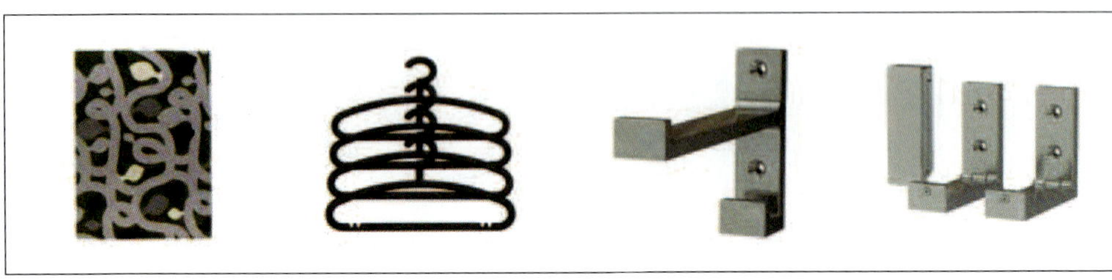

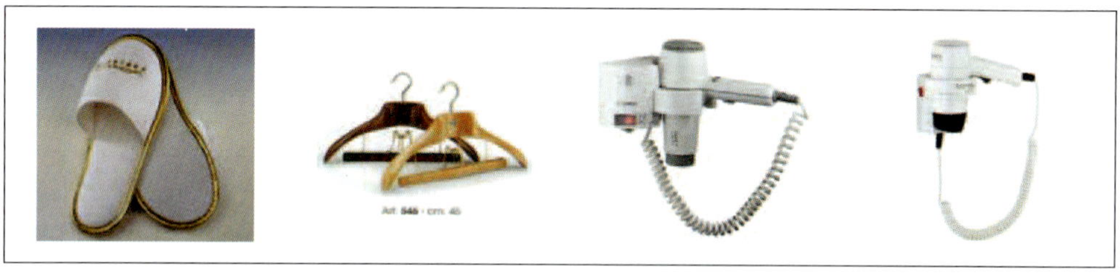

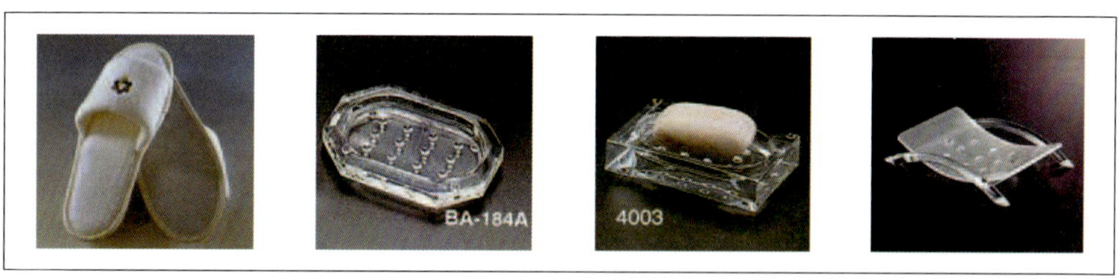
BA-184A
4003

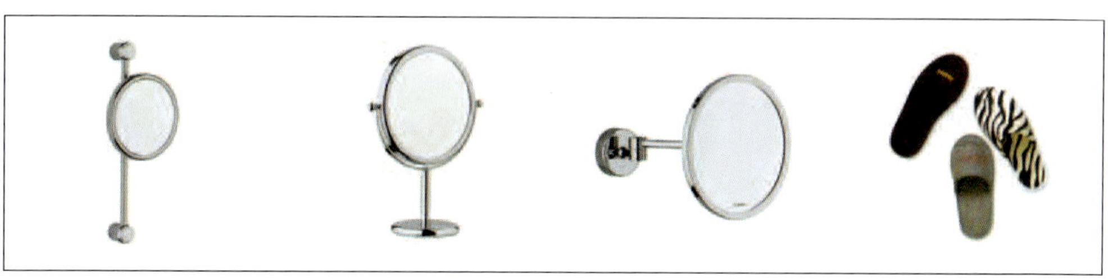

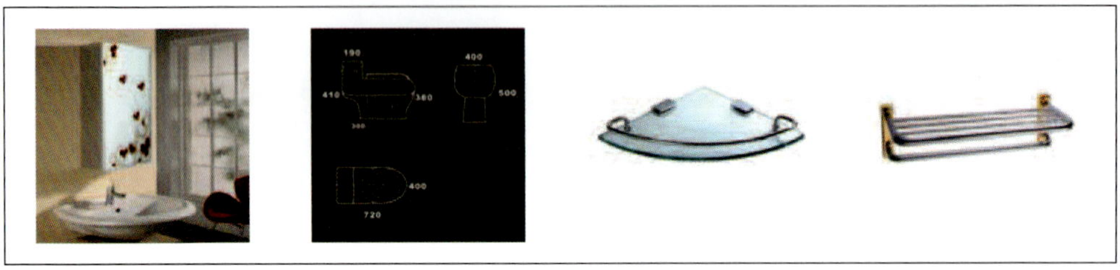

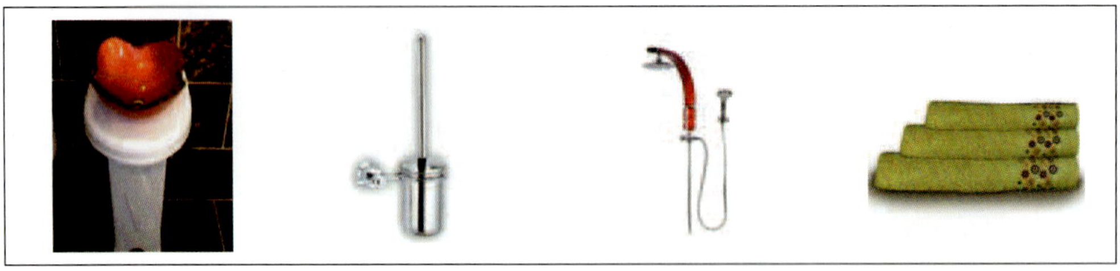
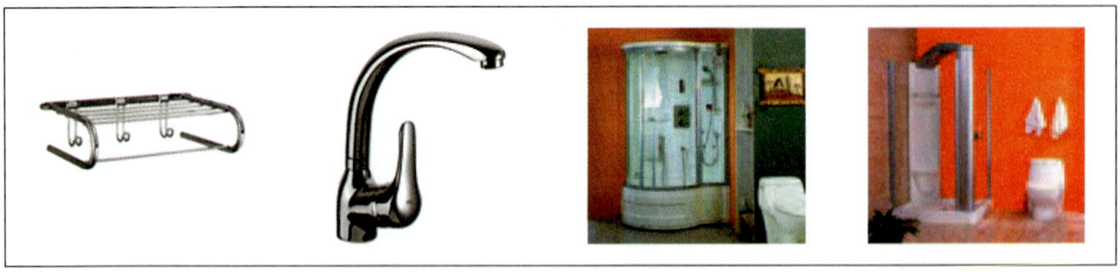
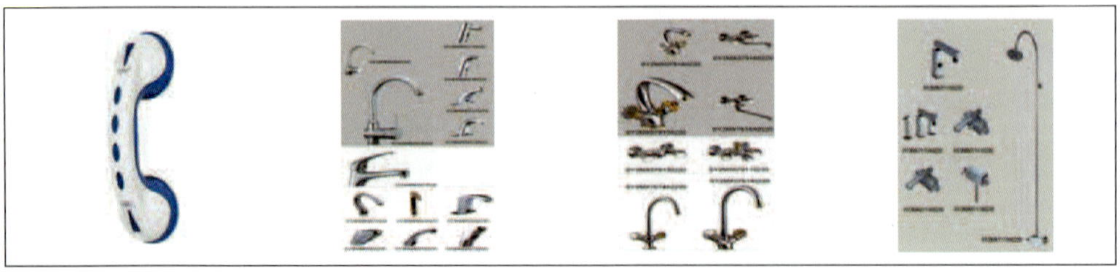

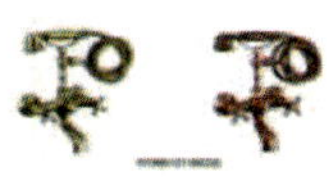

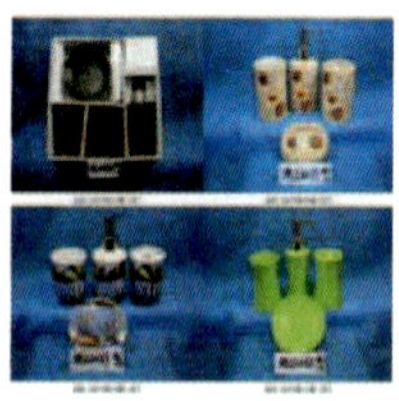

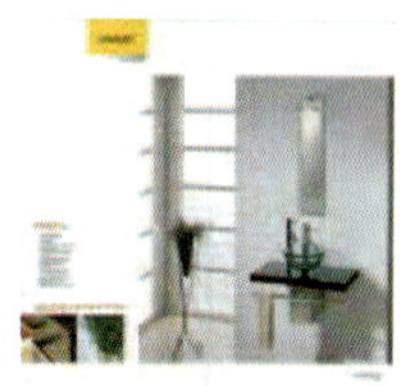

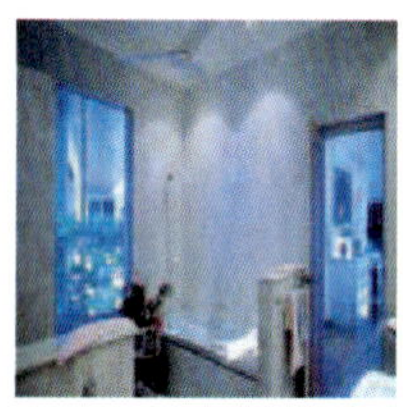

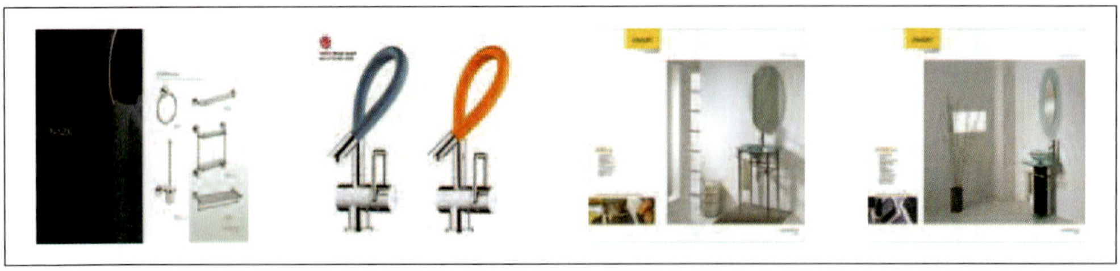
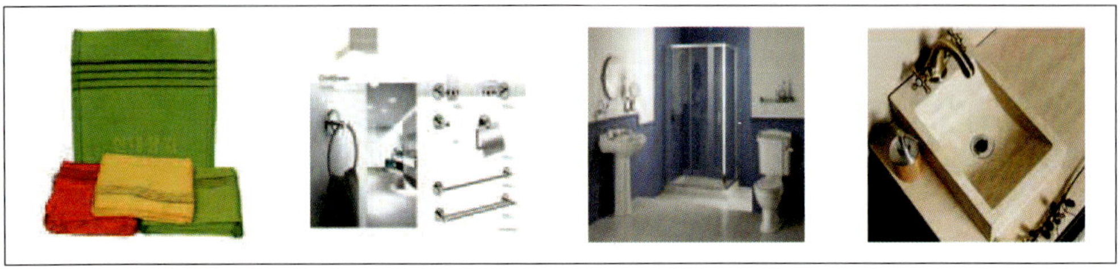

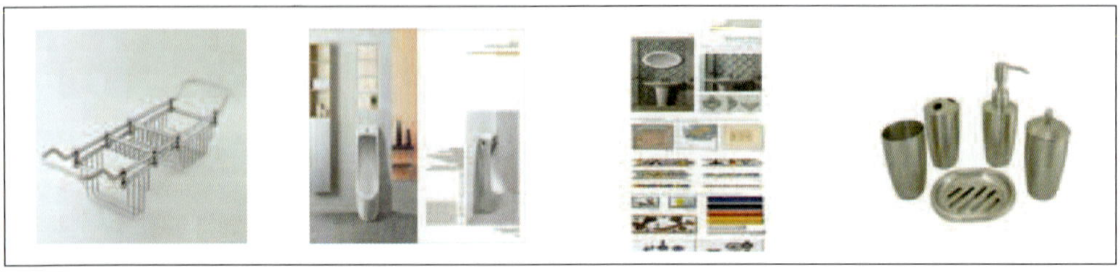

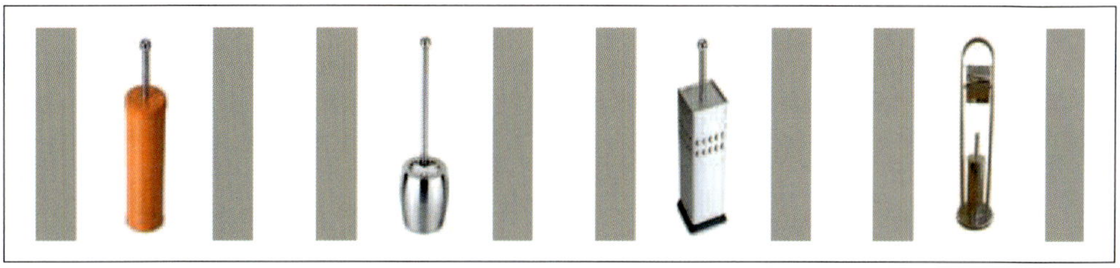

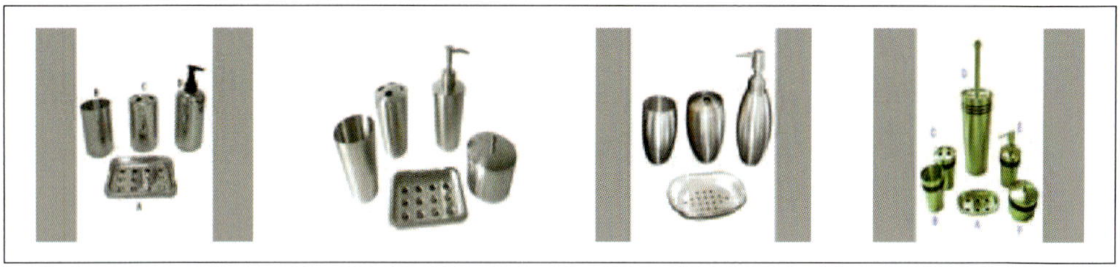

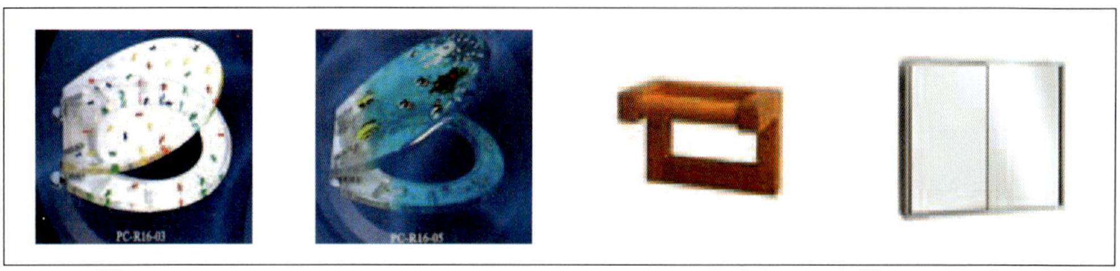
PC-R16-03
PC-R16-05

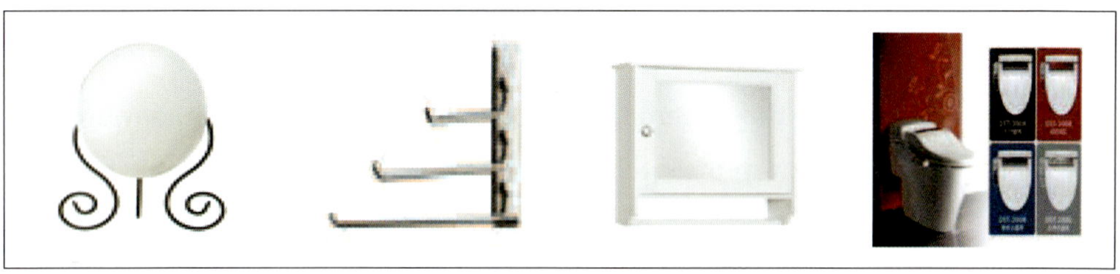

TM-51-002-E

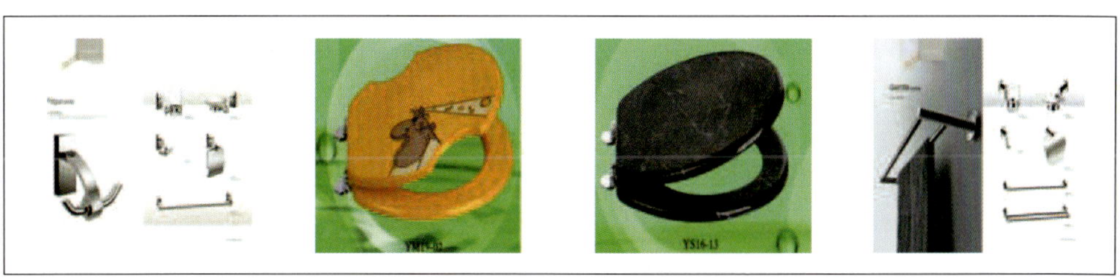
YS16-13

7 CERAMICWARE

What is Stoneware?

Take a look in your kitchen. What do you see? Mugs, plates, casserole dishes, platters, bowls etc. Many of these things may be made of stoneware. These pieces will either be made in earthenware (a low-fired clay) or in stoneware (a high-fired clay). Earthenware is a white and porous clay that is fired at a low temperature (about 1915 degrees Fahrenheit). (Earthenware is usually called "ceramics" or "ceramic ware".) It is then decorated, glazed with a clear coat and fired. Stoneware is a stronger clay that is fired to a high temperature (about 2185 degrees Fahrenheit) and becomes vitreous. It can then be left undecorated or decorated with colored glazes with an optional clear glaze coating and re-fired.

Stoneware is a clay that when fired to maturity becomes a sturdy, chip resistant material suitable for using in cooking, baking, storing liquids, as serving dishes and to use in the garden. These pieces are meant to be used due to their durability.

How can you tell the difference between stoneware and earthenware?

Pick up a piece in your kitchen (a plate, mug or bowl). Can you tell if it's stoneware, earthenware or porcelain?

First, let's find out if it's porcelain. Porcelain is translucent. (Stoneware and earthenware is not.) Put the piece up against a light. If you can see light through the piece, it's porcelain. If it's completely opaque, it's not porcelain.

Second, let's figure out if it's earthenware or stoneware:

1) Pick up your piece and feel the weight. If it feels pretty dense for its size, that's a good sign that it's stoneware.
2) Look at the bottom. Is it uncoated, undecorated or unglazed on the bottom? Can you see the ware? If you can see it and it is a buff color or darker with a texture, then it is most likely stoneware.
3) Stoneware has the "look" of hand made pottery; it has a texture to it, where

earthenware does not. If you have a piece that has a chip in it, take a look at the chipped part. Is it very white and chalky looking? Can you scrape off more of the piece with your fingernail? If you can, then it is probably earthenware. Earthenware, when fired, has a white, chalky look. Stoneware, when fired, has a darker, textured look.

4) Look at your piece. Are there any parts that are unglazed? Is there a textured clay showing through? If yes, it is stoneware.

Stoneware	arthenware (ceramic ware)
Impervious to water (water tight)	Not impervious to water (cannot hold water)
Chip resistant	Chips easily
Color: Buff or terra cotta	Color: white
Feel: textured	Feel: chalky
Look: like pottery	Look: rough white
Looks great undecorated or decorated.	Can only use when decorated.
Can withstand high/low temp.	Cannot withstand high/low temp.
Oven safe	Not oven safe
Suited for household use.	Suited for decorative use
Painting bisque: Wipe off mistakes. Glazes flow: bisque isnot porous	Painting bisque: Cannot correct mistakesGlazes adheres to bisque: bisque is porous
Firing: Leave the bottom of the piece dry and place on shelf	Paint or glaze the bottom of the piece and stilt on shelf.

Differences in an undecorated piece of stoneware and earthenware:

Stoneware is great for kitchen/utility pieces because it is so incredibly durable. You can use it in the oven, refrigerator, microwave and dishwasher without harming it. Earthenware cannot withstand very high or low temperatures. You may be able to put an earthenware piece in your oven a few times, but it will eventually crack completely, stoneware will not. Have you seen a pizza or baking stone? This is made of stoneware. Since this clay is initially fired very hot, it can withstand temperature changes.

Stoneware slip is made up of a mixture of high-firing clays that fire to maturity at 2118 � 2284 degrees Fahrenheit or 1159 � 1251 degrees Celsius. It behaves more or less like earthenware (ceramic slip) both in casting and firing (except for the temperature). A ceramist comfortable with earthenware can make the transition to stoneware with little added instruction. The decorating is, in many respects, easier, as you can wipe off mistakes in painting without a trace and start over or just correct.

✤ A brief look back in time.

Traditional ceramics have so far been based on earthenware. In the very long history of ceramics, earthenware clays were used to create the early utilitarian ware, necessary for civilization. Going back more than 50,000 years, shards of earthenware help date the particular period when it was used. Stoneware and porcelain, both high firing clay bodies, arrived much later but are not really newcomers on the scene – they appeared over 2,000 years ago in China and gave birth to very important industries already in those times. It was the availability of kilns that could fire to those higher temperatures rather than the clays themselves that made China the country of origin. European and Middle East ceramics, although very advanced in decorating techniques, was limited to earthenware as they were unable to fire stoneware and porcelain to maturity.

Similarities of stoneware and earthenware:

- Casts in any plaster mold.
- Paint on greenware or bisque.
- Paint with any underglaze, glaze, hybrid (Duncan's Concepts), stain or decal to decorate.
- Clean by traditional methods (dry or wet).
- Perfect for "fun" decorating!
- Microwave an dishwasher safe.

1) EARTHENWARE

Earthenware is a common ceramic material, which is used extensively for pottery tableware and decorative objects. Although body formulations vary tremendously between countries, and even between individual makers, a generic composition is 25% ball clay, 28% kaolin, 32% quartz, and 15% feldspar. Earthenware is one of the oldest materials used in pottery. While red earthenware made from red clays is very familiar and recognizable, white and buff colored earthenware clays are also commercially available and commonly used.

Earthenware is commonly bisque, or biscuit, fired to temperatures in the range of 1000 and 1150 degrees Celsius (1800 and 2100 degrees Fahrenheit), and glost fired from 950 to 1050°C (1750 to 1925°F). However examples of the reverse, low biscuit firing and high glost, can also be found: this can be popular with some studio potters where bisque temperatures may be 900 to 1050°C (1650 to 1920°F) with glost temperatures in the range of 1040 to 1150°C (1900 to 2100°F). The exact temperature will be influenced by the raw materials used and the desired characteristics of the finished ware. The higher firing temperatures are likely to cause earthenware to bloat. After firing the body is porous and opaque with colours ranging from white to red depending on the raw materials used.

Earthenware may sometimes be as thin as bone china and other porcelains, though it is not translucent and is more easily chipped. Earthenware is also less strong, less tough, and more porous than stoneware – but its low cost and easier working compensate for these deficiencies. Due to its higher porosity, earthenware must usually be glazed in order to be watertight.

2) POTTERY

Pottery is made by forming a clay body into objects of a required shape and heating them to high temperatures in a kiln to induce reactions that lead to permanent changes, including increasing their strength and hardening and setting their shape. There are wide regional variations in the properties of clays used by potters and this often helps to produce wares that are unique in character to a locality. It is common for clays and other minerals to be mixed to produce clay bodies suited to specific purposes; for example, a clay body that remains slightly porous after firing is often used for making earthenware or terra cotta flower-pots.

Prior to most shaping processes, air trapped within the clay body needs to be removed. This is called de-airing and can be accomplished by a machine called a vacuum pug, or manually by wedging. Wedging can also help to ensure an even moisture content throughout the body. Once clay body has been de-aired or wedged, it is shaped by a variety of techniques. After shaping it is dried before firing. There are a number of stages in the drying process. Leather-hard refers to the stage when the clay object is approximately 75-85% dry. Trimming and handle attachment often occurs at the leather-hard state. A clay objectis said to be "bone-dry" when it reaches a moisture content at or near 0%. Unfired objects are often termed greenware.

3) PORCELAIN

Porcelain is a ceramic material made by heating raw materials, generally including clay in the form of kaolin, in a Kiln to temperatures between 1,200 °C (2,192 °F) and 1,400 °C (2,552 °F). The toughness, strength, and translucence of porcelain arise mainly from the formation of glass and the mineral mullite within the fired body at these high temperatures. Porcelain is sometimes referred to as china. This is because until the 17th century, China was the sole producer of porcelain.

Porcelain derives its present name from its resemblance to the cowrie shell, which in old Italian porcellana, from feminine of porcellano, of a young sow (from the shell's resemblance to a pig's back), from porcella, young sow, diminutive of porca, sow, from Latin, feminine of porcus, pig, and from the Greek πόρκος, (porcos).[1]

Properties associated with porcelain include low permeability and elasticity; considerable strength, hardness, glassiness, brittleness, whiteness, translucence, and resonance; and a high resistance to chemical attack and thermal shock.

For the purposes of trade, the Combined Nomenclature of the European Communities defines porcelain as being "completely vitrified, hard, impermeable (even before glazing), white or artificially coloured, translucent (except when of considerable thickness) and resonant." However, the term porcelain lacks a universal definition and as "been applied in a very unsystematic fashion to substances of diverse kinds which have only certain surface-qualities in common" (Burton1906).

Porcelain is used to make table, kitchen, sanitary, and decorative wares; objects of fine art; and tiles. Its high resistance to the passage of electricity makes porcelain an excellent insulator. Dental porcelain is used to make false teeth, caps and crowns.

4) BONE CHINA

Bone china is a type of porcelain body first developed in Britain in which calcined cattle bone (bone ash) is a major constituent. It is characterised by high whiteness, translucency and strength. Production usually involves a two stage firing where the first, bisque, is without a glaze at 1280°C (2336°F), which gives a translucent product and then glaze, or glost, fired at a lower temperature below 1080°C (1976°F).

English manufacturers were keen to produce porcelain of the quality to be found in Chinese imports, but they had to go down a different route. The first use of bone ash in ceramics is attributed to Thomas Frye in 1748 to make a type of soft-paste porcelain, at his Bow China works. In the late 18th century, Josiah Spode undertook further developments, and subsequently popularised it, by mixing it with kaolin and China stone to compete with the imported Oriental porcelain.

① Bone china

Bone china is a kind of porcelain with high whiteness, high transparency and fine porcelain formed under high temperature by adding bone ash of vegetarian animals in the raw materials.

Bone china is of good translucency, bright and gentle glaze, high quality standard, sound isotacticity; it is non-toxic; decoration of its flower surface combines with the glaze, and it doesn't contain lead or cadmium that are harmful to human body; therefore, it could be counted as genuine green and environmental friendly porcelain.

Finished bone china is of lightweight texture, and is fine and hard (twice that of the domestic porcelain), not easy to worn or cracked, and of moderate light transmission and heat retaining property; the color shows natural milky white that is unique to the natural bone powder. If bone powder takes up over 40% of the ingredients, the ware shows a color of milky white, and such ware is high-quality bone china.

Characteristics: as white as jade, as thin as paper, with sound like a chime, as bright as mirror. Bone powder takes up over 40% of the content; it feels gentle, and is of fine porcelain; the body is thin as a piece of paper, and the gloss is like a jade; it is of high strength, rigidity, and good thermal stability; it will not crack even going through heat exchange once in water of e and e value="20" UnitName="℃" 〉 20℃, and the hygroscopic rate is lower than 0.003%. It is of the characteristics of fine quality, white color, bright glaze and thin body, and is a kind of highest-quality porcelain publicly accepted by the world. value= "180" UnitName="℃" 〉 180℃

✤ Item 분류

- coffee set
- Fruit plates
- Jewelry boxes
- Antique wares
- Basketry Dinner set

- Dish bowls
- Kitchen wares
- Pepper holders
- White sheep design
- animal design
- pure white series
- cartoon series
- Basketry

- watermelon design

- grape design
- pumpkin design
- Chicken series
- Bamboo series sunflower design
- garden vase
- jewelry box
- fruit pattern
- gift mugs
- snail pattern
- rabbits
- Electroplated fish Milch cows

- Electroplated vases
- yellow ducks
- small angels
- flowers
- duck tulip
- Embossed daffodilly
- Embossed grape design
- Duck ball design
- Butterfly design series
- 100 well-chosen swans
- beetle design series
- blue duck series
- snowman
- bathroom accessories(=sanitary ware, bath set, bath ware)
- photo frame
- christmas gift
- coin box(=money banks)
- bowl

- flower pot, stand
- canister & teapot
- mugs

• www.shunmei.cc
  - ashtray
  - plate
  - cup & sauce set

• www.sinoporcelain.com
• http://www.willceramic.com
• www.mornsungifts.com

1) 개요

도자기란 무엇인가? 다른 나라 도자기의 역사와 비교하여 우리 것의 우수함을 확인할 수 있다. 제조 공정과 종류 그리고 세라믹(fine ceramic)과 어떤 관계가 있는지를 알아야 할 것이다.

세라믹이란 도자기, 내화물, 유리, 시멘트 등 불을 사용하여 만든 무기질 재료를 총칭하는 말로서, 특히 건조된 기물을 가마에 넣고 높은 온도에서 구어 기물을 단단하게 만드는 과정을 거친 세라믹을 소결 세라믹이라 한다.

① 도자기의 역사

도자지의 역사는 인류의 역사만큼 오래되었으며, 대략 기원전 7000년 이전으로 알려져 있다. 우리나라의 도자기도 삼국 시대 이후로 발전해 왔으나, 생활자기를 벗어난 산업용 도자기는 1950년대에 들어와서야 생산되기 시작하였다. 도자기의 오랜 역사만큼 예술적, 기술적 의미를 갖고 있으며, 이것은 도자기를 이해하는데 있어서 중요하다. 또한 도자기의 발전 과정을 살펴봄으로서 앞으로 도자기의 변천 과정을 추정해 보자.

② 도자기의 제조 공정

도자기는 일반적으로 제토, 성형, 건조, 시유 및 채식, 소성, 검사의 제조 공정을 거친다. 그러나 제품의 종류와 특성에 따라 제조 공정은 달라지며 공정은 그림 1.과 같다.

2) 도자기

① 도자기의 정의

“도자기”을 취급하는 공업을 요업(ceramic)공업이라 한다. 세라믹이란 단어는 최근 보도 매체를 이용하는 광고 등을 통하여 자주 등장한다. 세라믹은 우리말로 요업(세라믹 공업)이라고 한다. “ceramic”은 희랍어의 “keramos”이며 “구운것”이란 뜻이 있다. 요업을 한자로는 “窯業”이라 쓰는데 “窯”자는 가마를 뜻한다. 세라믹이란 도자기, 내화물, 유리, 시멘트 등 불을 사용하여 만든 제품을 일컫는 말이며 도자기는 세라믹에 포함되어 있는 것이다.

일반적인 세라믹의 의미는 가정용 도자기, 건축용 타일 등 전통 도자기를 비롯하여 전자 공업, 기계 공업, 섬유 공업 등에 사용되는 산업용 도자기를 말한다. 세라믹은 실제 전통 도자기와 산업용 도자기를 의미한다.

원료는 미세한 분말로 되어 있으며 이런 가루를 사용하여 기물을 만들게 된다. 이렇게 만든 기물을 건조한 후, 전기 가마 또는 가스(gas) 가마에 넣고 1000℃ 이상의 높은 온도에서 굽게 되면 단단해져 우리가 사용할 수 있게 된다.

건조 기물을 높은 온도에서 구어 단단하게 만드는 과정을 소성(fire)이라 하며 소성 과정을 거친 즉, 잘 구어진 세라믹을 도자기라 한다.

② 소결(sintering)

소결이란 말을 정확하게 설명하기는 어렵지만, 비슷한 뜻을 가지고 있는 소성과 구별하여 설명하면 쉽게 이해되리라 생각된다.

대부분의 세라믹 제품은 기물을 성형하고 건조한 후 가마에 넣고 구어서 만들게 된다. 기물을 가장 적합한 온도에서 구어야만 조직이 치밀하고 단단한 물건을 얻을 수 있다.

기물을 굽는 공정을 소성이라 하며, 적합한 온도에서 조직이 치밀하고 단단해지도록 잘 굽는 것은 소결이라 말한다. 소결 방법으로는 전기 가마, 가스 가마, 기름 가마, 또는 마른 장작 등을 사용하게 된다.

③ 도자기의 분류

구미 각국에서 주로 사용하고 있는 방식에 따라 분류하면 토기, 도기, 석기, 자기 및 산업용 도자기(뉴 세라믹스) 등으로 나눌 수 있다.

㉠ 토기 : 원료는 점토질이며 시유하지 않고 700~1,000℃에서 굽는다. 구운 몸체는 다공질로 기계적 강도가 낮다. 제품으로는 기와, 토관, 화분 등이 있다.

㉡ 도기 : 도기는 점토질 원료에 석영, 도석, 납석 및 약간의 장석질 원료를 배합, 성형하여 1,200~1,300℃에서 초벌구이를 한 다음 표면에 유약을 칠하고 1,050~1,100℃에서 다시 소성하여 만든 제품이다.
기계적 강도가 약간 낮고, 소지는 어느 정도 다공질이므로 흡수성이 있으며, 두드리면 탁음을 내고 투광성은 없다.

〈표 1〉 도자기의 소결 온도 및 특성에 따른 분류

구 분	소성 온도(℃)	특 성		용 도
		강 도	기타	
토 기	700~1,100	약하다	시유하지 않는다	기와, 토관, 화분
도 기	1,050~1,300	조금 약하다	재벌 소성	식기, 타일, 위생 도기
석 기	1,200~1,300	보통이다	색깔 있음	화로, 찻잔, 화학 공업용 석기, 토목 건축용 석기
자 기	1,300~1,450	강하다	투광성, 금속성 맑은 소리	고급 식기 및 장식용, 전자용, 이화학용 자기
산업용 도자기		아주 강하다		전자용, 이화학용 산업용 도자기

㉢ 석기 : 석기는 질이 낮은 점토질 원료에 석영, 철화합물, 알칼리 토류 등으로 성형한 후 1200~1300℃로 소성한 것이다.

㉣ 자기 : 자기는 점토, 석영, 장석, 도석 등을 배합한 원료를 1,300~1,450℃의 높은 온도에서 소성한 것이다. 대개 백색으로 유리질 물질을 포함하고 있어 흡수성이 없고 투광성이 좋다. 두드리면 금속성의 맑은 소리가 나고 기계적 강도가 높다.

㉤ 산업용 도자기 : 산업용 도자기는 원료의 조성이나 분말도가 일반 도자기와 다르며 기계적 강도, 내열성, 내화학성 및 전기적 특성 등 일반 도자기로는 얻을 수 없는 특성을 얻을 수 있기 때문에 그 용도가 매우 다양하다.

✤ CERAMICWARE 대 분류

1) Earthenware (陶器도기)

유약을 발라 구운 것으로, 흡수성이 조금 있고, 두드리면 탁한 소리를 내는 것. 도기는 태토가 구워져서 유리화한 자기와는 명확한 차이점이 있으나 석기와는 가끔 구별하기 어렵다. 중국에서 도기는 유약이 입혀지지 않은 토기를 뜻하기도 한다. 우리나라에서는 도기를 약간 무른 그릇 즉 소성온도가 1,200℃ 전후반에 구워진 그릇을 말하며, 유약은 사용하지 않거나 사용해도 온도가 좀 약하여 강도가 약한 그릇 종류로 구분하여야 할 것이다.

2) Chinaware

1%까지의 흡수율을 가지며, 일반적으로 반투명한 자기소지. 산업에서는 자화될 만큼 높게 소성하고 유약은 낮게 소성하며, 공방 도예가들은 대개 동양의 전통적 방식에 따라 점토와 유약을 함께 높은 온도로 소성하거나, 유럽식 저화도 자기를 만든다.

3) Porcelain (瓷器자기)

고온 소성된 치밀한 고급 도자기 종류로서 흡수율이 거의 없는 밝고 아름다운 음색을 가진 도자기 종류이다. 자기의 소성 온도는1230~1500℃이며, 유럽에서는 1410℃이상에서 소성한 것을 경질 자기 또는 경자기라 한다.

4) Ceramic

704℃ 이상의 열처리의 도움을 받아 실리카를 함유하거나 혼합된 토류(土类) 원료로부터 물체를 만드는 기술 및 과학

5) Stoneware (石器석기)

돌과 같이 단단하다하여 붙여진 이름으로 반자기질의 점토에 샤모트가 섞여서 약간의 반점이 있는 점토를 말하며 우리나라의 옹기점토 종류와 비슷하다. 바탕이 희지 않고 돌과 같이 단단하게 구운 기물을 말하며 때에 따라서는 자기의 종류라고도 할 수 있다. 미국 요업협회가 1950년 발표한 분류법에는 "내화점토를 주성분으로 하여 구운 기물 유약이 있고 없음을 불문하고 흡수량 0~10%까지"를 석기라고 정의하고 있다.

6) Pottery

도기와 자기를 포함한 말로서 점토를 불에 구워 만든 그릇을 칭한다. 자기는 시유 또는 무유 태토로 되어 있는 소성품으로서 일반적으로 백색이고 미세한 조직을 갖는 강한 도자기를 말하며 도기는 약간 흡수율이 있으며 무른 그릇을 말한다. 미국에서 도자기(pottery)의 개념을 갖는 제품은 본 차이나, 자기, 식기, 실내타일, 위생도기, 애자, 도기. 벽타일 등으로 태토 및 유약의 색은 문제되지 않는다.

참고 : 도자기 용어

영국의 스톡 온 트렌트에서는 도자기를 생산하는 도시를 가리켜 포터리(pottery)라고 부르고 있다. 영어에서 포터리라는 말은 도기를 지칭하기도 하지만 대체적으로 도자기 전체를 일컫는다. 도자기를 통칭할 때 쓰는 용어로는 포터리 외에 차이나 혹은 포셀린 등이 있다. 그러나 포셀린과 차이나는 자기를 표현할 때만 쓰인다는 점에서 약간의 차이가 있다. 또한 본차이나라는 명칭도 널리 알려져 있는데 이것은 뼛가루를 넣은 초경도의 자기를 뜻한다.

좀더 세분하여 분류하자면 포터리는 도기를, 차이나는 자기를, 본 차이나는 골회 자기를 지칭할 때 사용한다고 보아도 큰 무리는 없다. 세라믹은 주로 산업적인 의미로 쓰는 용어인데 여기에는 좀 더 포괄적인 뜻이 담겨져 있으며, 일이나 원료 등을 표현할 때 많이 쓰인다. 나아가 토기(土器 : clay ware), 석기(石器 : stone ware), 도기(陶器 : earthen ware)등의 용어에도 유의할 필요가 있다.

앤티크 시장에서는 거의 차이나라는 표현으로 통칭하는 경우가 대부분인데 경질 자기를 지칭하면서도 좀더 광의의 뜻으로 쓰인다. 예를 들면 경매 카탈로그와 같은 공식적인 용도로는 포셀린이라는 단어를 선호한다. 그러나 앤티크 페어에서는 차이나라는 말을 더 친근하게 사용하는 편이다.

✤ CERAMICWARE 디자인 연구

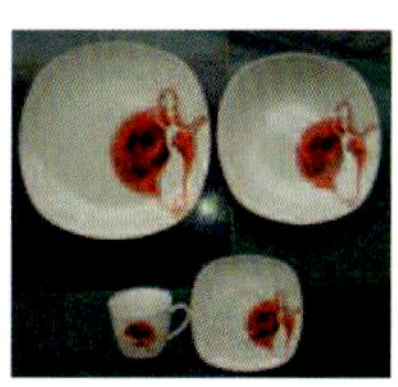

COFFEE
TEA
MILK
SUGAR

22104

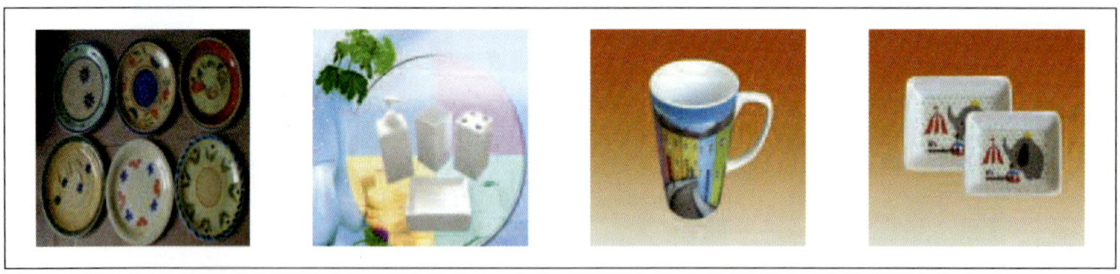

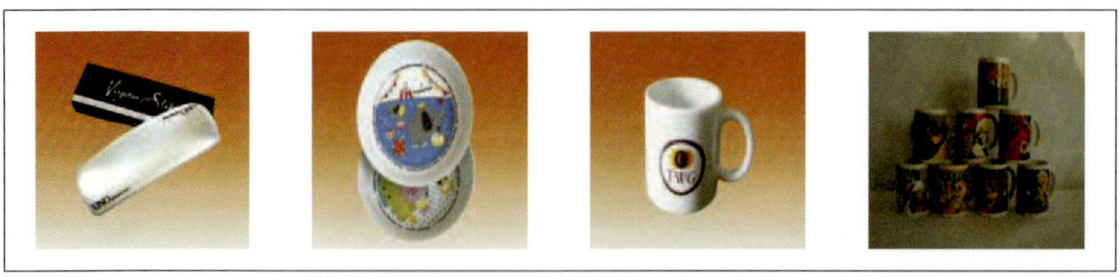

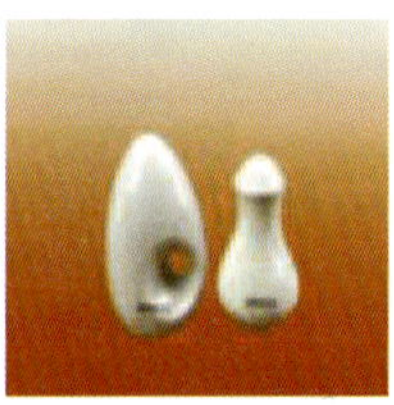
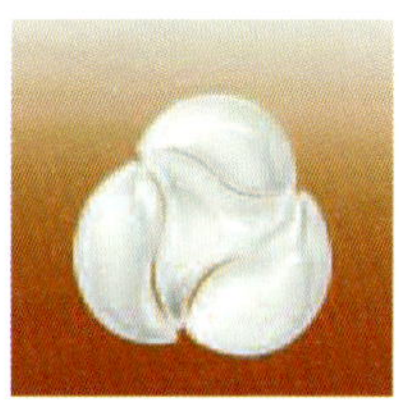

3 STATIONERY

(1) 문구란 무엇인가?

문화생활은 가장 뛰어난 영장류로 선택받은 인간만이 누릴 수 있도록 부여된 특권이다. 그 문화를 가능하게 하는 필수기본 소재의 으뜸자리를 문구가 차지하고 있다.
선조들은 글을 쓰는 데 필요한 가장 기본 도구인 종이, 붓, 먹, 벼루를 사용하였다. 이런 고전문구는 생활문화의 발달과 현대화 추세에 밀려 어느덧 사양화가 되고 이제는 정말 다양한 광범위의 상품군이 존재한다.
이제 문구를 스테이셔너리(Stationery) 라고 부른다.
또 문구는 소비자의 요구에 따라, selling method에 따라 문구류의 상품군은 꾸준히 변화하고 범위도 더욱더 발전하고 있다.
가령, 쓰는 기능만 해도 붓, 먹, 벼루에서 연필, 잉크, 펜으로 그것이 다시 만년필과 볼펜을 거쳐 워드프로세서 또는 퍼스널 컴퓨터로 발전했다. 복사의 기능인 필사에서 골필, 먹지, 미농지 사용으로, 그것이 등사원지와 등사판을 사용하는 타자복사 방식으로, 그러다가 청사진기를 거쳐 전자복사기 사용으로 발전해 갔다.
계산하는 것 역시 주판에서 전자계산기, 이제는 프로그램 자체에서 계산을 직접한다.
이제는 문구의 종류가 워낙 다종다양해서 어디까지 문구류에 포함을 시켜야 하는지도 어렵게 되었다.

오늘날 문구를 쓰임새에 따라 분류하면 교육용품, 사무용품, 일반생활용품, 전자생활용품, 문화용품 등으로 크게 나눈다.

1) 교육용 문구(Educational stationery)

글자 그대로 학생들의 목적적 대상인 교육현장에서 쓰이는 문구로서 노트와 연필을 비롯하여 각종 종이제품과 필기구, 크레용과 파스 같은 화구류, 그 밖의 여러 가지 부수적인 학용품들이 이 범주에 속한다.

2) **사무용품(office stationery)**

사무용품 문구는 말 그대로 사무실에서 사용하는 문구류의 집합군을 말한다. 즉 파일, 바인더, 스테이플러, 넘버링, 탁상일기 등이다.

3) **일반 생활용품(general life stationery)**

일상 생활에서 일반적으로 사용하는 문구류를 칭한다. 여기는 가위, 접착제, 스카치테이프, 편지지, 봉투, 인주 등이고 전자생활용품 문구는 전자계산기, PMP, 퍼스널 컴퓨터, 프린터, 마우스 등의 예를 들 수 있다.

4) **문화용품(cultural stationery)**

앨범, 스크랩북, 카드류 등을 꼽을 수 있다. 즉 이러한 분류는 각 학자의 견해에 따라 다른다. 그런데 무역상에서는 바로 아래와 같이 크게 분류한다.

- Stationery– a) school stationery
  b) office stationery
  c) fancy
- Stationery fild–stationery shop, on line selling, office supply, fancy shop, one dollar shop, gift/promotion business, 24 shop, mass selling

(2) 문구류의 상품 종류

- correction tape
- correction pen=correction fluid
- pencil
- pencil lead case
- pencil toppers
- white board
- writing board
- stapler & staples
- ball pen=ballpoint pens, metal pen, plastic pen, wood pen, promotion pen, led pen, flash pen, hanger pen, plush pen
- pen refills
- mechanical pencil=sharper
- calculator

- glue, glue stick
- pencil sharpeners
- desk organizer
- calendar
- notebook, diary, exercise book
- memo pad
- memo board
- eraser
- pencil case=pencil pocket=pencil bag=pencil box=pencil pouch (plastic, fabric, tin, pvc, vinyl)
- file folder
- color pens/color pencils
- crayons
- pen holders
- label, sticker & self-adhesive
- sticker
- index
- magnetic paper clip
- pp file folder
- punch
- ruler, growing ruler
- whiteboard marker
- tape, tape dispencer with cutter= scotch tape
- file folder
- paper folder
- gel pen
- pvc notebook cover
- book cover
- copy paper
- paper & envelopes
- coloring paper
- folding paper & sketch books
- highlighter pen

- clip board
- compass
- scissors
- stampers/pads
- bookbinder
- organizer=diaries(dairy)=daybook=planner=agenda
- kraft notepad
- stationery box
- stationery set
- art set
- book rings
- book mark
- tin product
- tablet
- pvc name card holder
- clip,card clip
- sticky notes, name pad
- paper knife, paper cutter
- desk top

✤ tape

- opp packing tape(brown, trasparent)
- pvc insulation tape
- aluminum tape
- warning tape
- masking tape
- industrial tape
- duct(cloth) tape
- kraft paper tape
- printed packing tape
- reinforcing tape
- double sided tape
- stationery tape

✤ 문구협회에서 분류한 문구분류와 상세품목

분류항목	품 목 명
필기구	연필, 색연필, 볼펜, 마킹펜, 만년필, 붓
회화구	크레용, 파스, 파스텔, 목탄, 콩테, 수채그림물감, 포스터칼라, 유화그림물감, 아크릴칼라, 화구상자, 화구가방, 이젤, 팔레트, 물통, 그림붓, 조각도, 조소주걱, 캔버스, 화판
종이문구	노트, 스케치북, 일기장, 장부, 수첩, 메모장, 전화번호기록부, 탁상일기, 편지지, 봉투, 양면괘지, 레포트지, 원고지, 방한지, 집계표용지, 기록카드, 인사카드, 축하카드, 색종이, 색상지, 색종이테이프, 도화지, 습자지, 시험지, 포장지, 전자복사용지, 감열기록용지, 텔렉스용지, 천공테이프, 계산기용롤지, 전산기록용지, 디자인폼지, 펀치카드
정리용품	앨범, 파일, 바인더, 스크랩북, 홀더, 명함첩, 흑표지
수납용구	파일꽂이, 파일박스, 서류보관함, 책꽂이, 인장함, 디스켓보관함
금속용구	스테이플, 침핀, 클립, 지협, 압침, 카드링, 컴퍼스, 가위, 커터, 문구도, 파스너
사무기구	스테이플러, 연필깍이, 발인기, 펀치, 천공기, 번호기, 금액기, 인증기, 절단기, 전자계산기
사무기계	등사기, 복사기, 타자기, 문서작성기, 퍼스널컴퓨터, 프린터, 팩시밀리, 문서제단기, 환등기
제도용구	만능제도기, 제도대, 제도기세트, T자, 삼각자, 곡면자, 운형자, 분도기, 계산자
교구교재용품	칠판, 분필, 칠판지우개, 화이트보드, 화이트보드마커, 화이트보드마커지우개, 게시판
전산용품	토너, 잉크카트리지, CD-R, CD-RW, 마우스, 마우스패드, 보안기, 스피커, 키보드, USB메모리, PC크리너, 공유기, 이어폰, 전산라벨, 잉크젯용지
기타문구	타자리본, 컴퓨터리본, 타자원지, 등사원지, 먹지, 수정액, 지우개고무, 고무밴드, 고무관, 스탬프, 스탬프대, 잉크, 먹, 벼루, 인주, 풀, 펜접시, 필통, 클립통, 스카치테이프, 책받침, 독서대, 문진, 편지개봉칼, 주판, 줄자

(3) 문구류의 대분류와 항목들

✤ Office & School Supplies

1) Writing Supplies

- Correction Fluid
- Correction Tape
- Eraser
- Marker
- Art Markers
- Highlighters
- Other Marker Pens
- Whiteboard Marker
- Pencil
- Colored Pencils
- Mechanical Pencils
- Other Pencils
- Wooden Pencil
- Pencil Case
- Pencil Sharpeners
- Pens
- Ballpoint Pens
- Fountain Pens
- Gel Pens
- Multi Function Pen
- Other Pens
- Writing Accessories

2) Office Paper

- Office Paper
- Carbon Paper
- Cash Register Paper
- Copy Paper
- Fax Paper
- Other Office Paper
- Photo Paper

3) Paper Products

- Book Cover
- Envelopes
- Letter Paper
- Mailing Bags
- Memo Pad
- Notebook

- Printer Supplies
- Cartridge Chip

- Continuous Ink Supply System
- Fuser Film Sleeves
- Fuser Roller
- Ink Cartridges
- Ink Refill Kits
- OPC Drum
- Other Printer Supplies
- Printer Ribbons
- Toner
- Toner Cartridges
- Printing Inks

4) Office Equipment

- Binding Machines
- Conference System
- Copiers
- Fax Machines
- Graph Plotter
- Guillotine
- Laminator
- Presentation Equipment
- Laser Pointers
- Other Presentation Equipment
- Visual Presenter
- Projection Screens
- Projectors
- Printers

- Scanners
- Shredder
- Time Recording
- Desk Set
- File Tray
- Magazine Files
- Other Desk Organizer
- Pen Holders
- File Folder

5) Binding & Cutting

- Binding Machines
- Clip Holder
- Clips
- Hole Punch
- Letter Opener
- Paper Scissors
- Pin
- Staple Remover
- Stapler
- Staples
- Utility Knife

6) Board & Easels

- Board
- Blackboard
- Bulletin Board
- Clipboard
- Other Boards
- Whiteboard
- Easels
- Whiteboard Marker

7) Adhesives & Tape

- Glue
- Sticky Tape
- Tape Dispenser

8) Art & Drafting Supplies

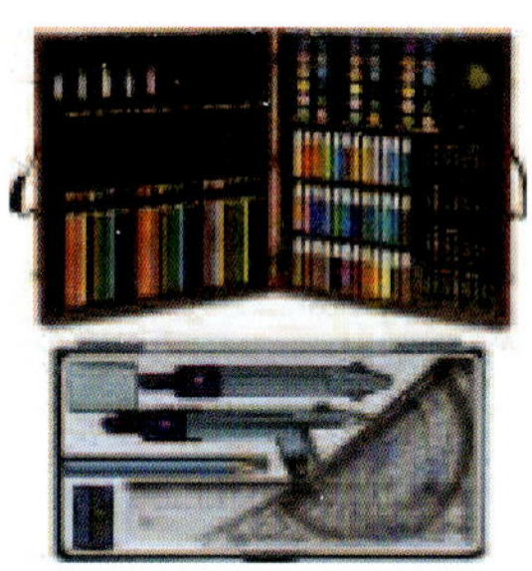

- Art Supplies
- Acrylic Paints
- Art Markers
- Art Sets
- Colored Pencils
- Crayons
- Drawing Paper
- Oil Paints

- Other Art Supplies
- Painting Canvas
- Palette
- Water Color
- Paint Brushes
- Drafting Supplies
- Compasses
- Math Sets
- Other Drafting Supplies
- Rulers
- Stencils

9) Educational Supplies

- Chalk
- Educational Equipment
- Electronic Dictionary
- Teaching Resources
- Geography
- Medical Science
- Other Teaching Resources
- Physics

10) Other Office & School Supplies

- Badge Holder & Accessories
- Stamps
- Other Office & School Supplies
- Stationery Set

11) Related Services

- Office & School Supplies Agents
- Pens, Pencils & Markers by Type

- Ballpoint Pens
- Plastic Ballpoint Pens
- Metal Ballpoint Pens
- Office Ballpoint Pens
- Promotional Ballpoint Pens

- Pencils
- Wooden Pencils
- Paper Pencils
- Mechanical Pencils
- Colored Pencils
- Pop Pencils

- Refills & Leads
- Ballpoint Pen Refill

- Gel Pen Refill
- Mechanical Pencil Lead
- Wooden Pencil Lead

- Rollerball Pens
- Gel-ink Pens
- Liquid-ink Pens
- Glitter Pens

- Fountain Pens
- Metal Fountain Pens
- Plastic Fountain Pens
- Fountain Pen Sets

- Drawing Pens & Pencils
- Art Markers
- Colored Pencils
- Watercolor Pens

- Accessories
- Pencil Toppers
- Pen Tips

(4) 문구류 제품 사업의 특징

1) 제품 습득이 빠름
2) 모든 계절에 판매가능
3) 초기 비용이 최소
4) 일손이 많이 필요
5) 사업 방향이 다양(학생대상, 사무실대상, 판촉대상)
6) 팬시 사업, 선물용품과 함께 가는 사업의 전환
7) 카다로그, 인터넷 사업 등으로 동시 추진 가능
8) 판촉물로 확대 사업전개 용이
9) 제품의 다양성 때문에 상품의 손실 용이
10) MOQ가 많아 초기 진입에는 어려움
11) 제품의 캐릭터화가 심화되고 있기에 독창적인 디자인 연구가 필요함
12) 제품의 디자인화(=캐릭터화)가 되면 소량부터 수출이 용이하다.

✤ STATIONERY 디자인 연구

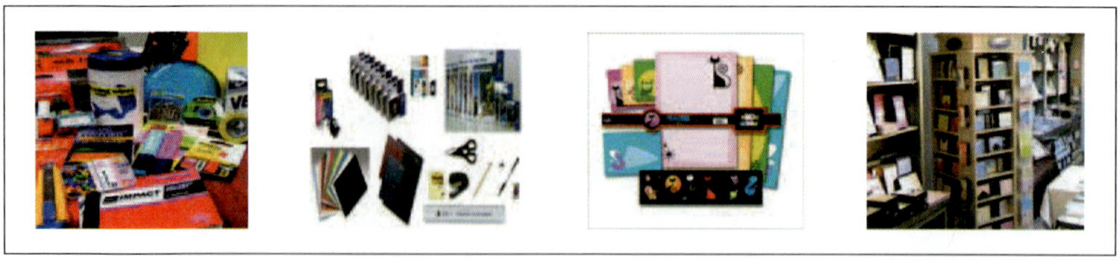

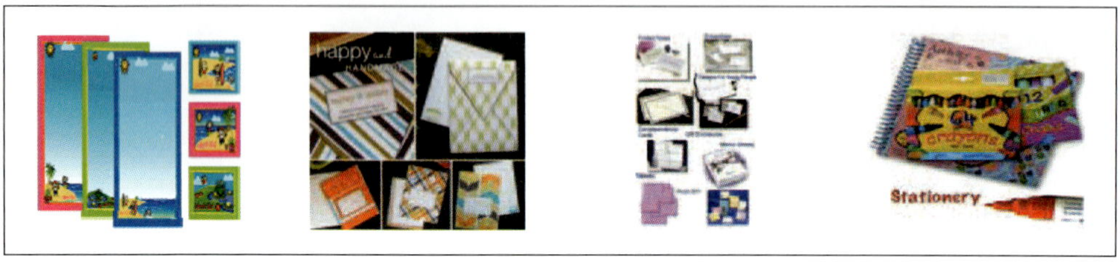

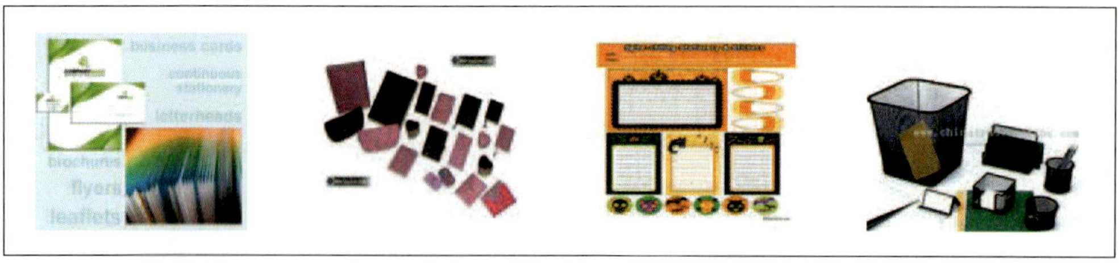

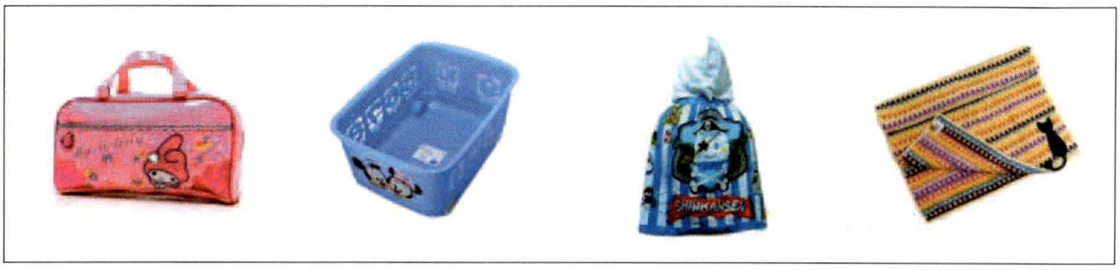
SHINKANSEN

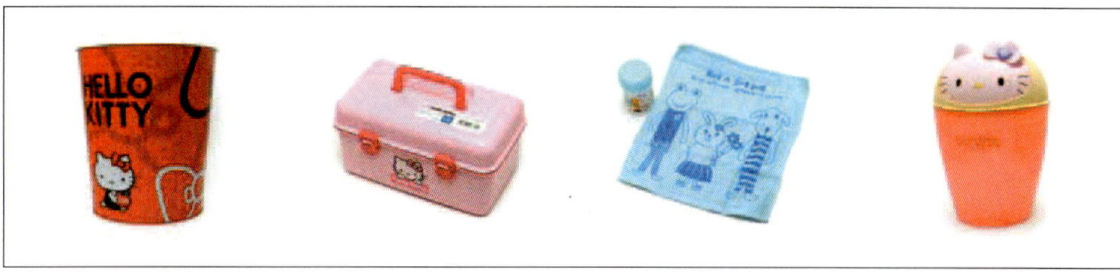
HELLO KITTY

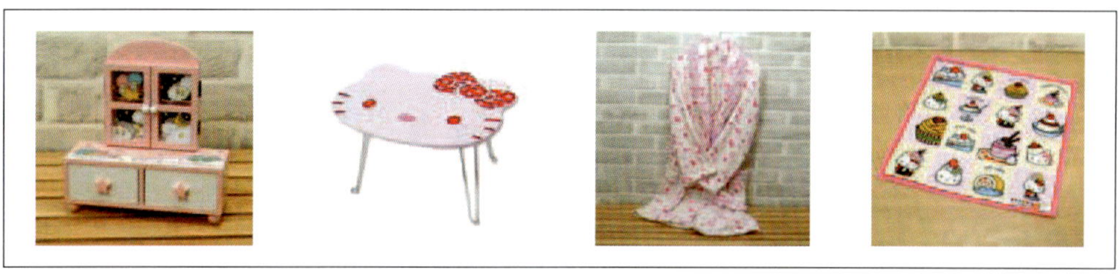

Hong Kong International
Stationery Fair
Stationery

Barbie

Barbie

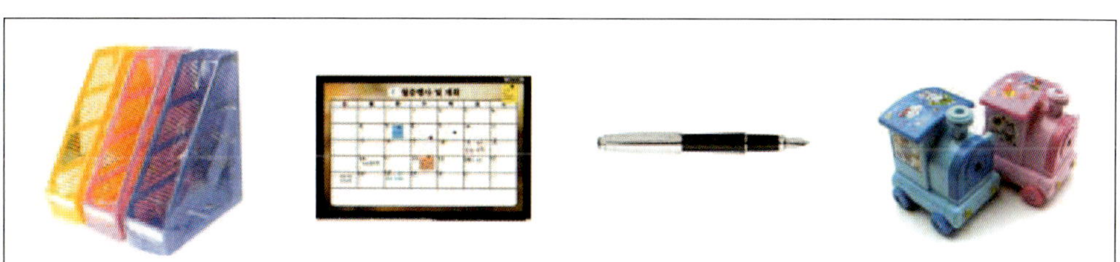

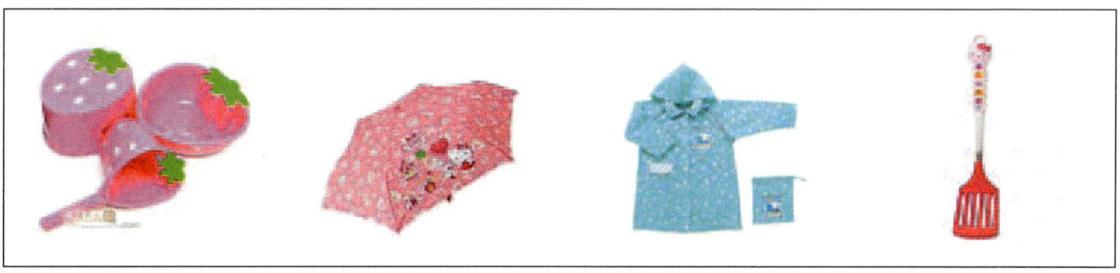

MEDIAN
MATH
MULTIPLE
1452
DAYS ON JOURNEY

PP커버 가로형상철노트-중형
지퍼포켓노트

INSTYLE

Post-it

Desk Organizer

May 14 - 18
a Full Week of
FABULOUS STATIONERY!

4 PROMOTION(=PREMIUM GOODS)

✤ PROMOTION 상품이란?

Promotion involves disseminating information about a product, product line, brand, or company. It is one of the four key aspects of the marketing mix. (The other three elements are product marketing, pricing, place.)

Promotion is generally sub-divided into two parts:
Above the line promotion: Promotion in the media (e.g. TV, radio, newspapers, Internet and Mobile Phones) in which the advertiser pays an advertising agency to place the ad
Below the line promotion: All other promotion. Much of this is intended to be subtle enough for the consumer to be unaware that promotion is taking place. E.g. sponsorship, product placement, endorsements, sales promotion, merchandising, direct mail, personal selling, public relations, trade shows
The specification of these four variables creates a promotional mix or promotional plan. A promotional mix specifies how much attention to pay to each of the four subcategories, and how much money to budget for each. A promotional plan can have a wide range of objectives, including: sales increases, new product acceptance, creation of brand equity, positioning, competitive retaliations, or creation of a corporate image.

The term "promotion" is usually an "in" expression! used internally by the marketing company, but not normally to the public or the market – phrases like "special offer" are more common. An example of a fully integrated, long-term, large-scale promotion are My Coke Rewards and Pepsi Stuff.

촉진(판촉)은 상품, 상품군, 브랜드, 또는 회사에 대한 정보를 전파시키는 것이다. 그것은 마케팅 믹스의 4가지 주요 요소 중 하나이다. (다른 3 가지 요소는 제품 마케팅, 가격, 장소이다)

촉진(판촉)은 일반적으로 두 가지로 나뉜다.
Above the line promotion : 광고주가 광고회사에 광고비를 지급하는 미디어(예를 들어, TV, 라디오, 신문, 인터넷, 휴대폰)에서의 판촉
Below the line promotion : 다른 모든 판촉. 이들 대부분은 소비자가 판촉이 일어나는 것을 자각하지 못하도록 미묘하게 의도된다. 예를 들어 협찬, 상품 배치, 추천, 판매 촉진, 판매, 우편, 직접 판매, 홍보, 박람회가 있다.
이러한 4가지 변수는 촉진 믹스 또는 촉진 계획을 발생시킨다. 촉진 믹스는 4개의 하위 범주 각각에 얼마만큼의 주의를 기울이는 지와 얼마만큼의 돈을 예산으로 책정하는지를 명시한다.
촉진 계획은 판매 증가, 신상품 수락, 브랜드 자산 창출, 위치, 경쟁 관계, 기업 이미지 창출을 포함하며 다양하다.

“promotion”이라는 용어는 보통 마케팅 회사 내부에서 사용하는 “in” 표현이며 대중이나 마켓에서는 보통 사용하지 않는다. "special offer(특가판매)“라는 말이 더 일반적으로 사용된다. 완전히 통합된 장기적이고 대규모의 판촉은 My Coke Rewards 와 Pepsi Stuff이다.

promotional mix. These are:
Advertising – Any paid presentation and promotion of ideas, goods, or services by an identified sponsor. Examples: Print ads, radio, television, billboard, direct mail, brochures and catalogs, signs, in–store displays, posters, motion pictures, Web pages, banner ads, and emails.
Personal Selling – A process of helping and persuading one or more prospects to purchase a good or service or to act on any idea through the use of an oral presentation. Examples: Sales presentations, sales meetings, sales training and incentive programs for intermediary salespeople, samples, and telemarketing. Can be face–to–face or via telephone.
Sales promotion – Media and non–media marketing communication are employed for a pre–determined, limited time to increase consumer demand, stimulate market

demand or improve product availability. Examples: Coupons, sweepstakes, contests, product samples, rebates, tie-ins, self-liquidating premiums, trade shows, trade-ins, and exhibitions.

Public relations – Paid intimate stimulation of supply for a product, service, or business unit by planting significant news about it or a favorable presentation of it in the media. Examples: Newspaper and magazine articles/reports, TVs and radio presentations, charitable contributions, speeches, issue advertising, and seminars.

Direct Marketing is often listed as a the fifth part of the marketing mix .

Sponsorship is sometimes added as a sixth aspect.

촉진 믹스는 이러한 것들이다.

- 광고 활동(Advertising) – 특정 광고주가 자사의 아이디어, 상품, 또는 서비스를 대가를 지불하면서 제시하고 촉진하는 것이다. 예를 들어 지면 광고, 텔레비전, 광고판, 우편, 브러셔, 카다로그, 간판, 상점 내 전시, 전단 광고, 영화, 웹 페이지, 배너 광고, 이메일이 있다.
- 직접 판매 활동(Personal Selling) – 한사람 또는 그 이상의 잠재 고객과 직접 대면하면서 상품, 서비스, 아이디어를 구매하도록 기여하고 설득하는 과정이다. 예를 들어 제품 소개, 판매 회의, 중간 판매자에 대한 판매 훈련과 장려금 제도, 샘플, 전화 판매가 있다. 얼굴을 맞대거나 전화를 통하여 할 수 있다.
- 판매 촉진 활동(Sales promotion) – 미리 정해진 제한된 시간 동안 소비자의 요구를 증가시키고 판매 요구를 자극하며 제품 가능성을 증진시키기 위하여 미디어 또는 비미디어 마케팅 커뮤니케이션이 사용된다. 예를 들어 쿠폰, 경품 행사, 컨테스트, 제품 샘플, 환불, 끼워 팔기, 자기 청산형 경품, 박람회, 보상판매, 전람회가 있다.
- 홍보 활동(Public relations) – 미디어에서 그것에 대한 중요한 소식 또는 유리한 홍보를 함으로 제품, 서비스 또는 사업체를 위한 공급의 유료 자극이다. 예를 들어 신문과 잡지 기사/리포트, TV와 라디오 방송, 자선 기부, 연설, 광고 발행물, 세미나 등이 있다.
- 직접 마케팅은 마케팅 믹스의 5번째 부분으로 포함된다. 협찬은 가끔 6번째 부분으로 추가된다.

Promotion 기획 상품은 소비자의 구매를 촉진시키고 상품의 판매 증진과 고객에게 회사를 알리거나 또 새로 나온 상품을 홍보하거나 또 기존 고객에게 감사를 표현하기 위한 판촉 활동과 고객을 다시 불러 모으는 판촉행사 등 하나의 마케팅의 일정이다.

다시 말하면 기업에서 기업 PR 및 판촉을 목적으로 고객이나 소비자에 대한 메이커 이름이나 상품명을 집어넣은 선전용 소품을 상품에 추가하여 제공하거나, 고객(소비자)에게 배포하는 것을 뜻한다.
이러한 소품을 판촉의 목적으로 나누어주고 소비자는 마치 덤으로 받음으로 무료라는 의미에서 더 제품에 관심을 끈다.

즉 오픈선물, 광고용 작은 소품 판촉물, 할인쿠폰, POP 광고물, TAKE OUT 판촉, HOME-DELIVERY 활동이 이러한 범위에 속한다.

또 다른 판촉의 목적에는 기획상품, 판촉물, 증정품, 답례품, 개업선물 등 상품을 통해 이루어지는 마케팅의 범주에 속하는 모든 행위의 제품을 일컫는다.

(1) 판촉 활동의 유형

판매촉진활동은 소비자, 거래처, 제조업자 등을 중심으로 수행한다.

1) 소비자판촉

소비자에게 기업이나 기업의 제품, 서비스에 대한 인식을 좋게 하고 판매를 촉진하기 위해서 수행되는 활동으로 샘플, 쿠폰, 거래 스탬프, 의상발표회, 전시회 등이 이에 속한다.

2) 거래처 판촉

거래처에게 자사제품에 대한 거래량, 거래액을 증대시키도록 자극을 하는 모든 활동으로 구매할인, 거래처지원, 무료경품, 판매경쟁 등이 이에 포함된다.

3) 판매원 판촉

제품이나 서비스를 판매하는 판매원을 촉진하기 위한 수단으로 상여금, 판매원 지원, 판매원 콘테스트 등이 이에 속한다.

(2) 판촉 활동 선택에의 영향요인

1) 제품요인 분석

- 발매배경
- 제품의 종류, 유형

- 제품수명 주기상의 위치
- 매출액의 추이

2)시장요인 분석

- 시장점유율 추이
- 현재 시장에서의 지위
- 소비자의 특성

3) 판촉 실시상황

- 촉진 전략
- 판촉의 정확한 타켓
- 사용했던 판촉의 종류
- 각 수단의 목표, 실시방법, 규모, 시기

(3) 기획 상품의 주요 분류

- 주방용품(household)
- 가정용 soft 제품으로 구성되는제품(textile items)
- 선물세트(gift set)
- 주방세제(cleaning material; a detergent; a detersive; a cleanser)
- 레저용품(leisure items)
- 소형가전 제품(small -medium electronics goods)
- 상품권(a merchandise bond(coupon), gift of certificate
- 포인트 카드(point card)
- 식음료 사용권(right of using to drink)
- 숙박 및 여행 상품권(a merchandise coupon for travel & accommodations)
- 학습을 위한 학습 수강권(coupon to study)
- 유사한 업종과 연관된 업종 교환 사은품(the related coupon to sell & to exchange)
- 재사용 할인권(reusing discount coupon)

(4) 상품류로 보는 아이템

- address & telephone books
- ashtray
- badge & emblem

- car accessories
- crystalware
- gift wrapper
- greeting card & post cards
- all kinds of handle bags
- key chains
- key lights
- lighters
- magnet & magnetic products
- mirror
- mug & cup
- paper premium
- plastic premium
- photo & picture frame
- prints
- album
- balloon
- carnival festival & party supplies
- towel
- craft gift
- digital items
- fabrics premiums
- gift box
- medal
- glassware
- decoration items
- foods & drinks
- leather goods
- metal souvenir items
- stationery(highlighter, pen, pen box, memo clip, stapler, tape measure, staple remover, clip, clip dispenser, tape dispenser)
- travel premium–sewing kit set, cushion, travel set
- bags

- caps & hats
- watch & clock
- belt and wallets
- blankets
- advertisement sticker
- ceramicware
- hardware
- electronics goods
- t-shirts
- vest
- fan
- calendar
- office set
- leisure items
- computer accessory
  (USB flash drive, Retractable phone extension cord, CD case)
- calculator
- tools set
- carabiner
- torch
- book lamp
- cosmetic accessory
- sewing kit
- golf series
- advertising string
- smoking accessory
- knife
- tableware
- key tag
- mini fan
- notebook
- pen holder
- ruler

- letter slitter
- memo holder
- card box
- photo frame
- CD cleaner & CD holder
- whistle
- LED light for mobile
- Massage
- pill box
- hand clapper
- plastic fans
- badge holder
- mobile holder
- swimming beach box
- ics scraper
- puzzle
- sunglasses holder
- coin bank
- shoes shine
- toothpick holder
- soft vinyl tag
- tire gauge
- exercise appliance
- first aid kit

(5) 기획 상품 상담 시 체크포인트

1) 기획 상품의 목적과 의도를 정확한 파악
2) 납기
3) 가격대
4) 수량
5) 소비자의 기호(연령, 직업군)

6) 과거 상품들 중복 체크

7) 포장방법

8) 로고 및 인쇄사양

9) 운송방법

10) 대금결제 방식

(6) 제품 선택 시 주의 사항

1) 상품은 간결하고 심플해야한다.

2) 회사의 이미지나 로고가 선명하게 인쇄가 되어서 광고효과를 최대한 살려주는 제품이 좋다.

3) 수량이 대량이기 때문에 가격대가 저렴해야한다.

4) 상품의 기본 품질은 반드시 유지해야한다.

5) 가격대비 상품의 부피가 커야 좋다.

6) 납기는 철저히 준수해야한다.

7) 전기제품, 파손용이 제품, 유행이 지난 상품, 사이즈를 요구하는 상품 등은 피하는 것이 좋다.

8) 행사의 목적을 잘 파악해서 계절, 연령대, 포장지 선별 등을 잘 고려하는 것이 중요하다.

9) 신제품 제시를 최우선 고려!

10) 회사의 로고 컬러를 반드시 준수한다.

11) 포장 시 어떠한 이 물질도 안 들어가도록 철저히 체크

12) 프로모션은 상품의 진정한 면모를 전달하는 일에 중요성을 일깨워 주어야 한다.

13) 지금은 상품사용자들이 세분화되어 있어 정확한 타겟층을 만들어야 한다.

참고 : 병행수입(gray import)이란?

국내 독점 판매권을 갖고 있는 공식 수입업체가 아닌 일반 수입업자가 다른 유통경로를 거쳐 국내로 들여오는 것.

정부는 수입 공산품의 가격인하를 유도하고 국내 독과점 방지와 시장경제 활성화를 위해 1995년 11월부터 일부 예외규정을 두고 병행수입을 허용했다.

✤ PROMOTION 디자인 연구

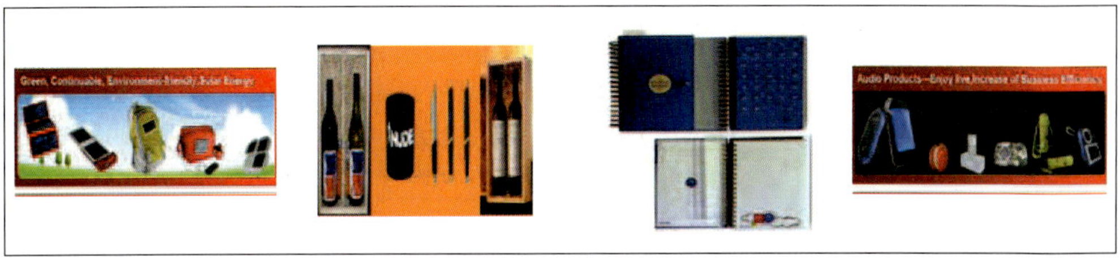

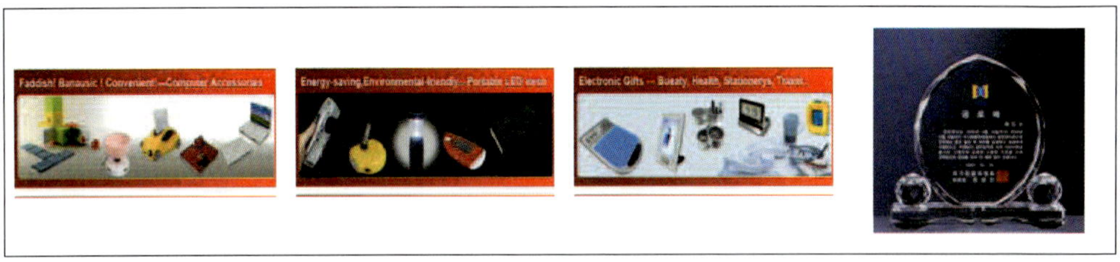

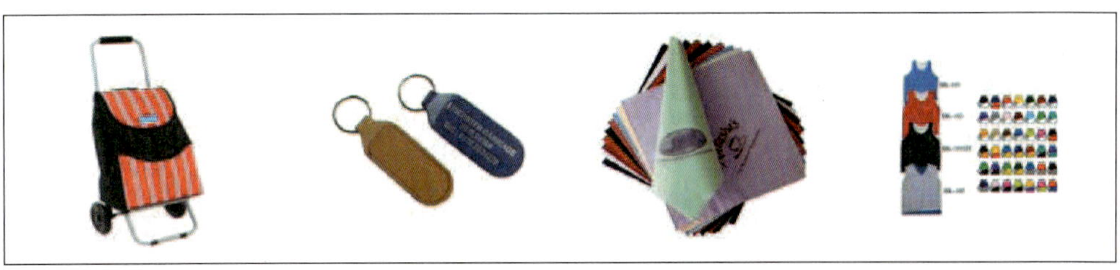

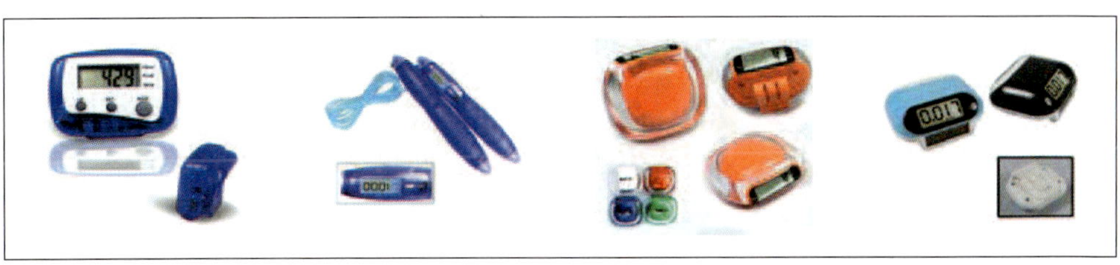

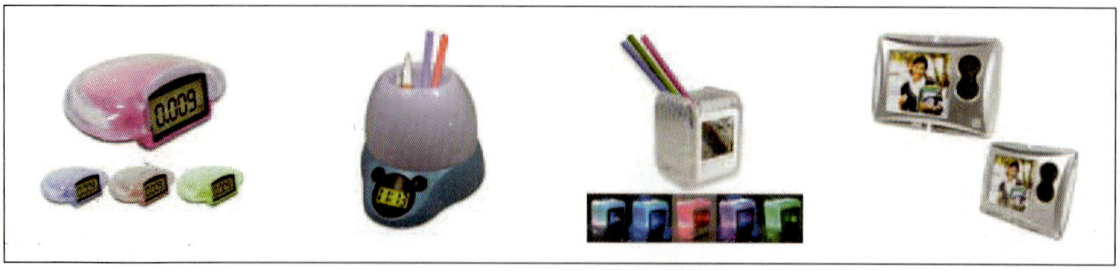

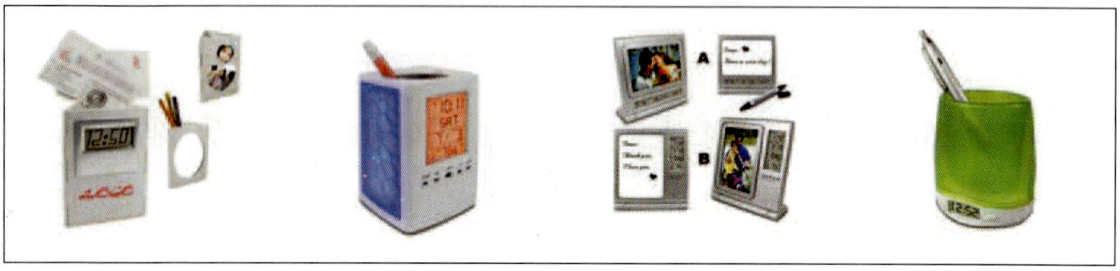

ICE BOTTLE

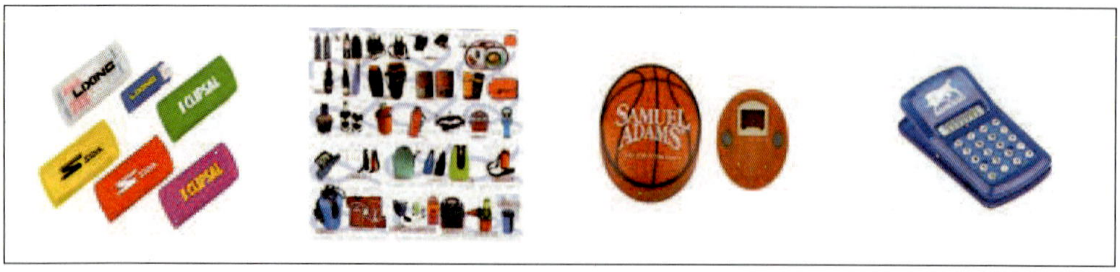
ECLIPSAL
SAMUEL ADAMS

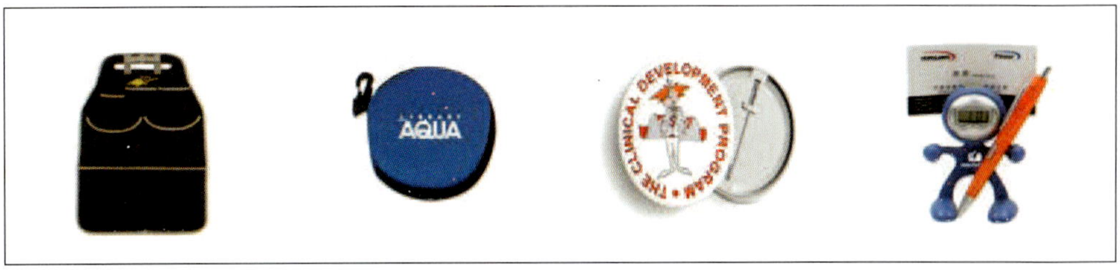
AQUA
THE CLINICAL DEVELOPMENT PROGRAM

TOKICO
TOKICO
GAS
Queensland Paediatric
Nursing Conference
2007

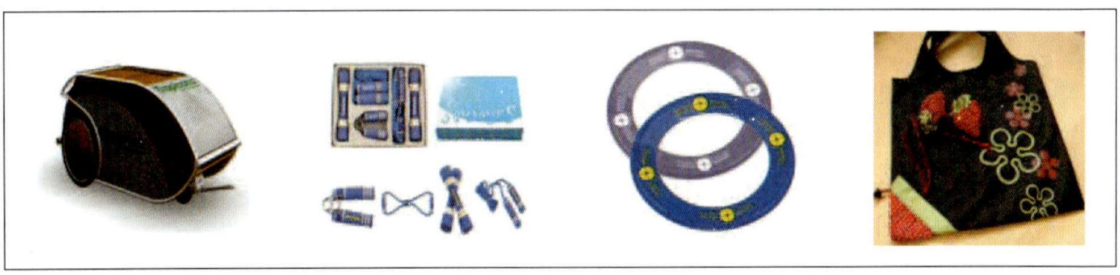

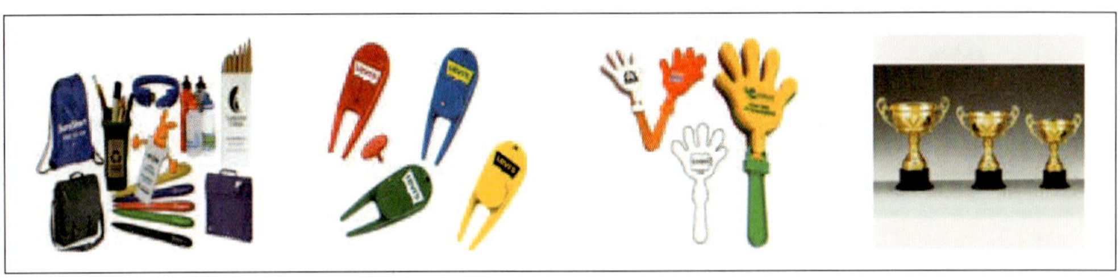

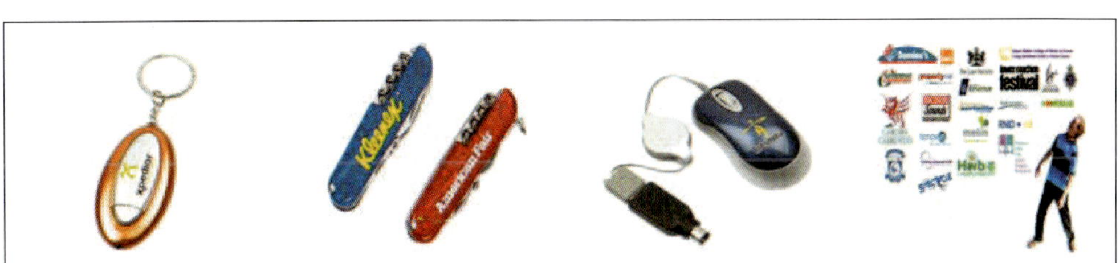
Kleenex

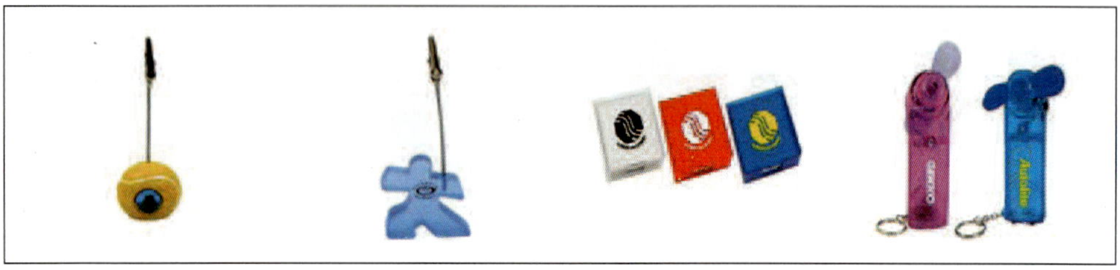

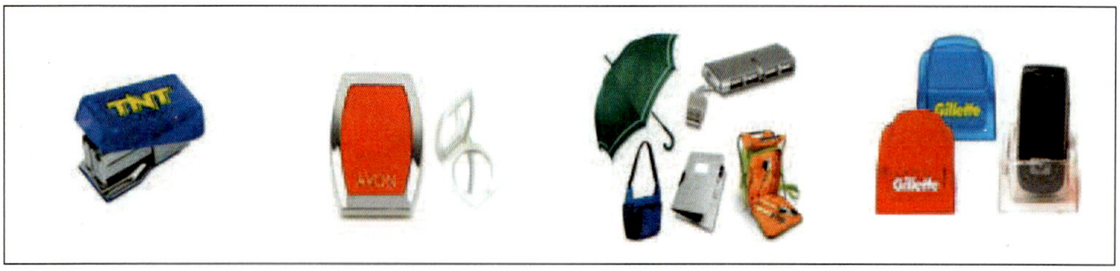

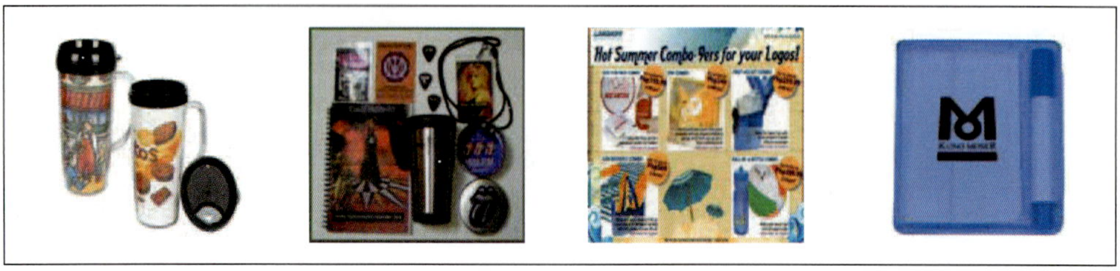

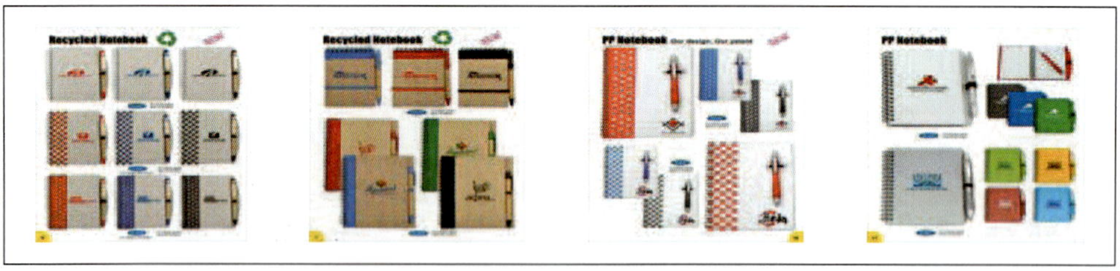

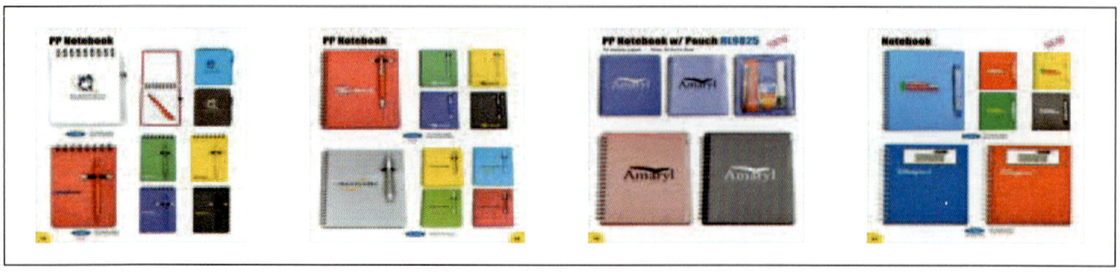

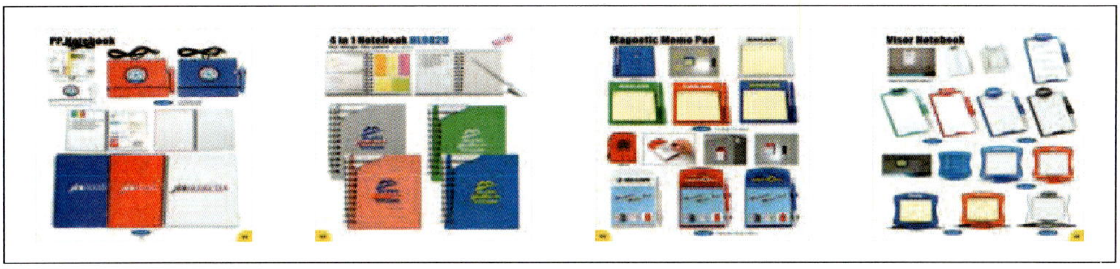
PP Notebook
4 in 1 Notebook
Magnetic Memo Pad
Visor Notebook

Notebook
Notebook
Notebook
Notebook

Notepad
Notepad
Office Bag
Sticky Notes

Sticky Notes
Sticky Notes
Memo Holder
Memo Holder

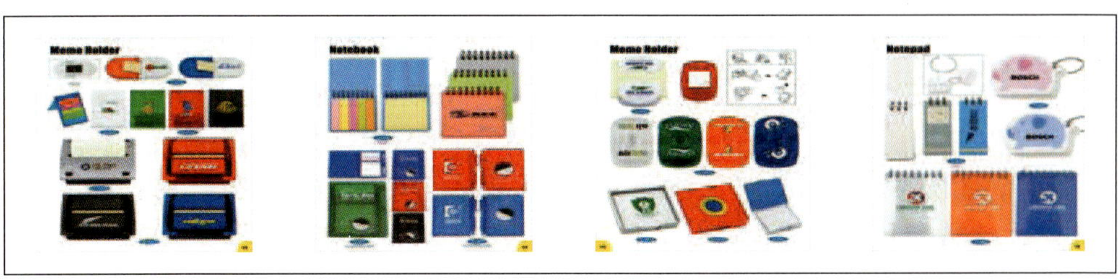
Memo Holder
Notebook
Memo Holder
Notepad

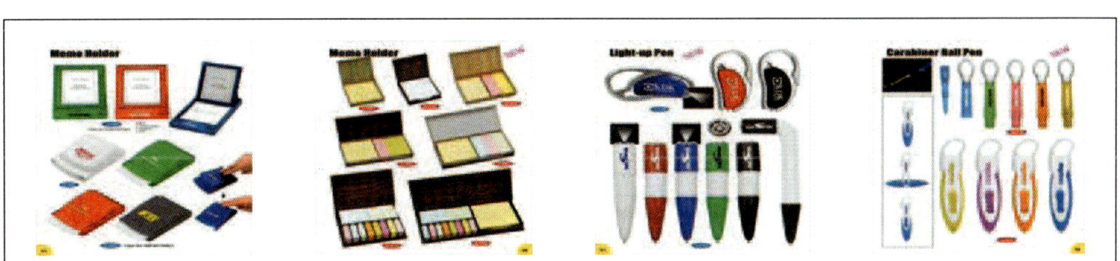
Memo Holder
Memo Holder
Light-up Pen
Carabiner Ball Pen

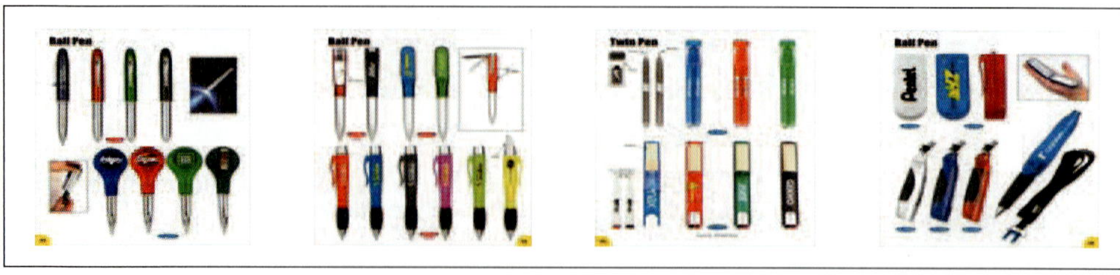

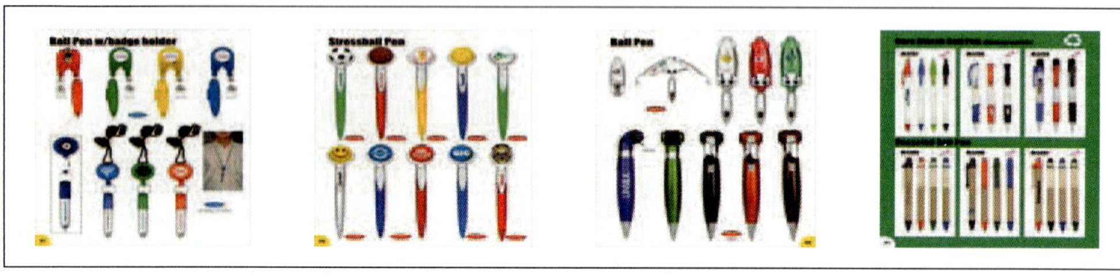

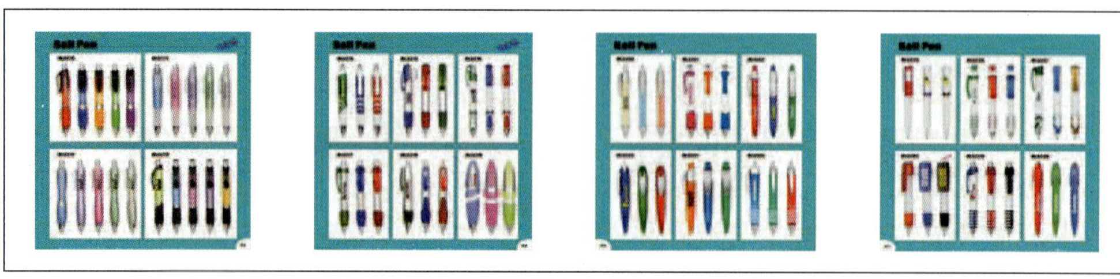

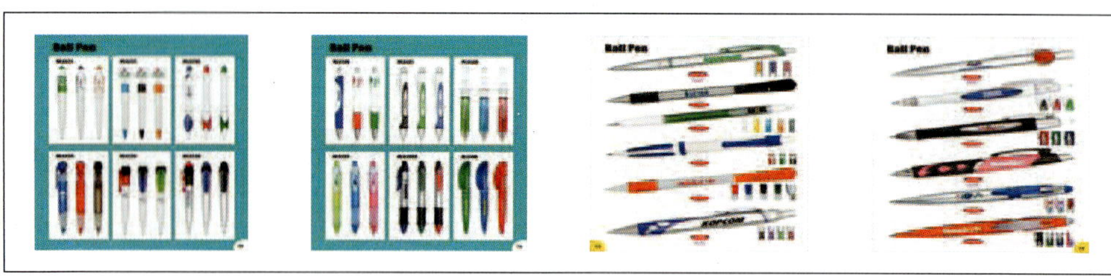

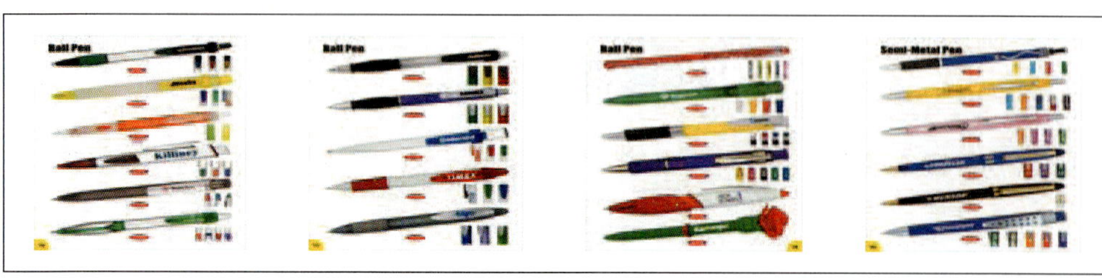

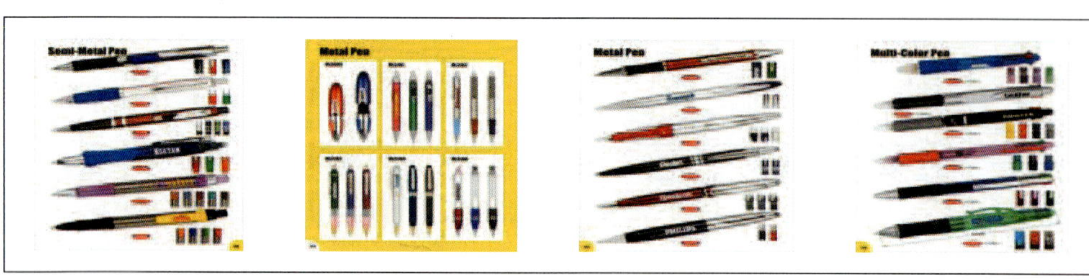

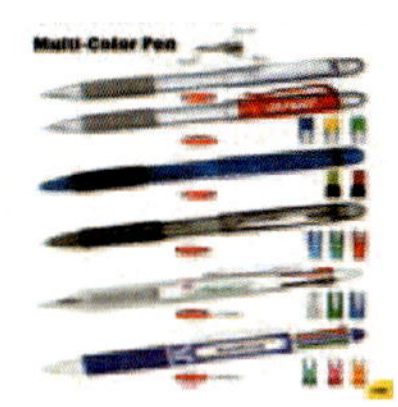
Multi-Color Pen
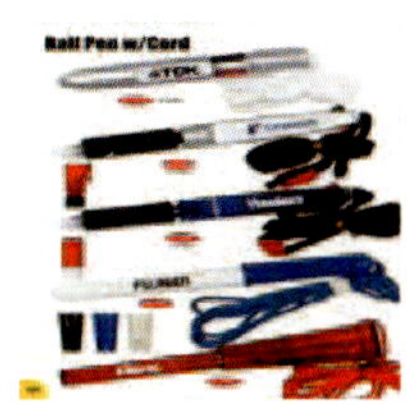
Ball Pen w/Cord

Ball Pen w/Cord
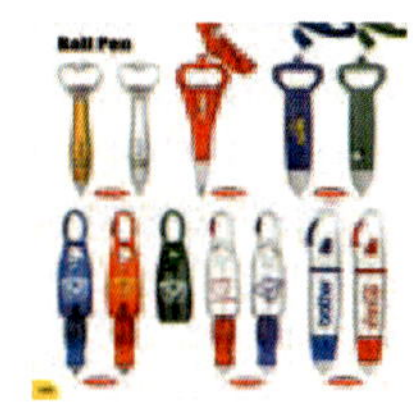
Ball Pen
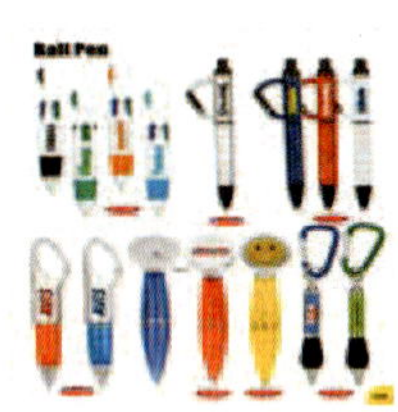
Ball Pen

Bubble Pen
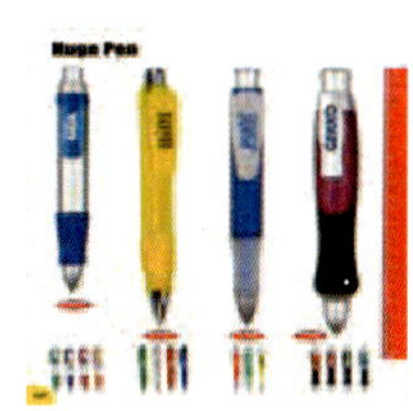
Huge Pen

Huge Pen

Mini Ball Pen
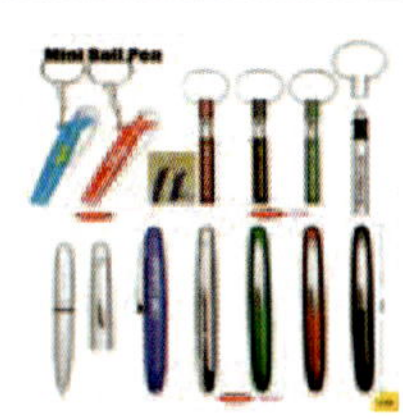
Mini Ball Pen
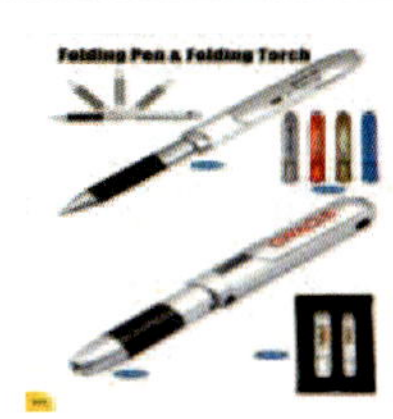
Folding Pen & Folding Torch
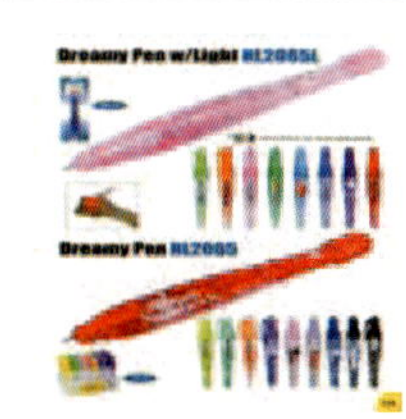
Dreamy Pen w/Light HL2065L
Dreamy Pen HL2065

Table Pen

Pen Box

Highlighter
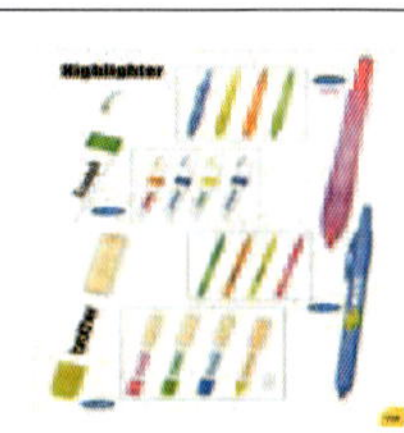
Highlighter
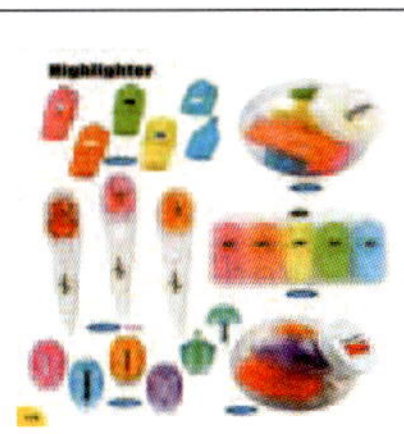
Highlighter
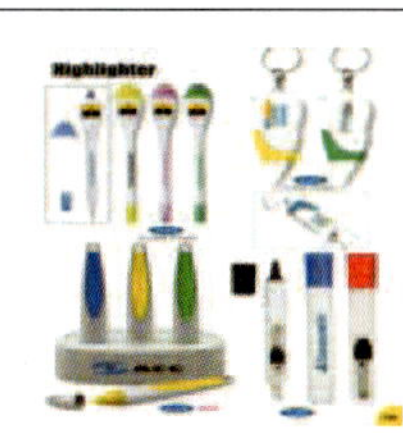
Highlighter

Highlighter

Highlighter
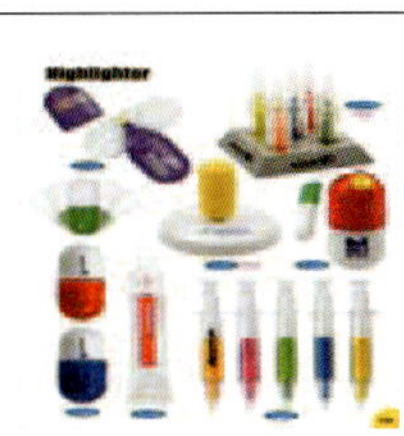
Highlighter

Highlighter
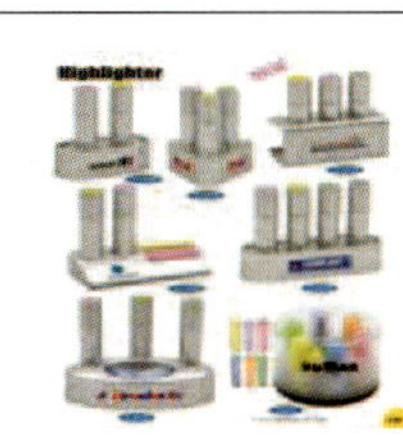
Highlighter

Highlighter

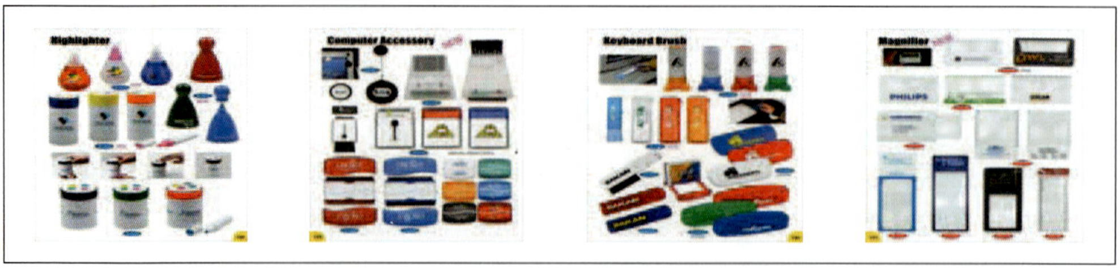
Highlighter
Computer Accessory
Keyboard Brush
Magnifier

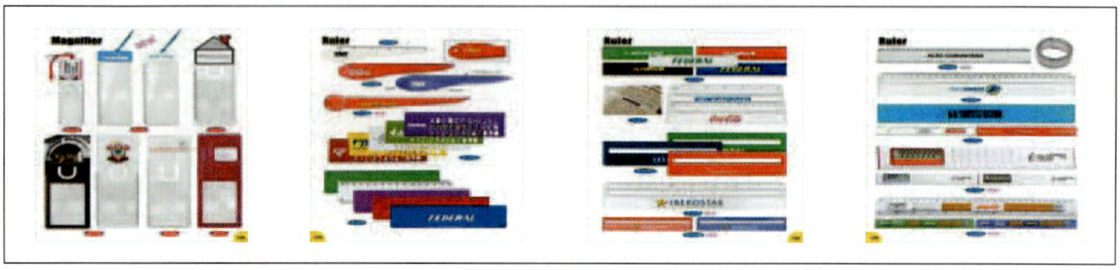
Magnifier
Ruler
Ruler
Ruler

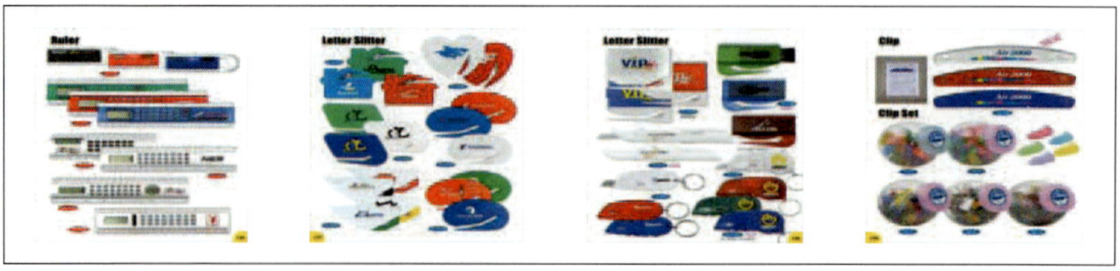
Ruler
Letter Slitter
Letter Slitter
Clip
Clip Set

Clip
Clip
Clip
Clip

Clip
Clip
Clip
Memo Clip

Memo Clip
Tape Dispenser
Tape Dispenser
Name Card Holder

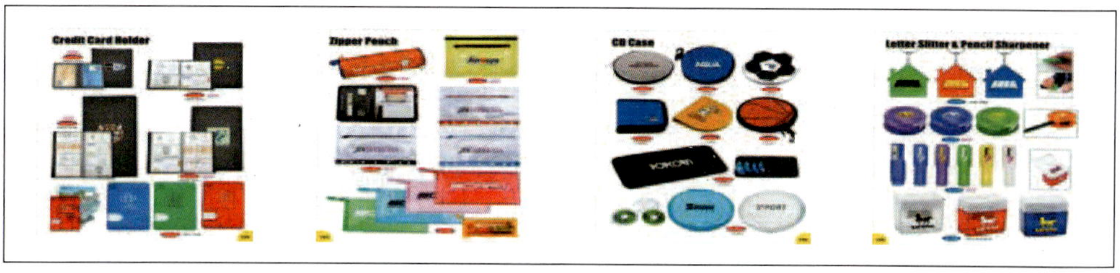
Credit Card Holder
Zipper Pouch
CD Case
Letter Slitter & Pencil Sharpener

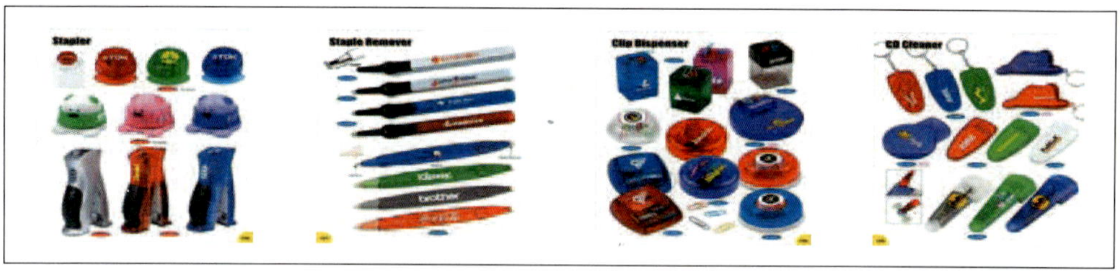
Stapler
Staple Remover
Clip Dispenser
CD Cleaner

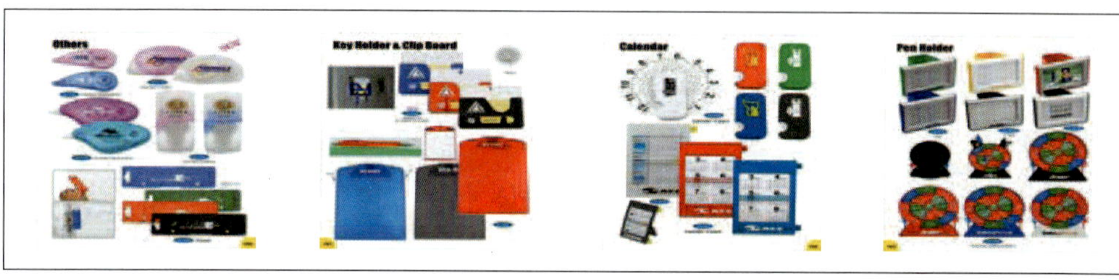
Others
Key Holder & Clip Board
Calendar
Pen Holder

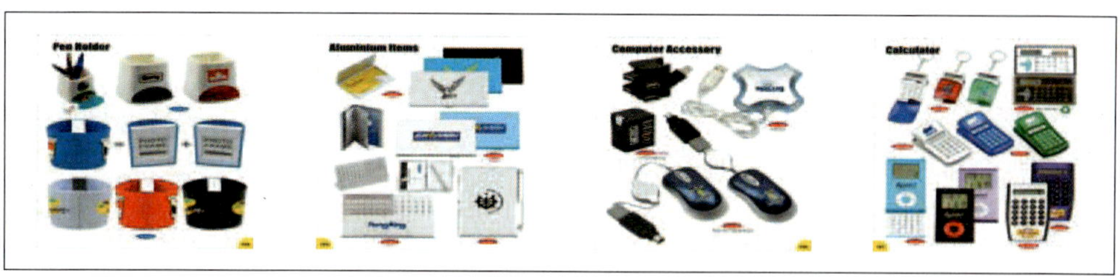
Pen Holder
Aluminium Items
Computer Accessory
Calculator

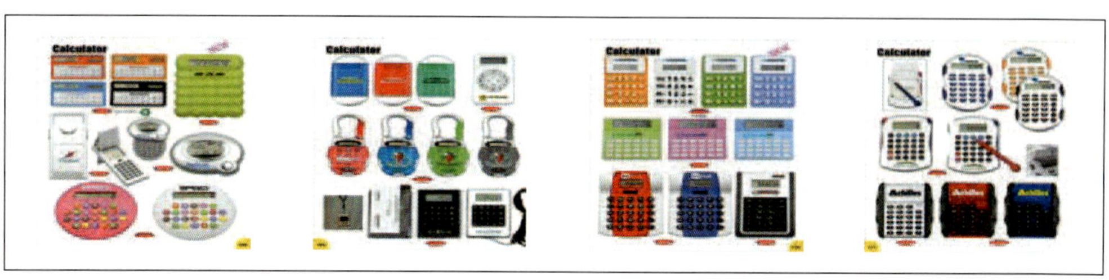
Calculator
Calculator
Calculator
Calculator

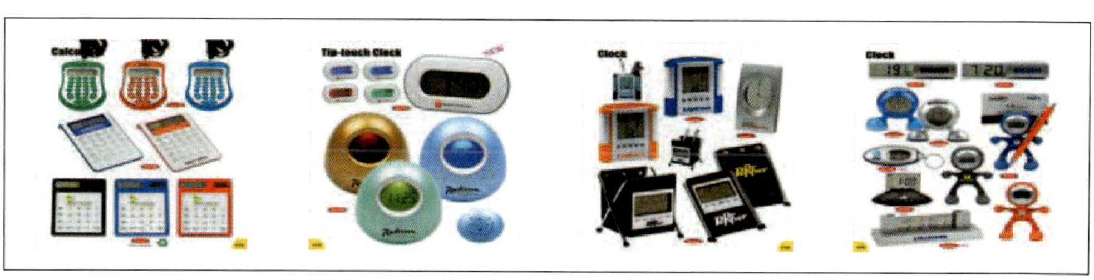
Tip-touch Clock
Clock
Clock

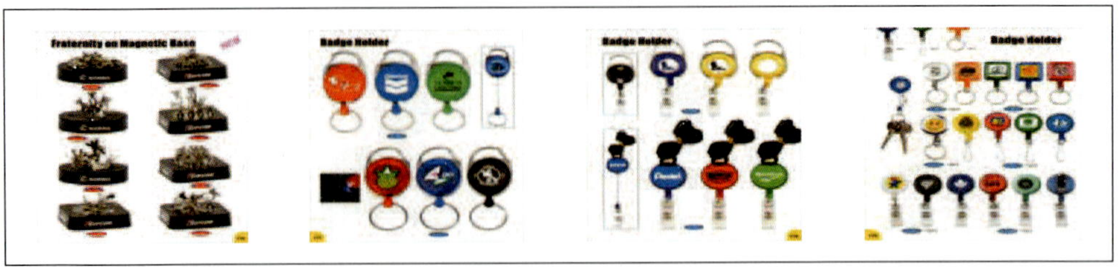

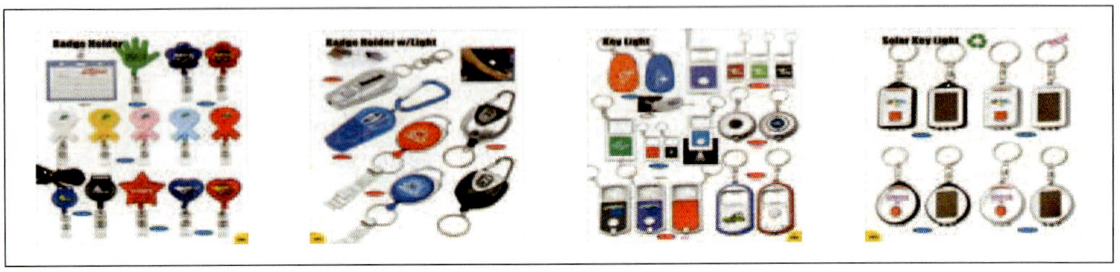

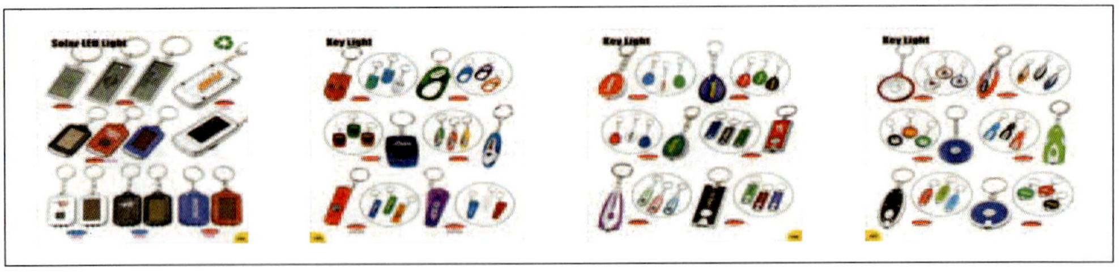

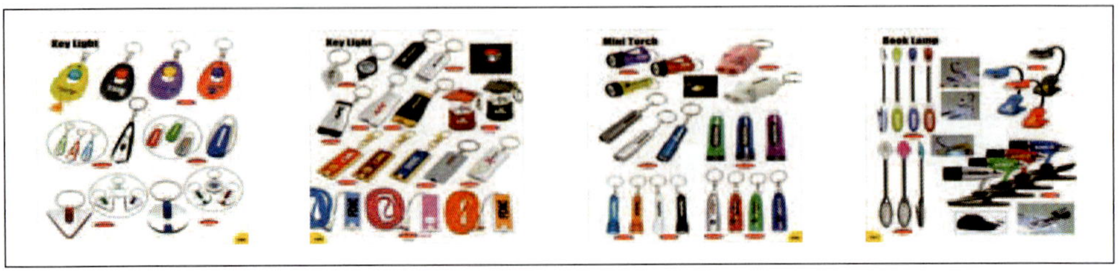

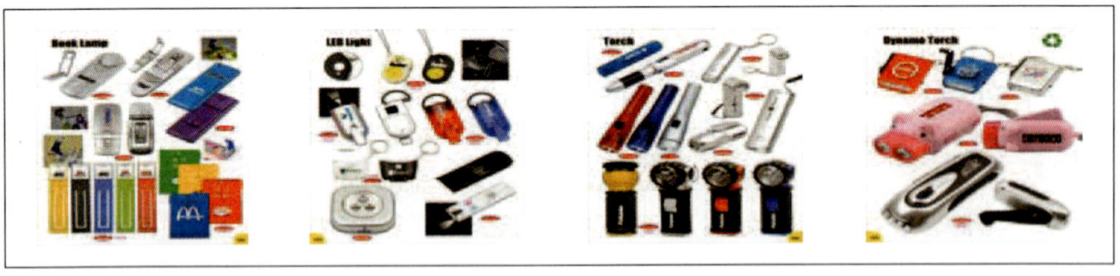

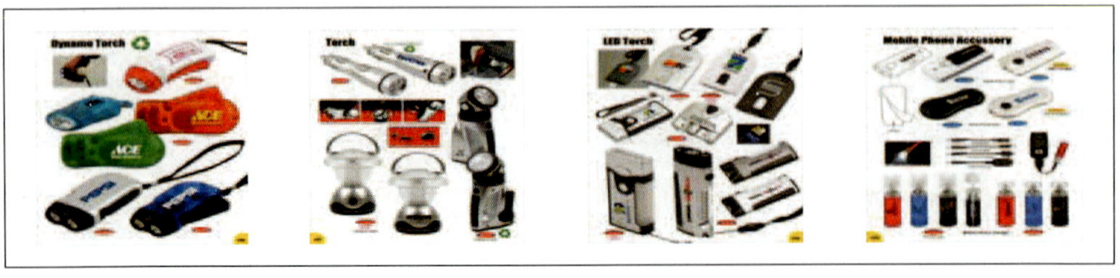

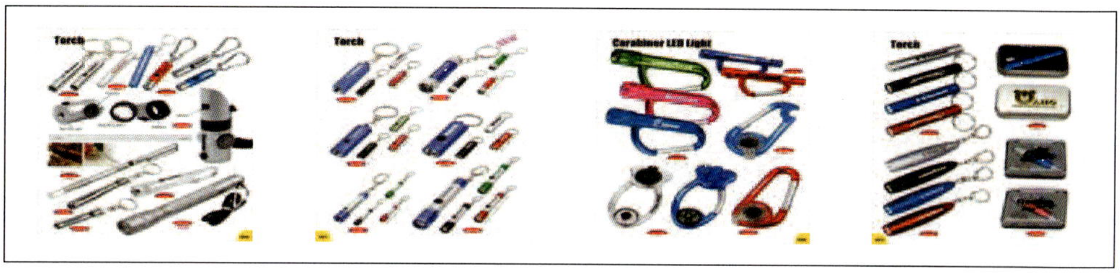
Torch
Torch
Carabiner LED Light
Torch

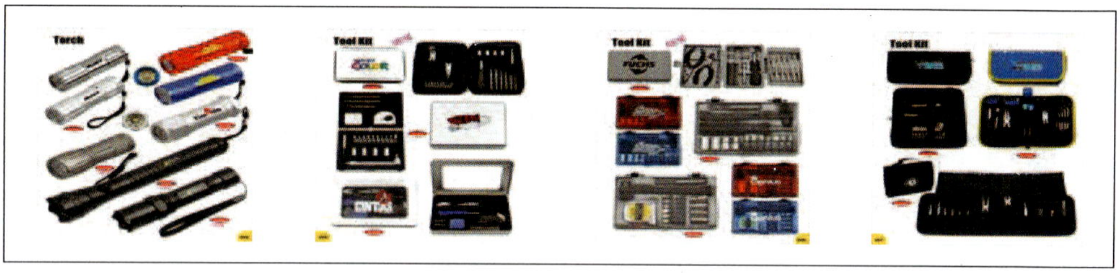
Torch
Tool Kit
Tool Kit
Tool Kit

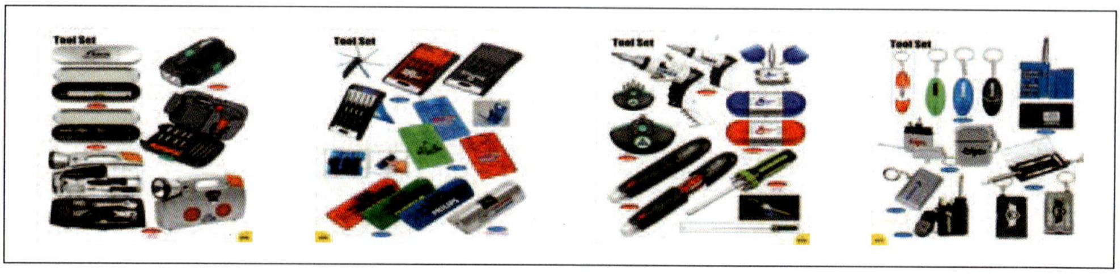
Tool Set
Tool Set
Tool Set
Tool Set

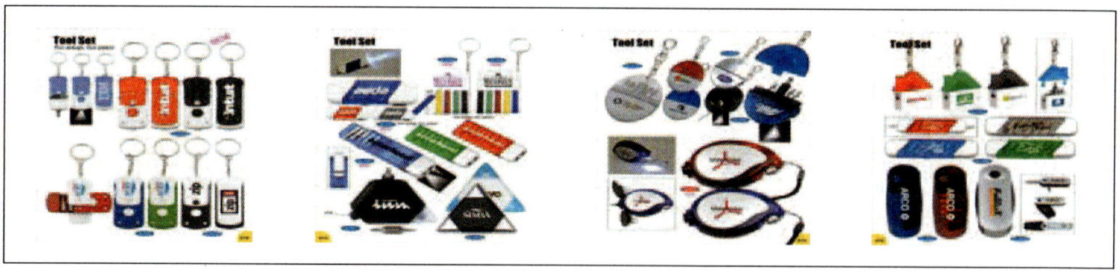
Tool Set
Tool Set
Tool Set
Tool Set

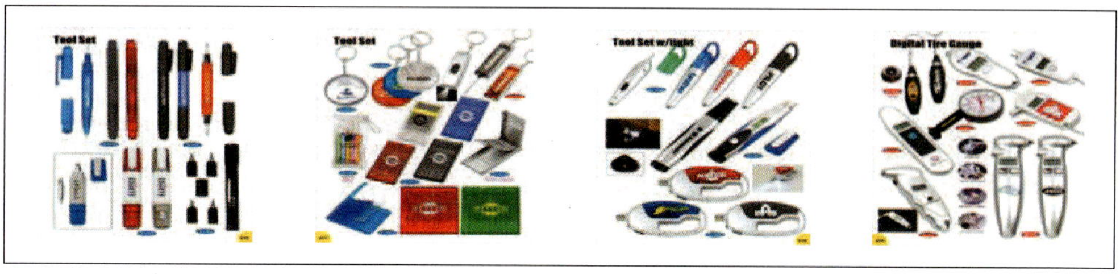
Tool Set
Tool Set
Tool Set w/light
Digital Tire Gauge

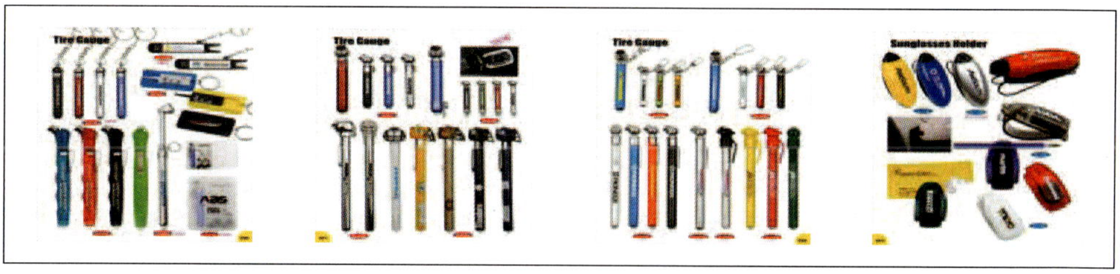
Tire Gauge
Tire Gauge
Tire Gauge
Sunglasses Holder

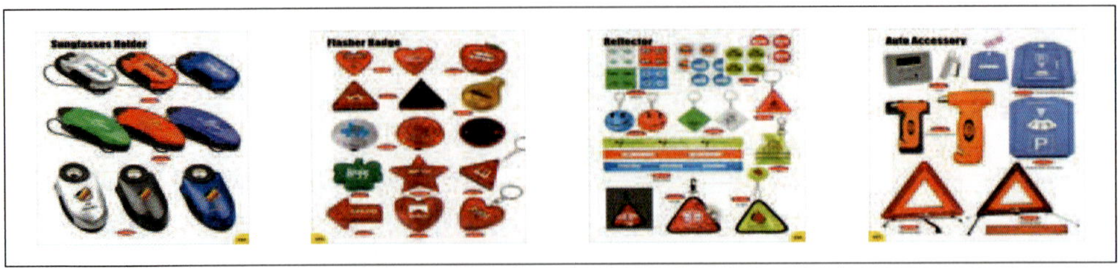
Sunglasses Holder
Flasher Badge
Reflector
Auto Accessory

Tape Measure w/Light
Tape Measure
Tape Measure
Tape Measure (1M)

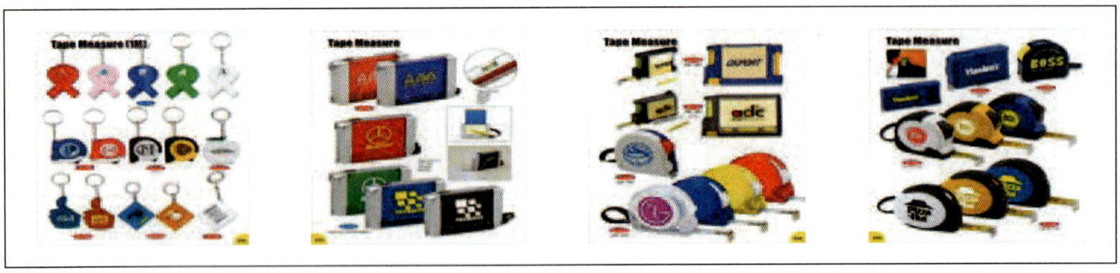
Tape Measure (1M)
Tape Measure
Tape Measure
Tape Measure

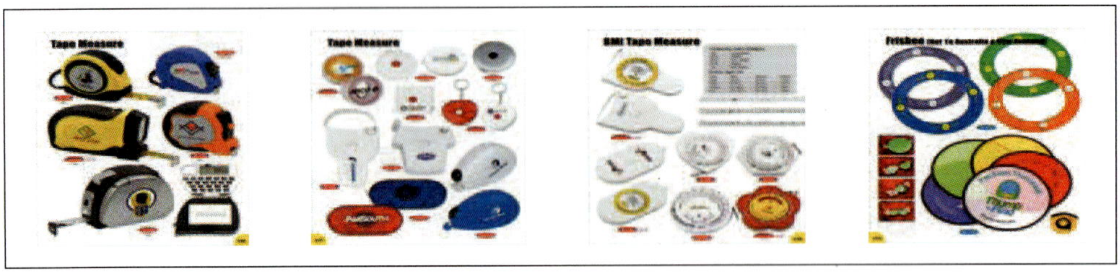
Tape Measure
Tape Measure
BMI Tape Measure
Frisbee

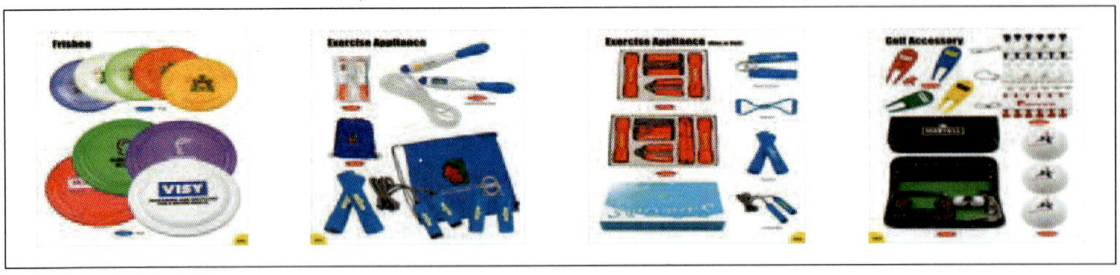
Frisbee
Exercise Appliance
Exercise Appliance
Golf Accessory

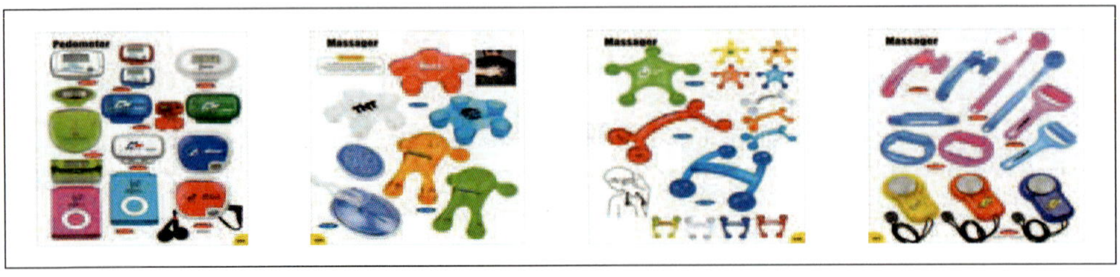
Pedometer
Massager
Massager
Massager

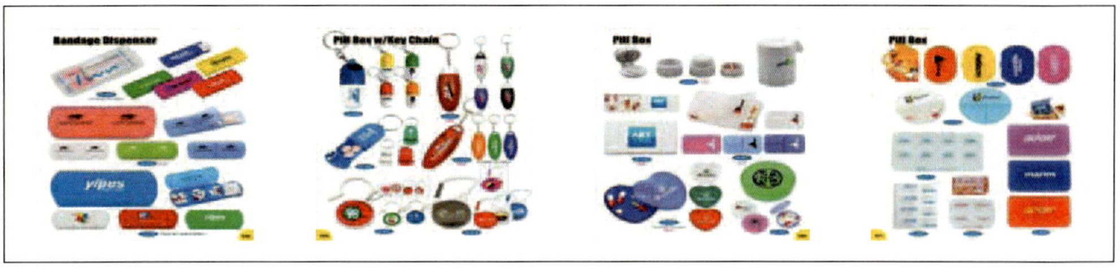
Bandage Dispenser
Pill Box w/Key Chain
Pill Box
Pill Box

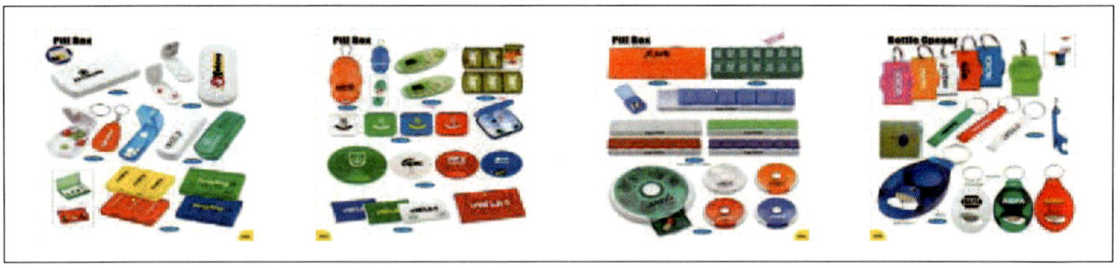
Pill Box
Pill Box
Pill Box
Bottle Opener

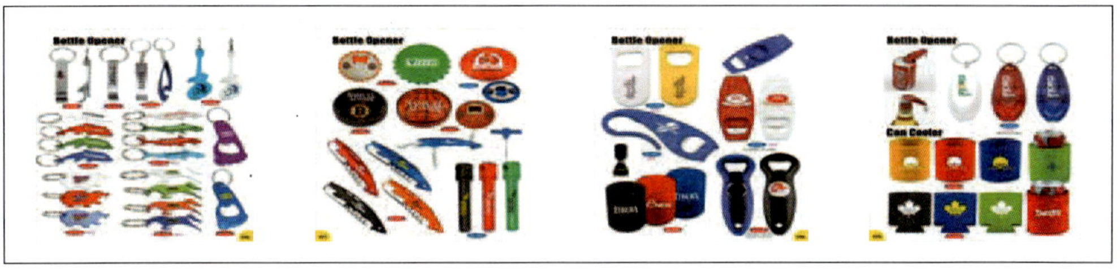
Bottle Opener
Bottle Opener
Bottle Opener
Bottle Opener
Can Cooler

Ice Scraper
Ice Scraper
Ice Scraper
Pocket Mirror

Mirror
Mirror
Hair Brush
Sewing Kit

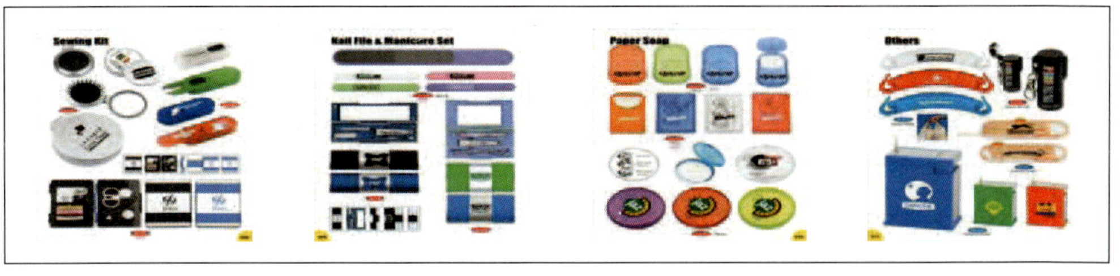
Sewing Kit
Nail File & Manicure Set
Paper Soap
Others

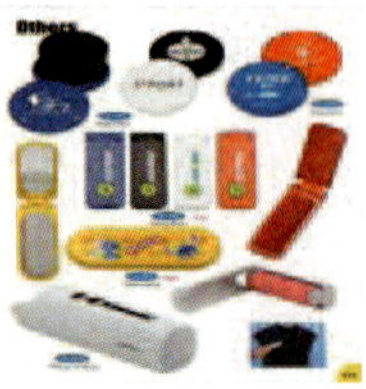
Others

Glasses Cleaner

Photo Frame

Coin Bank

Coin Bank

Hand Clapper
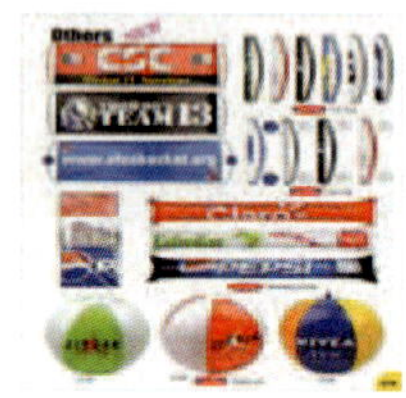
Others

Plastic Fan

Mini Fan

Achilles
Achilles

TDK

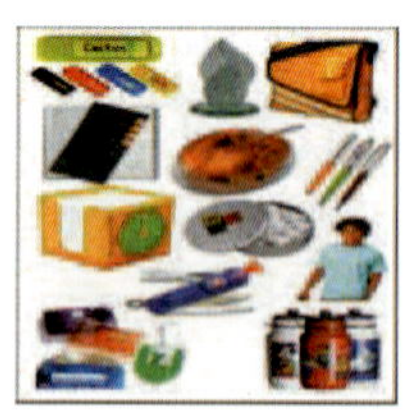

t-shirts
cups/mugs
bags
pens
hats
magnets
calendars
awards
misc.

Promotional Goods
Buy Online Now

S*PORT

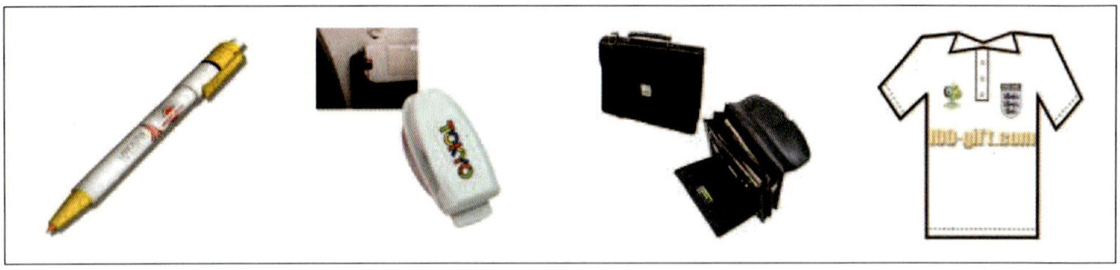

5 GIFT(=GIFTWARE)

✤ **정의**

Giftware items to beautify your home and add that special touch to any environment. Perhaps the perfect corporate gift, wedding or anniversary gift. Everyone will appreciate the attention to detail, beautiful shapes, and wonderful feel of these fine pieces.

선물이란 카테고리는 일반적으로 늘 접하는 분야임에도 불고하고 막상 학문적으로 접하기에는 어색한 분야임에 틀림없다. 우리는 일상생활에 많은 감사, 은혜보답, 사은기념, 위로, 축하 등의 표시로 선물을 주고받는다. 여기서 말하는 선물의 개념은 우리가 연구하는 모든 상품의 범주에 다 집어 넣기에 엄청 다양한 상품의 범위에 해당한다. 서양에서는 하나의 일상생활에서 처럼 서로 이런 선물의 행위가 다양하게 이루어지지만 우리는 아직 선물의 문화는 제한적으로 볼 수 있으나 시대의 발달로 우리도 선물 문화가 점점 다양하게 변화를 가져오고 있다. 서양에서는 선물의 집이 우리의 커피점처럼 거리마다 있는 반면에 우리는 아직 그렇지는 못한 것 같다.

그럼 선물을 구입 시 주의해야 할 점은 무엇이며 또 MD는 판매 시 어떠한 점에 주안점을 두어야 하는지 살펴보자!

✤ **기프트 아이템 구입 시 주의사항**

- 선물을 주는 목적에 부합하는 선물 선택
- 선물을 오래 기억 할 수 있는 제품을 선택
- 선물 받는 연령대를 고려해서 제품 선택
- 선물의 적절한 금액 고려
- 선물포장의 중요성
- 선물과 함께 마음을 전하는 편지를 동반하는 것이 좋다.

- 선물의 크기도 중요
- 선물을 받는 사람의 생활수준 참고
- 선물 주는 시기 참고

1) 카테고리 별 아이템 분류

- advertising gift & premium
- ceramic gifts
- consumer electronics
- corporate gifts
- fashion jewellery & accessories
- kids' world
- ladies' gift & premium
- paper & packaging
- party & x'mas decoration
- pictures & photo frames
- silverware
- stationery
- toy & sports goods
- travel goods & umbrellas
- watch & clocks
- general gift items
- promotional items
- holiday decoration
- school & office supplies
- art & crafts
- houseware & home living
- bags
- pet accessories
- table & kitchenware
- trade service
- gift shops

2) 상품별 아이템 연구

- vase
- clock-desk table clock, wall clock
- stoneware
- chinaware
- woodenware-furniture & furnishings, wood crafts, antique & re-production furniture, miniature furniture, wood decoration
- glassware-crystalware, crystal crafts, glass tray
- gift box
- jewellery boxes
- crafts
- household-kitchenware, stainless steel items,
- artificial flower
- photo & picture frame
- candles
- candles holder
- metal crafts
- glass crafts
- Mirror
- decoration
- toy(=plush toy)
- handicrafts
- metal art-stone art, clay art, wooden art,
- storage basket-plastic, easter, wicker, wine, flower, rattan, wood, bread, picnic, laundry, fruit, metal, bamboo, wire, straw, willow, paper
- oil painting-canvas wall plaque
- leather items
- fabrics item-lace, tassel, cushion, rug, mat, carpet, kitchen towel, gloves
- towel
- mosaic home decoration
- oil lantern-energy saving, lighting
- cabinet

- bath accessory
- polyresin crafts
- paper
- brass
- nickel plate items
- silver plate items
- porcelain
- animal figurines

참고 : Packing details 연구

Size: 31×24.5×9.5cm

Gift box size: 33.5×25.5×12.5cm

Net weight: 0.963kgs

Gross weight: 1.252kgs

8pcs in a big carton

Carton size: 53×35.5×52cm

Carton gross weight: 11.141kgs

Carton net weight: 10.016kgs

20GP = 2,416pcs

40GP = 5,520pcs

40HQ = 5,872pcs

	Traditional	Modern
1 year anniversary gifts	Paper	Clocks
2 year anniversary gifts	Cotton	China
3 year anniversary gifts	Leather	Crystal
4 year anniversary gifts	Linen (silk)	Flowers
5 year anniversary gifts	Wood	Silverware
6 year anniversary gifts	Candy	Wood
7 year anniversary gifts	Copper	Wool
8 year anniversary gifts	Pottery and Bronze	Pottery and Bronze
9 year anniversary gifts	Pottery	Leather
10 year anniversary gifts	Tin (aluminum)	Diamonds
11 year anniversary gifts	Steel	Jewelry
12 year anniversary gifts	Silk	Linen
13 year anniversary gifts	Lace	Textiles
14 year anniversary gifts	Ivory	Gold
15 year anniversary gifts	Crystal	Watches
20 year anniversary gifts	China	Platinum
25 year anniversary gifts	Silver	Silver
30 year anniversary gifts	Pearls	Pearls
35 year anniversary gifts	Jade	Coral
40 year anniversary gifts	Ruby	Garnet
45 year anniversary gifts	Sapphire	Sapphire
50 year anniversary gifts	Gold	Gold
55 year anniversary gifts	Emerald	Turquoise
60 year anniversary gifts	Yellow Diamond	Diamond/Gold

✤ GIFT 디자인 연구

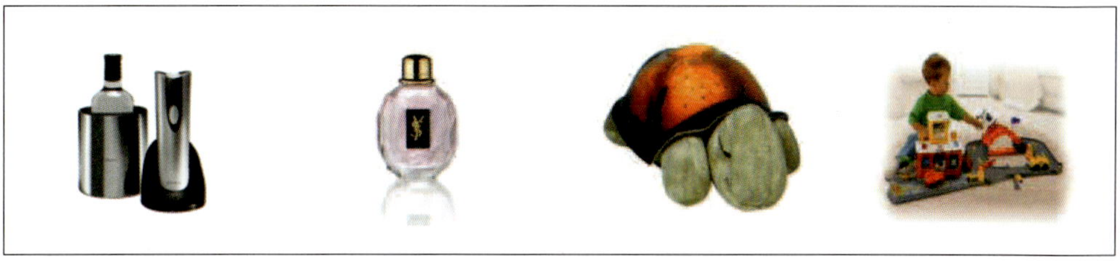

Peter Pan

XBOX 360
THE BEATLES ROCKBAND
DIARY of a Wimpy Kid
DOG DAYS

Wii
MARIOKART Wii

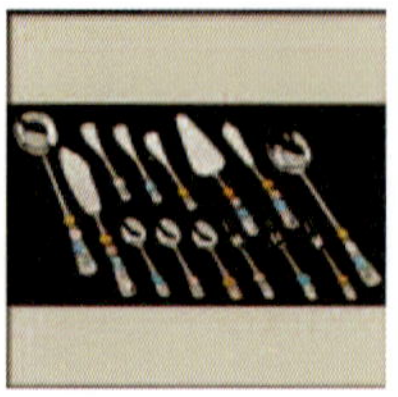

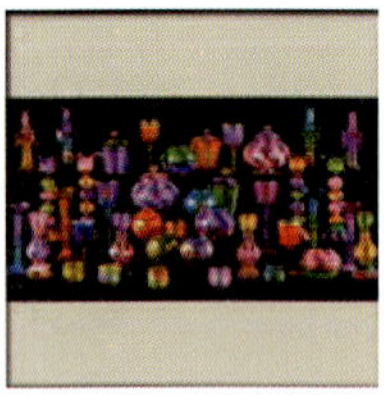
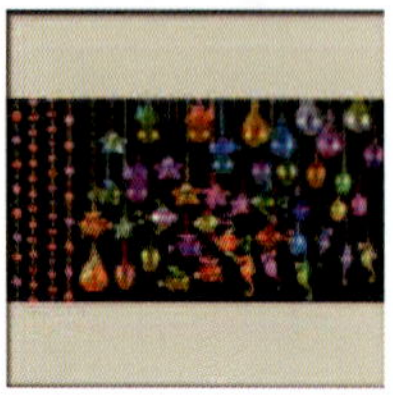

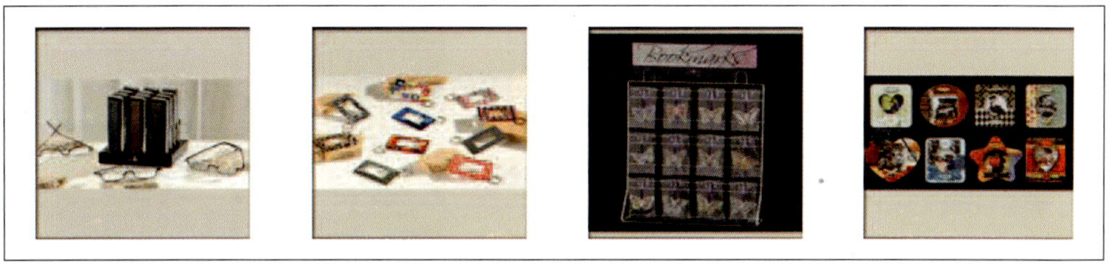
Bookmarks

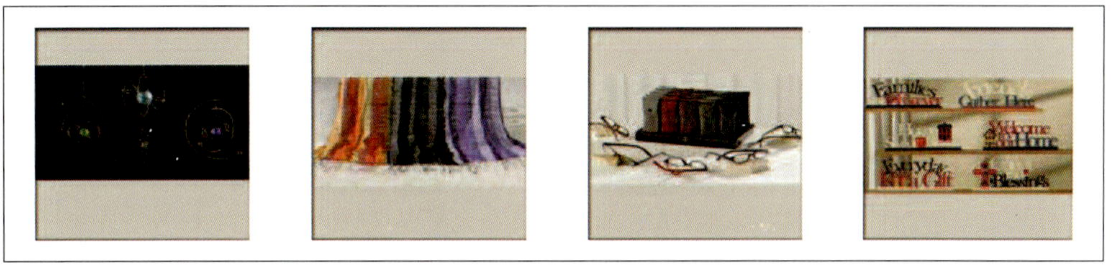
Families
Gather Here
Welcome Home
Blessings

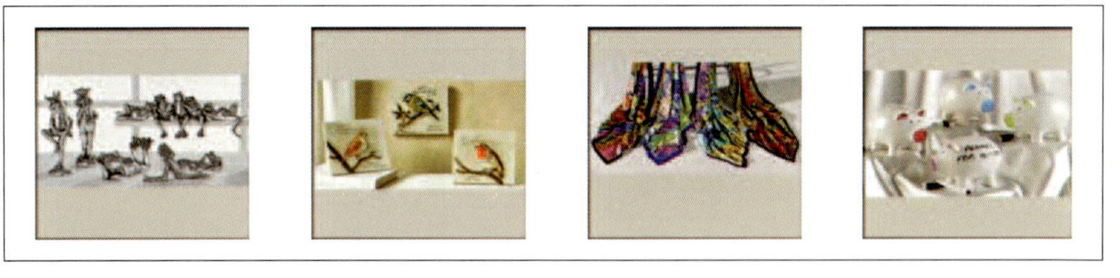

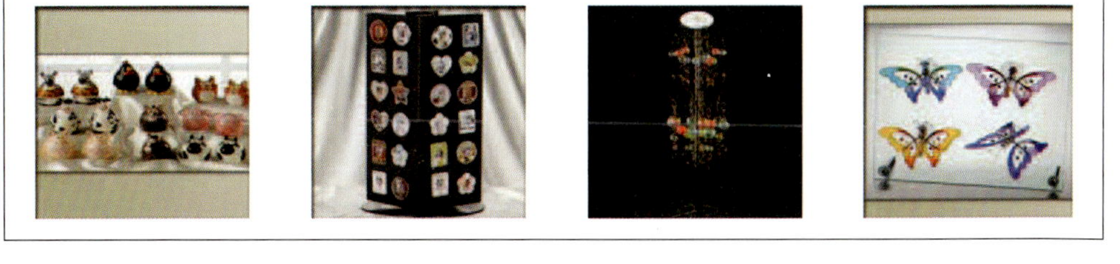

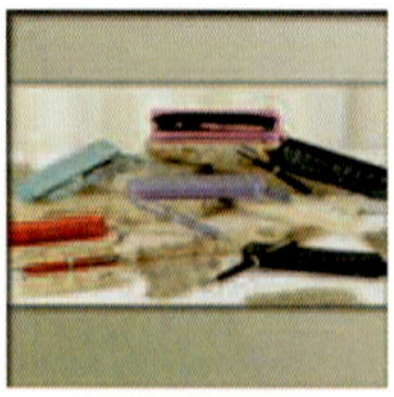

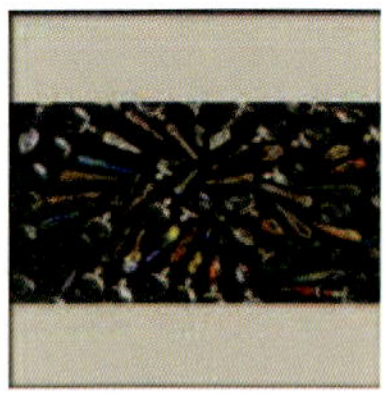

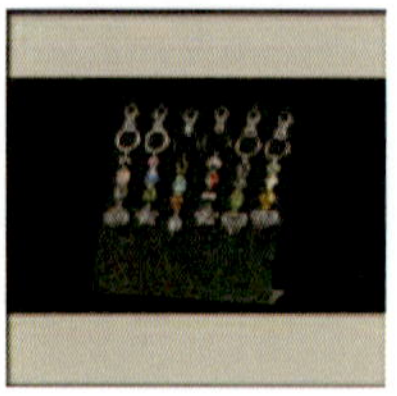

75608A

75646

75648-46

83879

83886

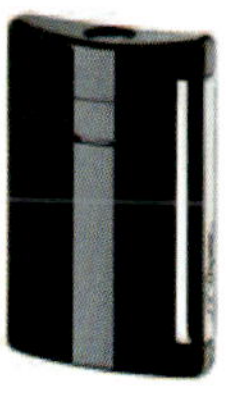

6 SOUVENIR

(1) 기념품의 상품학

A souvenir, memento or keepsake is an object a traveler brings home for the memories associated with it. Souvenirs include clothing such as T-shirts or hats, postcards, refrigerator magnets, miniature figures, household items such as mugs and bowls, ashtrays, egg timers, spoons, notepads, and many others. They may be marked to indicate their origin such as "A rock from Stonehenge". In Japan, souvenirs are known as meibutsu (products associated with a particular region); and omiyage, candies or other edibles to be shared with co-workers. Omiyage sales are big business at Japanese tourist sites.

Travelers may buy souvenirs as gifts for those who did not make the trip.

Memorabilia

Similar to a souvenir, memorabilia (from Latin, for memorable) is an object that is treasured for its memories; however, unlike souvenirs, memorabilia are valued for a connection to a historical, sporting event, culture, entertainment. Such items include cigarette cards, air sickness bags, publicity photographs, posters, entertainment-related merchandise, movie memorabilia, pins and other, often-licensed, items.

(2) 기념품의 개념

기념품(SOUVENIR)의 어원은 라틴어 "SUBENIR"에서 유래된 것으로 "마음을 일으키다" 또는 "생각해내다" 라는 뜻을 담고 있는 것으로 여행의 유형적 증거물이자 추억을 상기시키기 위해 구매하는 상품으로 구매자는 여행경험 혹은 방문의 일부분으로서 발견한 "고유성"의 가치적 증거물로서 또한 일상생활과 유리된 비일상적 활동체험의 기념품으로서 제품을 구매한다.

사람들은 특별한 순간과 사건을 기억하기 좋아하며 기념품은 기념품물로서의 역할을 한다.

이는 또 다른 의미로서는 한 나라의 관광기념품은 그 나라의 문화와 정신세계를 상징하는 매개체로서 나아가 그 사회 문화의 가치체계를 제시하는 역할을 한다. 즉, 관광기념품은 관광지의 문화요소의 총체이며 한 나라의 문화, 역사, 예술의 구체적 소산으로서 고도의 상징성과 고유성을 지니는 문화상품이라고 할 수 있다. 관광기념품의 고유성은 이러한 기념품의 역할을 통해 조명될 수 있으며 고유한 관광기념품이란 특정 관광지이외에는 구하기 어려운 관광지의 문화적, 역사적 요소를 함축하고 상징하는 고도의 문화상품이라고 할 수 있다.

원래 관광학에서 관광 상품이란 인간의 기본적 욕구를 충족시켜 줄 수 있는 편익차원의 경제재화로서 시장에 출시되어 관심과 획득·사용 또는 소비의 대상이 될 수 있는 것을 의미하며, 물리적 대상물뿐만 아니라 서비스, 사람, 장소, 조직, 아이디어 등이 포함된다.

관광 상품은 관광 활동에 관련된 유형재와 서비스가 결합되어 이루어진 유·무형의 결합상품이다. 그러나 관광 상품의 결합요소 중 무형적 성격의 추상적 상품인 서비스 부문의 비중도가 유형재에 비하여 대체적으로 높은 편이다. 그래서 관광 상품의 생산자가 서비스 형태의 무형상품으로 생산하여 소비자에게 공급하기 때문에 산업분류상 서비스사업에 관광사업 대부분이 포함되고 있는 것이다.

(3) 관광상품의 특성

1) 무형성

관광상품은 눈에 보이지 않는 무형상품으로서 손으로 만져 볼 수도 없고, 시험해 볼 수도 없으므로 최종소비 후에 만족도로서 관광 상품의 질에 대한 평가를 할 수 있다. 관광상품은 이러한 무형적 성격 때문에 유형상품보다 판매가 어렵다.

2) 생산과 소비의 동시소멸성

관광상품은 동일한 장소에서 동일한 시간에 생산되어 판매되고 소비된다.

따라서 관광상품은 동시에 생산되고 동시에 소멸되어진다는 점에서 공급자와 고객 간에 어떠한 상호의존적 관계가 창조되어 진다.

우리는 여기서 무형 서비스가 아니라 실제 상품학에서 다루는 관광상품 유형재에 대해서 다루기로 한다.

3) 관광 기념품의 유형

Gordon의 관광 기념품 유형 분류는 현대적 제조품과 사진, 스케치 등 여행의 기록물, 그리고 민속 음식과 민속 공예품 등 전통적 산물을 포함하는 포괄성을 지니고 있으며, Gordon의 분류를 토대로 현대성과 전통성을 포괄하는 통합적인 관광 기념품의 유형을 다음과 같이 나타내었다.

구분	특징	종류
시각적 이미지 기념품 (pictorial images)	가장 일반적 기념품의 형태	사진, 카드, 도록, 스케치, 포스터
자연 기념품 (piece-of-the-rock souvenirs)	자연 노획물	돌, 조개껍질, 나뭇잎 등 자연물의 일부
보편적 상징 기념품 (symbolic shorthand souvenirs)	제조품으로서 특정지역의 상징적 기념품 또는 경관과 관련된 내용물	석가탑, 다보탑의 미니어처, 돌하르방
표상기념품 (marker)	특정 시, 공간에 관한 기록을 담고 있는 일반적 제조품	관광지 지명 또는 로고가 새겨진 티셔츠, 볼펜, 라이터
지방특산기념품 (local product souvenirs)	지방 고유의 전통이 담긴 기념품	민속음식, 민속주, 전통의상, 공예품

자료 : Gordon, Beverly, "The Souvenir : Messenger of the Extraordinary" Journal of Popular Colture, Vol. 20, No. 3. 1988, pp140~143을 토대로 유지원이 작성한 것을 재인용.

4) 관광 기념품의 상품군

- stationery
- key holder(=key ring) & wine opener
- cap & hat
- T-shirts
- handicraft
- photo frame
- jewellery(four leaf lucky clover jewelry, insect earring etc)
- watch & clock
- ceramic items
- kitchenware
- towel & handkerchief
- amber decoration(호박 화석), insect desk decoration

- Wooden Puzzle Models, Wooden souvenir, Educational Wooden Puzzle, Jigsaw puzzle, Magnetic puzz
- traditional handmade embroidery picture, Embroidery picture with European style, fine artwork, embroidered gift, embroidered portrait, embroider craft, embroidery artwork, embroidery fabric, embroidery textile, hand embroidery, cotton embroidery, embroidered patch, special embroidery, chain embroidery, chain stitch embroidery, organza embroidery, embroidery picture textile of the highest quality on different subjects.
- resin craft(tourist polyresin souvenirs, memorials, premiums and giftwares sector)
- letter paper
- postcard
- lighter
- sunglasses
- decoration items
- shoes and sandal
- cosmetic items
- crystal laser items
- zinc alloy craft
- coin & metal products
- local special products as wine, fruit etc
- pewter products
- pins(tin pin)
- badge(=tin badge) & medal
- bookmarker
- brassware
- magnet(rubber, fridge, pvc magnet)
- religious statues from natural solid marble, sandstone
- Fancy diaries & pens
- traditional handicraft
- polyresin plate, ceramic plate, cup plate
- marble items

5) 관광 상품 제작 시 주의 사항

- 지역의 대표적 이미지나 landmark는 반드시 살려야 한다.
  예) 제주도-하루방, 스페인-투우, 플라멩고, 파리-에펠탑 등등
- 상품 가격대는 저렴하게 간다.
- 지역 고유의 이미지나 color는 반드시 살려준다.
- 상품의 다양화를 추구한다.
- 판매점의 고유 display를 잘 갖춘다.
- 포장지 하나에도 지역 고유의 이미지를 부각시키도록 디자인 한다.
- 문화를 파는 이미지 디자인 중요
- 상품에 추억 및 관광지 이미지가 담겨 있는 디자인에 충실

✤ SOUVENIR 디자인 연구

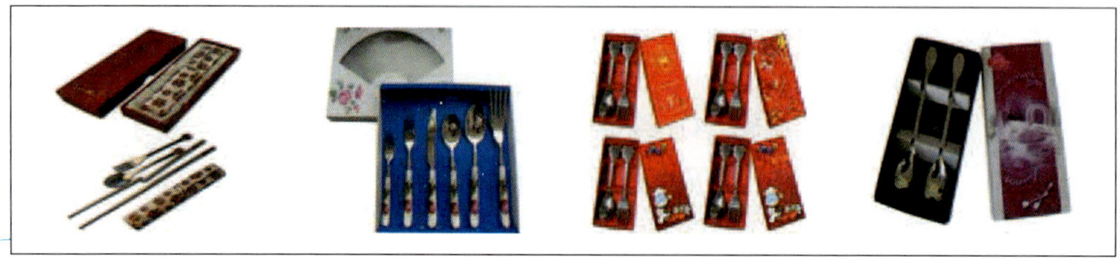

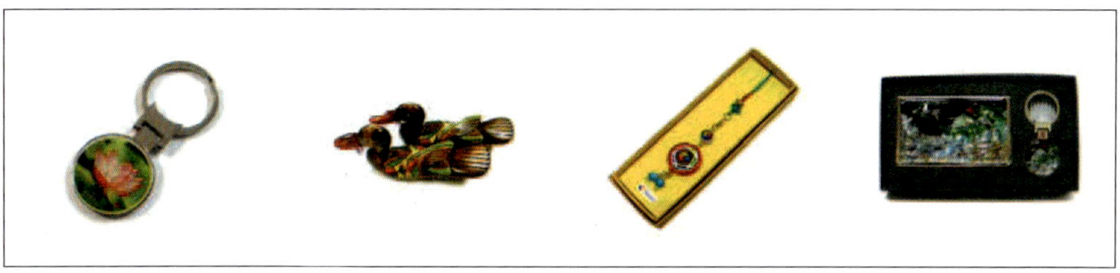

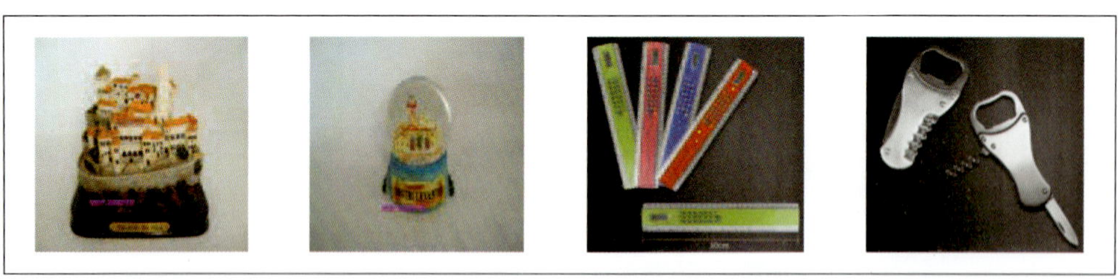

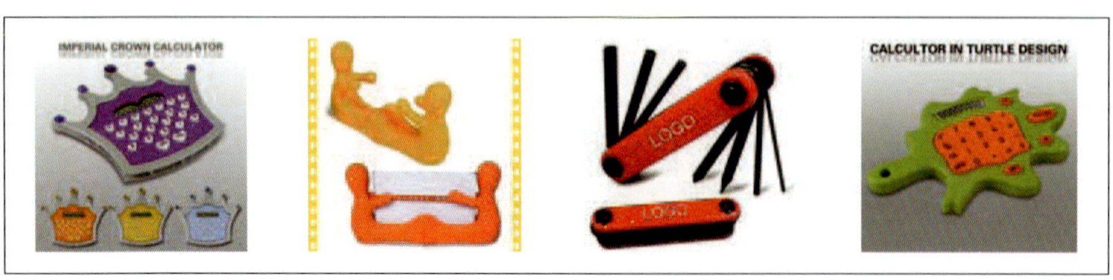
IMPERIAL CROWN CALCULATOR
LOGO
LOGO
CALCULTOR IN TURTLE DESIGN

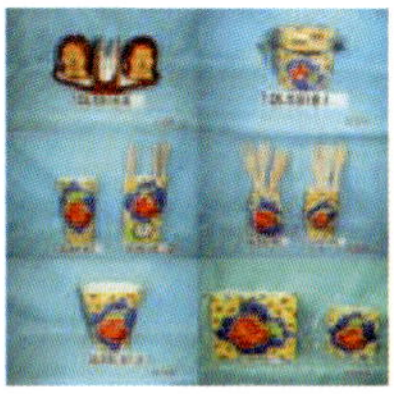

DOKDO
DOKDO

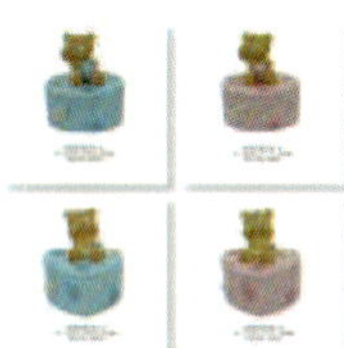

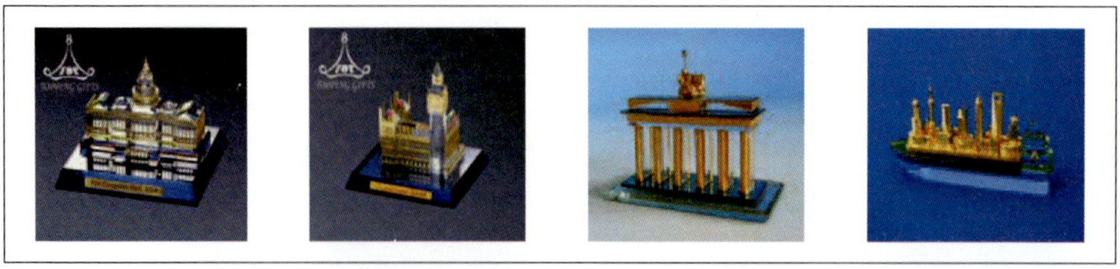

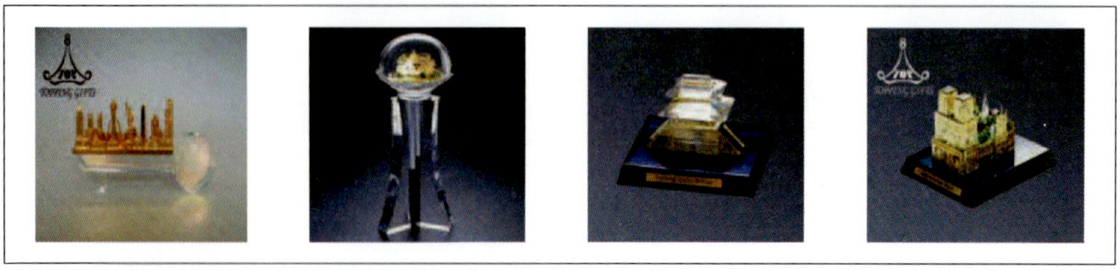

Greenpark

Greenpark
Greenpark
Greenpark
Greenpark

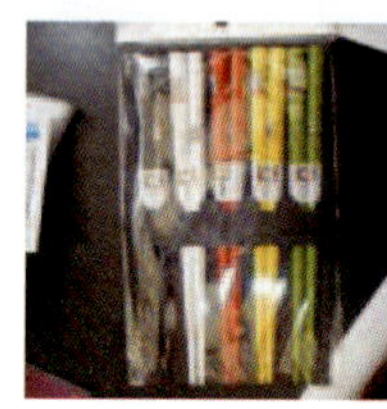

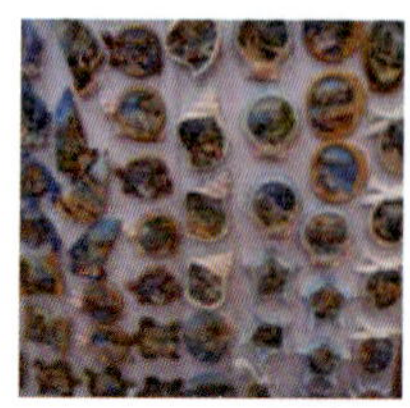

EXILE

PEANUTS

7 HOTEL GOODS(=HOTELWARE)

호텔용품 비즈니스는 호텔의 구매부분 중 3가지 즉 식자재구매 부분(food material), 호텔가구(hotel furniture), 주방기구(kitchen equipments) 및 침구류(bedding) 구매 부분, hotel amenities 구매 부분으로 나뉘는데 여기서 우리가 취급하고자 하는 상품은 hotel amenities 군을 다루기로 한다.

호텔용품 산업은 우리의 문화와 삶의 질이 높아짐과 우리의 레저, 여가 문화의 발달로 꾸준히 발달하고 있음을 알 수 있다.

특히 모텔 산업의 발전으로 disposal items 들의 수요는 날로 증가하고 있으나 환경오염의 문제에 직면하고 있다.

또한 제품이 고급화로 변하고 있으나 아직도 많은 부분에서 저가제품으로 사용되고 있는 것은 사실이다.

❖ 향후 비즈니스의 전망과 고찰

1. 호텔용품도 디자인화 필요
2. 고객의 필요가 높아짐에 따라 용품의 고급화 필요
3. 아이템을 전문화시켜 고급화, 디자인화하여 고객의 차별화 절실
4. 다양한 고객층에 따라 travel set 제품 개발 필요
5. 프로모션 제품으로 이 상품군을 절실히 개발 가능성
6. 호텔용품은 호텔 자체의 고유브랜드 광고로서 충분히 활용가치가 높다
7. 호텔이나 리조트, 팬션에서는 이러한 상품을 기념품으로 고객에게 줌으로서 호텔의 광고 효과와 고객 사은품으로 이중 효과
8. 아이템의 전문화가 절실히 필요(침구류, 가구, 인테리어, Disposal item 등)
9. 아이템의 저가로 사업초기에 자금이 적게 든다.
10. 장애인들이 개척하기 좋은 사업 중에 하나이다.

❖ HOTEL GOODS 디자인 연구

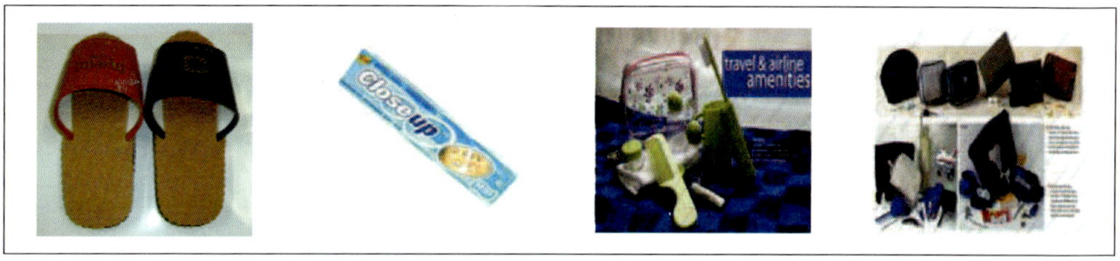

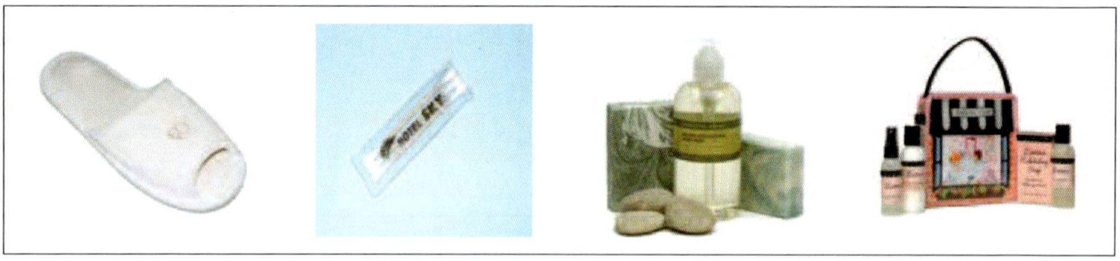

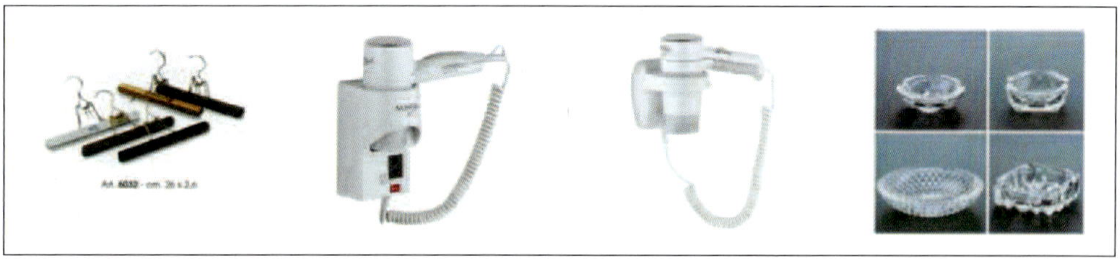

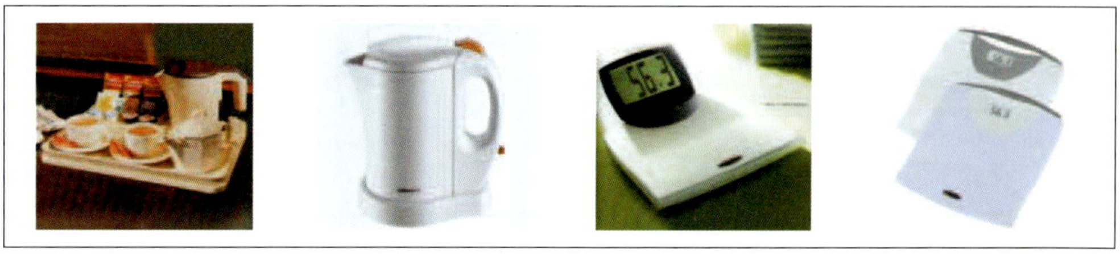

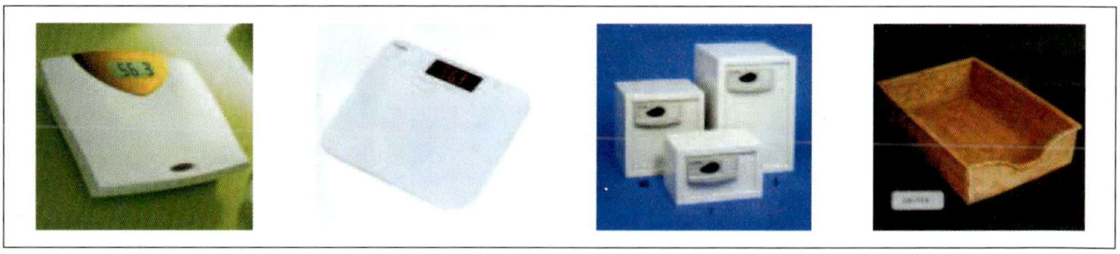

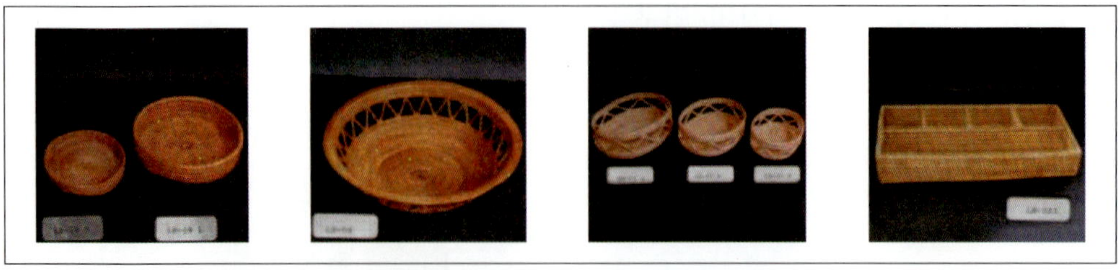

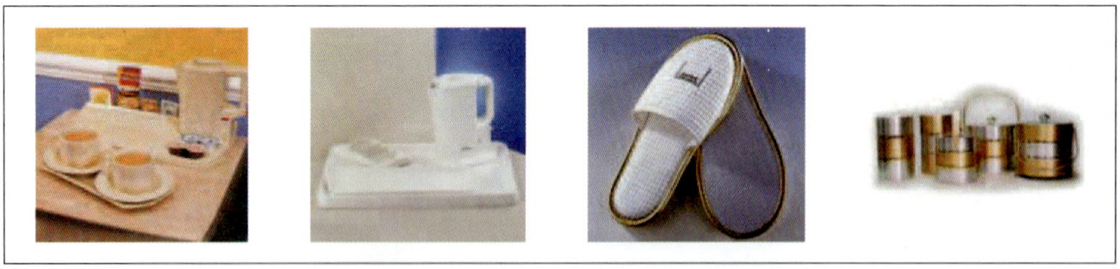

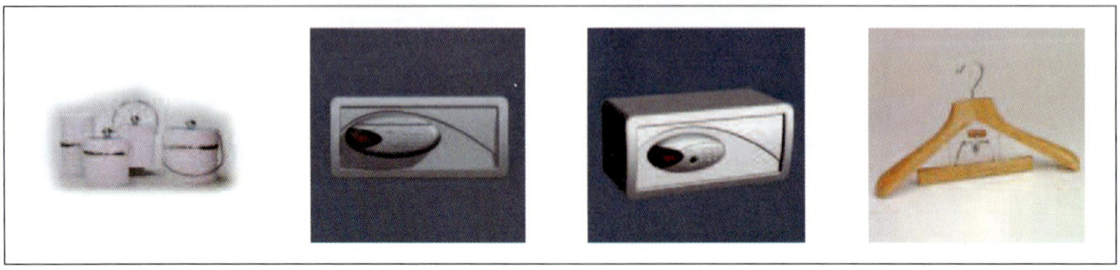

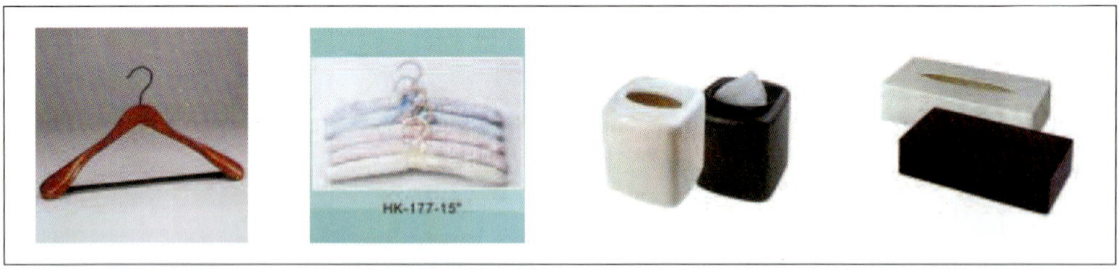
HK-177-15"

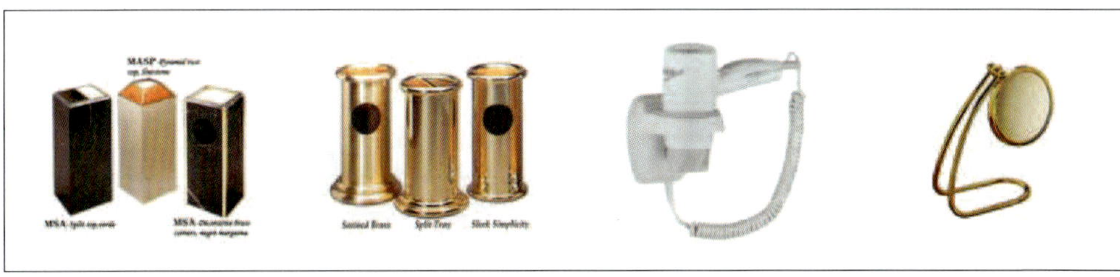
MASP
MSA
MSA
Satined Brass
Split-Tray
Sleek Simplicity

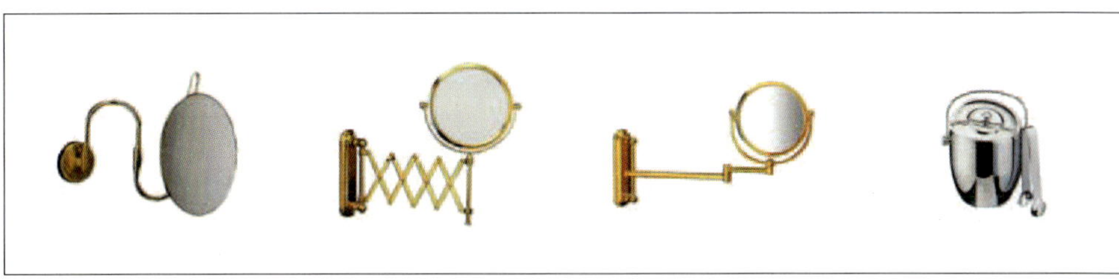

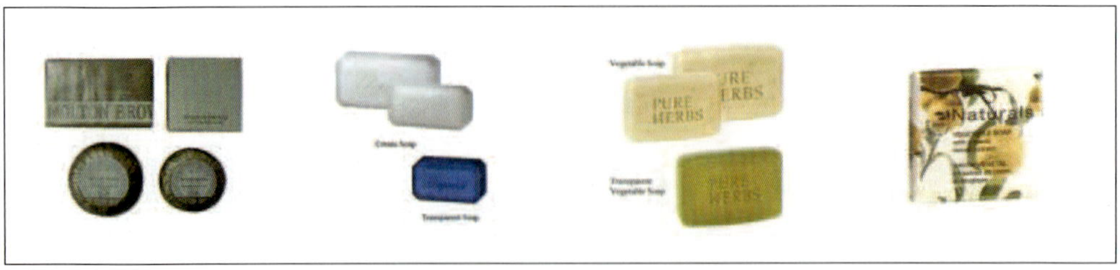
PURE HERBS

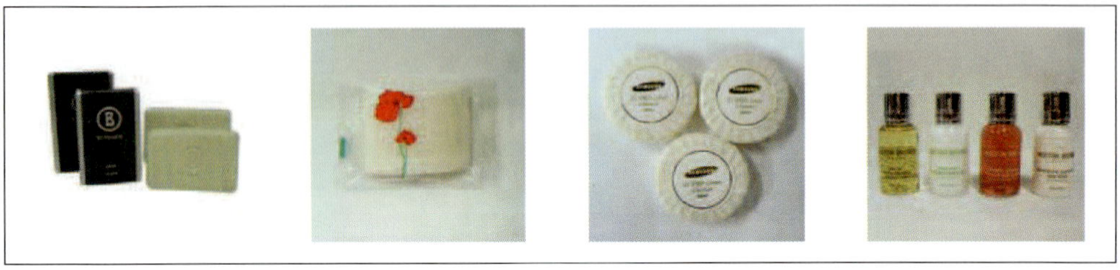

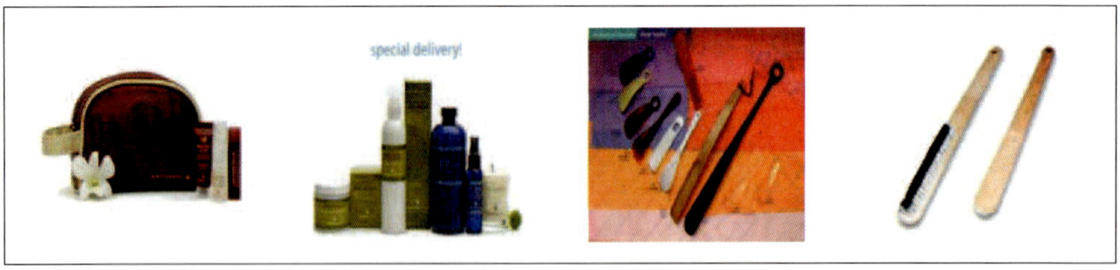
special delivery!

KeraSys

참그린
Dove
크리넥스
죽염

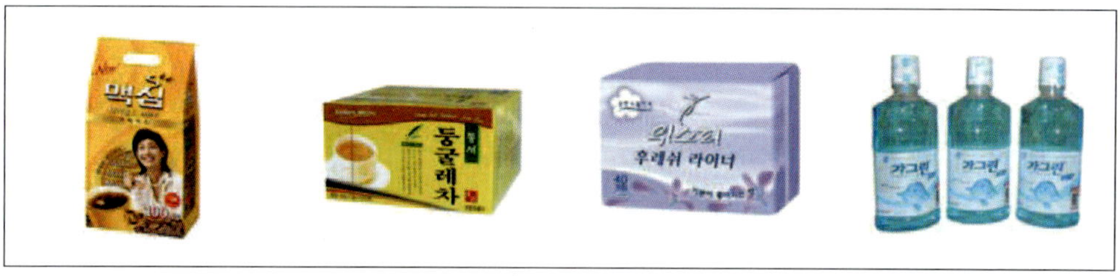
맥심
둥굴레차
위스퍼
후레쉬 라이너
가그린

설록차

마미손
Schick
Protector 3D DIAMOND

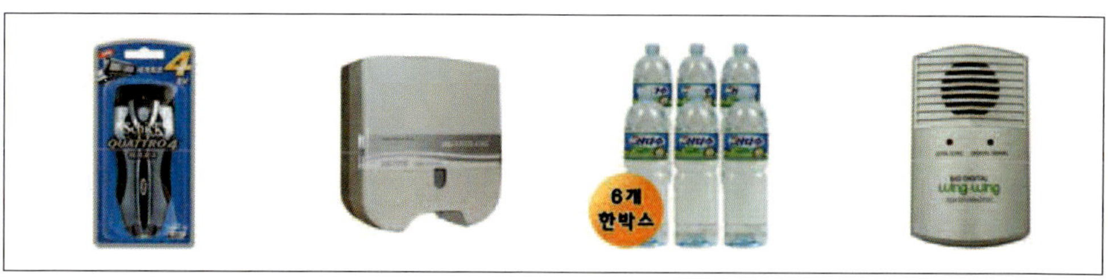
6개
한박스

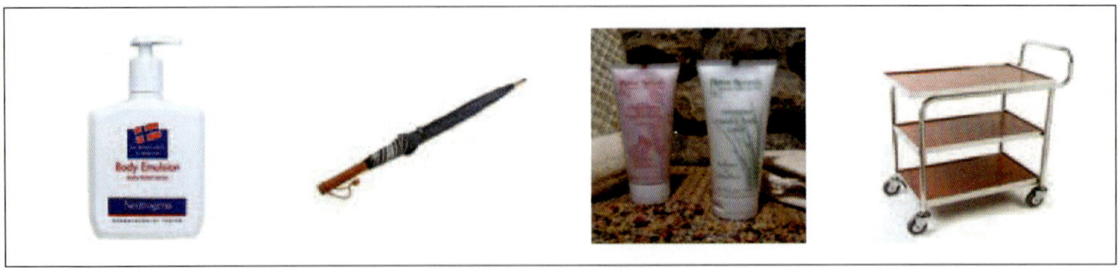
Body Emulsion

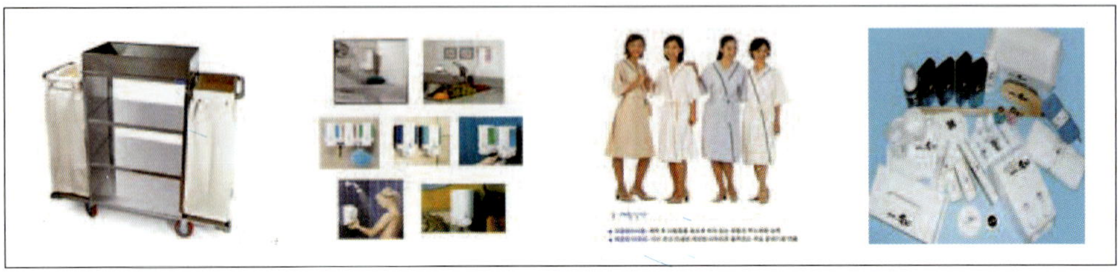

8 BAGS

(1) 가방산업의 현실과 전망

가방은 일반적으로 어떤 물건을 담는 도구이다. 문명의 발달로 다양한 쓰임에 따라 또 재료에 따라, 트랜드에 따라 변화의 변화를 거듭하고 있다.
우리 일상생활에서 이 카테고리는 너무나 밀접한 제품으로 쓰임이 너무나 다양하다. 또 우리는 아침부터 저녁까지 가방을 옆에 지니고 살고 있다. 그래서 이제는 가방도 사용목적에 따라 다양하게 지니고 다닌다. 예전에는 한 두 가지 가방으로 그 사용 목적에 사용되었지만 지금은 사용목적의 다양성으로 가방의 수요가 더욱더 많아졌다.
가방 상품군들이 다양한 것 같지만 아직도 발달이 많이 덜 된 분야 이기도하다.
또 제품개발이 다양한 디자인도 중요하지만 원단과 소재 개발이 중요한 부분이다. 이 가방 아이템은 샘플링 작업이 용이해서 누구나 비지니스 시작에 쉽게 접근할 수 있다. 그래서 상품의 개발 여지는 너무나 많은 분야다. 그러나 지금은 브랜드화가 잠식하면서 디자인으로는 한계가 있다고 볼 수 있다. 반면에 판촉물이나 기획 가방 쪽은 브랜드가 약하다고 볼 수 있다.
지금은 여행과 레저 문화로 여행 가방 쪽과 등산용, 캠핑용 배낭의 발전을 이루고 있으며 젊은 세대들의 다양한 가방 문화들이 번지고 있다.

지금은 다양한 디자인으로 이 가방분야의 개발은 상당히 긍정적이다. 또 어느 한 사용목적에 따라 집중 개발의 연구가 필요하다. 예를 들면 school bag, sports bag, small pouch bag, bath bag, travel bag, mountain backpack etc.

가방산업 분야는 노동집약적 산업에 너무 많이 의존하기에 지금은 많은 공장들이 문을 닫고 싼 임금의 저개발국으로 공장을 이전하고 있다. 공장이전은 집중적으로 중국이나 베트남 쪽으로 이루어져 그쪽에서의 생산이 주류를 이룬다.

(2) 산업적 분류

가방산업의 제조업적 측면에서는 공정과 크기에 따라 세 가지 분야로 구분하고 있다.

1) 가방 분야

서류가방, 여행용 가방, 학생가방, 노트 북 가방 등 상자 형으로 기능성 위주의 가방류로 써 가죽 이외의 소재를 주로 사용하여 제작된 가방을 중심으로 한다.

2) 핸드백 분야

여성용 가방으로 다양한 디자인의 다품종 소량생산으로 기능성보다는 패션성에 중심을 둔 가방이다. 지갑이나 기타 소품과 시리즈 상품으로 같이 생산되기도 한다.

3) 지갑 분야

지갑류는 보통 벨트와 같이 독립적으로 생산하거나, 핸드백 및 가방업체에서 같이 생산하기도 한다.

(3) 무역상의 가방분류

1) Handbag & Messengers

- Evening Bags
- Fabric Bags
- Handbags
- Leather Handbags
- Messenger Bags
- Other Handbags & Messenger Bags
- straw bag

2) Business Bags & Cases

- Briefcases
- Laptop Bags
- Laptop Sleeve
- Leather Briefcases
- Wheeled Briefcases
- Other Business Bags & Cases

3) Wallets & Holders

- Card Holders
- Coin Purses
- Key Wallets
- Leather Wallets
- Wallets
- pouch bag
- Other Wallets & Holders

4) Luggage & Travel Bags

- Carry-on Luggage
- Garment Bags
- Leather Luggage
- Luggage
- Luggage Sets
- Travel Bags
- Trolley Bags
- ABS travel bag
- molded bag
- Other Luggage & Travel Bags

5) Sports & Leisure Bags

- Backpacks
- Camping & Hiking Packs
- Cooler Bags
- Duffel Bags
- Picnic Bags
- Waist Bags
- shoulder bags
- Other Sports & Leisure Bags

6) Digital Gear & Camera Bags

- CD/DVD Player Bags & Cases
- Camera/Video Bags
- MP3 Bags & Cases
- Mobile Phone Bags & Cases
- PDA Bags & Cases

- Video Game Player Cases
- Other Digital Gear & camera Bags

7) Special Purpose Bags & Cases

- CD Bags & Cases
- Chip Cases
- Cosmetic Bags & Cases
- Diaper Bags
- Eyeglasses Cases & Bags
- Instrument Bags & Cases
- Promotional Bags
- School Bags
- Shopping Bags
- Tool Cases & Bags

8) Parts, Accessories & Making Material

- Bag & Luggage Agents
- Bag Making Machinery Parts
- Bag Parts & Accessories

(4) BAGS by MATERIAL

- Non-woven bag(=non-woven fabric suit bag)
- nylon bag
- pvc bag
- pe bag
- paper bag
- craft paper bag
- embroidery bag
- pp bag
- straw bag
- leather bag
- PU bag etc.
- leather bag
- t-shirts bag

(5) bag accessories parts 연구

stopper, button, pocket, CD hole, metal badge, buckle(metal & plastic), strap, hook, clamps, rivets,

3d pvc luggage tag, zipper, zipper puller, mesh, rubber badge, woven zipper, size, bar-code, eyelet, snap button, velcro, care label, composition label, material label, chain, magnetic button,

handle, name tag, key ring, belt buckle, webbing, lining, compartment, inside pocket, side pocket, frontal pocket

(6) 가방 상품 취급 시 주의 사항

- 가방은 초기 자본 없이 사업성이 용이하다.
- sampling 작업이 용이하다.
- 미니멈이 많지가 않다. 일반적으로 재고 원단이 있으면 500개도 가능하나 기본은 color나 style별로 1,000개의 미니멈 수량으로 간다.
- 디자이너들이 요구하는 칼라나 디자인을 존중해 주어야한다.
- 유명 브랜드를 제외하고는 중저가 브랜드화가 없다.
- 가방은 구색을 맞추기 위해서 다양한 상품군들이 모여야 하기 때문에 재고관리가 중요하다.
- 최근에 웰빙 시대를 맞이하여 레저용 즉 등산용 배낭이나 여행시 필요한 travel bag, trolly bag, wrist bag, passport bag의 개발이 용이하다.
- 원단개발이나 accessories 개발이 중요하다.
- promotion bag 사업성에 대한 연구개발이 필요하다. 즉 기본 재고를 가지고 주문에 의해 즉시 logo 제작 후 납품의 business 개념
- 중국에서 핸드백 공장단지는 광쪼우의 화두지역이며 또 상해 주변 도시인 하이닝(海榮)이나 온주(溫州) 쪽에서나 산동성의 청도(青島) 지역에서도 가죽의 발달로 핸드백뿐만 아니라 가죽으로 만드는 다양한 가방류의 공장이 발전하고 있다. 또 fabric bag은 샤먼쪽에 있는 천주(泉州), 상해 주변이나 청도쪽이며 이제는 공장들이 내륙으로 더 들어가기 시작했다.

  최근 광쪼우에서는 우리나라 동대문에 납품하는 fashion bag이 엄청난 속도로 발전하고 있으며 이우 쪽에는 싼 promotion bag들의 발전을 함께한다.

(7) 생활스타일 / 착용에 의한 분류

1) BACK PACK(배낭)

네덜란드의 "RANSCL"에서 유래된 용어로서, 일반적으로 일컫는 일명 배낭이라고 하며 학생들에게 가장 인기있는 가방으로서, 최근에는 학생들 외에도 젊은 직장인 특히 여성들에게도 많이 애용되고 있다. 주 소재는 나일론, 폴리에스테르 이며 합성피혁 소재의 것들도 있다.

2) SHOULDER BAG(어깨끈 백)

배낭과 함께 인기 있는 품목 중의 하나로 서류화일의 규격에 적합하여 예전에는 직장인들이 업무용으로 사용하던 것을 요즘은 소재 및 가격을 다양화 하여 학생용으로 사용한다.

3) CHILDREN BAG(아동가방)

초등학생들이 주로 사용하며, 요즘은 유치원이나 학원 등에서 원생들에게 사용토록 하는 것으로 유명하다. 만화의 주인공이나 학원의 마크를 삽입하여 사용하고 있으며, 디자인이나 색상들이 아이들에게 호감을 주는 것들이 대부분이며, 매년 신학기 기간에 맞추어 시장이 활성화 되고 있는 특성이 있다. 주 소재는 나일론이나 비닐류의 것들도 많이 분포한다.

4) BRIEF CASE(서류가방)

일명 "Sales Man" 가방이라고도 하는데 간단한 서류 파일을 담을 수 있는 정도의 크기로 핸들과 어깨 끈이 있는 가방이다. 주 사용 층은 회사원으로 영업사원들이 주로 많고 파일 이외에 계산기, 펜, 명함 등을 넣을 수 있는 여러 가지 주머니들이 부착되어 있는 다용도 가방으로서 주 소재는 합성피혁 또는 가죽이며 저가의 나일론 소재도 있다.

5) HARD BRIEF

일명 007가방이라고도 하는 것으로 예전에는 베니어판으로 형태를 만들고 원단소재로 마감하는 형태의 것이 많았으나, 요즘은 PVC나 ABS 재질로 형태를 한 번에 찍어내고 내부는 별도로 봉제 제작하여 합봉하는 것들이 많다.

6) PORTFOLIO(손가방)

BRIEF CASE보다는 간단한 서류나 소지품을 휴대하기 위한 것으로 핸들이나 어깨 끈이 없고 손으로 들거나 옆구리에 끼고 다닐 수 있도록 되어 있는 편리한 용도의 약식 서류 가방이다.

7) FORMAL DRESSING BAG(정장 백)

여성용 가방의 하나로 형식적인 정장 복장에만 이용되고 그 외의 복장에는 조금은 어울리지 않는 경직된 형태의 가방이다. 주 사용 층은 중년 부인들이나 숙녀용도 있으며, 소재나 브랜드의 종류에 따라 가격대가 넓으며, 일부 계층에서는 부의 가치로 인정되고 있다. 주 소재는 대부분 가죽이다.

8) CASUAL BAG(캐주얼 백)

정장용과 함께 가방의 큰 부류로 분류되는 품목으로서 정장용이 중년층을 대표한다면 캐주얼 용은 젊은층을 대표할 수 있는 품목이며, 디자인이 다양하며 가격대는 중저가가 대부분이다. 소재도 나일론이나 폴리 등의 섬유계통에 가죽을 약간 가미한 것이나 합성피혁이 대부분이다.

9) MENS BAG(맨스 백)

정장용이나 캐주얼용이 여성용이라면 맨스백은 남성용으로써 남성들이 간단한 소지품을 넣어서 휴대하고 다닐 수 있도록 제작된 가방이다. 예전에는 많은 남성들이 손에 들고 다니는 것을 싫어하여 그리 인기 있는 품목이 아니었지만 일본문화의 영향으로 최근에는 액세서리로써 많은 사람에게 애용되고 있으며, 젊은층용, 중년용 등 디자인도 다양하며 시장도 갑자기 활성화된 품목이다. 주 소재는 가죽이 대부분이다.

10) TRAVEL BAG(트레블 백)

여행용 가방의 대표적인 것으로 주로 출장이나 간단한 여행 시에 소지품, 서류, 옷가지 등을 담아서 사용하며, 예전에는 다양한 소재와 규격으로 분류되어 그 사용범위가 넓어졌으나 최근에는 규격도 대형화 되고 소재도 ABS등을 이용하여 튼튼하게 제작되어 장기 해외체류 또는 장기해외체류 또는 이민 등에 많이 이용된다.

11) CARRY-ON BAG(캐리 백)

일명 보스톤 백이라고도 하는데 미국 보스톤 대학생들이 주로 애용한 것을 시발로 하여 명명된 것이다. Travel Bag과 같은 류로 분류되기도 하나 엄격히 분류하면 짐가방으로서 외형보다는 많은 용량의 짐이 들어가고 다루기에 부담 없는 가방으로 사용된다.

12) CART BAG(카트 백)

흔히 보는 바퀴달린 가방을 말하며, 예전에는 항공기 승무원들이나 일부 계층만이 주로 사용하였으나 해외여행이 자유화 되면서 이에 따라 최근 들어 시장규모가 가장 커진 품목이다. 위에서도 언급하였지만 트래블 백을 사용하던 소비자들이, 사용하기에 편리하다는 이유 때문에 카트 백을 선호하게 되었다. 주 소재는 나일론, 폴리, 합피, ABS, PP 등 다양하게 분류되어 있고 디자인, 크기에 따라 가격대가 넓게 분포되어 있어 소비자가 다양하게 선택할 수 있도록 시장이 형성되어 있다.

13) SUIT CASE(옷 가방)

옷 넣는 케이스로 가방의 대표적인 것의 하나로서 해외 여행자의 증가로 인하여 시장이 활성화된 품목 중의 하나이다. 의류 한 벌을 넣는 케이스를 "원스타", 두벌 넣는 것을 "투스타"라고도 부른다. 주 소재는 나이론, 폴리, 합피, 가죽 등이 있으나, 최근에는 대부분 ABS와 폴리프로필린 등 합성수지류를 사용한 제품이 많이 사용된다. 또한, 최근에는 여성 및 노약자 등의 여행자에게 맞게 개발된 바퀴달린 CART BAG 겸용의 것들이 인기를 더하고 있다. 또한 크기도 큰 것에서부터 작은 것까지 다양하나 아래와 같이 사용목적에 따른 표준규격이 있다.

- 42cm 단기 국내여행용
- 45cm 단기 국내여행용
- 48cm 중·단기 국내여행용
- 51~54cm장기 국내여행 및 단기 해외여행용
- 60~66cm 단기 및 일반 해외여행용
- 72cm 장기 해외여행 및 특수목적용

14) TOTE BAG(토트 백)

원래는 간단한 여성용 여행 가방으로 사용되던 것이나, 최근에는 남녀 구분없이 다양하게 사용되고 있으며, 트레블 백과 같은 부류이나 규격이 작은 형태의 것을 말한다.

15) KIT BAG(키트 백)

일명 세면 백이라고 하며, 여행 또는 간단한 출장시 간편하게 세면도구 등을 별도로 담아서 여행가방에 넣어서 다닐 수 있도록 작게 제작된 가방

16) COSMETIC BAG(화장품 백)

여성용으로 키트백과 같이 화장품만을 별도로 담을 수 있도록 작은 규격으로 제작된 것으로 주 고객이 여성인 만큼 소재, 디자인, 색상 등이 다양한 특징이 있다.

17) ROLL BAG(롤 백)

운동복 및 기타 용품 등을 간단하게 넣어서 이동하기에 편리하도록 제작된 가방으로서 외형보다는 많은 용량의 용품이 들어가므로 사용하기에 효율적인 장점이 있다(양옆 부

분이 원형인 가방).

18) WAIST BAG(허리 백)

끈을 이용하여 허리에 차는 가방으로 간단한 조깅이나 등산, 낚시, 하이킹 등을 할 때 간편하게 휴대품을 보관하기 위하여 작은 규격으로 제작된 가방이다.

19) COMPUTER CASE(컴퓨터 케이스)

전자시대를 맞이하여 가장 활성화된 품목으로 용도에 따른 여러 가지 크기의 컴퓨터를 보관 및 이동하기 위하여 사용되며, 컴퓨터 자체가 충격에 민감하기에 안전하게 보관하기 위하여 여러 가지 두껍고 안전한 보호용 재료가 많이 사용되어 제작된다. 용도가 컴퓨터의 케이스이므로 크기가 규격화 되어 있다.

이밖에 우리의 일상생활 주위의 가구, 기구, 집기 등에 사용되는 케이스를 모두 통틀어 가방의 일부분으로 단정 지을 수 있다.

(8) 가죽 연구

〈표 1〉 무게에 따른 가죽의 명칭

구분	중량구분		크기	해당동물
	파운드(Lb)	KG	(평균치)	
Hide	30Lb 이상	13.6kg 이상	25SF 이상	소, 물소, 말, 코끼리, 하마 등의 큰 짐승의 가죽
Kip	15~30Lb	6.8~13.6kg	12.5~25SF	인도산 작은 소의 가죽, 중 송아지의 가죽
Skin	15Lb 이하	6.8kg 이하	12.5SF 이하	양, 염소, 돼지 등의 작은 짐승의 가죽

1) 원피의 종류와 특성

모든 동물피를 탈모하여 가죽으로 만들거나 모피를 생산하여 사용하는 등 모두 제혁으로 사용할 수 있지만, 이것을 공업적으로 대량 생산하기 위해서는 원피의 양이 많아야 함으로 목축업에서 많이 사용되는 동물이 일반적으로 제혁공업에 사용되고 있으며 그밖에 뱀, 악어 등 진귀한 것들이 박피 사용되고 있다.

〈표 2〉 원피 종류에 따른 특성

<table>
<tr><th>구 분</th><th>중량(파운드)</th><th>크기(평균치)</th><th>특 징</th></tr>
<tr><td colspan="3">우피
Cow Hide Leather</td><td rowspan="3">〈우피의 일반적 특성〉
• 타원피에 비해 질기고 강하다
• 섬유조직은 균일하지만 거친 편이다.
• 식육우로부터 가장 좋은 우피가 생산된다.
• 젖소의 가죽은 섬유조직이 얇은 반면 TOU대가 좋다.
〈우피의 세부 종류별 특성〉
• 송아지피는 섬유조직이 치밀하며, 온면이 아름답고 아주 고와서 고급제품에 사용된다.</td></tr>
<tr><td>송아지피
Calf Skin
생후 6개월 이내</td><td>15Lb
이하</td><td>12.5SF
이하</td></tr>
<tr><td>중형 송아지피
Kip Skin
생후 6개월~1.5년</td><td>15~25Lb</td><td>1.5~21SF</td></tr>
<tr><td>카우하이드 Cow Hide
생후 2년 정도</td><td>30~53Lb</td><td>25~45SF</td><td rowspan="3">• Cow Hide는 암소피로서 출산한 암소 피는 복부의 두께가 엷고 늘어나 있다(출산하지 않은 암소피는 Kablin이라고 한다).
• Steer Hide는 3~6개월 내에 거세한 소로서 온면이 균일하여 보편적으로 가장 많이 사용되고 있다.
• Ox와 Bull Hide는 수소(황소) 피로서 섬유조직이 거칠고 복부가 두껍다.</td></tr>
<tr><td>스티어 / 옥스 하이드
Steer/ Ox Hide
생후 2년 이상</td><td>53Lb 이상</td><td>45SF 이상</td></tr>
<tr><td>불 하이드</td><td>53~80Lb</td><td>45~67SF</td></tr>
<tr><td colspan="3">양피
Lamb, Sheep Skin</td><td>• 섬유조직이 치밀하고 곱다.
• 가죽이 부드럽고 가볍다.
• Sheep Skin은 인장강도가 강하지만, Lamb Skin은 얇게 가공할 경우 강도가 약해 쉽게 찢어진다.
• 고급 가죽 의류제품에 주로 사용된다.</td></tr>
<tr><td colspan="3">산양 / 염소피
Goat Skin</td><td>• 섬유 조직이 매우 섬세하고 탄탄하다.
• 가죽이 아주 강하고 질기다.(의류용 보다는 주로 구두용으로 사용된다.)
• 온면이 거친 편이며, 가공방법에 따라 다르지만 터프하고 하드하다.
• 양피보다 크기가 작다.</td></tr>
<tr><td>돈피
Pig Skin</td><td>15.5Lb 이내</td><td>평균
13SF 이내</td><td>• 모공이 크고 털이 육면까지 관통되어있어 온면이 거칠다.
• 모공 자국이 심하고 피면이 고르지 못하다.
• 암퇘지피의 경우 Belly 부위의 젖줄선이 얇고 강도가 약하여 잘 찢어진다.
• 대체로 가죽의 질이 떨어지므로 저가품 수출용으로 사용된다.
• 가끔 Silky Pig Suede로 가공하여 증가 화학 의류용으로 사용하기도 한다.</td></tr>
</table>

〈표 3〉 가공방법에 따른 종류 및 특성

종류	가공방법 및 특성
나빠 Nappa	• 가죽의 표면 털을 제거한 후 Pigment Coating 처리(피막을 입혀 염색 가공함)하여 부드럽게 밀랍수지로 마무리한 가죽 • 우면이 코팅 처리되어 있으므로 수분이 스며들지 않으며, 오염이 잘 되지 않는다. • 가죽이 강하고 우면이 균일하여 가장 많이 사용되고 있다. • 다습하고 스모그 현상이 심한지역의 방한용으로 최적이다. • 세탁이 필요 없이 콜드크림 등으로 닦아내며 때나 오염이 쉽게 제거된다.
스웨이드혁 Suede Leather	• 원피의 온면 또는 육면(육질면)을 샌드페이퍼로 갈아서 기모한 가죽 • 가죽이 부드럽고 감촉이 뛰어나고 가벼우나, 수분에 약하고 오염이 잘되어 대중적이지 못하다. • 기모 가공후의 잔모가 남아있어 Under Wear에 묻어나는 수가 있어, Black color의 경우 착염 불량으로 묻어나는 수가 있으므로 유의해서 사용한다. • 물세탁이 가능한 Washable Type의 Suede가 신소재로 개발되어 생산되고 있다. • 최초로 스웨덴에서 장갑을 만드는데 사용한 것이 유래가 되어 스웨이드라고 명명되었다.
누벅 Nubuck	• 가죽의 온면을 Even하게(고르게), Buffing(갈아서, 깍아서)하여 기모시킨 가죽으로 주로 우피를 이용한다.(가끔 양피로도 가공된다.) • 가죽이 가볍고 부드러우며 감촉이 아주 좋아 고가품에 사용된다. • 수분에 약하고 쉽게 오염되며 특히 목 부위의 지방분이 가죽과 직접 닿을 경우 검게 때가 형성되는 것이 가장 큰 흠이다. • 근래에는 수분에 약한 결함을 Water-repellent(발수가공) 또는 Water proof(방수가공) Type으로 가공하여 보완하고 있다.
벅스킨 Buck Skin	• 본래 명칭은 사슴피를 말하는데, 가죽의 온면을 약간 와일드하게 샌드페이퍼로 갈아 기모시킨 피로써 주로 우피로 가공되나 양피로도 가끔 가공되기도 한다. • 가죽이 와일드하고 Grade가 떨어지는 편이므로 중저가품에 많이 사용한다. • 온면이 부분적으로 Buffing된 상태이기 때문에 수분이 쉽게 스며들고 오염이 잘되며 가죽이 약하다.
마블 Marble	• 누벅처럼 온면을 Buffing하여 가공한 가죽으로 주로 우피를 사용한다. 온면을 약간만 Buffing하여 Wild효과를 낸 마블을 통상 OLD Marble 이라 한다. • "B"급 이하 우피로 가공하므로 피의 질이 떨어진다. • 가죽이 부드럽고 감촉은 괜찮으나, 수분이 쉽게 흡수된다. • 주로 와일드한 캐주얼에 사용된다. • 온면이 Coating 가공된 피가 아니므로 콜드크림으로 닦으면 피면에 그대로 침투되어 피의 손상을 가져온다.
드럼 다이드 Drum Dyed Leather	• 아날린 피처럼 Drum통에서 염료만으로 Full Dyeing한 가죽을 말하는데 주로 Jersey Cow 원피로 가공한다. • 염료가 피 뒷면까지 침투, 염색되어 있어 Color가 투명하고 아름답다. • 가죽이 부드럽고 Touch가 Wet하여 여성용 제품에 주로 사용된다. • Heavy Type도 있으나, 얇게 가공할 경우 가벼우면서도 질기다.

	• 유색인 경우 오염이 쉽게 되고 내광성이 약해 햇볕에 퇴색되는 것이 흠이다.
슈렁크혁 Shrunken Leather	• 제혁공정중 화공약품을 사용하여 온면을 줄여 슈렁크 효과를 내어 가공한 가죽으로 양피와 우피를 사용한다. • 가죽이 두껍고 무거우며, Touch가 대체로 Hard하다. • 온면의 결함이 슈렁큰 상태에 가려져 잘 나타나지 않는다. • 와일드한 자켓류를 만드는데 주로 사용된다.
엠보혁 Embossed Leather	• 온면이 원하는 여러 형태의 무늬로 엠보프레싱 한 후 살짝 껍음 처리한 피이다. • 대개 "B"급 이하의 원피상 결함이 있는 것으로 가공하므로 패션성의 중급품 제품을 만드는 데 사용된다.
프린트혁 Printed Leather	• 엠보혁처럼 원하는 여러 형태를 날염을 통해 프린트한 피로써 주로 돈피의 Suede 가죽으로 가공한다. • 엠보혁과 마찬가지로 중저가품에 주로 사용된다.
샤모아혁 Chamois Leather	• 작은 사슴가죽을 유지제혁으로 가공한 가죽을 말하는데 가끔 산양으로도 가공한다. • 내수성이 있고 세탁도 가능하다. • 가죽의 부드러움이 뛰어나 고급혁 의류는 물론 장갑, 핸드백 등의 혁제품을 만드는데 사용된다.
아날린혁 Aniline Leather	• 아날린 염료로서 온면을 투명하게 만드는 투명 후처리 제에 의해 가공된 혁으로 Full Grain혁의 특징을 살려 도장 량도 적고 거의 염료만으로 혁 깊숙이 침투시켜 Dyeing한 가죽이다. • 가죽의 Touch가 Wet하고 아주 Soft하여 고가품에 주로 사용된다. • 신축성이 뛰어나고 늘렸을 때 Two Touch효과를 나타냈다가 곧 원래 색상대로 돌아간다. • Full Dyeing에 의해 가공된 혁으로 약한 편이다.

2) 섬유소재

가방의 섬유소재는 자연섬유 외에는 합성 섬유에 속하는 나일론의 폴리에스테르가 대표적으로 사용된다. 폴리아미드(Polyamide)계의 나일론 섬유는 인장 또는 마찰에 특히 강하고 염색성이 좋으며 가볍다는 장점이 있다. 특히 내약품성, 전기 절연성 및 난연성 등의 특성도 우수하다. 폴리에스테르(Polyester)계의 섬유는 탄성 회복력이 우수하여 구김이 가지 않으며 신장률이 적고 열이나 외부적 조건에 의한 형태 안정성이 뛰어나며 건조성이 뛰어나다. 이런 장점들로 현재 가방용 직물 중에는 가장 많이 사용하고 있으며, 합성섬유의 뛰어난 기능과 실용적인 물성에 비교하여 천연섬유는 각각의 섬유의 특성에 근거하여 외관의 독특함과 고급스러움을 살리는 방향으로 전개되고 있다.

이와 같은 섬유소재의 경사와 위사의 교차가 반복되는 모양을 조직이라고 한다.

✤ BAGS 디자인 연구

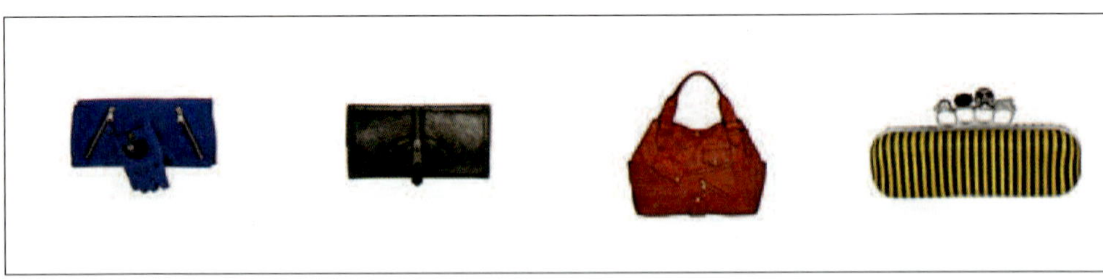

adidas

Not your father's lunchbox.
Break room style.
Shop Lunch Totes & Coolers

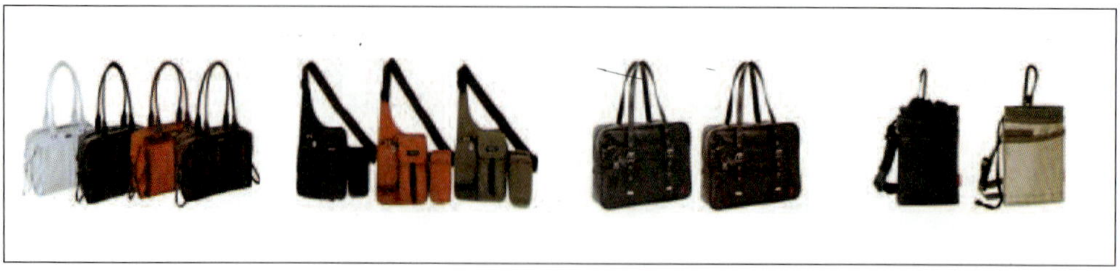

BLACK
DARK BROWN

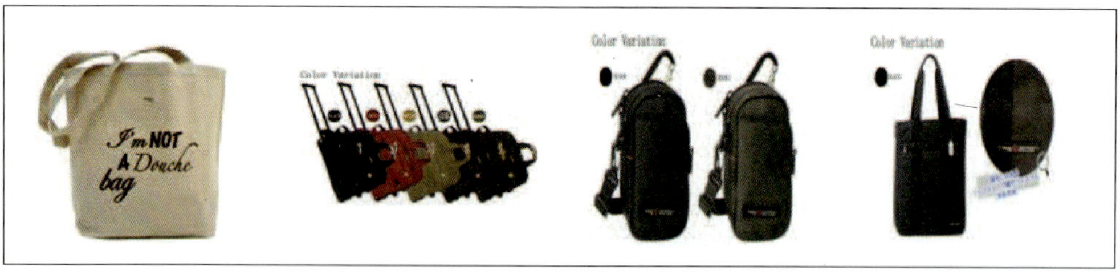
I'm NOT
A Douche
bag
Color Variation
Color Variation
Color Variation

Color Variation
Color Variation
Glay
Color Variation

Coca-Cola

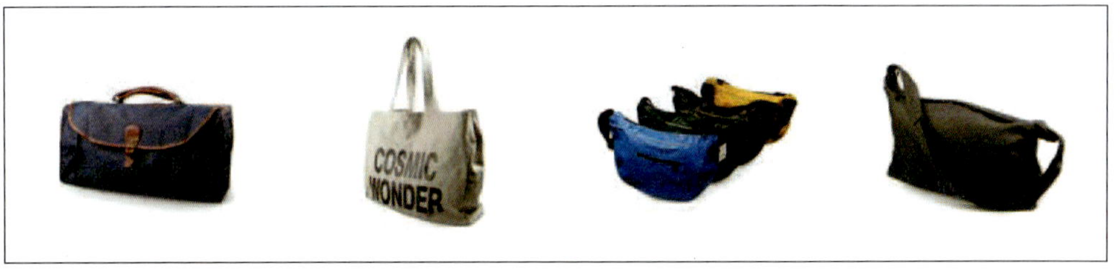
COSMIC
WONDER

nightingale
partage bag

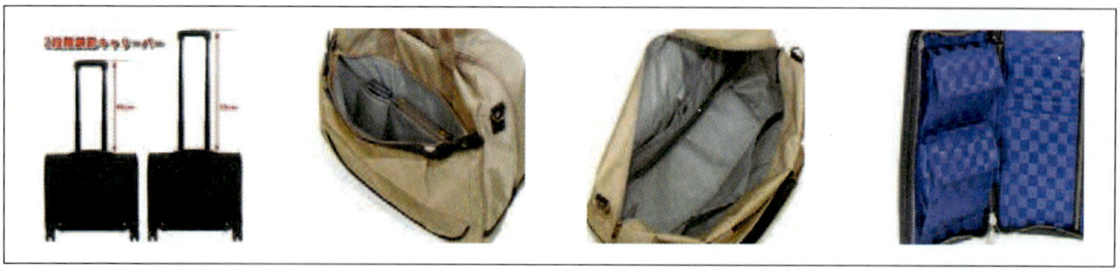

SWISSWIN

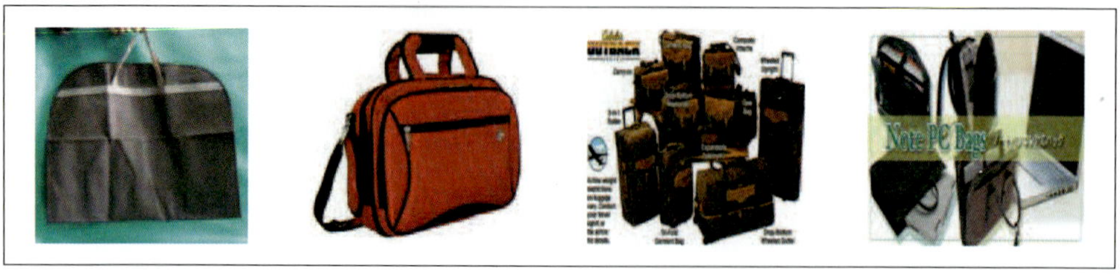
Note PC Bags

MY
REUSABLE
BAG
MAKES
ME
BETTER
THAN
YOU.

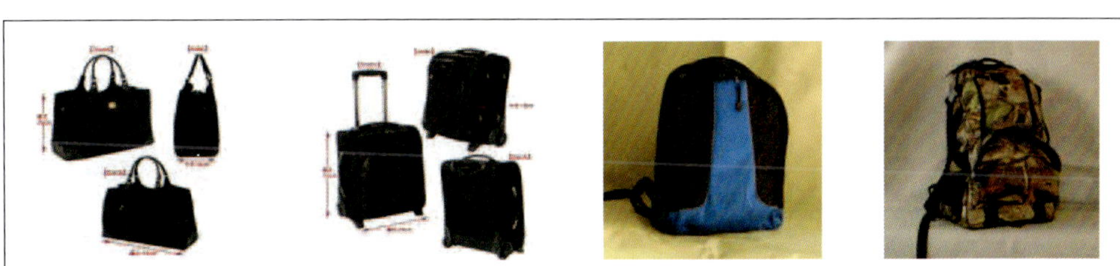

PUMA

SS08YD079

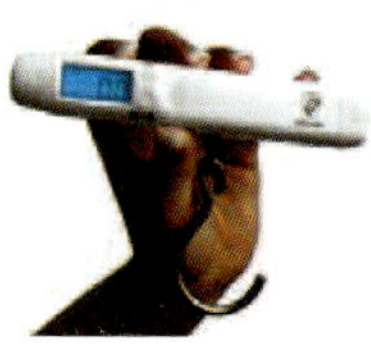

9 CAMPING & LEISURE PRODUCTS

(1) 레저의 개념 연구

1) 레저의 의미

'자유롭게 된다' 또는 '허용된 활동'을 뜻하는 라틴어 'licere'에서 유래되었다. 레저에 대한 의식과 그 활동은 종교·국가체제·과학기술·산업발전 등의 영향을 받으면서 시대적·사회적으로 상당히 변화되어왔다. 오늘날 현대인의 레저 의식에 커다란 배후 동력이 된 것은 서양의 기독교적인 'Holiday'(휴일) 사상과 관련이 있는데 'Holiday'는 원래 'Hollyday'(성스러운 날)에서 나온 말로 신이 베푼 날이며, 평일의 노동으로부터 해방되어 신에게 감사드리는 날을 뜻한다. 그러나 대체로 비기독교적인 동양의 국가들에서 휴일은 오직 일하지 않는 날이라는 한 가지 뜻만이 강하다. 따라서 이러한 휴일은 근로제일주의의 믿음에서 본다면 쉬지 않고 일하는 편이 좋다는 것으로 풀이될 수도 있다. 반면 서양의 'Holiday'는 인간으로서 쉬지 않으면 안 된다는 것을 강조하기 때문에 휴일에 대해 보다 적극적인 태도를 취하게 한다.

1인당 국민소득이 1만 8천 달러를 넘어서면서 우리 국민들은 잘 먹고 잘 사는 웰빙(well-being)에 대한 관심이 높아지고 있다. 선진국의 경우에도 국민소득 1만 달러를 넘어서면서 나타나는 일반적인 현상이다. 특히 주 5일 근무제(일명 주 40시간제)가 본격 실시되면서 웰빙에 대한 관심이 높아질 것으로 예상되었지만, 국내경기 침체에 따른 소득의 정체로 웰빙에 대한 관심이 그리 높지 않다. 이는 웰빙 또는 레저를 즐기는데 가장 중요한 요소가 여가시간이 아니라 소득수준이기 때문이다.

그동안 우리 국민들은 의식주를 해결하기 위해 열심히 일을 해왔기 때문에 여가시간은 일을 열심히 하기 위한 휴식시간 정도로 여겼다. 게다가 일반 국민들이 레저에 관심을 갖게 된 것이 10여 년에 불과하기 때문에 레저문화나 여가시간 활용에 익숙하지 못했다. 1980년대 중반 이후 우리 국민들은 국내경제의 고속성장 등으로 레저산업이 발달하면서 평일에는 가족이 함께 외식을 하거나 노래방, 볼링 등을 즐기고 주말에는 승용차로 등산, 온천 등 휴양지로 놀러 가면서 레저에 관심을 갖기 시작했다.

특히 1990년대 중반 이후 토요 격주휴무제 및 조기 출퇴근제의 확산으로 직장인들의 여가시간이 많아지고 전업주부들도 가전기기의 급속한 발달, 출산의 저하 및 핵가족화 등으로 가사부담이 크게 줄어들면서 레저문화도 가족단위로 변하고 있다. 이같은 레저패턴의 변화는 도심을 벗어나 자연 속에서 숙박하면서 즐길 수 있는 리조트 수요를 증가시키는 요인으로 작용하고 있다.

또한 우리 국민들의 생활 패턴을 크게 바꿔놓을 주 5일 근무제가 2004년 7월부터 종업원 1천명 이상의 대기업에서 실시되고 있고 2005년 7월부터는 공공기관에서도 시행되면서 점차 다른 중견기업으로 확산되고 있다. 또한 초·중·고등학생들의 주 5일 수업제가 2006년 3월부터 월 2회씩 실시되고 있고 점차 확대해나갈 예정이다. 그동안 학생들의 토요일 등교로 주말의 가족나들이가 제한을 받았지만 앞으로는 학생들이 있는 가정에서의 레저활동이 점차 활발해지고 있다. 주 5일제 실시에도 불구하고 국내 레저산업이 경기침체와 이에 따른 가처분 소득 정체로 침체되면서 당분간 저성장세를 이어갈 것으로 예상된다.

레저(leisure)란 '참가의 주된 목적이 의식주 문제의 해결이 아닌, 노동(구속, 의무) 이외의 자발적인 여가활동'으로 정의된다. 레저의 구성요소는 다음과 같다.

첫째 여가시간에 발생하고,

둘째 참가의 주된 목적이 의식주 문제의 해결이 아니어야 하며,

셋째 자발적으로 결정된 행동이고,

넷째 육체적, 정신적인 면에서 재충전시켜 주는 것이며,

다섯째 적극적인 참여를 요구하는 활동이다.

레저의 개념을 여가의 개념과 비교하면, 여가는 레저가 발생할 수 있는 기회를 제공하며, 선진 사회일수록 여가의 많은 부분이 레저에 할당되고 있다. 레저는 일의 영역밖에 있는 여가시간 내에 발생하는 목적지향적인 활동이다. 즉 레저란 선진국에서 레크리에이션(recreation)으로 정의되는 활동과 유사하다고 할 수 있다. 또한 여가는 레저의 상위개념이고 레저의 필요조건으로 간주되고 있다.

레저는 인간생활의 영역을 일의 영역과 여가의 영역으로 구분할 때, 여가의 영역에 속한다. 따라서 레저는 순수관광과 가정밖 여가활동을 총칭하는 개념으로 정의할 수 있다. 레저는 개인적으로는 심신의 단련과 회복, 가족의 화합 촉진, 사회성 함양, 사교기회의 제공, 자연환경에 대한 관심 고취 등에 기여하고 있다. 또한 사회적으로는 국민체력 향상, 재충전에 의한 생산성 증대, 생활의 질 향상, 그리고 경제적으로는 관광유발과 관련 용품 판매에 의한 경제적 파급효과, 고용창출, 주민소득 증대, 레저업체들로부터의 세

수 증대 등을 통해 지역경제를 활성화시킨다.

한편 여가시간은 하루 24시간 생활시간 중에서 생활필수시간에서 근로시간을 뺀 나머지 시간, 즉 구속이나 억압에서 해방된 시간을 의미한다. 여가시간은 ① 휴식하는 시간, 기분전환 및 스트레스를 해소하는 시간(relaxation), ② 가족, 친구 및 아는 사람과 함께 지내는 시간(communication), ③ 취미, 스포츠, 자연 등과 함께 즐기는 시간(enjoyment), ④ 건강유지나 체력증진 등 자기계발, 자기투자를 위한 시간(self-enlightenment) 등으로 활용되고 있다.

2) 레저산업의 개념

레저는 일상생활의 일부, 생산활동(근로)의 일부 또는 구성요소로 광범위한 시간적 개념으로, 여가에 근접하여 표현하고 있는 '여가시간(free time)'과 구분되어 사용되어져야 한다. 여가시간은 자신에게 주어진 필요한 시간을 모두 사용한 후 남는 시간으로서 타인의 간섭이나 구속을 받지 않는 자신의 시간이고 임의처분 가능한 상태의 미사용상태의 시간이다.

이 여가시간에 어떠한 목적, 가치, 의미부여, 수단적 의미를 부여할 때 비로소 레저가 되는 것이다. 이러한 레저는 상위개념으로서 여가의 범주 안에서 여가시간의 활용상태에 따라 관광, 레크리에이션, 스포츠, 놀이 등 다양한 활동형태로 나타난다.

3) 레저산업의 분류

레저수요의 증가에 따라 각종 레저시설과 장비 공급이나 오락, 레크리에이션, 스포츠, 휴양, 숙박, 취미생활 등과 관련된 서비스를 공급하는 레저산업이 새로운 성장산업으로 등장하고 있다.

우리나라의 레저산업은 아직 역사가 짧고 관련 통계자료도 미비해 레저산업을 부문별로 구분할 수 없다. 다만 통계청에서 발행하는 「도시가계연보」에서 분류하고 있는 '교양·오락 항목'을 보면, 신문, 도서, 교양, 오락용품 기구, 교양, 오락 서비스 등으로 구분하고 있다.

한편 레저 선진국인 日本은 레저시장을 스포츠, 취미, 창작, 오락, 관광, 행락 등 4부문으로 분류하고 있다. 2006년의 레저시장 규모를 금액을 기준으로 보면, 게임·도박 등을 포함하는 오락부문이 67.1%로 가장 높은 비중을 차지하고 있고, 다음으로 취미, 창작 부문이 13.5%, 관광, 행락 부문이 13.3%, 스포츠 부문은 5.4%의 비중을 점하고 있다. 그러나 일본의 레저시장 분류 기준은 우리나라와 크게 다르다. 즉 오락부문에는 게임, 외식, 파친코 등이 포함되어 있고, 관광, 행락 부문에는 레저용 차량(RV ; recreation vehicle)이 포함되어 있다. 따라서 일본 (재)사회경제생산성본부에서 추산하는 레저시장

규모는 여기에서 추산하는 레저시장 규모보다 훨씬 크게 나타나고 있다. 이를 제외할 경우, 한국과 일본의 레저시장에 포함되는 항목이 비슷해지면서 비교가 가능해진다.

그리고 레저산업을 레저활동의 본질에 근거에 부합하면서 현재의 여건에 부합하는 레저산업의 유형은 레저공간산업, 레저용품산업, 레저서비스산업 등으로 분류할 수 있다. 레저공간산업은 골프장, 스키장, 테마파크, 카지노, 콘도미니엄, 호텔, 경륜, 경마 등 일정한 공간이나 시설을 제공하는 산업이다. 레저용품산업은 골프, 스키용품, 스포츠용품, 낚시용품 등 용품을 제공하는 산업이다. 그리고 레저서비스산업은 여행대리점, 여행회사, 이벤트회사 등 레저정보나 서비스를 제공하는 산업이다.

4) 레저시장의 규모

우리나라의 레저시장 규모(당해년 가격 기준)는 2007년 33억 2,041억원으로 전년보다 5.8% 증가했다. 국내 레저시장의 기간별 성장률을 보면, 1980~90년 동안에는 연간 23.8%씩, 1990~2000년 동안에는 연간 12.6%씩 성장했고 2000~2007년 동안의 성장률은 4.8%로 크게 낮아졌다. 반면 일본 레저시장의 기간별 성장률은 1980~90년 동안에 연간 10.68%씩 성장했으나 1990~2000년 동안에는 연간 1.57%씩 성장해 성장률이 크게 하락했고 2000~2005년 동안에는 오히려 마이너스 성장을 기록했다. 즉 한국의 레저산업은 라이프 사이클(Life Cycle)상 성장 초기에 접어들었지만 일본의 레저산업은 성장 후기를 맞고 있다는 것을 알 수 있다.

국민 1인당 연간 레저비 지출액(레저시장 규모÷인구)을 보면, 1990년에는 17만원에 불과했지만 1997년에는 42만 7천원으로 상승했다. 그러나 외환위기의 영향을 받은 1998년에는 35만 5천원으로 전년보다 16.8%나 급감했지만 그후 꾸준히 회복되어 2007년에는 68만 5천원에 달했다. 1인당 연간 레저비 지출액을 日本과 비교해 보면, 일본의 레저비 지출액은 1980~2006년 동안 2.93배 증가에 그쳤지만 한국은 같은 기간에 28.78배나 급성장했다.

국민총생산액(GDP)에서 차지하는 레저비 지출 비중은 1990년의 3.90%에서 1998년에는 3.40%까지 낮아졌지만 그 후 국내경기가 회복되면서 2002년에는 4.39%로 회복되었다. 그러나 2002년 이후 다시 하락세를 보이면서 2007년 레저비 지출 비중은 3.68%로 낮아졌다.

5) 레저산업의 상품학적 발전과정

레저산업은 본래 운동용품에 속한 하나의 상품군이다. 우리는 70년대-80년대 중반까지 산업화로 우리는 본래 운동의 초기 개념의 구기 종목으로 서 운동용품에 소풍이라는 개념의 상품으로 여겨져 왔다.

90년대 들어서 중진국으로 산업발전을 이루면서 우리는 서서히 여가문화란 개념을 갖고 sports & leisure의 상품군이 서서히 부각되면서 우리는 레저란 단어를 알게 되었고 picnic의 개념에서 leisure란 문화적 언어의 변화를 갖는다.

이 당시의 레저는 주로 낚시, 등산, 캠핑, 사냥을 위주로 여가문화의 발전을 이루었다.

우리는 2000년대를 기준으로 특히 2002년 월드컵문화로 삶의 질의 변화를 맞이하면서 고급레저스포츠로 일대 전환기를 맞는다.

이제는 스키, 스노우보드, 골프, 윈드서핑, 페러글라이딩, 스노쿨링, 승마 등 변화를 갖는다.

지금의 우리 시대는 주 5일제 근무, 년 중 휴가 제도, 선진국형 24시간 working time, 해외 글로벌화로 거주지의 다양성, 학교 전인교육 실시 및 특성화 교육 전환, 노년 인구의 증가 등으로 레저산업의 부흥기를 맞고 있다.

우리는 국민소득 3만불 시대를 맞이하여 해양 스포츠, 마리나, 리조트 산업에 이르기까지 이 레저산업의 발전은 무궁무진하다.

(2) 특화된 부분별 사업군의 연구

1) 리조트산업

리조트(Resort)는 일정 규모의 지역에 레크리에이션, 스포츠, 상업, 문화, 교양, 숙박 등을 위한 시설들이 복합적으로 갖추어져 있으며 스키장, 골프장, 콘도, 호텔, 수영장, 놀이시설 등 고객유치를 위한 4계절형 시설들이 집적된 종합휴양지이다. 이러한 리조트는 자연친화적 레저활동과 가족중심적 레저행태를 수용하기 위한 체험형 목적지라고 할 수 있다.

일반적으로 리조트 라이프에 대한 국민들의 수요는 가처분소득, 여가시간, 가치관, 자동차 보유대수 등에 의해 영향을 받는데, 그 중에서 소득수준과 여가시간의 정도가 가장 큰 변수라고 할 수 있다. 생력화, 기계화 등으로 여가시간이 늘어나고 있고, 국민소득수준의 향상과 자동차 보급의 확대 및 가족단위의 레저활동 등으로 레저패턴이 단순숙박, 관광형에서 체류, 휴양형으로 변화함에 따라 다양한 시설을 구비한 대형 리조트들이 조성되고 있다. 특히 국내경제가 2005년 하반기부터 회복세를 보일 경우, 주 5일 근무제 확대 실시 등에 힘입어 리조트 수요는 크게 늘어날 것으로 기대된다.

리조트산업은 건설업, 호텔산업, 스포츠산업, 여객운송업, 의류산업, 농수산물산업, 인테리어산업, 하이테크산업 등 타 산업에 많은 전후방 산업연관효과를 발생시킨다. 이러한 리조트 개발은 지역주민의 고용 창출, 지역경제 활성화 등 지역경제에 크게 기여할 수 있으나 대규모 추기투자, 자본회수기간의 장기화, 비수기의 경영 악화 등 근본적인 문제점을 안고 있으므로 이를 해결하기 위한 다양한 방안이 모색되고 있다.

한편 레저패턴이 가족중심의 체류형 리조트를 선호하는 방향으로 바뀜에 따라 기존 업체는 물론 신규 진출업체들도 단독사업보다는 골프, 스키, 콘도미니엄 등이 함께 들어서는 종합리조트를 지향하고 있다. 또한 성수기와 비수기가 서로 다른 산업들을 한데 조성하면, 레저사업의 경영효율성도 높일 수 있다.

국내 리조트들은 대부분 수도권과 가깝고 산수가 수려한 강원도에 위치하고 있다. 그러나 리조트산업 특성상 대규모의 투자가 수반되면서 아직은 적자상태를 보이고 있으나 주 5일 근무제 및 주 5일 수업제 확대 실시에 따른 레저수요 증대, 소득수준 향상 등으로 조만간 黑字로 전환될 것으로 기대된다.

2) 골프산업

골프는 고령화가 급속히 진행되는 우리나라에서 고령자의 플레이가 가능하고 세대를 초월해 교류가 가능한 동시에 건강증진에도 기여하는 스포츠이다. 이 덕택에 우리나라에도 골프인구가 지속적으로 늘어나고 있고 2009년부터는 지방 회원제 골프장의 입장료(그린피)가 하락하면서 진정한 의미의 골프대중화가 이루어질 것으로 기대된다.

그동안 국내 골프산업은 1998년 박세리 선수의 세계 메이저대회 2회 우승을 포함해 4회 우승을 계기로 1999년 10월 김대중 대통령의 '골프대중화 선언'이 나오면서 대중화의 기틀을 마련했다. 1998년 박세리 선수의 세계 메이저대회에서의 우승은 외환위기로 시름에 빠져 있던 우리 국민들에게 희망을 주었고 골프에 대한 일반국민들의 부정적인 인식을 변화시키는데 크게 기여했다. 즉 박세리 선수는 골프의 불모지나 다름없는 우리나라에서 골프인구를 확대시키는데 시금석 역할을 한 것으로 높이 평가할 만하다.

3) 스키산업

'겨울철 스포츠의 꽃'으로 불리는 스키는 외환위기 직후까지 고급스포츠로 간주되었으나 2000년 이후 급속히 대중화되면서 겨울철 레포츠로 자리잡고 있다.

스키장 개발도 단순레저시설에서 복합레저시설, 즉 스키리조트로 발전하고 있다. 즉 1990년대 초반까지의 스키장은 콘도미니엄과 함께 개발되는 단순한 스키장에 불과했으나 1995년 이후 자금력이 풍부한 현대시멘트(주), (주)보광 등 대기업의 진출로 경쟁이 치열해지면서 스키리조트로 성장·발전하고 있다. 스키리조트에는 숙박시설인 콘도미니엄, 호텔, 유스호스텔을 비롯해 골프장, 놀이시설, 스파 등의 부대시설이 함께 개발되고 있다. 따라서 스키장 개발시에는 막대한 초기자금이 투자되는데, 함께 건설되는 콘도회

원권을 분양해 초기투자자금을 일부 회수하고 있다. 다만 스키시즌권은 시즌마다 40만~50만원 정도로 발행되고 있는데, 고정고객을 미리 확보한다는 측면이 강하다.

전국에서 운영중인 스키장은 2007년말 기준으로 16개소(휴업중인 알프스 포함)에 달하고 있는데, 이들 스키장의 대부분은 주로 적설량이 풍부하고 수도권과 가까운 경기도, 강원도의 山岳, 高原지대에 위치하고 있다. 또한 2008년말에 개장 예정인 스키장이 3개소이고 인허가를 추진중인 스키장이 5개소에 달해 2010년경이면 24개소에 달할 전망이다.

새로운 겨울스포츠로 부상한 스노보드는 10代 후반부터 20代의 신세대 사이에서 큰 인기를 끌면서 이들을 위한 스노보드 전용코스가 크게 늘어나고 있다. 그러나 주된 스키층을 형성하고 있는 10~20代들의 통신비 급증 등은 이들의 가용용돈을 줄이기 때문에 스키 등의 레저활동을 위축시키고 있다.

4) 콘도미니엄산업

일반적으로 콘도미니엄(condominium)이란 공동건물에 개별적으로 소유권을 인정하면서 저당권 설정과 양도가 가능하고, 개인거주 아파트로서 개인이 소유하고 있지만 그 관리와 시설정비, 서비스는 별도의 운영회사에 의해 이루어지는 것을 의미한다. 즉 1실에 대해서 1명만이 소유권을 갖는 것이 아니라 여러 명의 회원이 소유권 또는 사용권을 공유하는 숙박시설이다.

법률상 휴양콘도미니엄업은 '관광객의 숙박과 취사에 적합한 시설을 갖추어 이를 공유자, 회원, 기타 관광객에게 이용하게 하는 행위를 영위하는 업'이라고 규정하고 있다.

공동소유형태인 콘도미니엄이 성장하게 된 배경에는 국민소득수준의 향상, 레저시간의 확대, 핵가족화, 그리고 수송수단인 자동차 보급의 확대 등으로 인해 가족단위의 숙박관광이 가능해졌기 때문이다.

콘도업계의 객실가동률은 여름철과 겨울철에 높고 봄, 가을에 낮게 나타나고 있다. 여름철에는 우리 기업들의 휴가기간이 7월 중순에서 8월 초순까지 집중되어 있어 이 기간 동안에는 지역에 관계없이 대부분의 콘도가 풀가동되고, 겨울철에는 스키장 콘도만이 높은 가동률을 기록하고 있다. 또 주말에는 지역이나 계절에 관계없이 풀가동되고 있는 실정이다. 그러나 콘도업체들의 경영실적 면에서는 성수기는 짧으나 비수기는 긴 콘도산업의 특징으로 인해 대도시권 주변에 있는 콘도를 제외하고 대부분의 업체들이 赤字를 면치 못하고 있다.

5) 테마파크산업

테마파크(theme park)란 일정한 주제로 전체 환경을 만들면서 쇼와 이벤트로 공간 전체를 연출하는 레저시설이라고 할 수 있다. 일본 경제산업성에서는 테마파크는 '입장료를 받아 특정한 非일상적인 테마하에 시설 전체의 환경을 만들어 공간 전체를 연출해서 고객에게 오락을 제공하고 있는 사업체중 상설 또한 유료의 탑승물(ride)과 관람물(attraction)을 갖춘 사업체'라고 정의하고 있다. 또한 遊園地(leisure land)는 '수목, 연못 등 자연환경을 갖추고 유료의 각종 유희시설을 배치해 고객에게 오락을 제공하고 있는 사업체'라고 정의하고 있다.

따라서 테마파크는 기존 유원지에 일정한 테마를 준 공원으로 유원지보다는 한 단계 앞선 시설이라고 할 수 있다. 즉 유원지는 어른들이 휴일에 아이들에게 이끌려서 가는 곳이라면 테마파크는 어린이들은 물론 어른들까지 휴가를 내서라도 스스로 가고 싶다고 생각하는 시설이라고 할 수 있다.

테마파크 사업은 '꿈'을 고객에게 파는 사업인데, 이 꿈을 실현하기 위해서는 막대한 자금이 투자되어야 한다. 그러나 인기가 있는 테마파크라 할지라도 사업수지 면에서는 흑자를 기록하지 못하는 경우도 있다.

테마파크 사업은 계절변동성이 높고 기후에 좌우된다는 점에서 1차 산업적인 특성을 갖고 있다. 또한 초기투자비가 막대하고 시설유지비 및 추가투자비가 막대하다는 점에서 장치산업적인 요소가 있는 2차 산업적인 특성을 갖고 있다. 개장 후에는 많은 인력을 필요로 하면서 인건비가 많아지는 3차 산업적인 성격도 있다. 즉 테마파크 사업은 1차, 2차, 3차 산업이 함께 공존하는 복합산업이라고 할 수 있다.

6) 오토캠프산업

오토캠핑(auto camping)이란 오토(자동차)와 캠핑을 결합한 말로서 호텔, 여관 등을 이용하지 않고 텐트나 간이 숙박시설, 캠핑카 등에서 숙박하고, 경관을 즐기면서 자동차로 여행을 즐기는 레저활동을 말한다. 자동차로 이동하고 텐트나 캠핑카에서 저렴한 비용으로 숙박할 수 있다는 장점 때문에 경제적인 레저시설로 간주되고 있다.

오토캠핑은 자동차의 발달에 따라, 자동차를 이용해 여행을 즐기는 여행자를 대상으로 해서 제2차 세계대전 후 미국과 유럽에서 발달했다. 유럽에서는 전기, 가스, 수도 등의 편의시설과 위락시설을 갖춘 오토캠핑장이 2만 군데나 있으며, 미국도 캠핑인구가 수천만 명에 이를 만큼 발달해 있다.

반면 국내 오토캠핑인구는 약 60만 명으로 아직 초보적인 수준이다. 이는 캠핑전용차량의 보급이 활성화되지 않았을 뿐더러 숙박, 수도 등 편의시설이 잘 갖추어진 야영장도 부족하기 때문이다. 또한 미국이나 유럽에서는 숙박시설이 달린 차(트레일러형)를 이용해 오토캠핑을 즐기는 경우가 많지만 한국의 경우에는 트레일러형보다는 텐트를 지참하거나 수도, 취사시설이 갖춰져 있는 캠프장을 이용해 여행하는 경우가 많다. 그렇지만 주 5일 근무제 확산, 국내경기회복 등으로 인한 국민들의 여가시간 확대와 소득수준 향상 등으로 오토캠핑인구와 오토캠핑 시설은 점차 증가할 전망이다.

(3) 오늘날의 레저생활 연구

1) 건강지향형

현대인들은 치열한 생존경쟁시대에 살면서 많은 스트레스와 질병에 시달리고 있다. 게다가 정보통신기술의 발전 등으로 하루가 다르게 빠르게 변화해가는 사회환경에 적응하는 것도 스트레스를 받는 일이다. 이에 따라 현대인들은 주말에는 집에서 쉬면서 재충전하거나 건강회복을 위해 교외의 리조트를 찾고 있다.

또한 의료기술의 발달에 따른 평균 수명의 연장 등으로 건강한 고령자들이 급격하게 늘어날 전망인데, 이들의 주된 관심사는 건강한 노후생활이다. 고령자들을 위한 실버산업이 크게 번창할 것이라는 전망도 이에 근거한 것이다.

건강은 향후 레저생활에서 최대의 테마로 부상할 것이다. 자연, 온천, 식사 등 그 장소의 자원 및 환경 전체가 건강이라는 주제에 따라 활용되는 것이 중요하다. 그 장소에서 지내면서 육체적·정신적으로 건강해진다는 것은 건강리조트의 큰 역할이다. 또한 기존의 온천리조트, 산악리조트도 현대인들의 건강유지·회복이나 질병치료를 위한 건강리조트로 탈바꿈할 것으로 예상된다.

기공수련이 현대인들에게 인기가 있는 것처럼, 현대인들은 레저생활을 즐기면서 지기(地氣)를 느끼고 싶어한다. 거의 아스팔트로 만든 도로와 시멘트 주택에서 사는 현대인들이 맨땅을 밟을 기회는 교외의 등산로에서나 가능할 뿐이다. 따라서 시멘트로 포장된 등산로들은 땅(흙)을 밟으면서 지기를 느낄 수 있는 비포장 등산로로 다시금 환원될 것으로 보인다.

2) 시간소비형

소득수준의 향상, 근로시간의 단축 등에 따른 여가시간의 확대는 레저수요를 확대시키는 동시에 레저패턴에서도 새로운 변화를 가져오고 있다. 과거에는 레저패턴이 비용의 지불이나 효용의 극대화라는 측면에서 결정되었다. 그러나 여가시간의 확대는 금전소비보다는 시간(時間)소비에 더 많은 관심을 갖게 만들었다.

즉 점차 늘어나고 있는 여가시간을 잘 활용함으로써 레저생활의 내용을 더욱 충실히 하고 더 나아가서는 자기계발 목표를 달성하려는 입장으로 변하고 있다.

앞으로는 개인들의 관심이 시간절약을 포인트로 하는 '시간창조형 생활'에서 시간의 소비에 더 큰 관심을 보이는 이른바 '시간소비형 생활'로 옮겨가게 될 것으로 보인다. '시간창조'는 전자기술의 급격한 진보와 실용화에 힘입어 개인의 여가시간 확대에 초점을 맞춘 개념으로, 시간창조형 상품이 오늘날의 상품문화를 대변하고 있다.

그러나 시간창조형 생활이 생산사회에서 소비사회로 넘어가는 시점에 도달하게 되면, 개인들의 관심은 늘어난 여가시간을 어떻게 사용할 것인가 하는 '시간소비형 생활'로 이동할 것이다.

이에 따라 국민 개개인들은 증가된 여가시간을 소비의 적극적인 대상으로 인식하여 자신의 생활을 더욱 풍요롭게 만들려고 할 것이다. 예컨대 여행, 스포츠, 문화활동, 취미활동 등과 같이 생활의 폭이 점점 확대되고 외식, 경마·경륜·카지노 등의 오락성 레저 등에 대한 수요가 더욱 높아질 것이다.

3) 정보화시대

인터넷, PC통신의 급속한 보급으로 앞으로의 레저생활은 크게 변해갈 것이다.

즉 인터넷의 급속한 발전과 사회에의 보급은 우리 사회를 크게 변화시키고 있다. 리조트업체들은 인터넷을 통해 리조트시설 안내 및 예약, 이벤트 안내는 물론 인터넷을 통한 홍보활동도 활발히 전개하면서 인터넷 마케팅이 보편화되고 있다.

한편 현재의 복잡한 빌딩숲에서 스트레스를 받으면서 근무하는 패턴이 고도정보화 시대의 도래로 동해안이나 남해안, 제주도 등의 리조트에서 근무하는 패턴으로 발전할 수 있다. 또한 출퇴근시의 교통체증에 시달리지 않고 집에서 근무하는 재택근무도 크게 늘어날 것으로 예상된다. 이에 따라 자기가 편리한 시간에 작업을 하고 나머지 시간은 레저를 즐길 수 있다.

인터넷의 발달, 기업의 감량경영 등으로 SOHO(Small-Office Home-Office)가 크게 늘어날 것으로 보인다. 미국의 경우, 직장인의 10% 이상이 재택근무를 하고 있으며 재택근무자수는 매년 15%의 증가율을 보이고 있다고 한다.

도입된 지 10여년이 지난 우리나라의 기업들도 정보통신산업의 발달 등으로 재택근무가 점차 확산될 것으로 예상된다. 우리 국민들도 재택근무가 확산될 경우, 보다 많은 시간을 레저생활에 할애할 수 있게 될 것이다.

4) 모험레포츠

자극의 둔감화 법칙에 따라 모험여행은 갈수록 성행할 것으로 전망된다. 아마존 정극에서 래프팅하거나 극지방 탐험에 나서는 일이 흔해진다. 아마존에 사는 식인어 '피라냐'나 극지방의 강추위로부터 보호받을 수 있는 안전장치가 개발됨에 따라 모험여행은 더욱 확산될 전망이다.

미국의 모험여행시장 규모는 연간 2,200억 달러에 달한다고 한다. 지난 5년간 미국 성인의 절반 정도인 9,800만명이 모험여행을 즐겼다고 한다. 히말라야 산맥 및 코스타리카 계곡 래프팅, 중남미 갈라파고스섬 원시림 탐험 등이 미국에서 인기를 얻고 있는 모험여행 상품이다.

국내에서는 아프리카 사파리 투어 상품이 인기를 끌고 있지만 현재는 구경하는데 그치고 있으나 앞으로는 사파리 내에서의 캠프생활로 진전될 전망이다. 또 히말라야 트래킹 상품은 해발 4,000m 정도의 베이스캠프에 머무르는 수준이지만 날로 고도를 높여갈 것이다.

극지방 탐험은 2000년대의 최대 모험여행상품이 될 전망이다. 남극에는 지난 1999년에 1만여 명의 미국 여행객들이 다녀간 것으로 추정되고 있다.

전세계 크루즈 여행객은 연간 500만 명 선이며, 매년 5%씩 증가하고 있는 추세이다. 특히 크루즈는 '이동'과 '체류'란 미래형 여행요소를 모두 갖추었다. 여가시간이 늘어나면서 중장년층을 중심으로 크루즈 붐도 일어날 것으로 예상되고 있다.

한편 스포츠 영역에서도 모험형 레저스포츠가 각광을 받을 것이다. 예컨대 초경량 항공기, 패러글라이딩·행글라이딩·스카이다이빙 등 항공레포츠의 동호인 수는 약 2만 명 정도로 추산되고 있다. 일반인들에게까지 보급되고 있는 항공레포츠는 다른 사람들과 차별화를 추구하는 젊은이들 사이에 크게 각광받을 것으로 전망된다. 시장규모는 현재로는 정확히 파악되지 않고 있지만 2000년대 중반 이후에는 급성장할 것으로 기대된다. 그밖에 바다나 강에서 행해지는 윈드서핑, 요트, 스킨스쿠버 다이빙 등에 참가하는 인구도 꾸준히 늘어나고 있다.

일본의 모험 레포츠시장을 보면, 참가인구는 330만 명으로 전체 인구의 2.6%를 차지하고 있고 연간 활동회수는 서핑·윈드서핑의 경우 15.9회에 달하고 있다. 참가인구가 20만 명으로 가장 적은 행글라이더·패러글라이더의 경우, 연간 평균 비용이 13만 5,300엔, 1회당 비용이 3만 6,570엔으로 가장 높게 나타났다.

5) 문화·교양·창조형

물질생활이 풍요로워지면 질수록 사람들의 지적 자기실현 욕구는 점점 더 커지게 마련이다. 따라서 문화적 목표가 생활의 중심으로 나타나게 된다. 이런 점에서 레저생활도 개성이나 창조성의 발휘를 통해 자아실현 및 자기계발을 추구하는 유형이 주목받을 것으로 보인다.

요즘 우리 사회에서는 전업주부들 사이에 자기계발 프로그램에 참가하려는 경향이 크게 늘어나고 있다. 그동안 가사에 얽매여 잃어버렸던 자신의 존재가치를 재발견하고 궁극적으로는 삶의 의미와 목표를 새롭게 조명하려는 노력의 일환으로 볼 수 있다.

특히 전업주부들은 핵가족화·소자녀화, 가사합리화를 도와주는 각종 제품과 서비스의 활성화, 그리고 주택구조의 편리한 변화 등에 힘입어 주부들의 가사부담이 크게 줄어들었다. 이에 따라 전업주부들은 남는 여가시간에 다양한 레저·문화·사회활동에 참여하면서 자기계발을 꾀할 수 있게 된다.

앞으로도 문화·교양·창조형 레저와 같이 개인들의 문화적 욕구를 충족시키고 자아실현 및 자기계발의 목표를 달성하는 이런 유형의 레저생활이 크게 늘어날 것이다.

한편 주 5일 수업제가 2002년부터 시범적으로 도입되면서 초등학생들의 여가시간이 크게 늘어날 것이다. 이 제도는 자녀들이 자연체험과 사회체험을 할 수 있는 기회를 증대시키기 위한 취지로 도입되고 있다. 따라서 이들 자녀들의 호기심과 창의력을 발휘하기 위한 레저활동이 활발해질 전망이다.

예컨대 도자기 공방, 유리 공방 등은 어린이들이 직접 체험하면서 창의력을 발휘할 수 있는 장이기 때문에 앞으로 각광을 받을 것이다.

일본의 모험 레포츠시장을 보면, 참가인구는 330만 명으로 전체 인구의 2.6%를 차지하고 있고 연간 활동회수는 서핑·윈드서핑의 경우 15.9회에 달하고 있다. 참가인구가 20만 명으로 가장 적은 행글라이더·패러글라이더의 경우, 연간 평균 비용이 13만 5,300엔, 1회당 비용이 3만 6,570엔으로 가장 높게 나타났다.

(4) 레저카테고리에 해당하는 영역

- camping
- mountain
- fishing
- golf
- snowboard
- ski
- yoga

- paragliding
- snorkeling
- the Zen-Buddhist meditation(참선)
- hunting
- movie
- water skis(=water skiing)
- resort & condominium
- yacht & boat
- horse riding
- MTB bike
- gambling
- archery
- bowling
- jogging
- car driving
- hot spring
- 레저용 차량(RV ; recreation vehicle)

(5) 레저상품군 작업시 주의사항

- 세계적 트랜드 적극활용과 연구
- 틈새레저시장 개발(beach soccer, padel, domino game etc)에 관련한 상품개발
- 수요층을 명확히 파악하고 거기에 관련된 상품연구 및 디자인 개발
  즉 상품 수요자가 남·여인지, 어느 세대에 속하는지, 중산층인지 일반 대중성인지 등 명확한 consumer의 수요별 연구 조사 후 상품개발이 중요하다.
- 상품개발의 timing 이 중요
  한국은 4계절이 명확하기에 계절별 상품을 적절한 시즌에 맞게 상품개발이 중요하다.
- 온라인 상품판매와 홈 쇼핑 상품판매에 적한한 상품군이다.
  레저용품은 일반적으로 일상생활속에서 필요한 상품이 아니기에 로드샵에서 점포를 얻어 사업하기는 부담이 가지만 전문샵으로 시간을 갖고 매니아층과 역사를 갖는다면 도전해 볼 가치있는 비즈니스다.
  그래서 시즌상품의 성격이 강하기에 홈쇼핑에서 타이밍만 잘 잡아 상품 판매가 이루어지면 사업성공의 가능성이 높다.

- 브랜드 런칭으로 상품의 고급화, 기능화, 안전화로 가야 사업성 성공 가능성이 높다.
- 인터넷의 대중화로 각종 동호회, 카페, 매니아 모임 등을 통해 홍보를 적극적으로 하거나 찬조품을 통해 사용 후 고객을 잡는다.
- 노년층 증가로 실버레저산업 상품개발이 필요하다.

  한국사회의 가장 큰 이슈로 떠오르는 노년층의 증가로 상품개발의 틈새시장을 발견할 수 있다. 즉 레저는 운동성을 동반하는 레저도 있지만 리조트나 펜션, 콘도미니엄, 휴양림 등에서 활동에 필요한 상품개발도 개발하는 연구가 필요하다.
- 이동수단인 자동차에 관련한 상품개발 필요

  자동차의 대중화로 레저 활동은 자동차로 이동하기에 자동차 관련, 또 자동차를 이용한 레저상품의 개발도 필요하다.

  즉 아이디어가 있으면 사업성공여부가 무척 긍정적이다.
- 미래는 신체 운동 레저에서 마음의 안식, 즉 문화, 교양, 창조로의 레저 등 다양한 분야로 발전할 가능성이 있기 때문에 관련 상품 연구가 필요하다.
- 여행, 등산, 수련, 기체험, 참선, 산사체험, 요가 등 정신적인 수양을 위해 현대인들이 절실히 필요하기에 이러한 여가문화도 관심이 필요하다. 즉 도시의 탈출로 인해 재충전의 기회로 삼아 문화적, 정신적 욕구도 충족시키고 자아실현 및 자기계발의 목표를 달성하는 이런 유형의 레저생활이 크게 늘어날 것이다.
- 상품개발자 나 MD들이 직접 레저 활동에 참가하여 체험 후 그에 해당하는 제품의 장단점을 비교하여 제품개발이 중요

(6) 상품학적 상품군

- Tent : fishing tent, sand tent, camping tent, folding tent, wind bath tent, inflatable tent, children's tent
- mattress
- beach mat, camping mat, advertisement mat, picnic mat
- leisure boat
- bellow foot pump
- binoculars
- waterproof flashlight for camping
- portable camping toilet
- sleeping bag
- hammock with nylon, with folding frame

- beach chairs
- beach bag
- picnic bags
- damascus knife
- camping blanket
  (acrylic, polyester, polyester polar fleece anti-pilling, microfibre)
- led head lamp
- solar camping light
- leisure sheets
- walking stick/ with led flash lights
- mountainering pole
- s/s cup
- aluminum cot, camp bed
- camp lantern
- camper trailer
- camping car
- beach seat
- beach towel
- beach sandal
- portable bucket
- folding table
- tool set for hunting & camping
- popup gazebo
- tarpaulin
- picnic cooking set
- burner
- portable gas stove
- swing chair
- garden table and chiar
- backpack
- cooler box, ice box, camping box
- water bags, camel bag, water bladder, TPU bag
- vaccum flask, s/s bottle

- travel mug cup
- cooler bags
- picnic basket(wicker)
- picnic blanket, rug, mat
- picnic travel set
- food container, lunch box
- patio set
- garden furniture
- barbecue
- air pillow

✤ CAMPING & LEISURE 디자인 연구

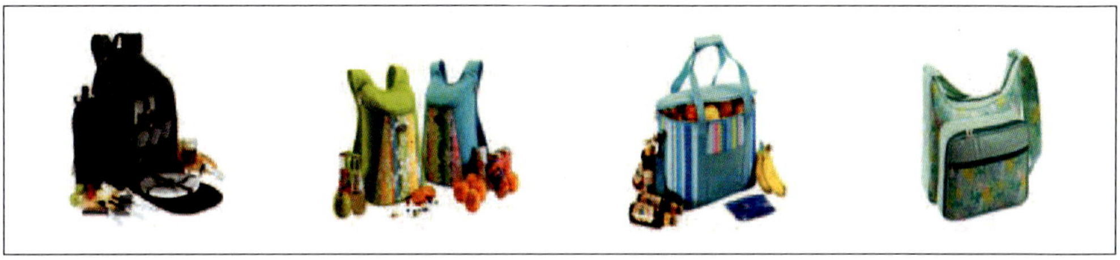

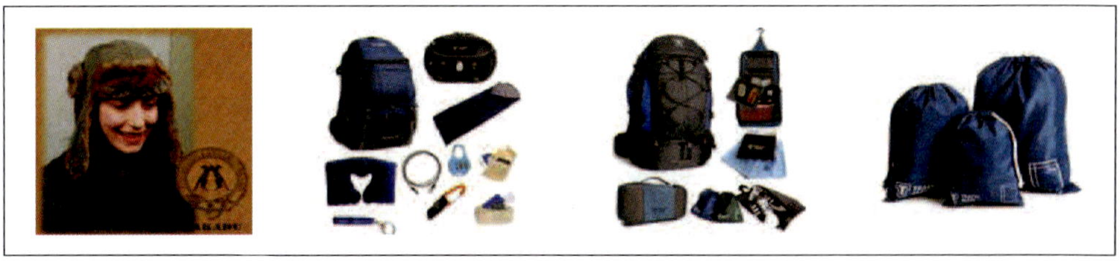

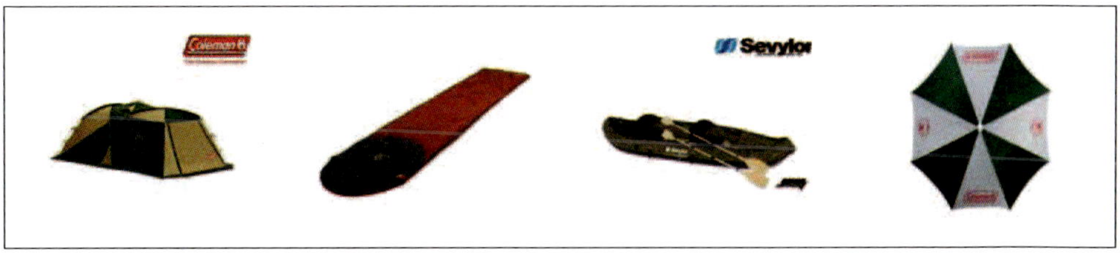

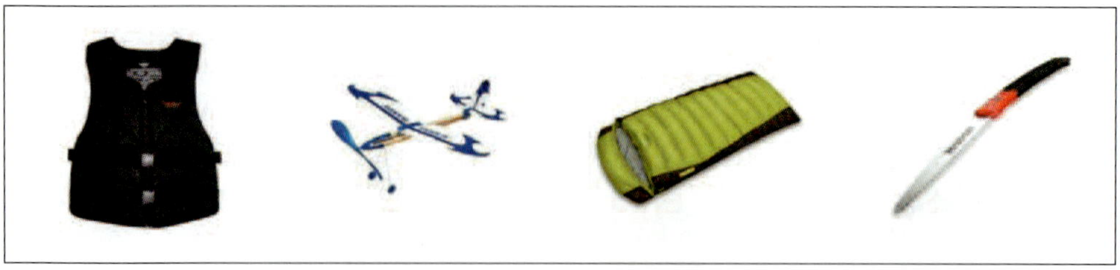

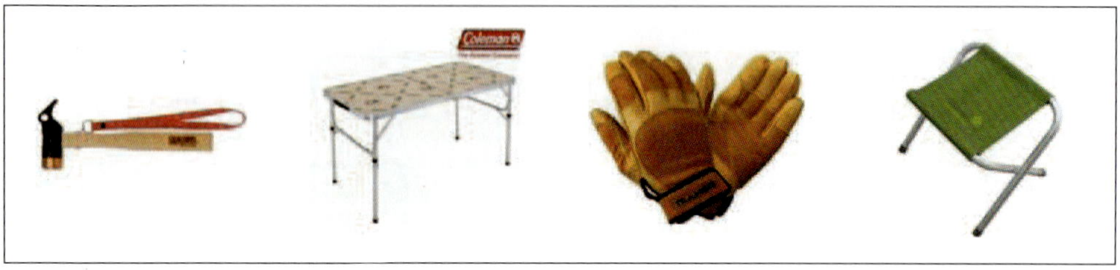
Coleman

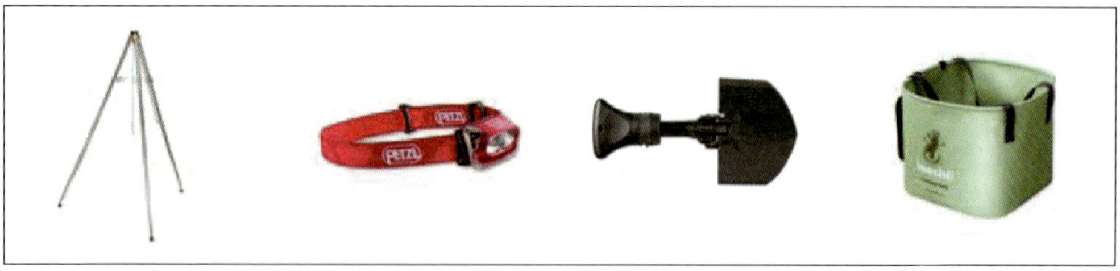
PETZL

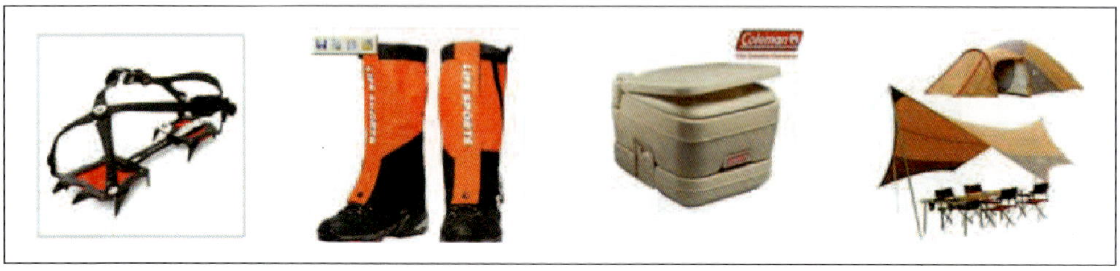
LIFE SPORTS
Coleman

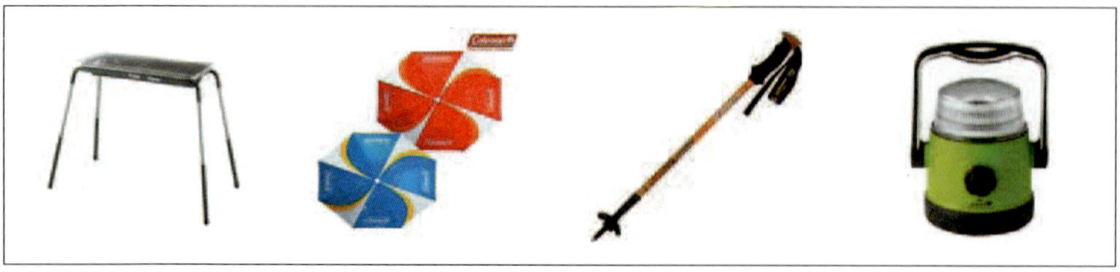
Coleman

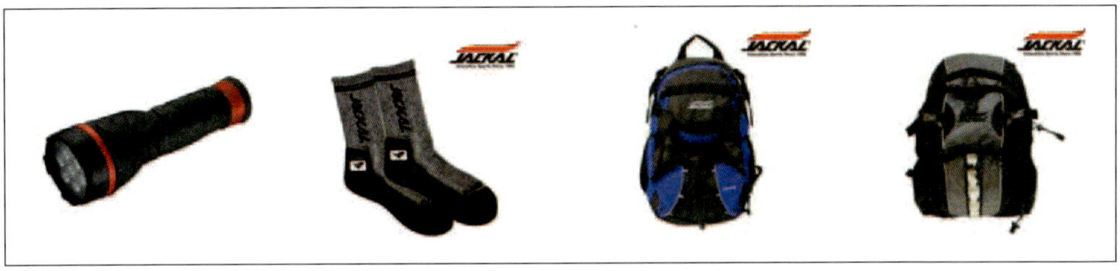

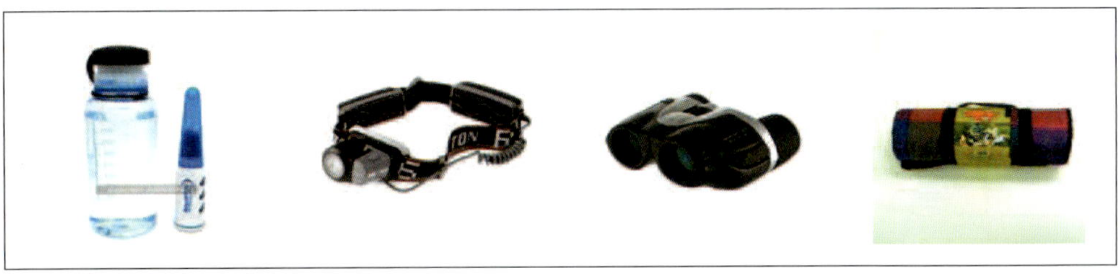

REGALO

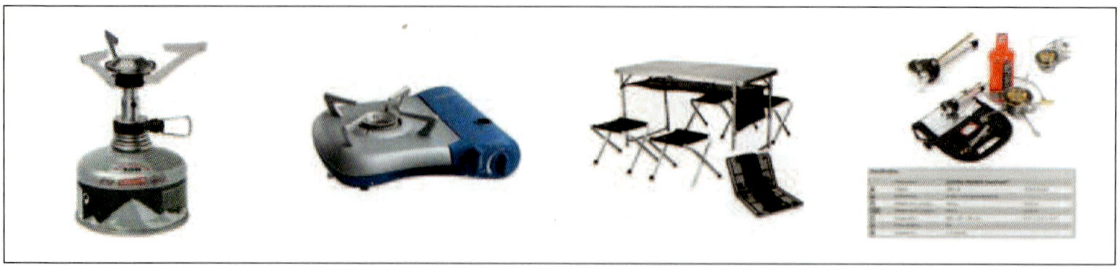

ICE BOTTLE

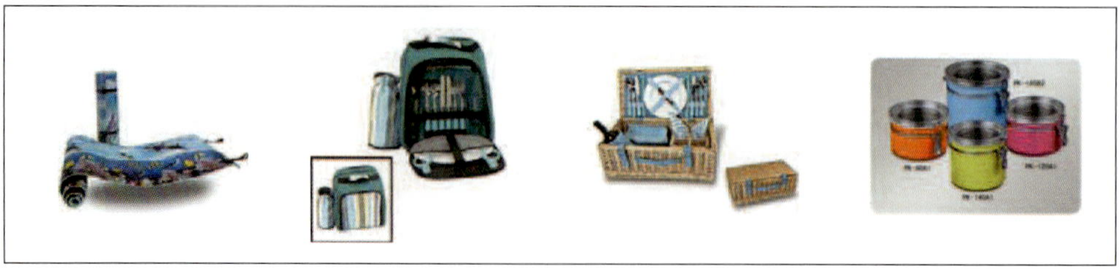

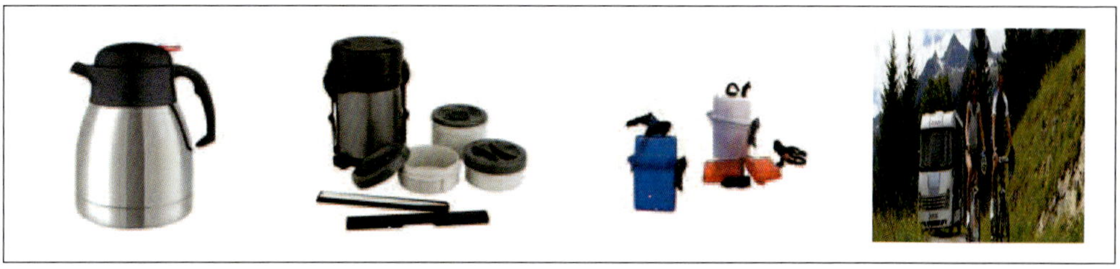

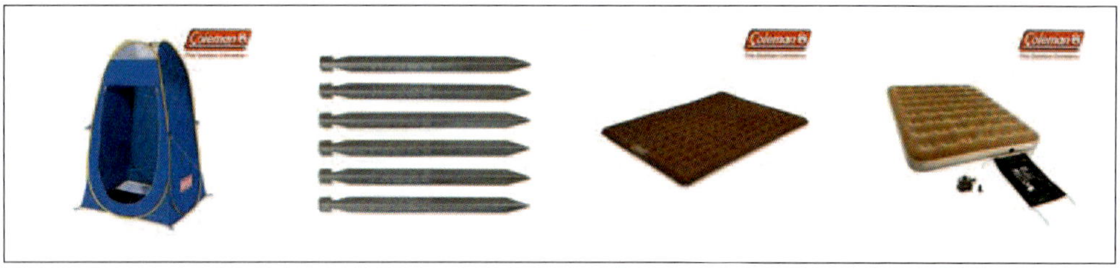

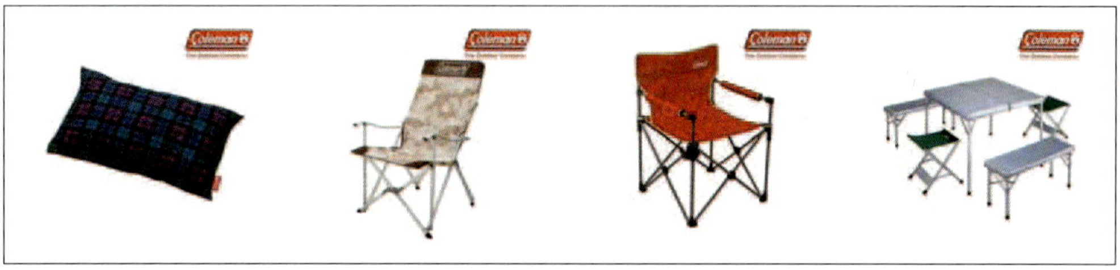

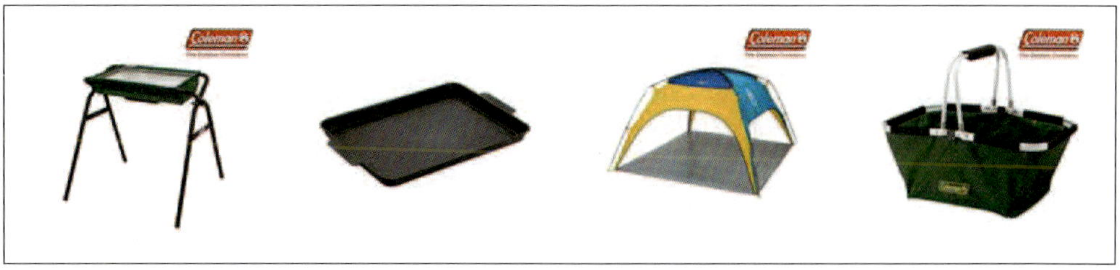

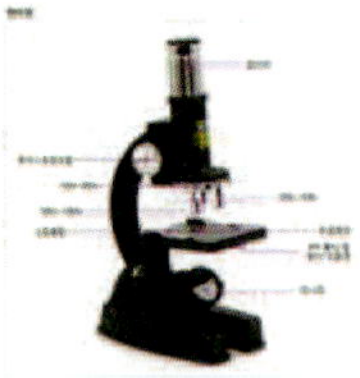

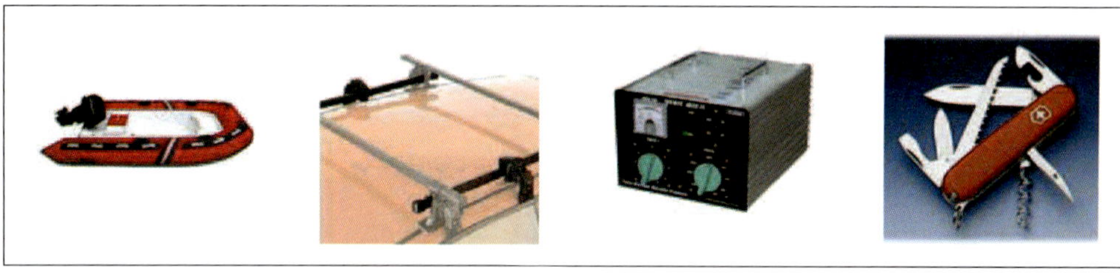

SWISSWIN

10 FOOTWARE

(1) 신발의 역사

The earliest known shoes date from about 8000 to 7000 BCE and were found in Oregon, USA in 1938. However, tanned leather, the material most commonly used for making shoes, does not normally last for thousands of years, so shoes were probably in use long before this. Physical anthropologist Erik Trinkaus believes he has found evidence that the use of shoes began in the period between about 40,000 and 26,000 years ago, based on the fact that the thickness of the bones of the toes (other than the big toe) decreased during this period, on the premise that wearing shoes resulted in less bone growth (shorter, thinner toes.)

English woman's shoe, circa 1670The earliest designs were simple affairs, often mere "foot bags" of leather to protect the feet from rocks, debris, and cold. Since shoes use more leather than sandals, their use was more common in cold climates. By the Middle Ages, turn-shoes had been developed with toggled flaps or drawstrings to tighten the leather around the foot for a better fit. As Europe gained in wealth and power, fancy shoes became status symbols. Toes became long and pointed, often to ridiculous proportions. Artisans created unique footwear for rich patrons, and new styles developed. Eventually the modern shoe, with a sewn-on sole, was devised. Since the 17th century, most leather shoes have used a sewn-on sole. This remains the standard for finer-quality dress shoes today. Until around 1800, shoes were made without differentiation for the left or right foot. We now call such shoes, "straights". Only gradually did the modern foot-specific shoe become standard.

Since the mid-20th Century, advances in rubber, plastics, synthetic cloth, and industrial adhesives have allowed manufacturers to create shoes that stray considerably from traditional crafting techniques. Leather, which had been the primary material in earlier styles, has remained standard in expensive dress shoes, but athletic shoes often have little or no real leather. Soles, which were once laboriously hand-stitched on, are now more often machined stitched or simply glued on.

(2) 신발산업의 조명

신발산업은 90년대를 기준으로 급격히 하락추세를 보이고 있으며 2000년대에는 수입의 급증으로 한국에서 신발산업은 경쟁력을 잃었고 2003년 기준으로 해외공장이전은 무려 60%에 달하며 이중 47%는 대 중국으로 이전을 했으며 인도네시아 및 베트남으로도 급격히 공장이전이 이루어 졌다.
이로 인해 국내 신발 기반산업의 붕괴를 가져왔고 이제는 고품질 소량화로 근근이 유지하고 있는 실정이다.
이제는 2000년 이후 고부가가치 부품생산기지로서의 기능을 강화하고 있는 실정이다.

현재의 신발산업 현황의 분석을 보면 다음과 같다.

- 생산판매의 무국경화 경향 증대
- 세계적 차원의 마케팅 능력부족
- 개도국의 부품 소재기술 습득 가속
- 전반적인 기업 간 정신 부족
- 선진국의 개도국에 기술 및 경영노하우 이전 가능성 높음
- 바이어의 지속적인 생산전략 변화

주변의 세계 여건을 보면 중국의 급속한 경제성장 속에 저임금으로 신발 역시 발전의 가속화를 한다.
이제 우리는 중국, 베트남 등 개도국 기술 발전에 더욱더 원부자재의 디자인화 고급화로 수출의 기회를 삼기에 좋은 시기이다.
또 이제는 애국심 호소에 의한 제품판매의 한계에 이르렀으며 또한 OECD 가입으로 특혜무역도 어려운 실정이며 또한 세계 각국의 특정 산업의 지원보호 곤란(WTO)도 극복

해야 하는 입장이다.

특히 이제 우리의 소비심리는 소비자 선호가 급변화되어 디자인의 고급화 브랜드화로 세계시장을 지속적으로 정부의 지원 하에 작업의 공동화, 마케팅의 공동화로 세계시장을 돌파해야한다.

우리 신발산업의 저해 요소는 다음과 같다.

- 전반적으로 높은 지가
- 높은 이자율로 인한 고금융비용
- 경쟁국에 비해 높은 임금 수준(임금에 의한 가격 경쟁력 낮음)
- 경쟁국대비 실제 가동라인 부족(제품개발의 한계와 낮은 인지도)
- 제살 깍아먹기식의 출혈 경쟁 풍토
- 정부의 정책적 배려 미흡 가능성
- 업계 및 종사자들의 심리적 패배감
- OEM 생산 및 수출로 인한 시장의 유동성 높음(안전성 낮음)
- 해외마케팅 능력 미흡

(3) 신발 용어정리

1) 갑피부분(UPPER)

신발의 상부분으로 발등을 감싸고 보호해주며, 외관 디자인과 형태를 유지해준다.

2) 겉창(OUT SOLE)

신발 밑부분으로 땅과 접착하는 부분

3) 겉창(Outsole)

신발의 바닥으로 지면에 접하는 부분

4) 고무(RUBBER)

가장 많이 쓰이는 신발 겉창 재료로 마모가 잘 되지 않고 미끄럽지 않음

5) 고어택스(GORE-TEX)

미국의 고어택스사의 제품으로 신발에 방수 및 통기를 완벽하게 하기위하여 사용되는 고급 소재

6) 구멍쇠 · 끈구멍 · 도리(EYELETS)

금속 또는 플라스틱체의 고리로 여러 가지의 형태가 있고 끈을 맬 구멍이나 그 외 다른 내부구멍에 부착한다. 타입에는 바깥 끈구멍테, 안 끈구멍테, 은폐 끈구멍테가 있으며 기능을 위하거나 또는 장식 목적으로 사용한다.

7) 굽(Heel)

구두의 굽자리부에 부착되어 지탱하는 것으로 종류에 따라 높이가 달라진다. 형태, 높이, 재료에 따라 여러 종류가 있지만 그중에서도 여러 가지가 있다.

8) 깔창(INNER SOLE, FOOTBED)

안에 들어가는 쿠션용 깔개

9) 끈(Shoe Lace)

신발을 발에 잘 맞도록 조절하는 끈

10) 누박(NUBUCK)

풀그레인에 페퍼질을 하여 기모를 살린 가죽으로 워커, 캐주얼화 등에 주로 사용

11) 롱 부츠(LONG BOOTS)

쇼트부츠 보다 높은 신발

12) 매쉬(MESH)

폴리에틸렌 또는 나이론 계열의 합성 원단으로 질기고 통풍성이 좋고 다양한 모양으로 재직이 가능하여 운동화의 갑피 또는 운동화 및 캐주얼화의 내피에 주로 사용

13) 밑창부분(SOLE)

신발 하부 부분이며, INSOLE, MIDSOLE, OUTSOLE로 구성된다.

14) 부직포(NON WOVEN FABRIC)

폴리에스터로 만든 원단의 일종으로 일반 원단과 같이 재직을 한 것이 아니므로 부직포라고 불림. 주로 신발의 안감, 보강, 중창용 등으로 쓰임. 가볍고 통기성이 좋음

15) 샌달(SANDAL)

발가락 등 발의 일부가 들어나 있는 여름용 신발

16) **설포(TONGUE)**

신끈 밑에 들어가는 부분. 갑피에 붙여진 부분으로서 발의 발등 부분을 보호하는 역할을 한다.

17) **속메움·창보강재(Filer)**

신발제조에서 겉창과 안창을 붙일 때 두 층 사이에서 생기는 공간으로 인한 요철을 메꾸기 위해 사용되는 스폰지, 코르크 등의 보강물을 말한다.

18) **쇼트 부츠(SHORT BOOTS)**

복사뼈 바로 윗부분 까지 덮는 높이의 신발

19) **스프리트(SPLIT)**

가죽 원장을 잘라 상부는 풀그레인으로 사용하고 그 밑부분의 가죽으로 누박보다 기모가 많은 가죽으로 가격이 저렴하여 캐주얼화 아웃도어화에 주로 사용하며 스웨이드(SUEDE)라고도 불림

20) **아웃도어화(OUTDOOR)**

등산화 등 야외에서 신는 신발의 총칭

21) **안창(Insole)**

신발의 토대가 되는 중요한 부품, 구조상으로는 갑피, 굽, 대다리 굳이어식 제법의 경우와 바닥창을 통합하는 본체로 하여, 말하자면 신발의 척추와 같은 역할을 갖는 동시에 신발 내면의 바닥부위에 있어서 직접 발을 지지하는 기능을 갖고 있다. 따라서 발바닥에 잘 맞춤과 동시에 굽과 바닥창 접지점을 결합하는 다리로 해서 신발이 두껍지 않아도 후방을 꼭 잡고 있도록 강인하게 만들어진 것이 대부분이다. 또 걸음을 수천 수만회 거듭하더라도 그 선을 견디어서 형태를 유지하는 상당히 좋은 재질을 사용하여야 한다. 재료로는 천연피혁, 펄프보도 등이 사용된다.

22) **인조가죽(SYNTHETIC LEATHER)**

폴리우레탄 등으로 가죽처럼 만든 것으로 가격이 저렴하나 가죽의 장점인 통기가 되지 않음

(4) 신발의 종류

- Sport shoes(skateboard, football, golf, bike etc)
- Dress shoes
- ladies dress shoes
- Casual shoes
- hiking shoes
- Children shoes
- Football shoes
- boots(work boots, rain boots, rubber boots, neoprene, fur)
- baby shoes
- sneakers
- flip flop
- Children animal shoes(=toy shoes)
- Skateboard shoes
- Working shoes
- Sandals
- slippers(hotel, toy, indoor, baths)
- Canvas shoes
- Vulcanized Shoes
- Injection shoes
- Leather shoes(original leather shoes, pu shoes)
- Fashion shoes

(5) 신발 비지니스에서 주의사항

- 신발은 초기 비용이 많이 들어가기 때문에 소자본으로는 어렵다.
- 신발은 온라인 비즈니스에서도 사이즈 문제로 조금은 어려울 것이 예상됨.
- 이 상품군이 한 번 자리 잡으면 타 업체의 경쟁은 심하지 않음.
- 신발산업은 대형 브랜드화가 주류이다.
- 한국생산이 우리 신발산업의 20-30% 밖에 안 되고 중국생산이 주류를 이루고 있다. 중국에서는 저장성의 온주가 가죽신발의 산지이고 복건성의 천주가 스포츠 운동

화의 주 생산 단지이며 광동성의 광주는 패션신발의 주류다.

- 이 상품군의 진입은 초기 몰드 비용이 과대하다.
- Canvas나 Denim shoes는 초기 비용이 거의 안 들기 때문에 디자인이 좋은 제품을 연구 개발 할 가치가 있다.

✤ FOOTWARE 디자인 연구

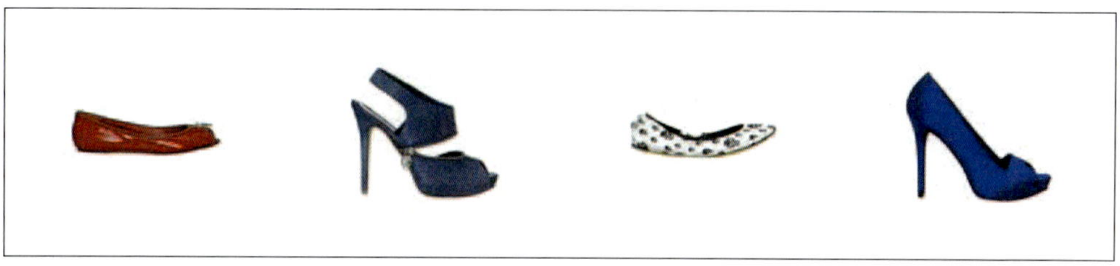

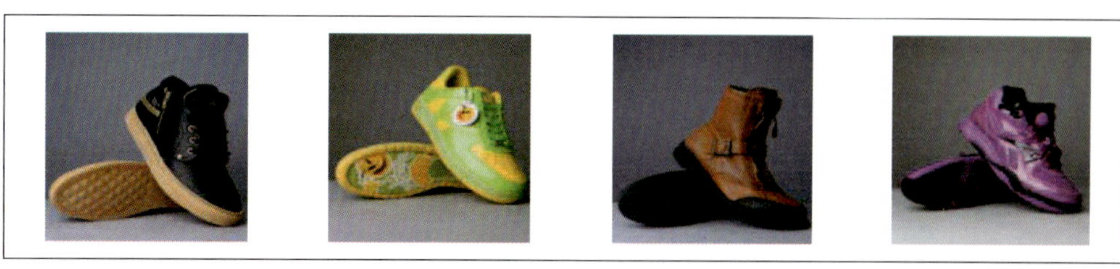

JX218
PVC

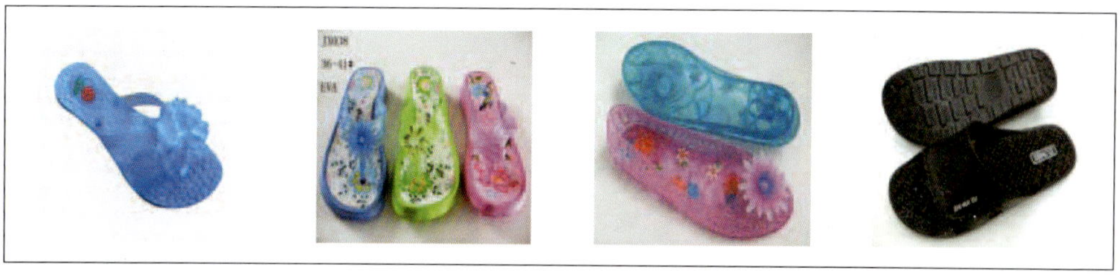

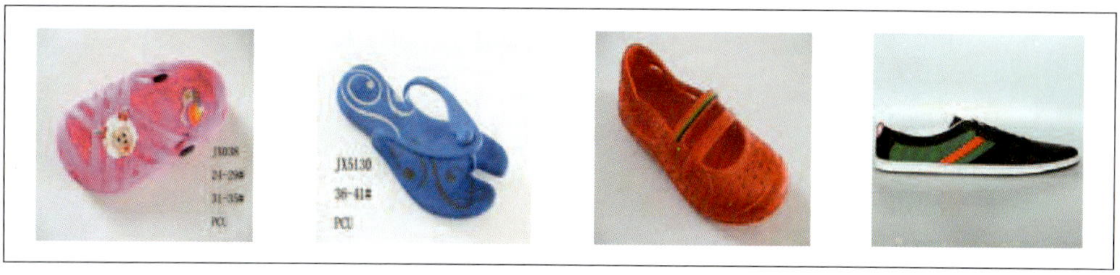
JX5130
36-41#
PCU

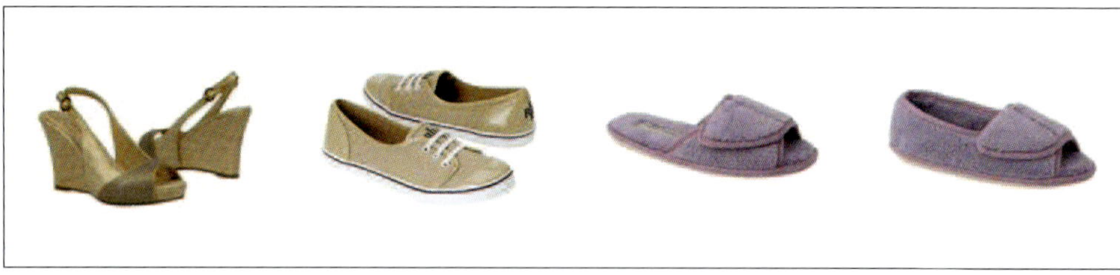

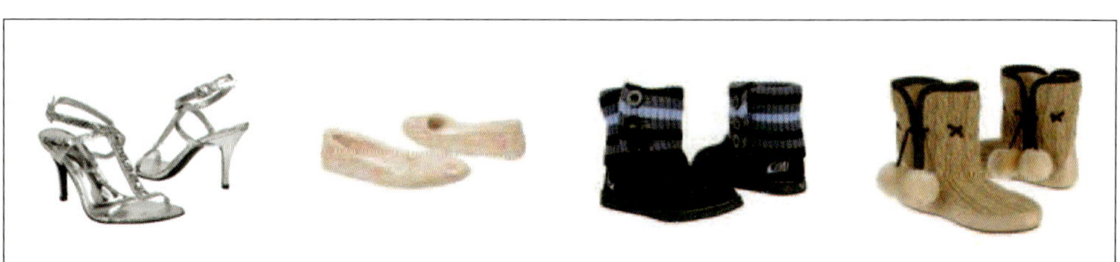

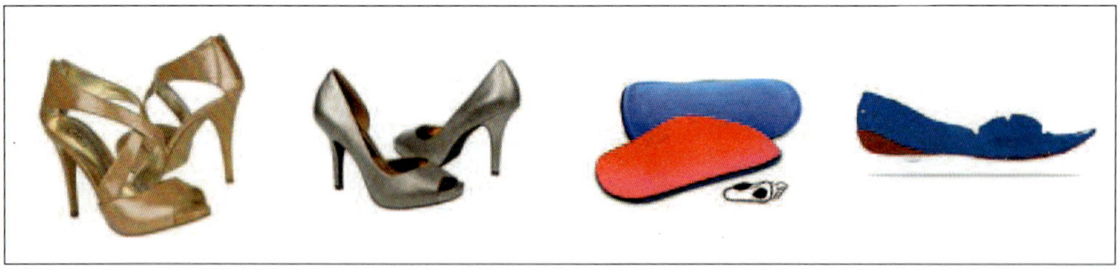

SM-C008-B
SM-C008-A

SM-C022-A
SM-C022-B
SM-C022-C

11 DAILY ITEMS

✤ Daily products

이 데일리 상품은 말 그대로 일상생활에 매일같이 사용하는 상품들을 말한다.

즉 다른 표현으로는 daily item, daily products, daily necessities products, daily use products, daily commodities라고 말한다.

더 엄밀히는 disposal products 라고 일컫는 학자도 있다. 즉 빠른 현대생활 속에서 인스턴트 식품포장, 소포장, 배달 등으로 날로 이 제품군들이 발달하고 있으나 환경적 문제가 먼저 해결되어야 하는 부분도 있다. 최근 들어 친 환경적 제품의 개발로 이 분야의 발달 가능성이 상당히 높다.

또 이 제품군들의 생산 과정은 거의 자동화 시스템으로 이루어지기 때문에 더욱더 이 산업의 발전이 기대되고 한국처럼 고임금 추세의 나라에서는 데일리 제품의 발전 가능성이 더욱더 높다.

이제는 이러한 상품군도 다양한 디자인과 아이디어 제품이 요구되며 또한 브랜드화 된 제품이 아직 많지 않기 때문에 이점도 고려하면 더욱더 발전 가능성이 있다.

(1) Daily 아이템의 대 분류

- bathware
- kitchenware
- medical consumables
- packing bags
- cosmetic items
- disposal plastic & paper food container
- office products

(2) 일회용품(DISPOSABLE PRODUCTS)

우리 주변에서 흔히 볼 수 있는 일회용품을 총칭하여 이 카테고리로 정한다. 향후 친환경 제품으로 재활용 제품(recycling product)으로 더욱더 전환 되는 제품을 선호하고 연구 개발되고 있으며 많은 상품군에서 일회용품이 개발되고 있어서 향후 엄청난 수요가 요구되며 비지니스로의 전망이 매우 크다.

1) Disposable table cloth

Cans, bottles, jars, cartons, wrappers and other food packaging are largely recyclable, and some are even compostable

Inexpensive tupperware products are recyclable

Cupcake wrappers, coffee filters are compostable

- Medical & hygiene products
- Electronics
- Defense and law enforcement
- Other consumer products
- Medical & hygiene products
- Toilet paper
- Condoms and other contraception products
- Disposable enemas and similar products
- Cotton swabs and pads
- Medical and cleaning gloves
- Baby and adult diapers, and training pants
- Shaving razors, waxing kits, combs, and other hair control products
- Toothbrushes, dental floss, and other oral care products
- Hospital aprons
- Disposable panties in postpartum

2) Electronics

- Non-rechargeable batteries are considered hazardous waste and should only be disposed of as such.

3) Defense and law enforcement

- Ammunition shell casings are recyclable
- PlastiCuffs

4) Other consumer products

- Paper shopping bags can be reused and are recyclable
- Plastic shopping bags can be reused and are also recyclable at many grocery stores
- Vacuum cleaner bags, water, air, coolant, and other filters
- Paper currency
  (worn out banknotes are removed from circulation by the Federal Reserve)
- Ballpoint pens, erasers, and other writing implements
- Aseptic milk and soy milk containers

(3) 기본적인 분류

- Disposable medical item
- Disposable lighter
- Disposable camera
- Disposable vinyl bag
- Disposable hotel products
- Disposable plastic item(tableware, plate(=tray), cup
- Disposable food container
- Disposable diaper
- Disposable battery
- Disposable item in kitchen

- Chenille and Microfiber Cleaning Glove
- Microfiber Chenille Wash Mitten
- Microfiber Chenille Cleaning Pad
- Cleaning Wipe Cloth with Dots
- Cleaning Sponge with Chamois Cloth
- Cellulose Sponge
- Double Color PP Cleaning Scourers
- Handy Copper Scourer(s/s handly scourer)
- Scouring Sponges

- Magic Duster
- Static Duster(Great for electronics and hard to reach places)
- Feather Duster
- Lint Brush
- Lint Roller
- Rubber Lint Roller
- Shoe brush
- Dust Pan with Brush
- Toilet Cleaning Brush
- Car Cleaning Brush
- Window Brush
- Multi-Purpose Cleaning Mop
- Cleaning Mop
- disposable plastic cutlery
- disposable plastic plate, cups, bowl, tray, food container, lunch box
- disposable plastic bed sheet, table cloth

- Disposable Vinyl Gloves, Latex surgical glove, Disposable Plastic Glove, household gloves(Leather glove, Cotton glove, Knitted glove, Woven glove, Welding glove, Jersey glove, Fleece glove, garden glove, polyester glove, nitrile glove, Latex glove, Rubber glove, Disposal glove, Kevlar gloves, sports glove, jacquard glove, Working glove, safety glove, PVC dot glove, Bath glove, Driving glove, PU gloves etc)
- Spunblace Non-Woven Fabrics(부직포 제품)
- disposable razor
- plastic hanger, wooden hanger, wire hanger, clothes hanger, coat hanger, suit hanger, trousers hanger, pants hanger, toothpick, decoration toothpick, Bamboo Cocktail Stick, food picks
- Disposable use for dinner, party, camping, picnic, and house hold commodities
- Drinking Straw, plastic straw
- plastic household item(hanger, cup, hook etc)

- broom & shovel
- bath accessories(mat, brush, bath hook, sticky hook, paper towel holder, shampoo dispenser, etc)
- nylon tool set(basting spoon, slotted spoon, wide turner, skimmer, scraper, spatula), food tong, food clip, whisk

(4) 데일리 아이템의 취급 시 주의사항

- 이 아이템군은 365일 사용하기 때문에 적극적으로 도전해 볼 가치가 있다.
- 이 상품군에 도전하기 위해서는 끈기와 노력, 즉 이 아이템들의 가능성을 보고 성공할 수 있다는 자신감을 가지고 접근한다면 용이하다.
- 아직도 이 아이템군에 대한 시장의 디자인화가 미흡하기 때문에 이 아이템들을 적극적으로 디자인화 할 필요가 있다.
- 이 상품군은 하루아침에는 안 된다. 따라서 꾸준한 고객 관리와 역사성이 필요하다.
- 아이템이 많기 때문에 처음에는 접근하기 힘들지만 한 번 진입에 성공하면 타 경쟁자들의 접근을 피할 수 있다.
- 아이템의 가격이 싸서 초기 자본은 적게 드나 아이템이 많아 창고비용 등 아이템 비용이 든다.
- 중국 이우 쪽에 도매시장이 다양해서 소량 다품종으로 이우 쪽의 구매부터 접근하면 초기 자본이 덜 든다.
- 상품군들이 가격 경쟁력이 높은 아이템이기 때문에 중국으로부터의 가장 싼 단가 구매가 사업의 성공 여부를 판단한다.
- 회사, 호텔, 회사 등 단체 기업에 납품이 용이한 제품군들이다.
- promotion 제품군에 용의하다.
- 친환경적으로 고려하는 상품 연구가 필요하다.

✤ DAILY ITEMS 디자인 연구

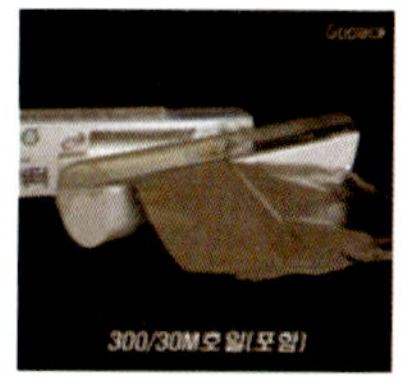

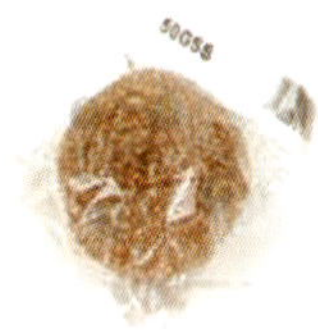

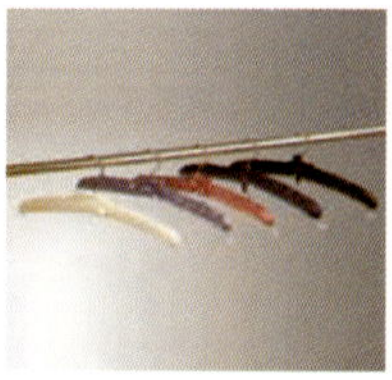
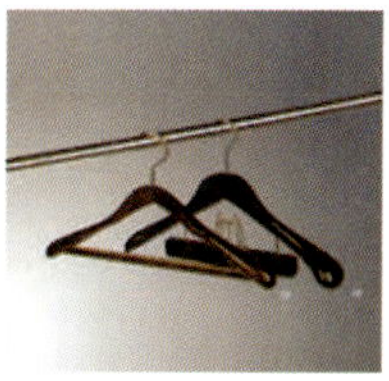

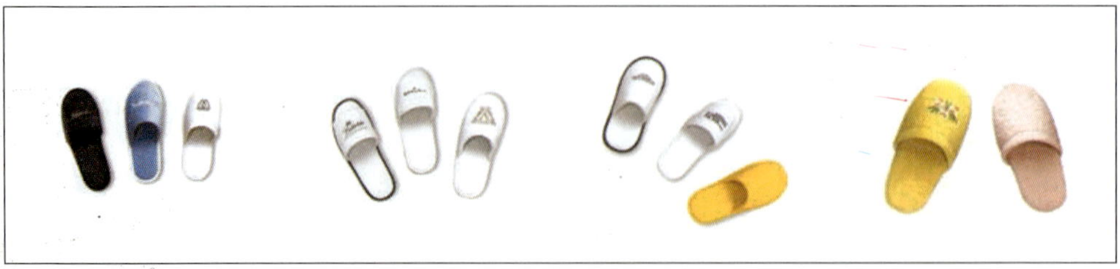

BABY WIPES
Toilet

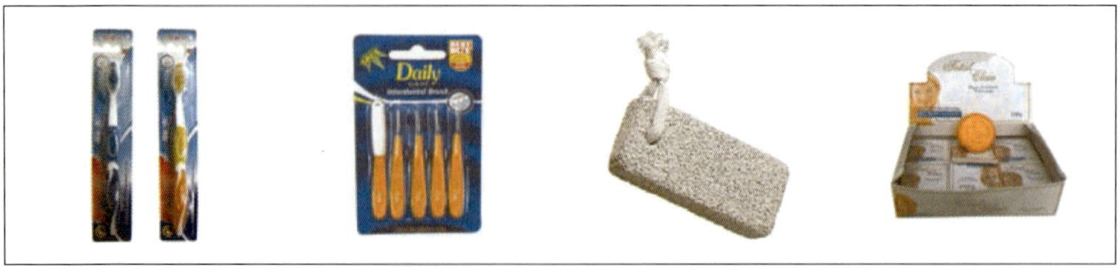
Daily

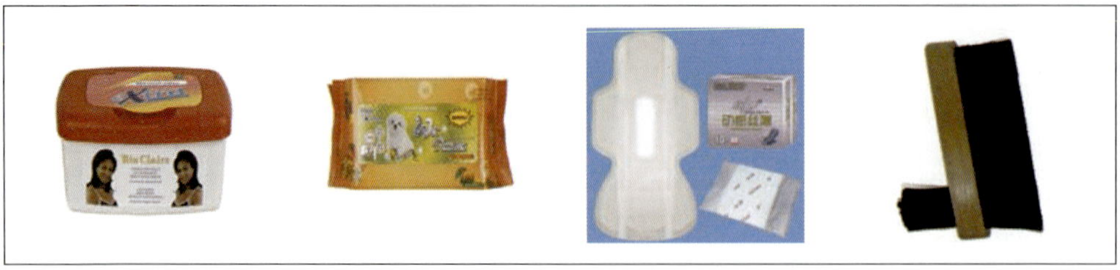

Manyyear
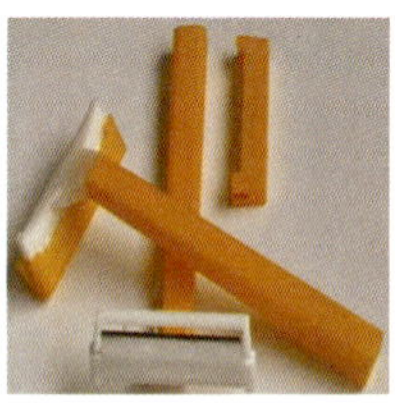
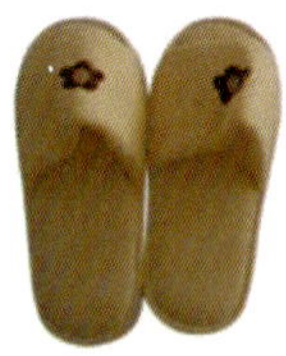
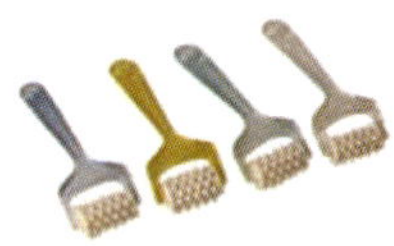

I'm NOT
A Plastic
bag
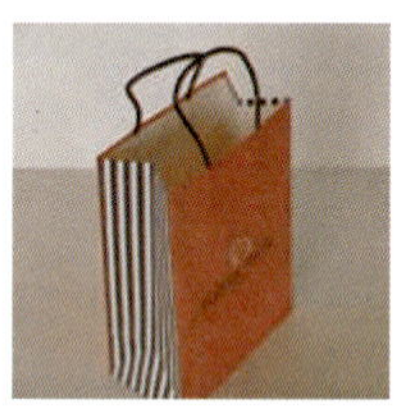
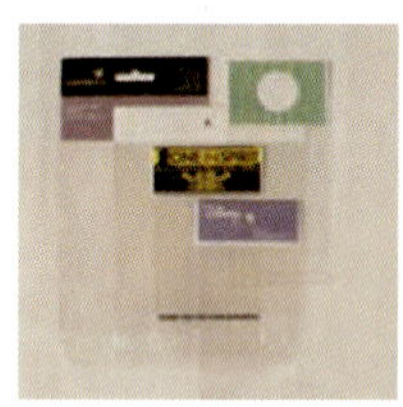

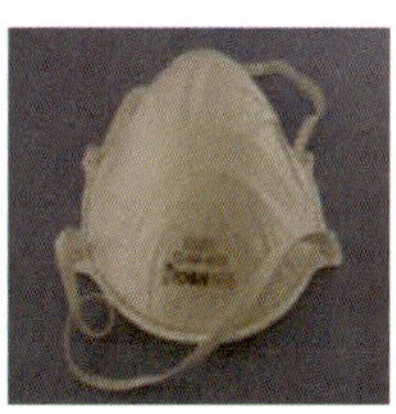

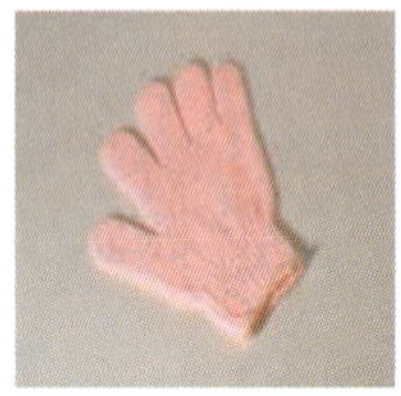

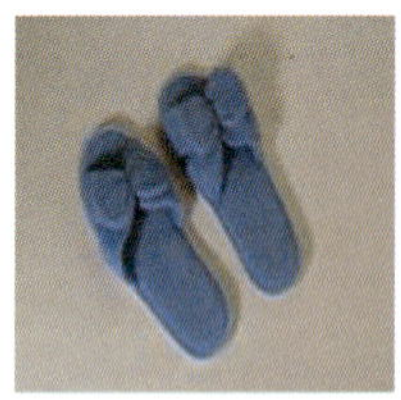

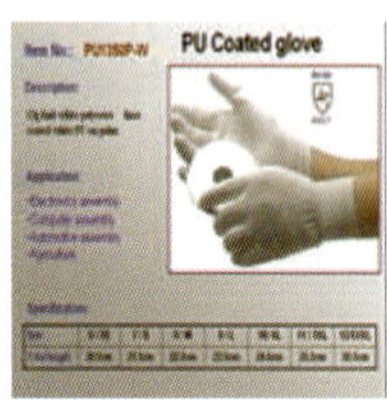
PU Coated glove
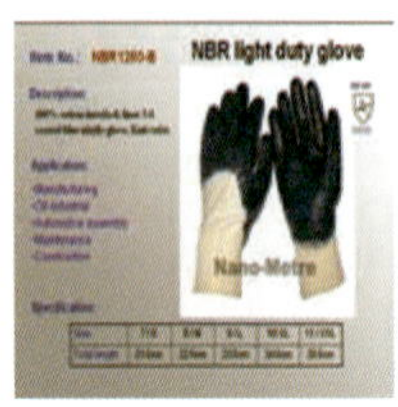
NBR light duty glove
Nano-Metre
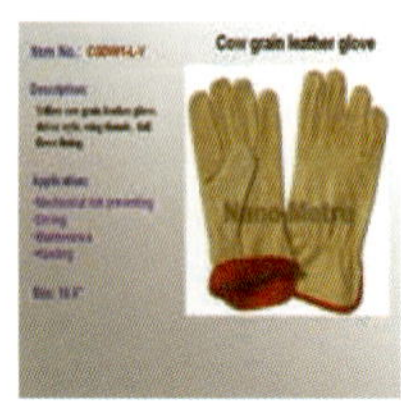
Cow grain leather glove
Nano-Metre
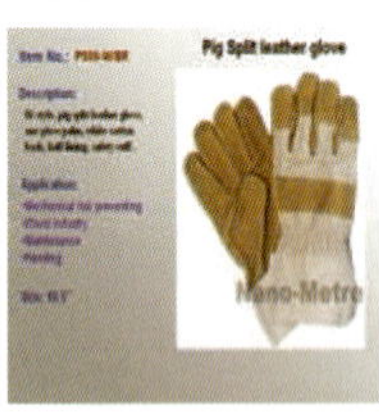
Pig Split leather glove
Nano-Metre

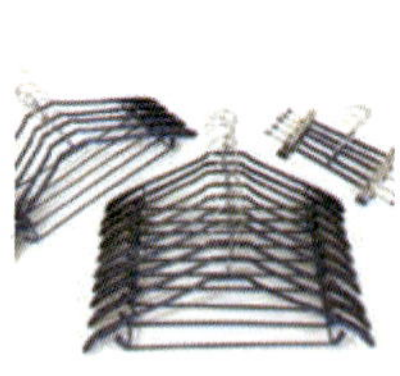
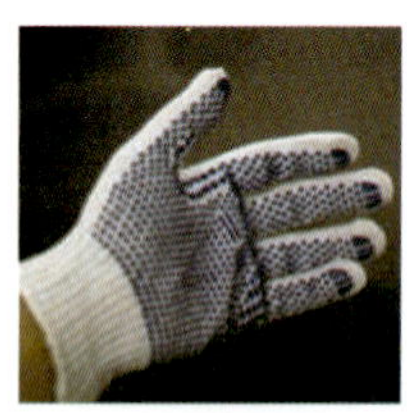

Trumall
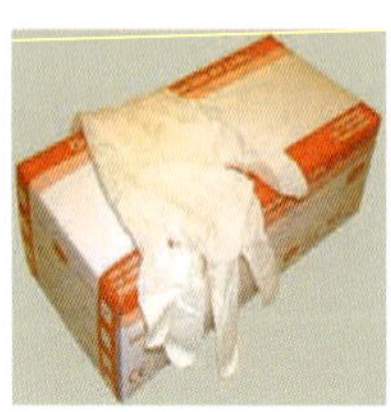

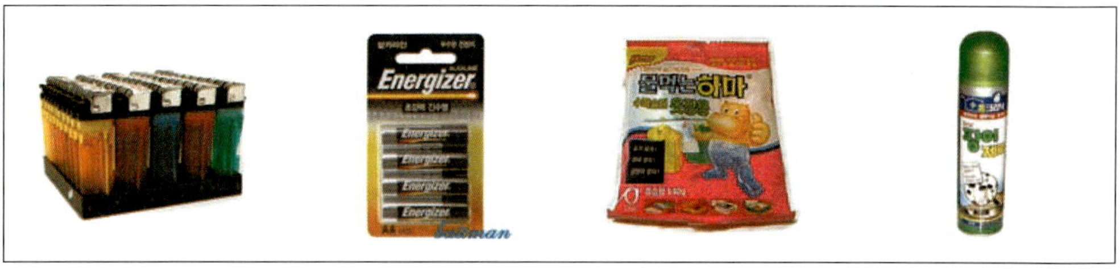
Energizer
물먹는하마

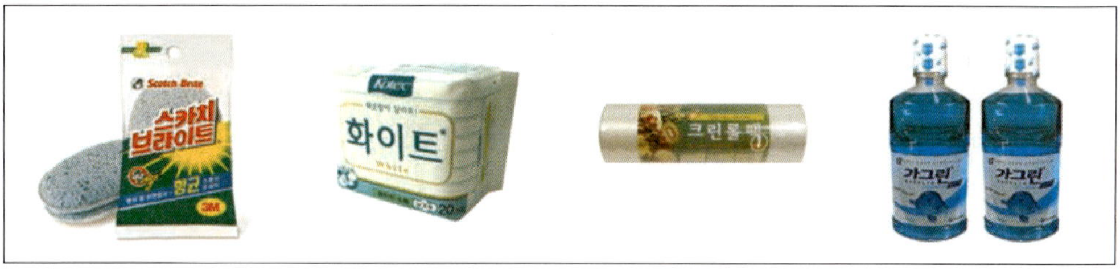
Scotch-Brite
스카치 브라이트
3M
Kotex
화이트
white
크린롤팩
가그린
가그린

2080
2080
2080
2080

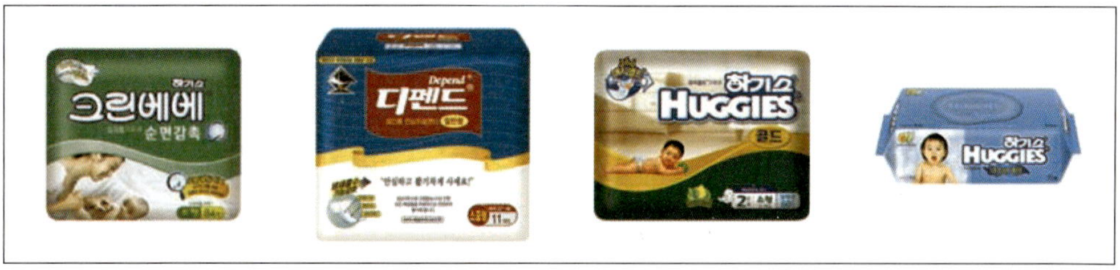
하기스
크린베베
순면감촉
Depend
디펜드
하기스
HUGGIES
골드
하기스
HUGGIES

PLUS
퐁퐁
크린장갑

Oral-B
stages
Oral-B
stages
Oral-B
stages
Gillette

홈케어
내추럴모기향
10개입

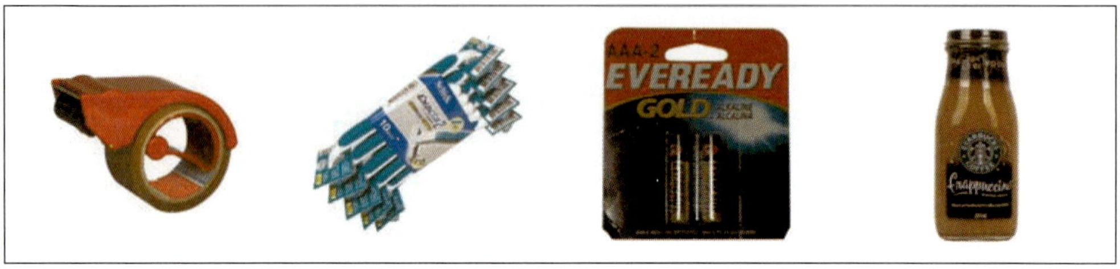
AAA-2
EVEREADY
GOLD

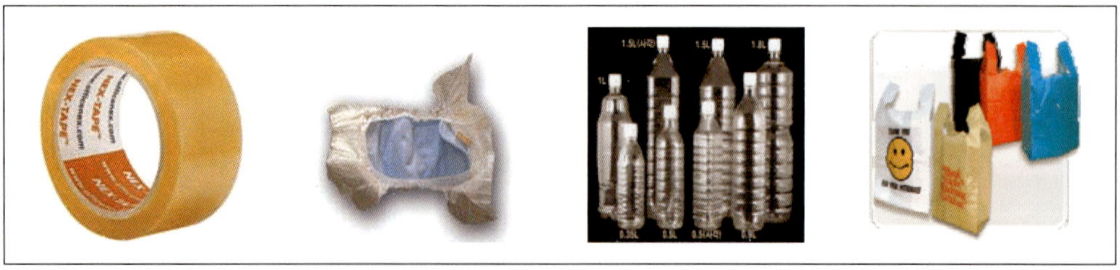

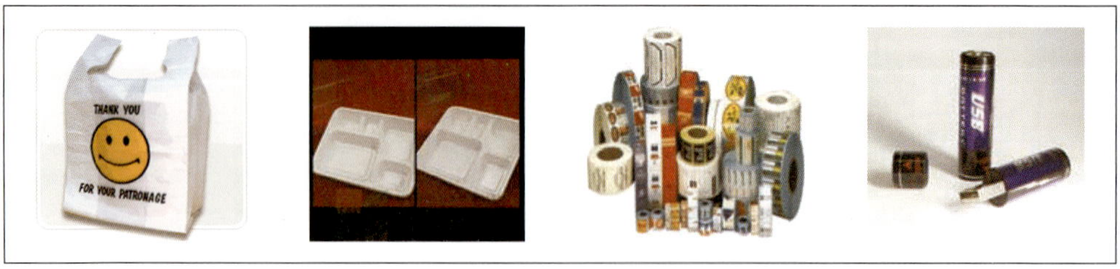
THANK YOU
FOR YOUR PATRONAGE
USB

12 TOY

(1) 장난감의 정의

장난감(문화어: 놀음감) 또는 완구는 놀이에 사용되는 물건이다. 장난감들은 주로 어린 아이들과 가정 동물에 관련된 물건으로 여겨지지만 어른들과 야생 동물들도 장난감과 놀기도 한다. 어떤 장난감들은 오직 수집용으로 쓰이기도 한다. 포유류에 속하는 어린 동물들은 솔방울, 음식이나 돌을 장난감으로 삼으며, 애완견도 인형이나 공 같은 장난감을 가지고 놀 수 있다. 인간들은 선사시대 때부터 장난감을 사용한 것으로 알려진다. 인더스문명, 고대 이집트, 고대 그리스와 로마에서 돌과 찰흙으로 만들어진 장난감의 흔적을 찾아 볼 수 있다. 장난감은 아이들에게 인지력과 창조력을 길러 주는 역할을 한다. 인형, 장난감 차, 퍼즐, 수집용 장난감과 육체적 활동을 할 때 사용되는 장난감 등 여러 종류가 있다

(2) Toy economic situation

With toys comprising such a large and important part of human existence, it makes sense that the toy industry would have a substantial economic impact. Sales of toys often increase around holidays where gift-giving extradition. Some of the holidays include Christmas, Easter, Saint Nicholas Dayand Three Kings Day.

In 2005, toy sales in the United States totaled about $22.9 billion. Money spent on children between the ages of 8 and twelve alone totals approximately $221 billion annually in the U.S.

Toy makers change and adapt their toys to meet the changing demands of children thereby gaining a larger share of the substantial market. In recent years many toys have become more complicated with flashing lights and sounds in an effort to appeal to children raised around television and the internet. According to Mattel's president, Neil Friedman, "Innovation is key in the toy industry and to succeed one must create a 'wow' moment for kids by designing toys that have fun, innovative features and include new technologies and engaging content."

In an effort to reduce costs, many mass-producers of toys locate their factories in areas where wages are lower. 75% of all toys sold in the U.S., for example, are manufactured in China. Issues and events such as power outages, supply of raw materials, supply of labor, and raising wages that impact areas where factories are located often have an enormous impact on the toy industry in importing countries.

Many traditional toy makers have been losing sales to video game makers for years. Because of this, some traditional toy makers have entered the field of electronic games and are enhancing the brands that they have by introducing interactive extensions or internet connectivity to their current toys.

(3) TOY의 대 종류

- plastic toy
- plush toy
- educational toy
- toy car
- wooden toy
- inflatable toy
- r/c toy
- baby toy
- children's toy
- pet toy

1) wooden toy

나무 재질로 만든 장난감을 말함. 즉 자연작이고 인체에 해가 없어 나무 장난감을 선호하지만 마감 시 페인트처리 할 때 납성분을 유념해야 한다. 또 MOQ가 많지 않아 비즈니스 상 선호한다. 유럽 쪽에서는 이 나무 장난감을 유독 좋아 한다.

2) inflatable toy

toy : inflatable pillow bag, inflatable tennis bat & ball set, inflatable beach ball, inflatable soft soccer ball, inflatable palm tree, inflatable promotion gift, inflatable party supplies, inflatable air mattress, inflatable folding chairs, inflatable cheering stick, inflatable swimming ring, inflatable boat, inflatable tent, inflatable pool, inflatable sofa, inflatable slide, inflatable cartoon, inflatable park, inflatable pvc products, inflatable climbing, inflatable sports, inflatable jumper, inflatable bouncer.

참고연구

We are one manufactory mainly produce the toys with non-toxic(TPR, TPE & men-made rubber) soft plastic material.

Such products including Water Ball(Squeeze Water Ball, Splatter Water Ball, Yoyo water Ball), Gel Stress Ball, Bounce Ball, Window Stickers/Gel Clings, Water snakes, Sextoys, as well as Sticky organs.

Our wide range of products not only for children but also for adults, Customer may also send their designs to us and we can do the OEM items. We create new products all the time to meet the changing market demands. We export to markets al lover the world.

We warmly welcome all potential and existing clients to send us their specific ations and requirements.

(4) 무역학적 TOY 상품분류

- Electronic Pets
- Electrical Toys
- Infant Toys & Games
- Inflatable Toys
- Educational Toys
- Flying Toys & Kite
- Light up Toy
- Model Toys
- Plastic Toys
- Radio Controlled Toy
- R/C Toys

- Stuffed & Plush Toys
- Toy Agents
- Toy Accessories
- Toy Cars
- Toy Guns
- Toy Stocks
- Wooden Toys

(5) TOY 상품 연구 시 주의사항

- 어린 아이들(KIDS)을 좋아하는 MD라면 상품에 더 집중할 수 있다.
- 섬세하고 디테일한 면이 좋다.
- 상품의 안전성을 허가받아야 하기 때문에 소자본 사업가의 초기 진입이 어렵다.
- 개인의 초기 진입에는 어려움이 있기 때문에 도매상으로부터 상품을 받아서 시작하고 물량이 늘어나면 중국 도매시장에 접촉해서 박스단위로 사업영역을 넓히고 다시 사업규모가 커지면 공장하고 직접 거래를 할 수 있도록 사업의 방향을 잡는다.
- ONLINE 상에서는 이 TOY 종류에서 한 카테고리를 잘 선택하여 전문성을 키운다면 가능한 비즈니스이다.
- 최소주문량(MOQ)이 많다.
- 중국의 TOY 도매 시장(샤먼·이우·광주)에서 적은 수입량으로 충분히 도전 가능하다.
- 브랜드화 성향이 크다.
- 지능 개발형과 교육형이 더 발전 가능성이 있다.
- TOY 임대업이 증가하는 추세이고 더 특화 된 틈새 시장을 연구하고 공략할 필요가 있다.
- 놀이문화 타운 등 짐보리 형태의 실내 큰 공간에 어린 아이들(KIDS)이 다양한 놀이 체험을 즐길 수 있는 놀이 공간 비즈니스가 증가하고 있다.
- Toy 생산은 현재 70-80%가 중국에서 생산된다고 보면 된다.

✤ TOY 디자인 연구

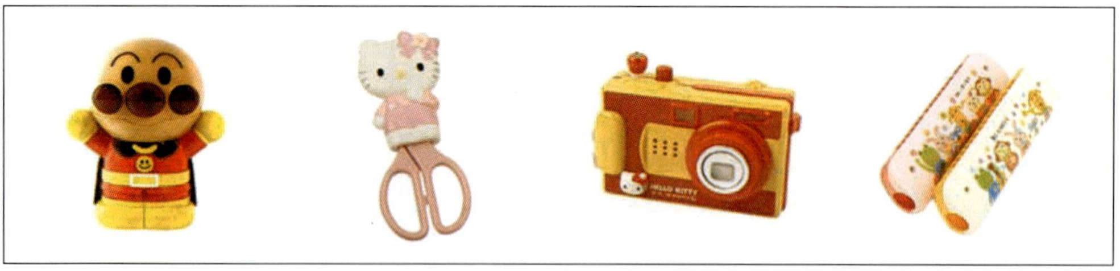

Link
puzzle
the city

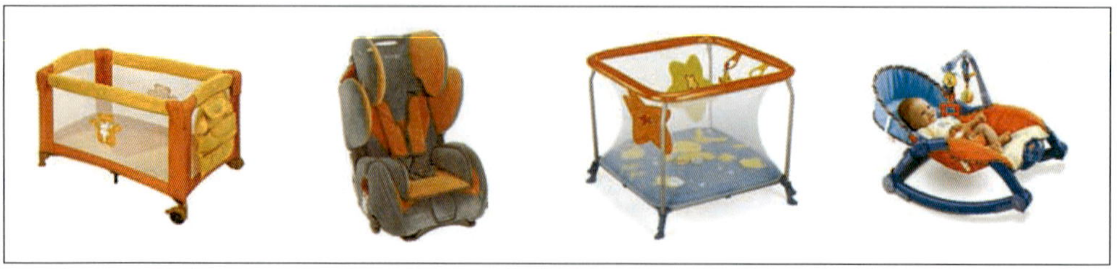

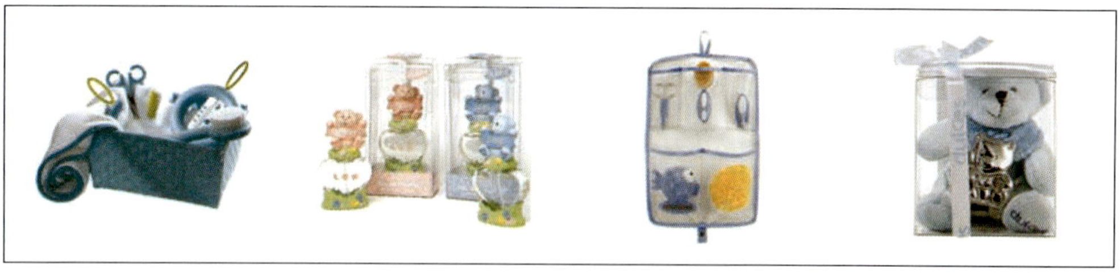

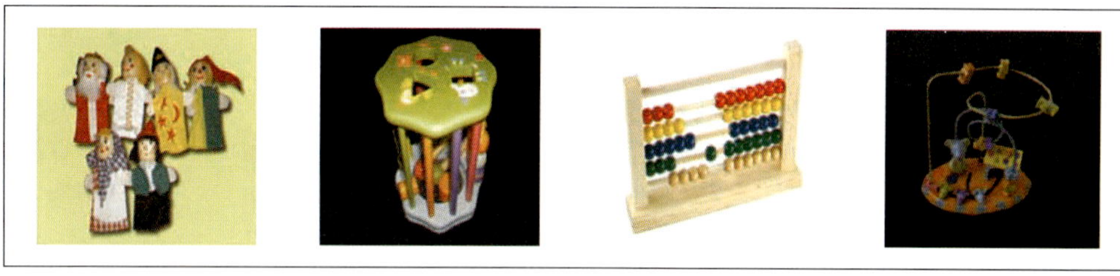

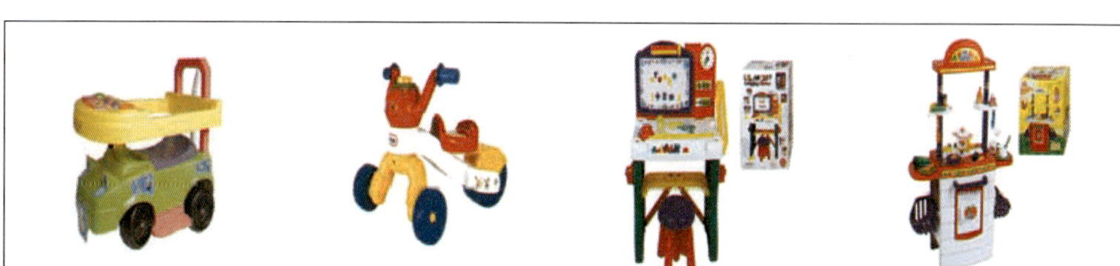

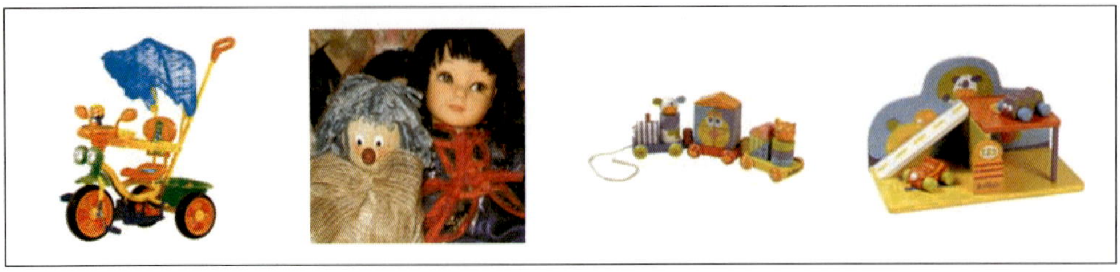

13 FURNITURE

(1) 가구의 기본조건

좋은 가구가 될 수 있는 조건으로는 보통 다음의 7가지 조건을 들고 있으나[1] 7가지 조건 모두를 만족시키는 어렵고 또 서로 양립하기 어려울 수도 있으며 경우에 따라서는 사용 목적에 따라 평가내용도 달라지기도 하나 가능한 요구조건을 잘 살려 고도의 조화를 이루는 것이 좋은 가구라 할 수 있다.

첫째, 기능성을 들 수 있다. 이는 가구 원래의 목적과 용도에 적합한가의 여부에 따른 것으로, 사용의 편리성과 직결되는 조건이다.

둘째, 재료에 관한 것으로, 제품의 용도와 구조 및 기능 향상에 적합한 재료로 만들어져 있는가가 관건이다.

셋째, 구조에 관한 것으로 제품의 구조가 견고하며 재료의 아름다움을 잘 표현하고 있는가의 여부로 판단할 수 있다.

넷째, 제조기술에 관한 것으로 가구 제조 시 재료에 따라 표현기법의 난이도가 차이가 나며 제약 요소도 있기 때문에 가능한 한 만들기 쉬운 방법으로 보기 좋게 만들어져야 한다.

다섯째, 경제성이다. 일반적으로 가구는 대량생산 공정으로 고품질, 저가격은 중요한 조건이며 재조 후 사용 중 유지관리에 잔손이나 별도의 경비 지출이 따르지 않게 하는 것도 중요하다. 즉, 제품은 최소의 경비로 제작되도록 계획하고 동시에 시장에서 적정한 가격이 형성되어야 한다. 따라서 제품의 구조를 합리화하고 거기에 맞는 재료를 선택하며, 인건비나 부자재 등 제작의 과정을 경제화시키는 등 여러 가지 조건을 고려해야 한다.[2]

여섯째, 심미성이다. 가구는 실용적인 도구이면서 동시에 예술적인 아름다움을 실내에 조성하는 미적 도구이므로 형태, 색채 등 재료의 아름다움을 최대한 발휘한 제품이 좋은 가구이다. 아름다움이란 모든 사람에게 공통되는 유쾌한 감정이며, 아름다운 작품은 개

---

1) 이화형. 「韓國家具」, 대한가구공업협동조합연합회, 1993, p.93.
2) 金明錫. 「家具디자인과 人間工學」, 대한가구공업협동조합연합회, 1993, p.174.

인차를 초월한 보편적인 아름다움을 지닌 것이다. 또 아름다움의 기준도 시대나 사회의 변천에 따라 변화되는 것이기 때문에 그 때마다 적응력을 발휘해야 한다.

일곱째, 창조성이다. 가구 디자인에서 독창성은 아주 중요한 요소로 작용하고 있다. 현대사회의 변화와 우리의 생활환경에 적합한 것을 만들어 내는 일은 문화의 발전에 빼놓을 수 없는 조건이다. 이와 같은 독창성에 의해 우리의 생활환경은 진화하고 발전하기 때문에 디자인할 때에는 대단히 중요한 요소 중의 하나이다. 이는 전혀 새로운 것을 만들어 낼 뿐만 아니라 제품의 개량이나 기능성, 또는 심미성을 증가시킬 때에도 필요한 개념이다.[3)]

(2) 가구의 분류

가구란 실내에 배치하여 생활에 사용하는 도구의 총칭을 말하며 일반적으로 의자나 책상같이 움직일 수 있는 것을 말하나 광의로는 붙박이 옷장이나 벽난로같이 건물에 붙어 있는 것도 포함되므로 가구와 건축의 경계가 불확실하다. 영어의 Furniture는 어의상(語義上) '설비(設備)된 용구(用具)'를 뜻하므로 훨씬 넓은 뜻을 포함하고 있으며 최근에는 거리 가구(street furniture)로서 가로등, 우체통, 쓰레기통 등이 포함되어 가구의 영역이 크게 확장되었다.

따라서 가구에 대한 사고방식의 변화로 가구의 새로운 분류는 사람과 물건의 결합에 바탕을 두고 '인체계 가구(人體系 家具)'와 '건축공간계 가구(建築空間系 家具)'로 나누고, 의자나 침대는 오히려 의류에 가까운 성격으로 파악하며, 장이나 농은 건축 조경의 일부처럼 파악한다. 지금까지 일반적인 시장의 상품적인 가구분류는 ① 장 및 농, ② 책상, 테이블, ③ 의자, ④ 소파, ⑤식탁, ⑥ 각종 세트류, ⑦ 화장대 및 문갑, ⑧ 주방용가구, ⑨ 육아용가구, ⑩ 사무용가구, ⑪학교용가구, ⑫ 침대로 나누고 있다.

1) 소재별 분류

가구는 소재가 무엇이냐에 따라 목제가구, 금속제가구로 분류한다. 목제가구는 다시 일반목제가구, 등나무가구, 대나무가구, 플라스틱가구 등으로 구분된다.

기호(嗜好)의 변화로 제작 시 단일 소재가 아니라, 여러 소재를 혼합하여 쓰는 경우 및 소재기술의 발전으로 화학합성물 등 신소재에 의해 제조되는 경우가 점차 늘고 있고 가구의 패션화에 따라 소재 발전도 가속화 되고 있다. 최근에는 자연 친화적 소재로 돌아가는 경향이 있다.

3) 金明錫, 「家具디자인과 人間工學」, 대한가구공업협동조합연합회, 1993, p.174.

〈표〉 선행 연구에서 제시한 가구의 분류[4)]

	강무진(1986)	김진수(1988)	서승운(1991)	양재삼(1999)	김대년외 (2000)
기능	인체계가구 준인체계가구 건축계가구	인체계가구 준인체계가구 건물계가구	인체계가구 준인체계가구 건물계가구	인체계가구 준인체계가구 건축계가구	휴식용가구 작업용가구 수납용가구
용도		가정용가구 사무용가구 공공용가구 병원용가구 학교용가구 서비스영업용가구 공공시설용가구 차량선박용가구 기타	가정용가구 사무용가구 공공용가구 병원용가구 학교용가구 서비스영업용가구 공공시설용가구 차량선박용가구 기타	가정용가구 사무용가구 공공용가구	가정용가구 사무용가구 공공용가구
구조	가동가구 붙박이가구 모듈러가구			가동가구 고정가구 조립식가구	이동식가구 붙박이식가구 조립식가구
재료		목제가구 금속가구 기타가구		목제가구 철재 기타가구	목제가구 철제가구 플라스틱가구
형태			Legged Type Box Type	다리류가구 상자류가구 소품류가구	
생산량				산업체가구 공방가구 일품가구	
효율성 및 편의성	단위가구 조합가구 분해식가구 부분조립식가구				

위 표를 통해 가구의 분류방법을 고찰해 본 결과 가구는 다양한 기준에 의해 구분되고 있다. 가구를 분류하는 관점은 기능, 용도, 구조, 재료, 형태, 생산량, 효율성 및 편의성 등이 있으며, 특히 기능, 용도, 구조, 형태에 의해 분류되는 것이 일반적임을 알 수 있다. 여러 연구에서 나타난 가구의 종류를 종합하면 다음과 같다.

4) 이인세, 「한국 현대 가구의 디자인 특성에 관한 연구」, 2001, p. 9.

〈표〉 가구의 종류

구분	종류	내용
기능	인체계(휴식용)가구	인체와 밀접하게 관계하는 것으로 직접 인체를 지지하는 가구
	준인체계(작업계)가구	간접적으로 인체에 관계하고 인간동작에 보조가 되며 일의 목적에 따라 작업의 능률을 높이기 위한 가구
	건축계(수납용)가구	수납의 크기, 수량 중량 등과 관계하며 벽의 길이, 천정의 높이 등의 공간의 조건에 지배되는 것으로 건축의 일부 성격을 지니는 가구
용도	주거용(가정용)가구	일상 가정생활에 필요한 가구
	사무용가구	사무활동을 하는 데 필요한 가구
	공공용가구	여러 사람이 공동으로 사용하는 가구
	상업용가구	영업을 목적으로 하는 가구
구조	이동식(가동)가구	이동성이 있는 가구
	붙박이식(고정)가구	건축물에 고정시켜지는 붙박이 가구
	조립식(모듈)가구	일정한 모듈을 적용받으며 크기의 증감을 자유로이 할 수 있고 부품 교환이 용이한 가구
재료	목제 가구	목재를 주성분으로 제작한 가구
	철제 가구	철재 등의 금속 재료를 주재료로 제작한 가구
	기타 가구	합성수지 가구, 석제가구, 기타 복합 재질 가구
형태	다리류 가구	의자, 쇼파, 침대 등의 인체지지 가구와 책상, 식탁, 테이블 등의 작업대 가구
	상자류 가구	의류, 식기류, 서적, 소모품 등을 수납정리하는 장롱류와 선반류 등의 가구
	소품류 가구	다양한 생활용구를 정리, 보관하기 위한 소형가구
생산량	산업체 가구	다수의 소비자를 대상으로 대량으로 생산하는 가구
	공방 가구	소수의 소비자를 대상으로 주문 생산하는 가구
	일품 가구	작품 가구로써 특정인 또는 자기 만족을 위한 가구
효율성 및 편의성	단위 가구	디자인, 치수 등이 통일 된 한 세트의 가구
	조합 가구	규격화된 표준치수별로 모듈화된 각 단위요소가 조합되는 가구
	분해식 가구	제품을 쉽게 조립할 수 있도록 분해하여 제작하는 가구
	부분조립식 가구	조립하여 사용하는 가구

(3) 가구 산업의 특징

가구는 자금투입(원자재 구입) 후 완제품화하는 데 소요되는 시간이 장기간이고 아울러 판매되어 자금이 회수되는 기간은 전체 산업 중 최장기간으로서 원자재, 중간제품 등의 재고자산 비중이 높은 업종이다(가구소식, 1992). 즉, 재고자산 회전율이 낮은 업종이다. 이를 자세히 살펴보면, 원목구입에서 완제품이 되기까지는 100여 개 단계의 공정을 거치므로 최소 8개월이 소요된다. 특히 목제가구는 목재의 건조가 상당히 중요한 공정으로 자연건조 시간이 장기간 소요되고 이에 따른 적재장소와 공간이 많이 필요하다. 인건비의 상승 및 구인난과 제품의 고급화 요구에 대응키 위해 자동화 설비 등 고가의 각종 기계 설비를 다량으로 보유해야 하는 등 기계설비 등의 고정자산에 대규모의 자금이 필요한 업종이다. 제품 운반 과정에서도 2단 적재 등을 할 수 없는 제품 특성상으로 상당수의 화물차량을 보유해야 하기 때문에 이에 따른 물류비도 타제품에 비해 상대적으로 많다.

가구 산업은 생산 및 판매, 보관에 넓은 장소를 요하는 업종으로 국내 토지 가격 상승에 따라 토지 및 창고에 대한 투자규모가 전체 자본에서 차지하는 비중이 높다. 특히 장롱 등 모든 가구제품은 공정의 특성상 2층 이상의 적재가 불가능하므로 넓은 작업장 및 보관 창고가 필요하다. 또 제품과 부품의 부피가 크기 때문에 작업 반경이 넓어야 한다. 반제품의 보관·저장 장소도 넓은 공간을 요한다. 아울러 판매장도 기본적인 생산품을 전시하기 위한 공간이 넓어야 하는 특수성이 있다.

(4) FURNITURE의 대 분류

1) Home furniture

- Home modern furniture
- Home relax furniture
- Office furniture

2) Chair의 종류

- Lounge chair
- Office chair
- president chair
- Leisure chair
- Boss chair
- Staff chair

- Executive chair
- school chair
- Cinema chair(=Auditorium chair)
- airport chair
- Revolving chair(=rolling chair)
- Design chair
- Bar chair
- Barstool chair
- Visitor chair
- steel banquet chair
- Dinner Chair
- Restaurant chair
- Hotel chair
- Children chair

3) Wooden furniture
4) outdoor furniture
5) bedroom furniture
6) Living room (=Home living room furniture)
7) Hotel furniture
8) Garden furniture
9) Metal furniture (=steel furniture)
10) Rattan furniture
11) Modern classic furniture
12) Leisure chair relax chair
13) Kitchen system furniture
14) Bathroom furniture
15) Office system furniture
16) DIY furniture

17) Sofa의 종류

- Popular sofa
- leather sofa
- modern sofa
- Fabric sofa
- classic sofa

(5) Commercial Furniture의 분류

1) HOME FURNITURE

① Bathroom Furniture

- Bath Mirrors
- Bathroom Cabinets
- Other Bathroom Furniture
- Bedroom Furniture
- Air Beds & Mattresses
- Armoires & Wardrobes
- Bedroom Sets
- Beds
- Dressers
- Nightstands
- Other Bedroom Furniture
- TV rack
- TV stands
- shoes rack
- Tea table
- book shelf
- shelving tower
- game table
- End table

② Children Furniture

- Dining Room Furniture

- Buffets & Sideboards
- Dining Chairs
- Dining Room Sets
- Dining Tables
- Other Dining Room Furniture

③ Kitchen Furniture

④ Living Room Furniture

- Bookcases, Bookshelves
- Cabinets & Chests
- CD Racks
- Chairs & Recliners
- Chaise Lounge
- Coat Racks
- Coffee Tables
- Living Room Sets
- Shoe Racks & Cabinets
- Sofa & Sofa Beds
- Stools & Ottomans
- TV stands
- Other Living Room Furniture

⑤ Nursery Furniture & Decor

2) Outdoor Furniture

- Beach Chairs
- Garden & Patio Sets
- Garden Tables/Picnic Tables
- Gazebos & Canopies
- Hammocks
- Mailboxes
- Outdoor Umbrellas & Bases
- Patio Benches / Chairs
- Patio Swings

- Other Outdoor Furniture

3) Commercial Furniture

- Bar Furniture
- Hotel Furniture
- Office Furniture
- Computer Desks
- Conference Room Furniture
- Filing & Storage Cabinets
- Lobby /Reception Furniture
- Magazine Racks
- Office Chairs
- Office Desks
- Office Partitions
- Media system furniture (=Media set furniture)
- Drawer cabinet

① Restaurant Furniture

② Theater Furniture

③ Institutional Furniture

④ Hospital Furniture

⑤ Laboratory Furniture

⑥ Library Furniture

⑦ School Furniture

- computer desk
- Drawer cabinet

⑧ Waiting Chairs

⑨ Functional Furniture

⑩ Antique & Reproduction Furniture

⑪ Bamboo, Rattan & Wicker Furniture

⑫ Folding Furniture

⑬ Glass Furniture

⑭ Inflatable Furniture

⑮ Metal Furniture

⑯ Plastic Furniture

⑰ Wood & Panel Furniture

4) Furniture Hardware(=Furniture Accessories)

- Door Catches & Door Closers
- Furniture Bolts
- Furniture Casters
- Furniture Handles & Knobs
- Furniture Hinges
- Furniture Locks
- Slides
- Furniture Parts
- Cabinets Doors
- Chair Mechanisms
- Furniture Frams
- Furniture legs

5) 가구에 사용하는 기계류와 부속(Machinery & Parts)

- Furniture Making Machinery
- Woodworking Machinery
  Saw machinery
  Wood Based Panels machinery
  Woodworking Benches
- Woodworking Machinery Parts

6) 가구에 사용하는 재료(Materials)

- Synthetic Leather
- Timber
- Upholstery fabric
- Woodworking Adhesives

(6) 가구의 Business 상의 특징

- 가구는 전문성을 요한다.
- 가구는 부피를 요하는 제품이다.
- 가구는 유행에 민감하다.
- 가구사업은 공간이 필요한 사업이다.
- 가구는 재료에 따라 사업 영역도 구분이 된다.
- DIY 가구의 사업영역이 커진다.
- 친 환경 가구 개발이 절실하다.
- On line 상의 비즈니스로는 부적합하다.

✤ DIY

The activity of making, repairing or decorating things in the home yourself, instead of paying sb to do it (abbreviation for 'do-it-yourself')

DIY는 전문 업자나 업체에 맡기지 않고 스스로 직접 생활공간을 보다 쾌적하게 만들고 수리하는 개념을 말한다. "디 아이 와이"라고 읽으며 "네 자신이 직접 만들어라"라는 뜻의 Do it yourself의 준말이다.

이 개념은 1945년에 영국에서 시작되어 미국으로 퍼졌다. 전문가의 도움 없이도 자신의 집 안팎을 공사할 수 있게 되어 1950년대에 들어 "do it youself"라는 구문이 일상에 쓰이게 되었다.

최근에 DIY라는 용어는 다양한 기술을 동반한 더 넓은 뜻을 가진다. 이를테면 오늘날 DIY는 국제적인 얼터너티브 록과 하드코어 펑크 음악 씬과 관련되어 있다. 이러한 하부문화에 속한 사람들은 제작자들과 사용자들이 함께 가까이할 수 있는 사회 네트워크를 형성함으로써 제작자와 소비자 사이의 선을 희미하게 만드는 데 열정을 쏟는다.

[DIY 가구관련]

- 씨리디자인쇼파 (http://www.seelee.co.kr)
- 한샘 (http://www.hanssem.com/)
- 까사미아 (http://www.casamia.co.kr/)
- 올리브데코 (http://www.olivedeco.co.kr/)
- 프란시아 (http://www.francia.co.kr/)
- 디자인얀 (http://www.oyan.co.kr/)

- 디자인앤 (http://www.designann.com)
- 리빙트리 (http://www.livingtree.co.kr/)
- 대송가구 (http://www.daesongmall.com/)
- 리빙디자인넷 (http://www.livingdesign.net/)
- 제니아하우스 (http://www.zeniahouse.com/profile/)

[DIY 기타사이트]

- 예쁜 조명이 있는 사이트 데코하우스 (http://www.deco-house.co.kr)
- MY DIY (http://www.my-diy.co.kr/)
- 정크가구 (http://www.junkstyle.co.kr/)
- 상상나무 (http://www.interior911.co.kr/)
- 쉐르보네 (http://www.cherbonheur.com/) 야외 정원 용품 판매, 목재 맞춤 절단 판매
- 브라이덜가이드 (http://www.bridalguide.co.kr/) 다양한 조화 판매
- 조은자리 (http://www.jounjary.co.kr/)
- 로라애슐리 (http://www.laura-ashley.com/)
- 마샤스튜어트 (http://www.marthastewart.com/)
- 쉭새크 (http://chicshack.net/)
- 유로데코 (http://www.eurodecony.com/)
  한인 조각가 최린의 조각 인테리어 소품 사이트
- 맘앤키즈 (http://www.momandkids.co.kr/)
  로라애슐리 침구나 장식접시, 샤워커튼 등 수입대행
- 까사까사 (http://www.casacasa.co.kr/) 해외 주방용품
- 레이디경향 (http://www.khan.co.kr/)
- 리빙센스 (http://livingsense.ismg.co.kr/)
- 여성동아 (http://women.donga.com/)
- 팟찌닷컴 (http://www.patzzi.com/)
- 까사리빙 (http://www.casa.co.kr/home/)
- 행복이가득한 집 (http://www.design.co.kr/)
- 우먼센스 (http://womansense.ismg.co.kr/womansense/index.php)
- 썬마트 (http://www.sunmart.co.kr/)
- 부라더미싱 (http://www.brother-shop.co.kr/)
- 2001아울렛 (www.2001outlet.com)

- 이마트 (www.cyberemart.co.kr/)
- 홈플러스 (www.homeplus.co.kr/)
- 코즈니 (www.kosney.co.kr/)
- 전망좋은방(룸앤데코) (http://www.room-deco.co.kr/)
- 새싹닷컴 (http://saesak.com/식충식물, 허브, 관엽 등에 대한 질문 답변, 판매
- 플랜트플러스 (http://www.plantplus.co.kr/)
- 노니포유 (http://www.noni4u.co.kr/) 직수입 석류, 노니 관련 제품, 건강 제품
- 웹딱 (http://www.webddak.co.kr/) 감각 디자인 소품 선물용품
- 소담(릴렉스비슷한거 공구) (http://sodam.odsoft.co.kr)
- 인하우스 지점 안내 (http://www.innhaus.co.kr/index.html)
- 수예품+소품파는 곳(커픈이뿜) (http://www.decotop.com/)
- 레몬스위티(행가집 쥔장 레오가 만든 쇼핑몰) (http://www.lemonsweety.com/)

✤ FURNITURE 디자인 연구

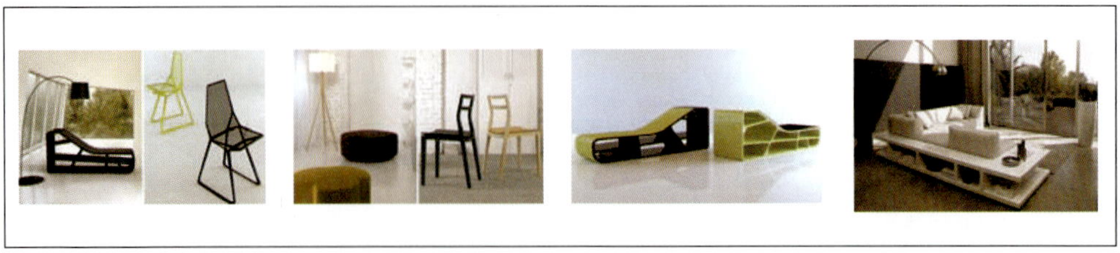

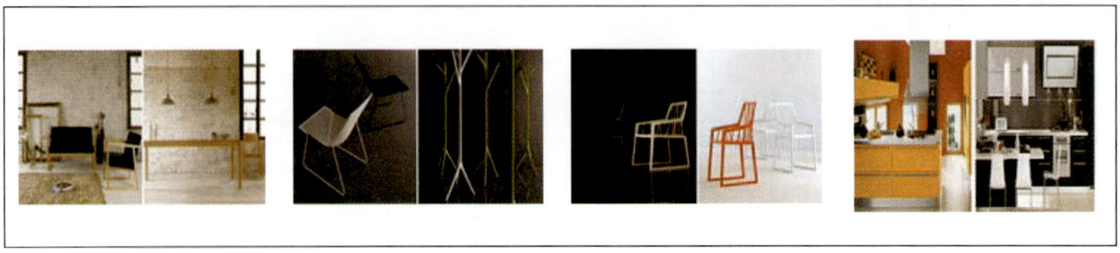

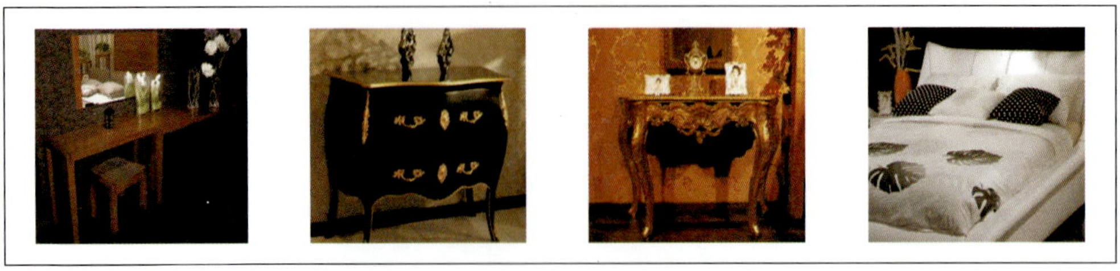

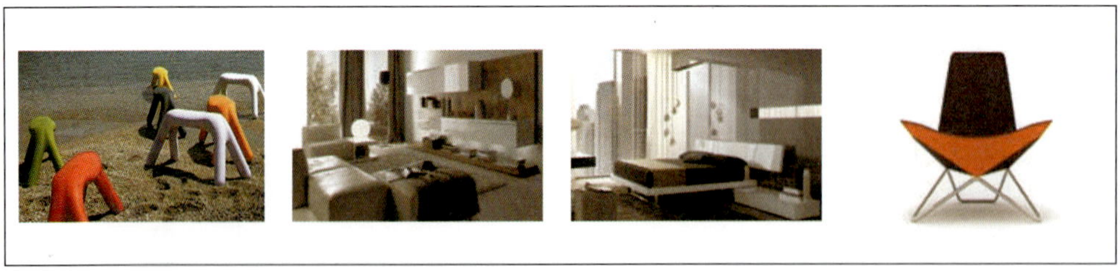

Wallpaper*
DESIGN
AWARDS
2009
Winner

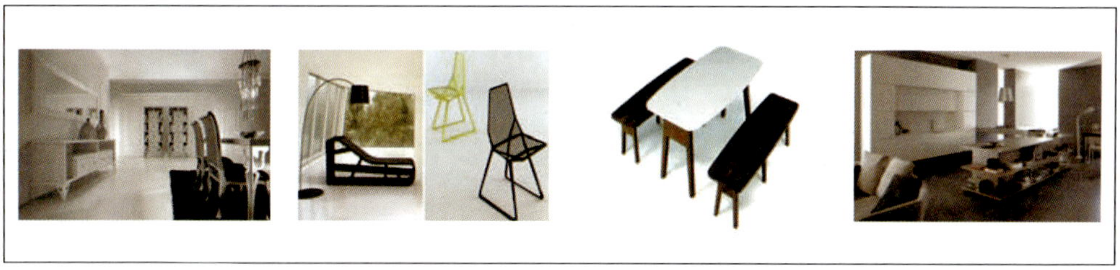

14 SPORTS GOODS

Sports equipment is a general term for any object used for sport or exercise.

(1) 스포츠 용품의 종류

우리는 스포츠 용품을 3가지로 분류한다.

1) 스포츠웨어류

의류, 신발류, 양말류, 모자류, 가방류

2) 운동용구

구기용구, 체조용구, 기록경기용품, 체력단련용품, 투기경기용품, 경기장시설용품

3) 레저용품

낚시용품, 등산 및 캠핑용품, 수렵용품, 수상. 수중놀이용품, 기타 레저용품(골프, 스키 포함)

우리는 다음 장에서 레저용품을 다시 다루기로 하고 여기서는 스포츠 용품만 다루기로 한다.

(2) 스포츠 용품 산업의 특성

스포츠 용품은 대만과의 경쟁 외에 후발 스포츠 용품 생산 국가인 중국의 추격으로 시장에서 경쟁이 더욱 심화되고 있는 상황이며 저가 제품의 경우 브릭스 국가에 밀리고 고가 제품은 선진국 등에 밀리는 샌드위치 상황에 놓여 있으며 국내 생산 업체의 해외 생산으로의 이전과 국내 생산의 공동화로 무척 어려움에 있는 상황 속에서 수많은 세계 유명 브랜드가 국내시장을 독점하고 있다. 그러나 노년 인구의 증가, 주 5일제 근무의 확대, 년 중 휴가제 실시, 생활 스포츠의 일상화, 대중매체에서 건강과 운동 홍보 등으로 스포츠 인구는 날로 증가하고 있다. 또한 스포츠 용품, 스포츠 의류산업은 더욱더 발전 단계에 있고 지속적인 장기 성장이 예견된다.

이러한 산업분야에서 우리가 판매나 마케팅에서 전문화, 특성화, 상품 판매 후 피드백을 잘한다면 얼마든지 성장할 수 있는 상품군의 일부이다.

1) 상품적 특성

스포츠 용품은 대부분 인체와 직접 접촉됨으로써 그 기능을 발휘하는 품목들이므로 인체공학과 밀접한 관련을 갖고 있으며 안전성, 기능성, 목적성이 요구되는 상품이여야 한다.

따라서 소재의 선택과 배합, 디자인 등이 품질 결정의 중요한 요인이 된다.

2) 산업적 특성

스포츠 산업의 특성으로는 대체로 다음 다섯 가지를 지적할 수 있을 것이다.

① 제품의 종류 및 규격이 다양하고 수요가 품목별로 세분화되어 있어 스포츠 의류, 신발류 등 일부 품목을 제외하고는 대부분 공장 규모가 영세하다.

② 제조 공정이 자동화 작업이 어렵고 주로 수작업에 의존도가 높은 관계로 노동 집약적인 산업이다.

③ 수작업으로 인한 인건비 상승으로 공장의 해외 이전이 심화되어 국내기반 시설이 취약하다.

④ 국내시장의 취약으로 디자인과 브랜드가 취약하여 해외 브랜드의 국내시장 공략이 날로 증가하고 있다. 특히 스키, 골프, 고급 캠핑 장비 등은 거의가 수입 일색이다.

⑤ 최근에는 탄력성, 내구성, 정밀성, 경량성이 뛰어난 원부자재의 개발로 수출의 다각화가 이루어지고 있다.

(3) 스포츠 문화의 변화

- 스포츠는 이제 주류문화로 변화(즉 광범위한 대중성 확보)
- 특권층에서 대중화(골프, 스노보더, 스키어 등)
- 남성위주에서 여성참여 증가
- 소극적 참여에서 적극적 참여로
- 전통 스포츠에서 신종(뉴) 스포츠로
- 아마추어에서 프로화(스포츠 상업화)
- 국내무대에서 세계무대로(선수시장)
- 온라인 역할 강화(인터넷 동호회 등)
- 단순 매체에서 다중 매체로(온라인 방송 중계화)

(4) 스포츠 산업체의 경쟁력 강화를 위한 요건

- 운동용품의 기술 경쟁력 강화를 위한 기술 인증 제도 필요
- 신제품 개발을 위한 네트워크 구축
- 용품의 과학적 운동효과 인증지원
- 스포츠 용품의 공동 브랜드화
- 스포츠 용품의 디자인 경쟁력 강화
- 박람회 개최 및 해외 파견사업의 효율화
- 스포츠 생산 공장의 정부지원과 기술지원
- 스포츠 산업 R&D 집중
- 실버세대를 위한 운동용품 개발
- 스포츠의 생활화 장려

(5) 스포츠 종목의 연구

1) Sports ball

- pvc ball, rubber ball, toy ball, inflatable ball
- soccer ball(=football) – pvc, pu, cow leather
- machine-sewn, hand-sewn, *butyl bladder, pump & needle
- basketball
- baseball, bat, gloves
- volleyball
- rugby ball(=American football)

2) Badminton

- rackets & shaft(fram : graphite, steel, aluminium)
- shuttlecocks(goose feather, nylon, plastic)

3) Table tennis

- rackets(table tennis bat)
- ball(weight : 2.67–2.77g)
- table(=ping pang table)
- net(1.83×0.152m), material-synthetic pe & nylon
- score board

4) Boxing–gloves, shoes

- punching ball
- boxing ring(7×7×1m)
- accessories(headgear, focus pad, speed ball, gum shield, boxing target, boxing stand, kick mitt, hand mitt, boxing protect cup etc.

5) Tennis–Tennis racket(graphite 685–688mm, 300–320g), pu.gripe, full cover

- ball(material–nature rubber & felt)
- tennis string
- Squash racket
- Paddle racket

6) Swimming–goggles
(polycarbonate/anti–fog/100% uv protection/shatter resistant)

- surfing scuba diving(fin flippers, mask, snorkel)
- cap(silicone, lycra, 100% latex)
- nose clips & ear plug
- swimming gloves(=hand paddle)
- waterproof swimming cap

7) Taekwondo

- gloves
- uniforms
- shoes
- mat
- protectors(arm, chest, hand, headgear)
- mitts
- belts

8) Fishing

- Fishing chair
- Fishing suits
- Fishing gloves

- Fishing tools(−pliers)
- Foldable pail(=folding pail)
- Fishing net
- Fishing tackle
- Fishing tent
- Fishing tackle box
- Fishing reel(−trolling reels)
- Fishing rods
- Fishing knife
- Fishing hooks
- Fishing scale
- Fishing floats
- spinners & spoons
- fishing lures

9) Bicycles

- bike gloves
- helmet
- shoes
- electric bike
- gas scooter
- folding bike
- gasoline bike
- racing bike
- mountain bike(=MTB)
- mini bike
- children's bike
- bike spare parts
- tricycle
- motorcycles
- tandem bicycles
- bikewear

- water bottle
- sunglass
- waterbag(=camel bag)
- bike bags

10) Golf

- golf cart(=kart)
- electric golf trolley(=aluminium electric golf trolley, electric golf caddy)
- golf pull carts
- golf shoes
- golf ball(range ball, single piece, 80% compression, professional ball)
- glof towel
- golf bags(=plastic case)
- golf divot
- golf tee(wood, plastic, steel)
- golf gloves
- golf gift set
- golf tool set(=golf club, golf shaft)
  = iron golf club, golf driver(=driver head), golf wood(−golf wooden club), golf wedges, golf putter, golf head(titanium, graphite), child golf club, send club
- golf umbrella
- golf mark
- neoprene golf head cover
- golf practice tent
- golf caps
- golf net

11) Sport Fitness & Body Building

- fitness machine
- fitness equipment
- sport support

- fitness belts
- Indoor(=outdoor) sport fitness equipment
- Fitness massager
- exercise equipment
- outdoor(=indoor) gym equipment
- park equipment
- magnetic exercise bike
- fitness apparatus
- tweaking waist stepper
- exercise bike
- exercise bench(weight bench)
- stepper
- DC motorized treadmill
- dumbbell
- home gym
- seated chest press
- leg exercise
- leg press
- cross trainer

(6) 무역상에서의 상품군 연구

- Amusement Park
- Camping
- Entertainment Projects
- Fishing
- Gambling
- Games
  - Chess Games
  - Coin Operated Games
  - Dartboards
  - Soccer Tables
- Go Karts

- Hunting & Game Equipment
- Musical Instrument
- Scooters
  - Electric Scooters
  - Gas Scooters
  - Kick Scooters, Foot Scooters
  - Scooter Parts & Accessories
- Sport Product Agents
- Sport Products
  - Badminton
  - baseball
  - Basketball & Volleyball
  - Billiards
  - Bowling
  - Boxing
  - Bicycle
  - Bungee
  - Car Racing
  - Cheerleading
  - Diving
  - Fencing & Shooting
  - Fitness & Body Building
  - Football & Soccer
  - Golf
  - Horse Racing
  - Martial Arts
  - Racing Boat
  - Skiing & Skating(Skate Board, Skiing)
  - Souvenirs
  - Sport Club
  - Sport Product Agents
  - Sports Eyewear
  - Sports Gloves
- Baseball Gloves

- Boxing Gloves
- Diving Gloves
- Racing Gloves
- Riding Gloves
- Ski Gloves

– Sports Safety

– Swimming

– Table Tennis

– Tennis

– Weight Lifting

– Gymnastics

– Rowing Boat

– Telescope & Binoculars

– Movie

– Travel Products

– Sportswear

- American Football Wear
- Baseball & Softball Wear
- Basketball Wear
- Camping & Hiking Wear
- Cycling Wear
- Fishing Wear
- Fitness & Yoga Wear
- Ice Hockey Wear
- Martial Arts Wear
- Motorcycle & Auto Racing Wear
- Rash Guard
- Rugby Football Wear
- Ski & Snow Wear
- Soccer Wear
- Swimwear & Beachwear
- Tennis Wear
- Training & Jogging Wear
- Wetsuits

✤ SPORTS GOODS 디자인 연구

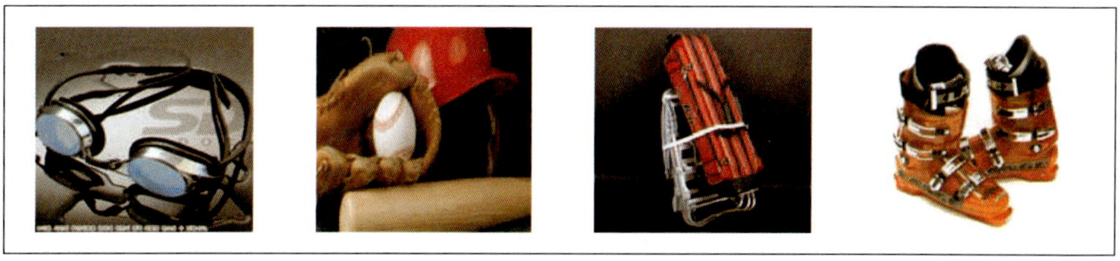

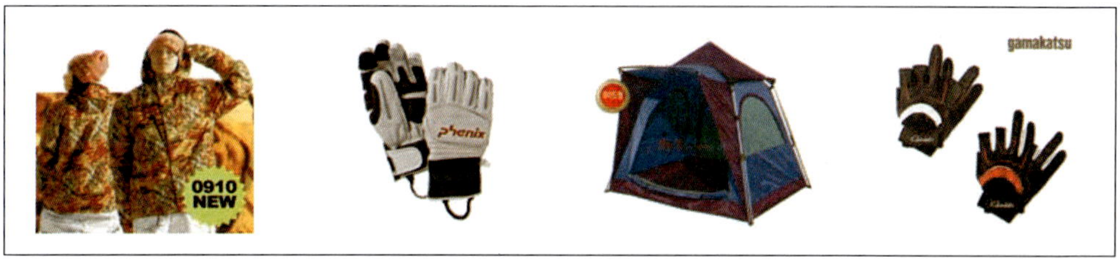

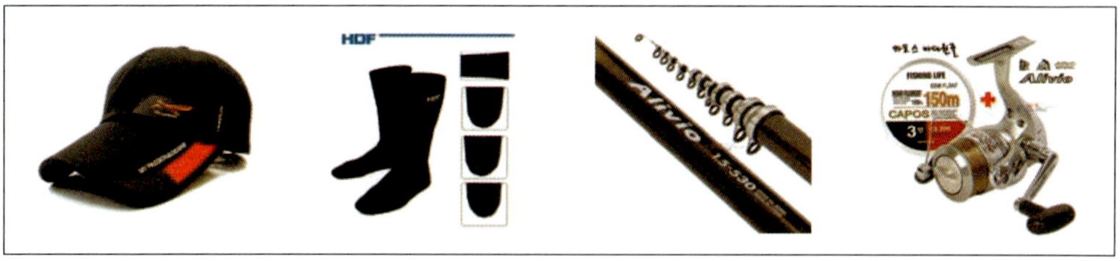

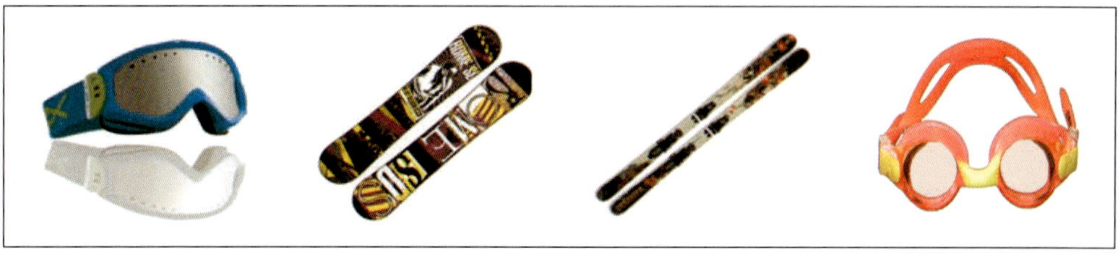

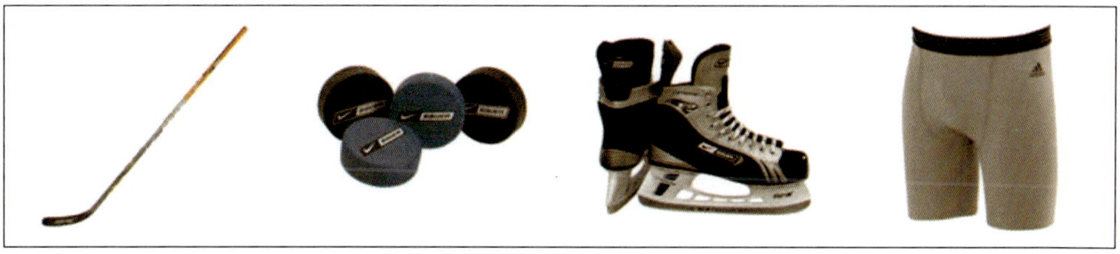

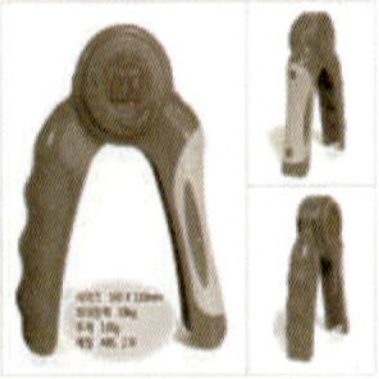

3.6cm 바둑/장기판+바둑알+장기알

Rosi Helmet [Red]

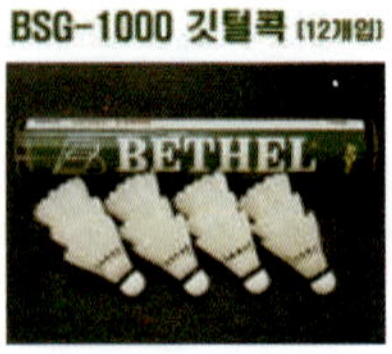
BSG-1000 깃털콕 (12개입)
BETHEL

사은품 증정
Milkyway
10B

BUMP FISH!

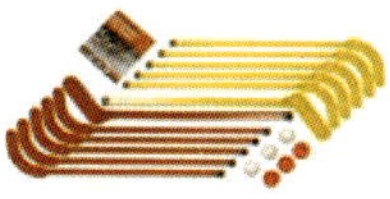

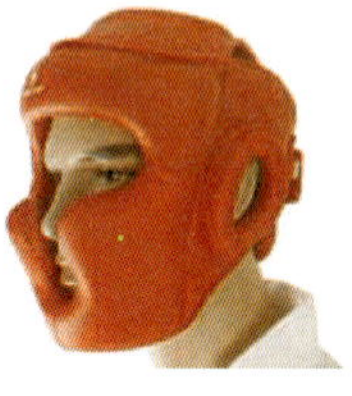
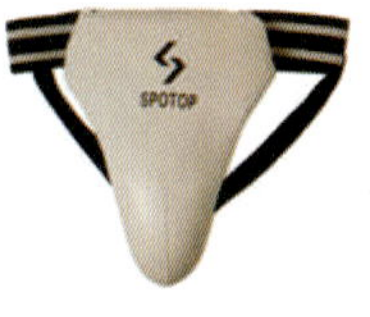
SPOTOP

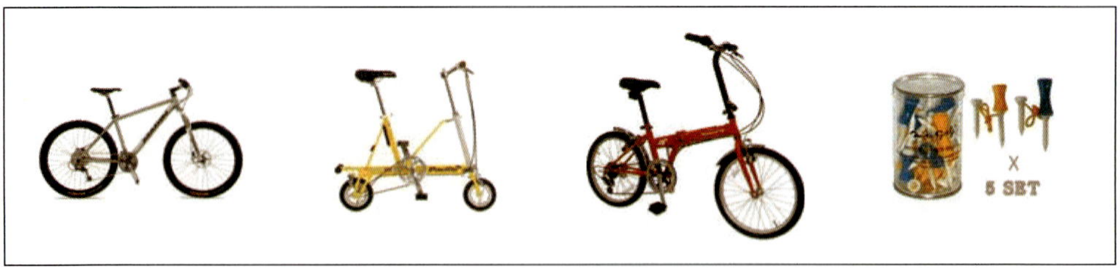
X
5 SET

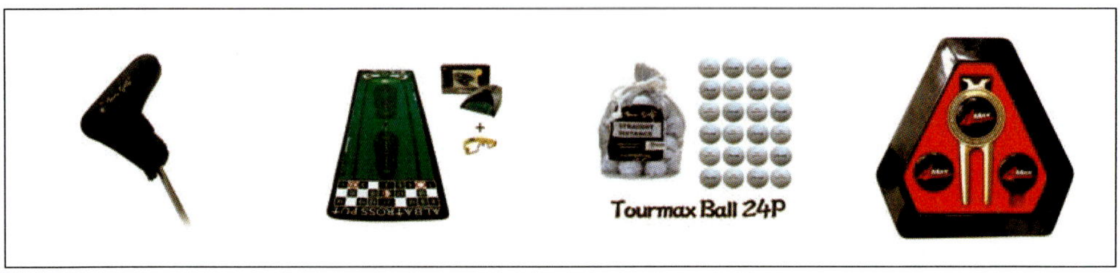
Tourmax Ball 24P

Promax

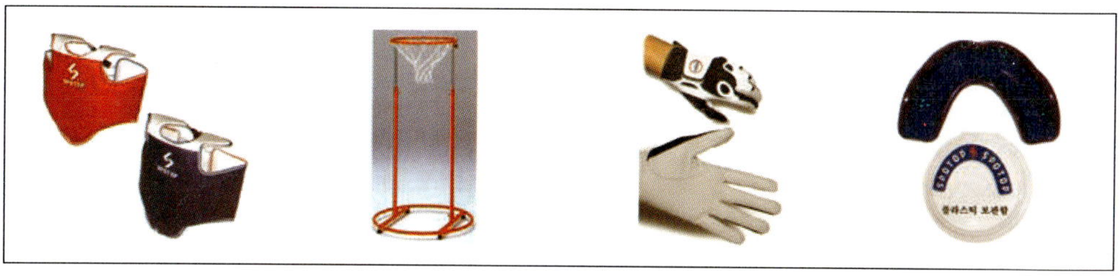

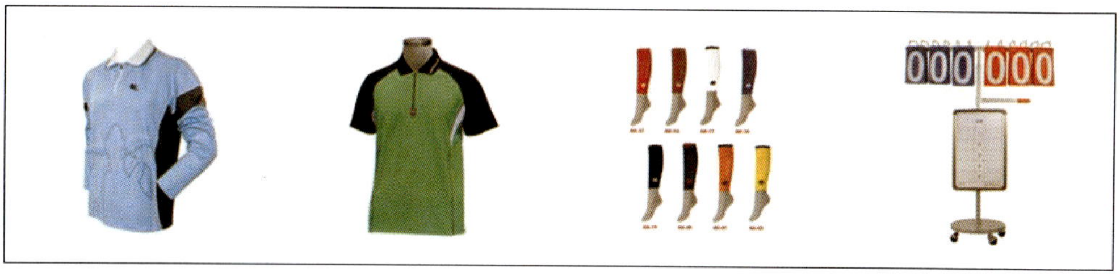

star

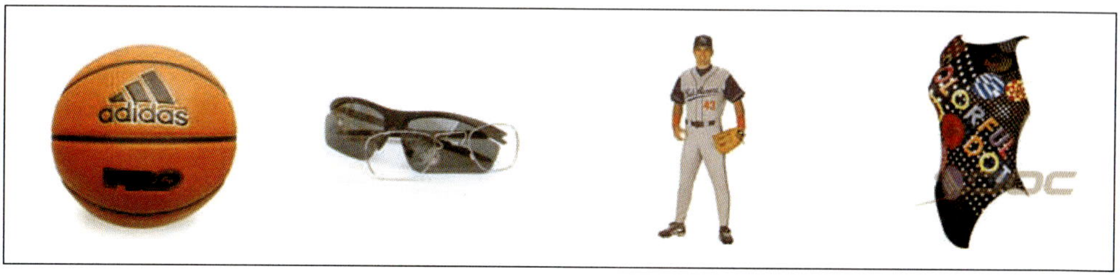
adidas

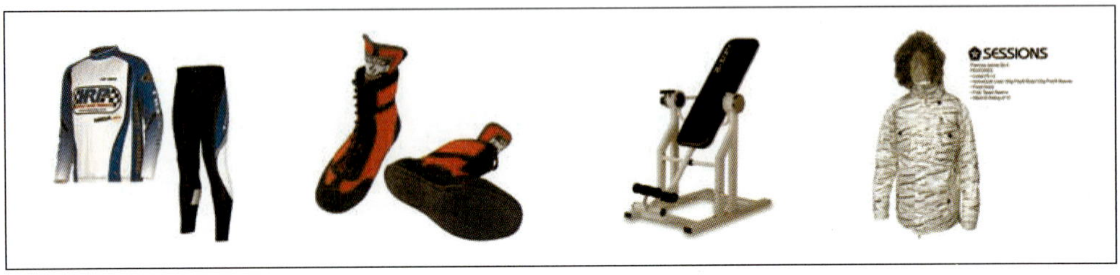
SESSIONS

15 HEADGEAR

✤ HEADGEAR 디자인 연구

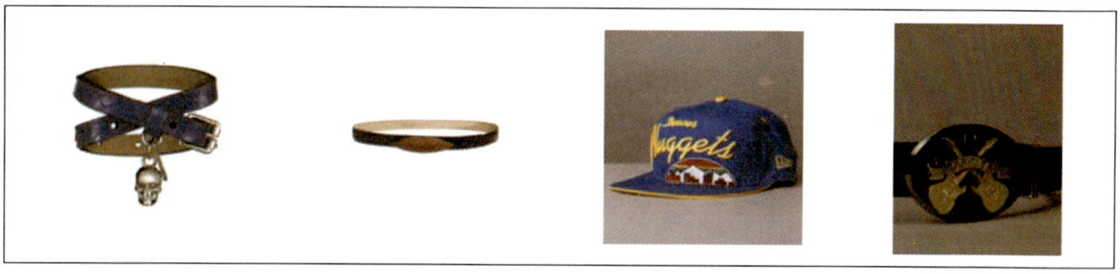

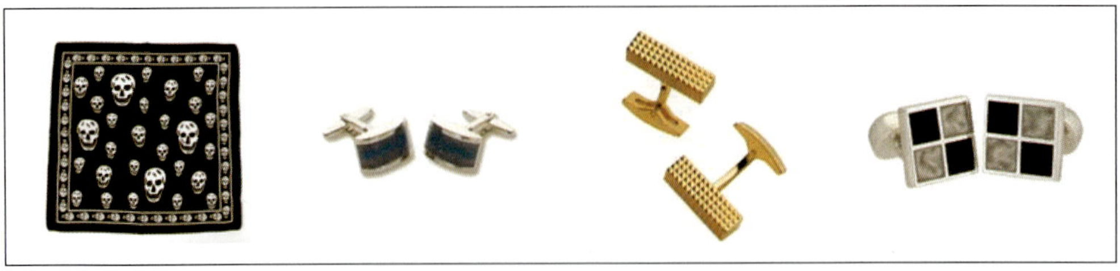

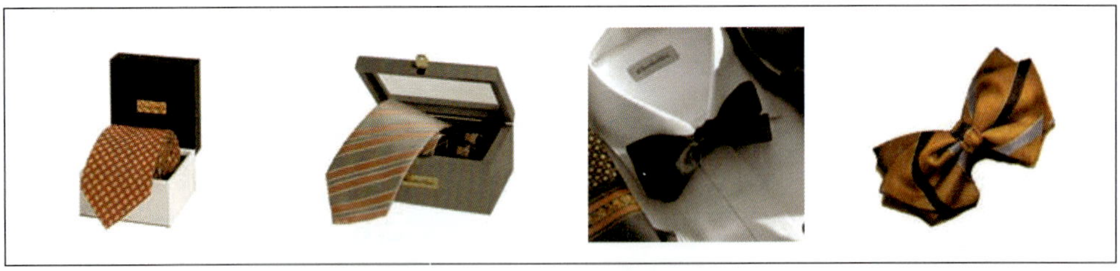

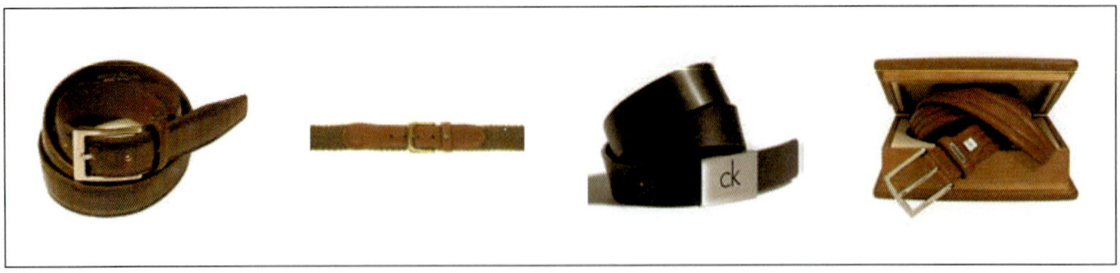

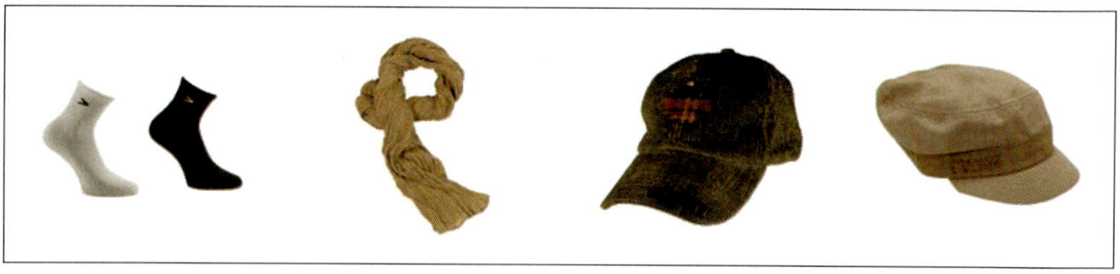

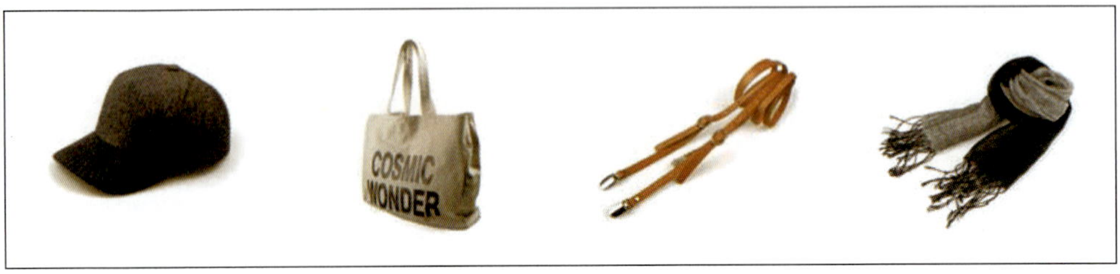
COSMIC
WONDER

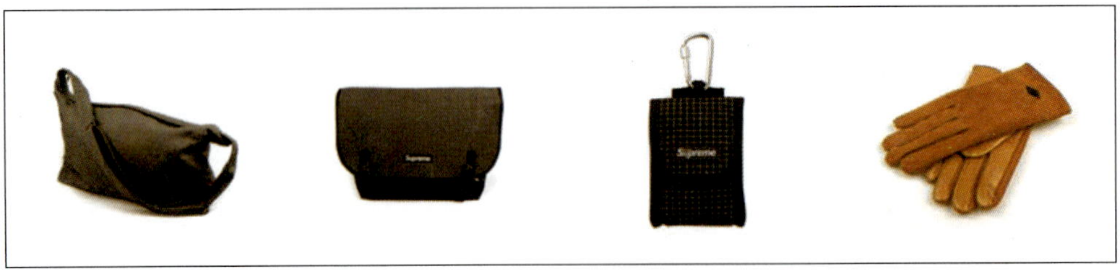

16 JEWELRY, CLOCKS & SUNGLASSES

✤ Timepieces, Jewelry, Eyewear

(1) Jewelry

- Beads
- Cleaners & Polish
- Costume & Fashion Jewelry Acrylic Jewelry
- Copper Alloy Jewelry
- Plastic Jewelry
- Stainless Steel Jewelry
- Titanium Jewelry
- Tungsten Jewelry
- Wood Jewelry
- Zinc Alloy Jewelry
- Fine Jewelry Gold Jewelry
- Palladium Jewelry
- Pearl Jewelry
- Platinum Jewelry
- Rhodium Jewelry
- Silver Jewelry
- Gemstones
- Jewelry Boxes
- Jewelry Findings & Components
- Jewelry Packaging & Display
- Jewelry Settings
- Jewelry Tools & Equipments

- Loose Diamonds
- Workbenches

✤ Jewelry 분류

- Costume & Fashion Jewelry
- Acrylic Jewelry, Copper Alloy Jewelry
- Plastic Jewelry, Stainless Steel Jewelry
- Titanium Jewelry, Tungsten Jewelry
- Wood Jewelry, Zinc Alloy Jewelry
- Fine Jewelry
- Silver Jewelry, Gold Jewelry
- Platinum Jewelry, Rhodium Jewelry
- Palladium Jewelry
- Gemstones(보석)
- Pearl, Agate, Amethyst(자수정), Sapphire
- Coral(산호), Ruby(루비), Turquoise, Quartz(수정),
- Jade(옥), Emerald, Zircon, Garnet

(2) Watches

시계는 우리 상품군중에서 광범위하게 사용되는 아이템으로 늘 수건과 같은 존재이다. 즉 어느 행사에서도 무료로 주면 불평 없이 받아서 감사하는 제품이 수건인 것과 같이 시계 또한 다양한 분야의 상품군에서 사용된다. 요즈음에 promotion 분야에서 가장 많이 사용하지만 giftware 상품군에서도 다양한 디자인과 상품 마케팅으로 사용되고 있으며 최근에는 home decoration 쪽에서도 다양한 시계를 많이 사용한다.

그럼 시계의 대분류는 다음과 같다.

- wall clock
- wrist watch
- table clock(=desk top clock)
- decoration clock
- sports watch
- fashion watch

- LCD clock

우리는 재료에 따라 다양한 이름을 붙이는데 즉 목재로 만든 시계는 wooden을 붙여 사용하면 된다. 즉 wooden wall clock, wooden gift clock 등과 같이 하고 plastic 재료로 만든 시계는 plastic wall clock으로 하면 되고 plastic table clock 또는 plastic bird sound clock, plastic alarm clock 으로 사용한다.

1) Clocks

- Metal Wall Clock
- Wooden Wall Clocks
- Plastic Wall Clock
- Bell Alarm Clocks
- Twin Alarm Clock
- Robot Alarm Clock
- Metal Alarm Clock
- Table Alarm Clocks
- OIL PAINTING CLOCK
- Antique Style Clocks
- Clock Parts & Accessories
- Desk & Table Clocks
- Digital & Analog-Digital Clocks
- Floor Clocks
- Hourglasses
- Mechanical Clocks
- Other Clocks
- Specialty Clocks
- Wall Clocks

2) Wrist watches

- Men's Sport Watches
- Women's Sports Watches
- Men's Designer Watches
- Women's Designer Watches

- Men's Automatic Watches
- Women's Automatic Watches
- Men's Chronograph Watches
- Women's Chronograph Watches
- Men's Luxury Watches
- Women's Luxury Watches

3) Men's Brand Names

- Men's Blvgari Watches
- Men's Calvin Klein Watches
- Men's Cartier Watches
- Men's Casio Watches
- Men's Chase Durer Watches
- Men's Citizen Watches
- Men's Concorde Watches
- Men's Diesel Watches
- Men's DKNY Watches
- Men's ESQ Watches
- Men's Fossil Watches
- Men's Gucci Watches
- Men's Guess Watches
- Men's Hamilton Watches
- Men's Invicta Watches
- Men's Kenneth Cole Watches
- Men's Locman Watches
- Men's Longines Watches
- Men's Luminox Watches

(3) Eyewear

상품학의 대분류는 다음과 같다.

- sunglasses

- reading glasses
- sports glasses
- safety glasses

✤ **sports glasses : ski goggles, swimming goggles**

- Contact Lenses
- Eyeglasses Frames
- Eyeglasses Lenses
- Eyeglasses Parts
- Eyewear Accessories
- Contact Lens Cases
- Eyeglasses Care Products
- Other Eyewear Accessories
- Eyeglasses Cases & Bags
- Eyewear Agents
- Eyewear Displays
- Reading Glasses
- Sports Eyewear
- Sunglasses

✤ JEWELRY, CLOCKS & SUNGLASSES 디자인 연구

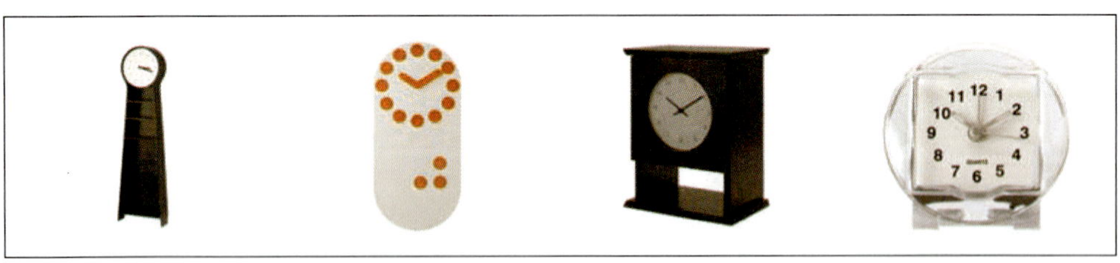

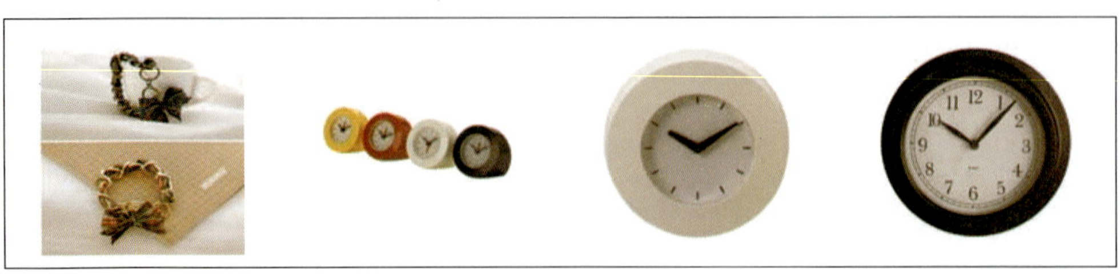

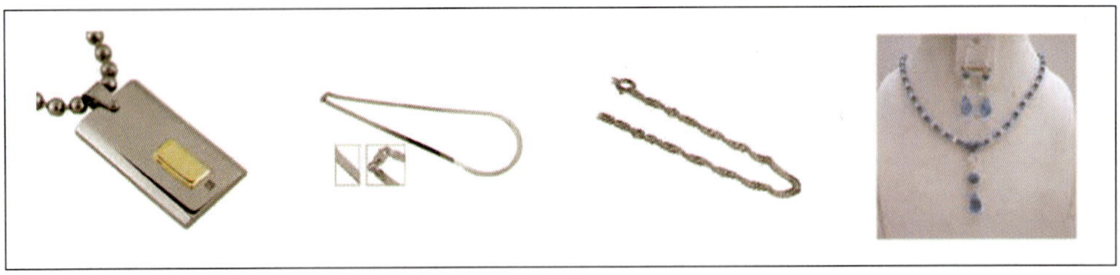

LEO

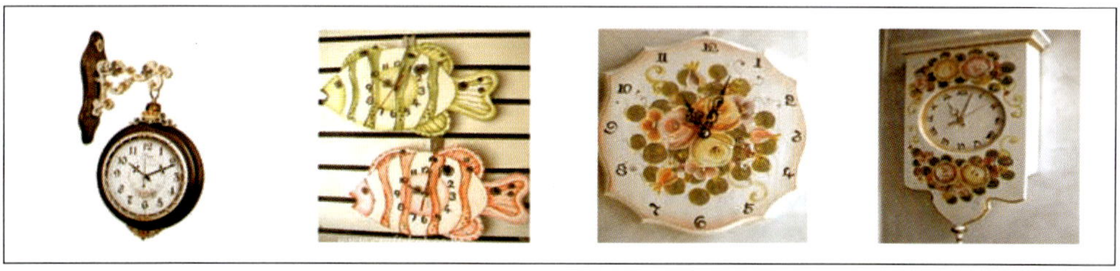

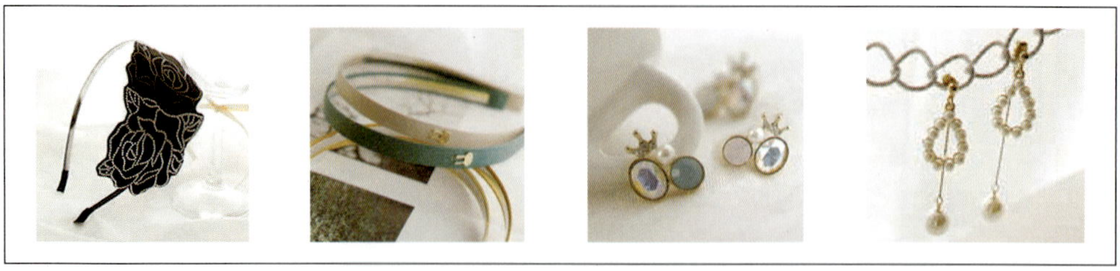

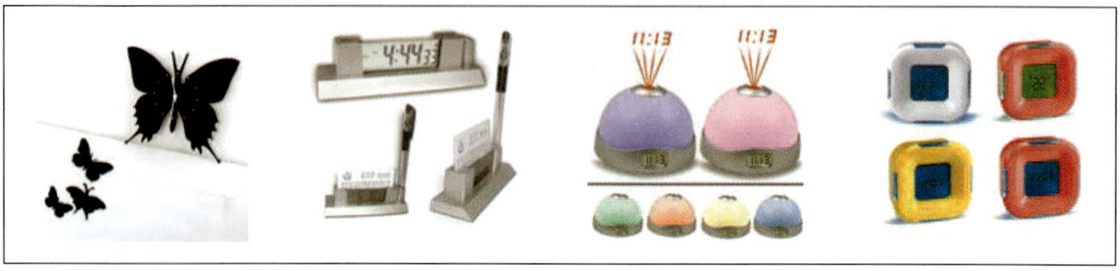

D&G
D&G

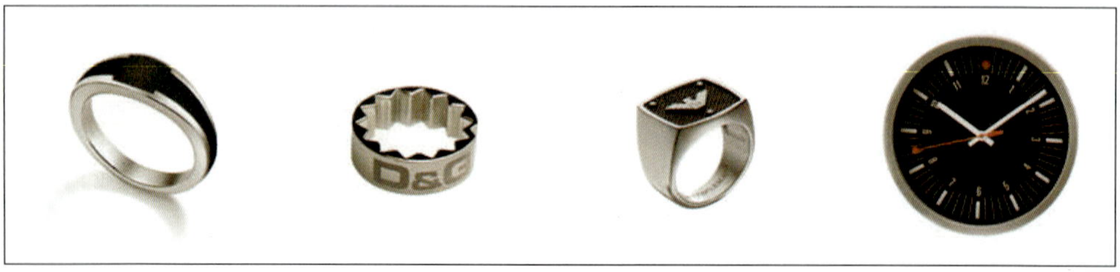
D&G

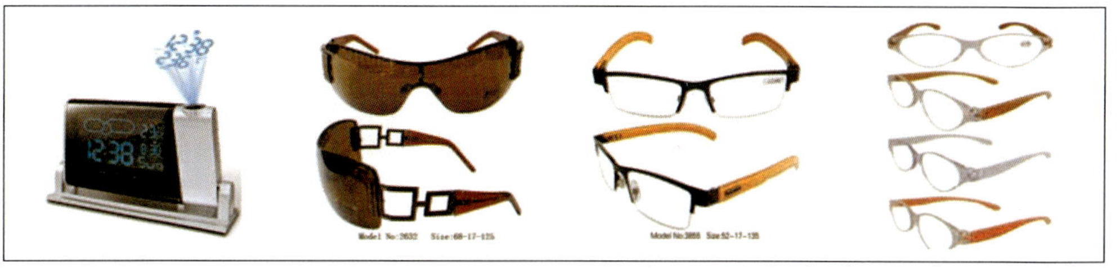

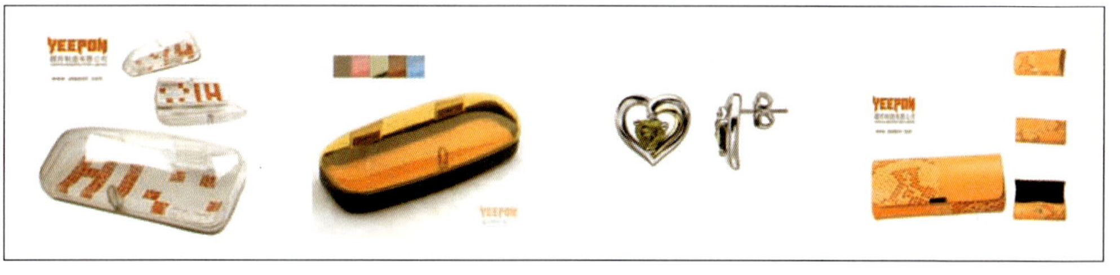

Use our Microfiber Cleaning Cloth !

D&G

YEEPON

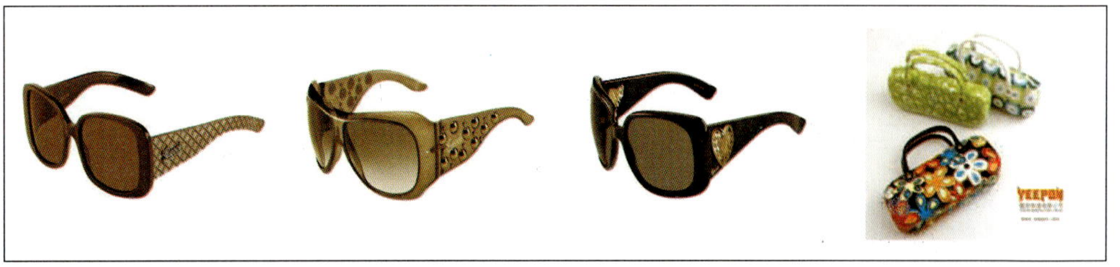

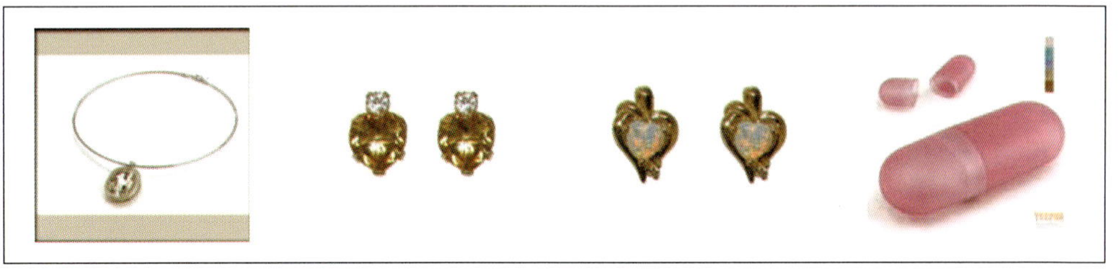

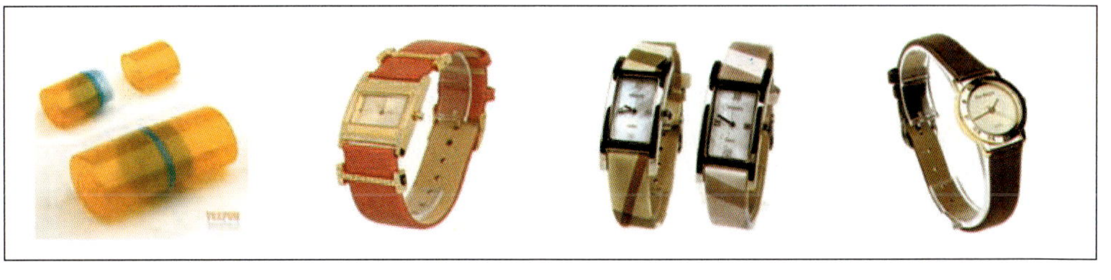

17 PET

- Pet collars
- dog bed
- pet cloths
- vinyl toys with squeakers
- pet house
- portable pet house
- pet scratch trees
- pet brush
- dog leash
- automatic leash
- pet dryer
- automatic pet feeder
- pet geogrid
- dog chew(=dog gum)
- cat toy
- plush toy
- rubber toy
- catnip toy
- catnip toy
- cat scoops
- pet comb
- pet gloves
- pet bowl

✤ PET 디자인 연구

Karlie
Cat Litter

Pet Drink

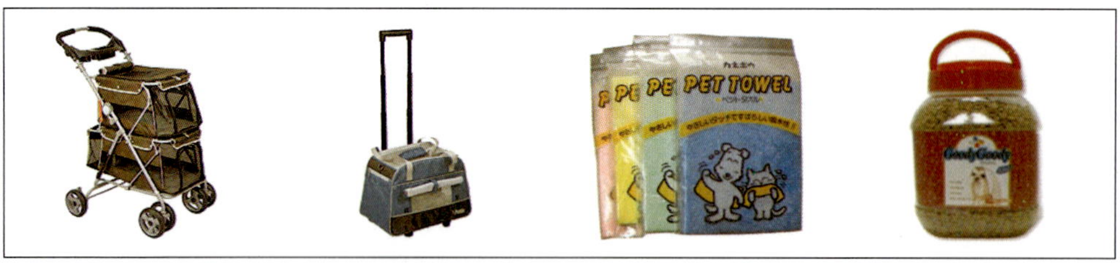
PET TOWEL

Arias

Clean up

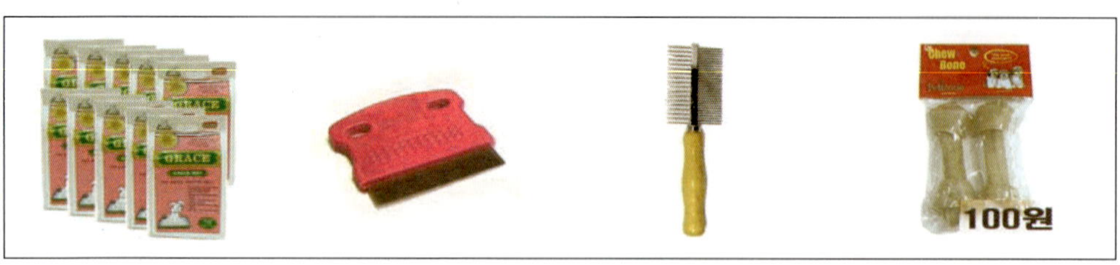
GRACE
Chew Bone
100원

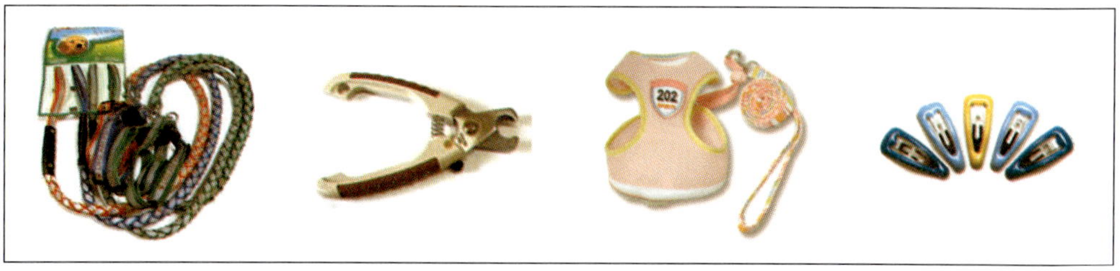

Dental

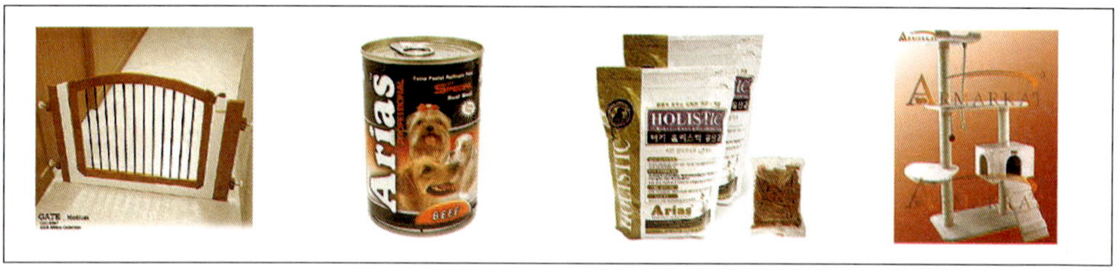
Arias
HOLISTIC

AVODERM

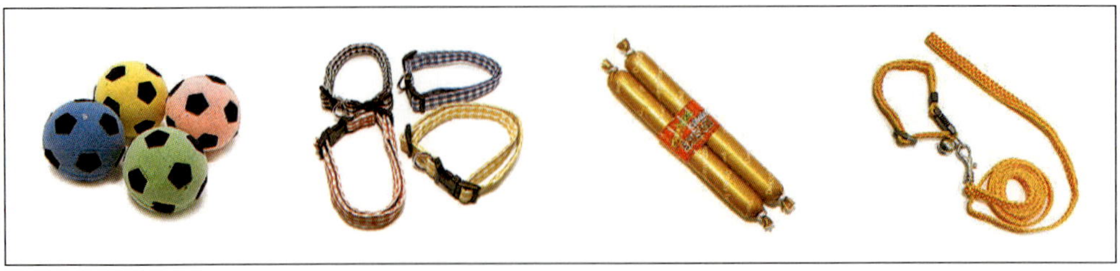

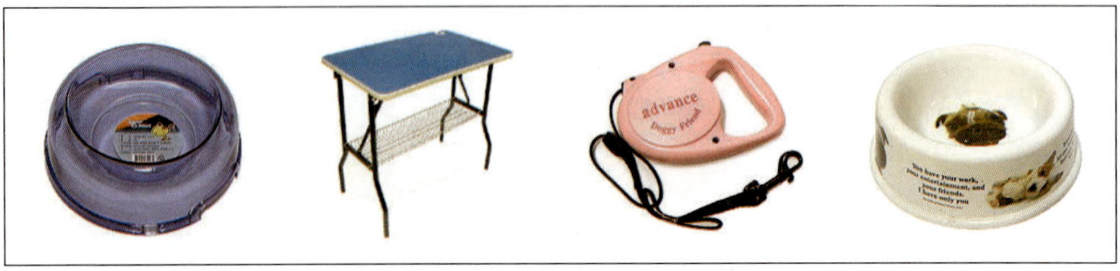
advance

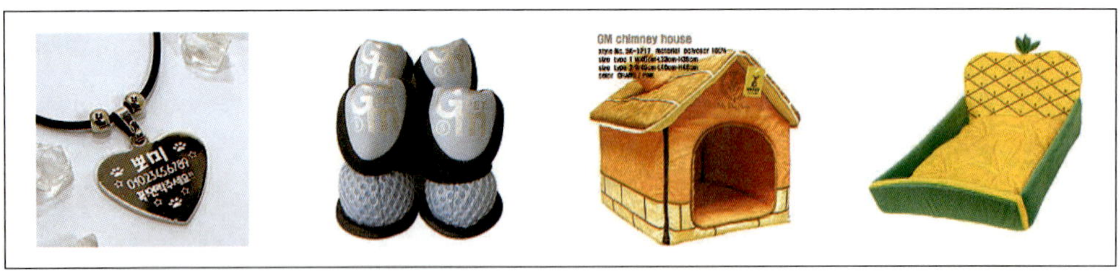
뽀미
GM chimney house

Wal

夢の猫砂

PET
SOCKS

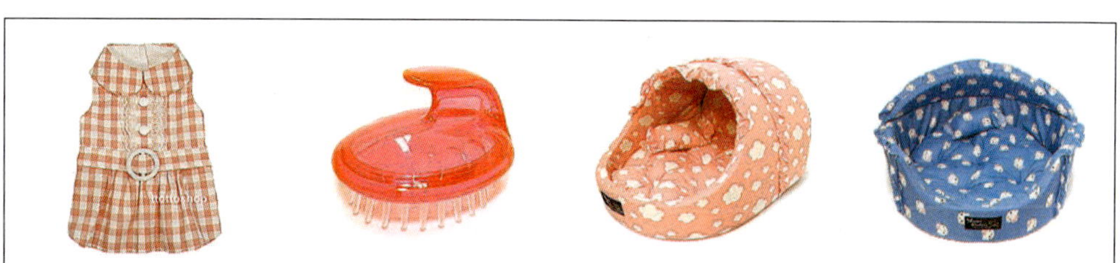

18 IDEA GOODS

✤ 아이디어 개발을 위한 6가지 방법으로 가는 연구

(1) What

"What"에서는 아이디어의 테마와 내용을 20자 내외로 정리하는 일부터 시작한다.
내용 안에는 테마가 되는 키워드(key word)나 헤드 카피(head copy) 등이 반드시 들어가야 한다.
아이디어의 테마는 아이디어의 기본적인 핵심이므로, "간단히 말해-- 아이디어입니다"라고 말할 수 있어야 한다.
아이디어는 기본적으로 '지금까지와는 다른 것'이어야 하므로 그 테마를 정하는 것은 기획 과정 중에서 가장 어렵고 까다로운 단계일 것이다. 다른 데에서는 찾아 볼 수 없고 아직 발표되지 않은 아이디어, 그런 아이디어를 '오리지낼리티(originality)'라고 하는데 자신만의 오리지널 아이디어를 내는 데에는 나름대로의 비결이 있다.
그것은 '만약 -- 이라면' 하는 전제를 생각하면서 일을 진행시키는 것이다.
환경이나 차원, 시점 등의 조건을 설정할 때 우리가 알고 있는 상식에서 벗어나 다른 시각으로 사물을 보는 것은 오리지널 아이디어를 만드는 데 매우 효과적이다.
다른 차원에서 사물을 생각하는 것을 첫 단계에서 '아웃사이더(outsider)'의 관점으로 설명한 바 있다. 우리가 자신의 허물보다는 남의 약점을 더욱 잘 가려낼 수 있는 것처럼, 모든 사물을 제삼자의 입장에서 생각하도록 훈련하는 것이 좋다.
또한 스스로 새로운 체험을 하려고 노력하고, 남들이 아직 가지고 있지 않은 데이터를 많이 확보해 놓는 것만이 오리지널 아이디어의 발생력을 높이는 방법이다. 아이디어가 풍부해지는 데에는 무엇이 중요한가를 직접 몸으로 체험하는 것만큼 좋은 방법이 없는 것이다.
평상시에 다른 사람의 입장에서 사물을 보는 연습을 한다. 기획자로서만 보는 시점이 아니라 현장에 있는 다른 사람, 그 상품을 만든 사람이나 실제로 상품을 판매할 사람의 시점에서 '어떻게 될 것인가'를 생각해 보도록 한다.

꿈속에서 그려보는 세계도 매우 중요한데 이러한 제2의 의식세계는 무엇보다 '이미지네이션(imagenation)'을 이끌어 내는 것이 포인트이다. 그러면 점차 이미지를 만들어 가는 능력을 높일 수 있다.

뛰어난 기획자라면 이러한 직업을 여러 입장이나 시점, 차원에서 생각하는 능력을 가지고 있다. 다양한 시점으로 사물을 본다는 것은 그 만큼 기획의 관찰력과 식견을 높여주는 열쇠가 되는 것이다.
또한 다양한 삶의 체험도 중요하며 또 수많은 다양한 부류의 독서를 통해서도 자기의 보는 혜안이 더욱더 커진다. 더불어 수많은 나라의 문화나 경제 체험을 바탕을 이룬다면 더욱더 멋진 아이디어를 기획하고 발전시킬 수 있다.
여기에서는 다른 곳에서 찾아볼 수 없는 오리지낼리티를 표현해야만 한다는 것이다.

(2) WHO

즉 '타깃'의 설정이다. 즉 이 상품을 살 고객층은 어떤 사람들인가를 확실히 파악하는 일에 대하여 집중적으로 조명하고 연구한다.
먼저 시장에는 세 가지 소비자의 세대를 구성하고 있다.
첫째는 신세대를 타깃으로 한 '차세대 시장'의 성격이다. 신세대는 각자 전혀 다른 시절과 전혀 다른 가치관을 가지고 있다는 사실을 기본적으로 인식해야 한다. 그리고 그들은 시간과 공간, 그리고 정보에 대하여 매우 높은 비중을 두고 있기 때문에 생활 감각이나 라이프 스타일에 대해 기성 세대와는 전혀 다른 감성을 지니고 있다.
예를 들면)
- 영어에 대한 콤플렉스가 없다.
- 새로운 것을 쉽게 받아 들인다.
- 낯선 환경에서도 잘 적응한다.
- 정보를 선택하는 능력이 탁월하다.
- 생활 패턴도 매우 다양하게 세분화되어 있어서 각각의 연관성이 매우 적은 편이다.
- 놀러 다니는 친구와 학교 친구가 확실히 구분되어 있는 것이 보통이다.
  이러한 두 가지 부류의 상호적인 인간관계도 거의 없는 편이다.
- '자신들의 세계에 틀어박혀 나오지 않는다'는 말이 있는 것처럼 그들은 각각 다른 자신만의 방을 10개쯤 가지고 있다.
  자신만의 공간 안에서 개인적인 캐릭터와 라이프 스타일을 구성하고 있는 것이다.

둘째는 중간세대이다. 전후 미국의 문화를 받아들이면서 기존 문화의 기초를 형성했던 그들은, 다소 억압된 교육 환경과 직업 환경 속에서 자라났기 때문에 개인적인 시간이나 새로운 것에 도전하는 경험을 그다지 갖지 못했다고 말할 수 있다. 어느 정도 교육의 의무를 다했고 자녀들이 사회인으로 자랐을 정도가 되면 그들은 다시 한 번 자유로운 환경을 소유하게 된다. 새로운 취미를 갖는다거나 사회에 대한 새로운 시각을 지니게 되면서 그들은 중간세대인 자신을 변화시키는 일에 몰두하게 된다.

셋째는 마지막으로 중간세대의 부모와 십대의 자녀로 이루어진 가족이 가지는 공통적인 가치관도 무시할 수 없다.
신세대들은 대부분 부모님이 준 용돈으로 소비생활을 하고 있고, 어떤 경우에는 부모가 자녀에게 어느 상품을 사도록 제안하는 등의 적극적인 사례도 있기 때문이다.
또한 정보에 강한 신세대들은 어느 상품이 얼마나 인기가 있으며 어떤 가치를 지니고 있는가를 잘 알고 있기 때문에 부모의 권유와 자신의 기호를 적절히 배합하여 상품을 결정하게 된다. 바로 이러한 점들이 자동차를 만들거나 가정용품을 제작할 때 중요한 포인트가 된다.
옷도 마찬가지다. 요즈음에는 부모가 입는 옷을 요즈음 유행하는 아이템으로 자연스럽게 소화할 수 있는 것이 신세대의 강점이므로 그 점을 생각한다면 한 벌의 옷이 두벌 이상의 가치를 가지고 팔려 나간다는 것을 알 수 있다.
여기에서는 타깃을 결정할 때에는 연령뿐만 아니라 집단, 해외시장 등을 복합적으로 포함한 새로운 계층을 설정해야 한다.

(3) HOW TO?

HOW MUCH?
이 how to는 '어떻게 개발할 것이다' 아니면 그 아이디어 제품을 '어떻게 사용할 것인가?' 등 제품에 대한 제작이나 사용방법에 대해 개발자가 소비자의 입장에서 생각하면 좀 더 다양한 연구가 될 것이고 제품에 대해 실용성과 다양성을 갖게 될 것이다.
아이디어 제품이 우리가 일반적으로 사용하는 것에 비해 너무 동떨어져 있으면 제품은 소비자에게 외면당할 것이다. 그래서 제품 개발 시에는 소비자, 사용자 입장에서의 제품 개발이 우선이다. 또 개발자의 여러 가지 환경에 따라 자금, 제조방법, 생산과정, 유통까지 다양한 연구를 거쳐서 아이디어 제품 개발을 시작한다.
또 기획에 투자할 금액이 얼마이고, 그에 따른 이익이 얼마나 될 것인가에 대해 연구 검토가 필요하다.

이것은 '투자효과율'이라고도 하는데 투자된 금액과 그 금액에 대한 이익금이 얼마나 되며, 이익금 이외에 얻을 수 있는 메리트는 무엇인가를 생각하는 것이 기획자의 체크포인트이다.
정확한 계획과 데이터라는 과학적인 수단을 가지고 진행시키는 것만이 실패하지 않는 방법이며, 그런 방법으로 기획을 세우는 사람이야말로 참된 프로 기획자라고 말할 수 있을 것이다.

(4) WHY

우리가 이 아이디어를 '왜' 개발해야 하는지 또 개발 후 어떻게 변할까를 항상 염두에 두어야 하는 것이다.
기획이란 단시간에 이루어지는 것이 아님에도 불구하고 기획자들은 종종 현재의 시장 상황만을 파악하려 하는 경우가 있다. 내년에는 시장이 어떻게 달라지고 또 움직여 갈 것인가를 파악하는 것이야말로 진정한 시장조사일 것이다. 기획자는 미래의 시장성과 기획의 방향성, 또 그것을 선택한 이유 등을 클라이언트에게 설명할 필요가 있다. 또한 아이디어를 결정하는 클라이언트 측에서는 미래의 시장을 내다보려는 적극적인 자세를 갖는 것이 무척 중요하다.
기획의 배경을 이해할 때에는 미래시장에서 얼마만큼의 창조적인 센스를 발휘할 수 있느냐 하는 것에 초점을 맞추도록 한다.
여기에서는 시장을 파악하는 방법과 그 포인트 설정, 미래시장을 내다볼 수 있는 눈을 기르고, 기획을 받아들이는 쪽에서도 미래시장을 기준으로 삼는 것이 매우 중요하다.

(5) WHEN

'timing'이란 아이디어를 개발하는 '때'도 되지만 클라이언트가 이 제품을 언제 사용하면 되는지 다양한 각도에서의 '시간'을 의미한다. 또 제품을 언제 출시해야 하는지 등 다양한 의미의 'timing'이다.
'때를 잘 만나야 한다'는 말도 있듯이 운이란 것은 유행과 매우 밀접한 관련이 있으므로 시대의 흐름이나 사회 분위기에 의해 자연적으로 발생하는 것이다. 개인과는 달리 동물적, 집단적인 움직임이나 취미의 변화 등의 시점에서 유행을 새롭게 파악하는 것이 중요한 힌트가 된다.
특히 기획에 있어서는 과거나 현재보다 미래와 같은 불확실한 시간의 개념을 예측해야 한다. 이미지의 시간에는 두 가시 형태가 있는데 자연 발생적인 상황과 인공적으로 만들어가는 상황이다.

전자는 소비자의 요구에 의해 소비자가 직접 사이드 마켓(side market)을 형성하여 기업이 그에 맞는 상품을 대량으로 생산하고 판매하는 케이스이다.

한편 후자는 중소기업에서 기획한 상품이 시장에서 여러 기업들과 경쟁하면서 새롭게 개발되어 가는 케이스이다.

그 시대의 유행이나 사회적인 풍습을 단시간에 파악하는 데에는 영화가 가장 좋은 매체이기 때문이다.

시간에 상관없이 모든 서비스가 가능한 분야가 미래의 뉴 비즈니스로서 각광 받으리라는 전망도 있다.

(6) WHERE

상품의 판매나 사용자들의 사용 장소는 어떻게 전개될 것인가를 잘 연구해서 멋진 마케팅으로 상품 판매의 완성을 잘 이루는 것이 중요하다.

판매 환경에 대한 이야기이다. 기획자가 자신의 기획을 숫자나 도면으로 표현할 수 없을 경우에는 영상이나 컴퓨터 그래픽, 모형 등을 이용하는 것이 좋은 방법이다.

제품판매의 장소는 너무도 중요한 단계이다. 소비자의 계층에 따라 그 장소에 따라 제품의 판매는 극과 극이기에 판매 장소나 환경에 주의 하여야 한다.

✤ IDEA GOODS 디자인 연구

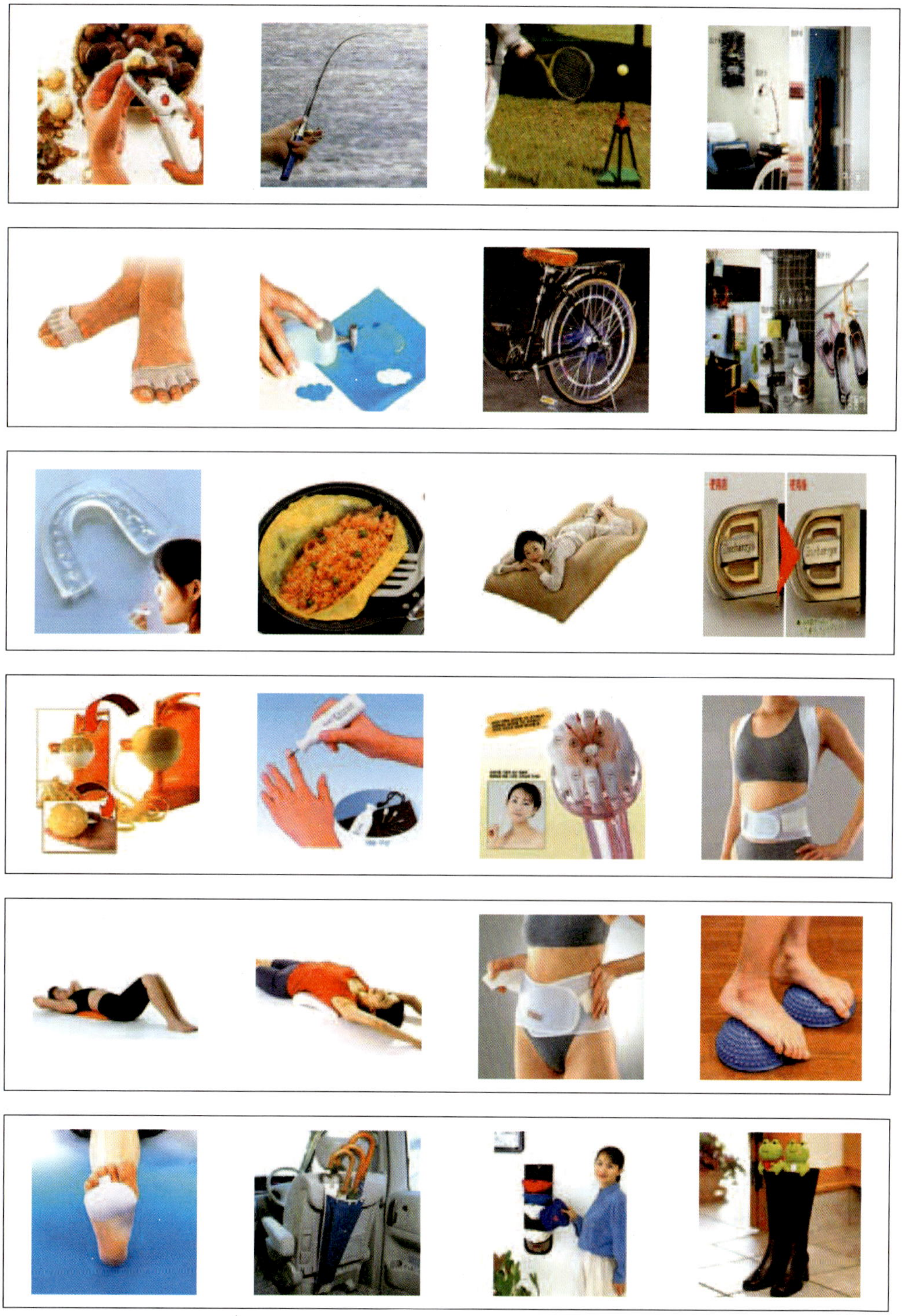

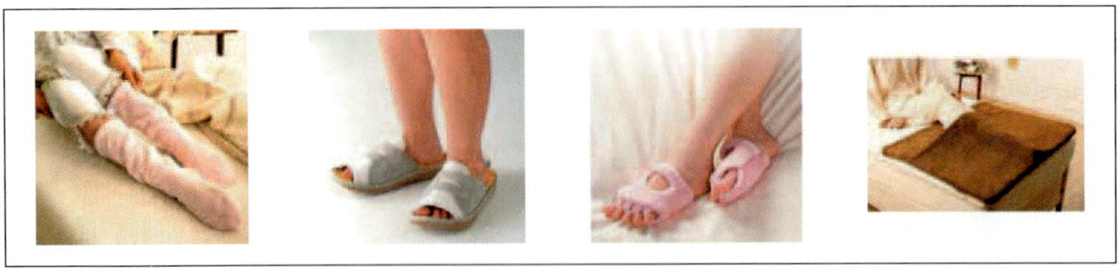

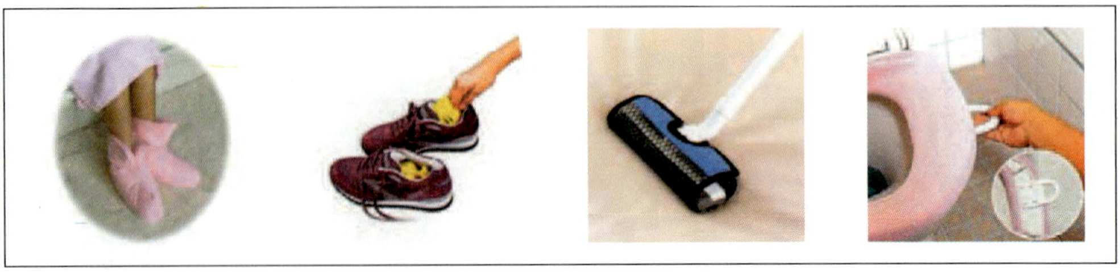

청소슬리퍼

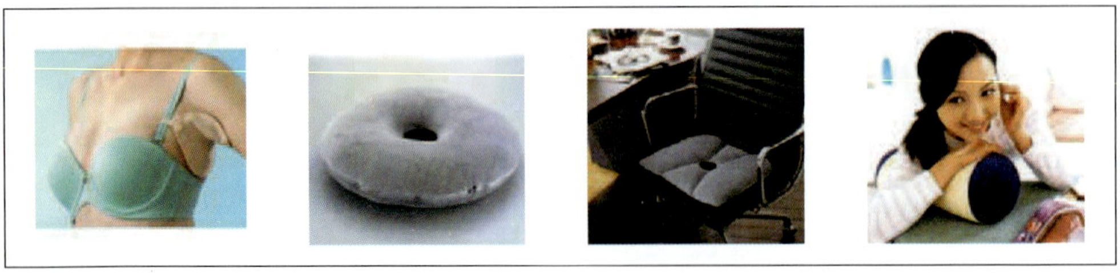

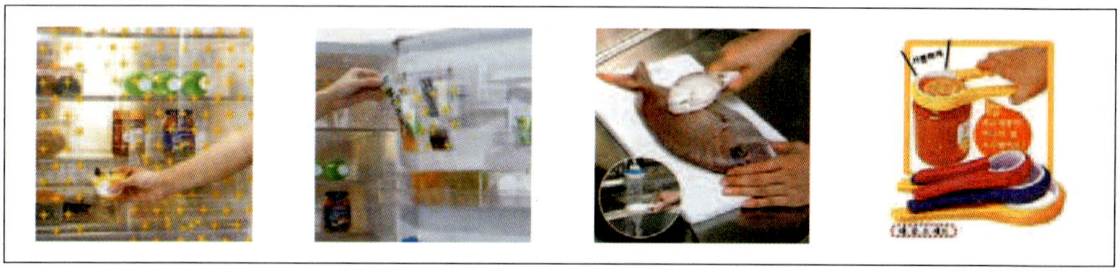

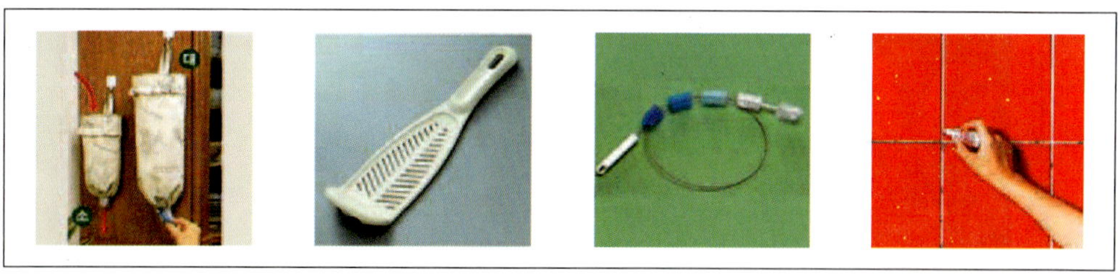

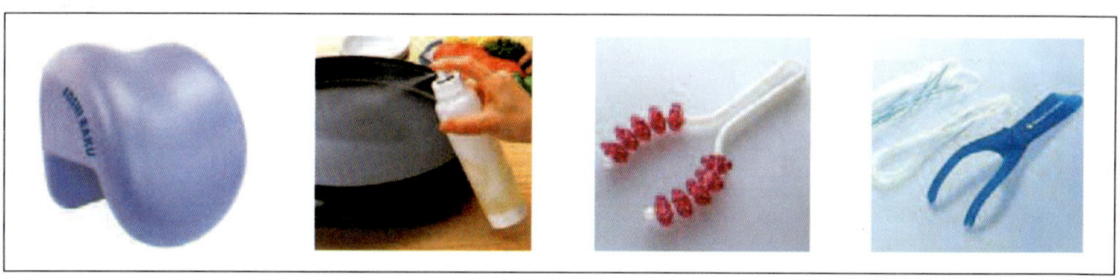

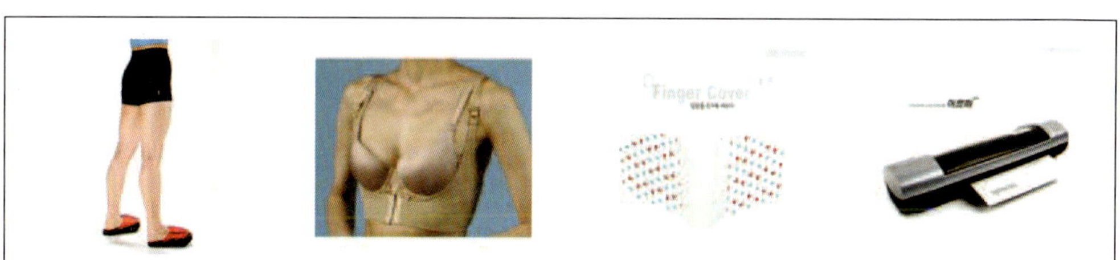

보라빛
소가 온다

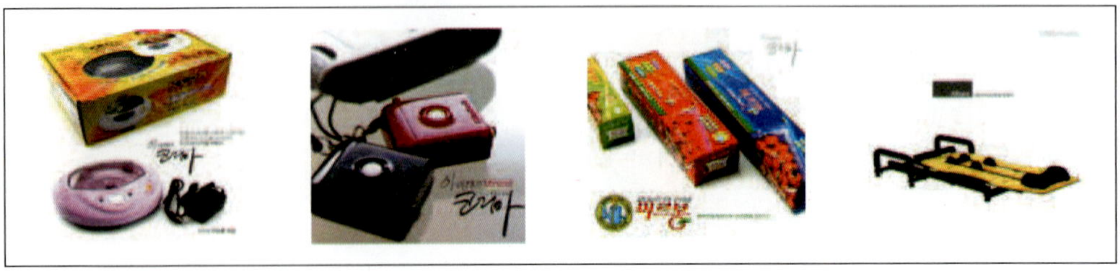

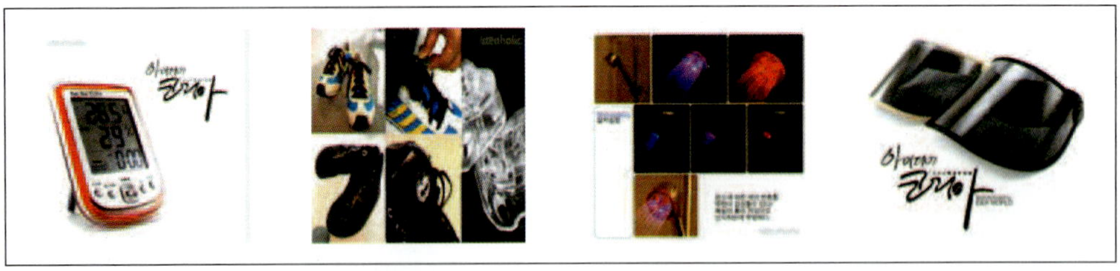

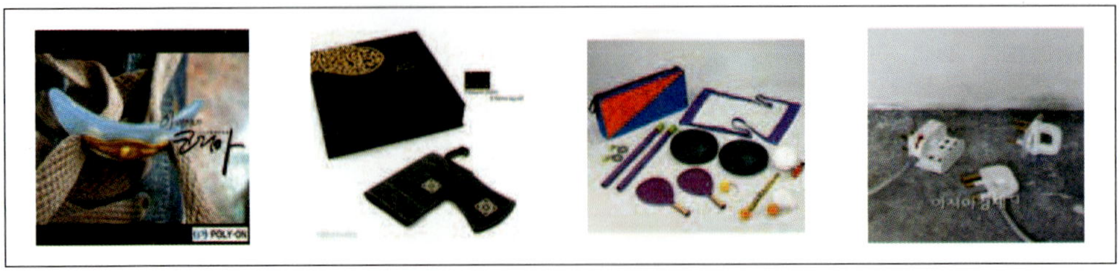

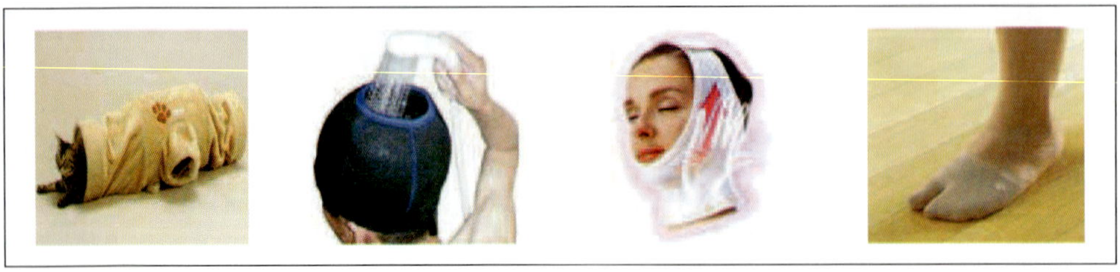

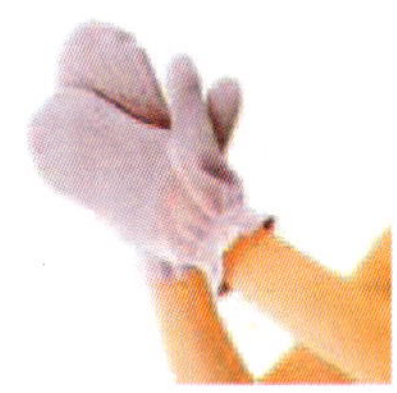

LAND WALKER
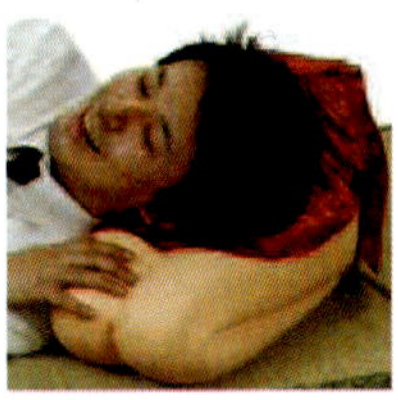

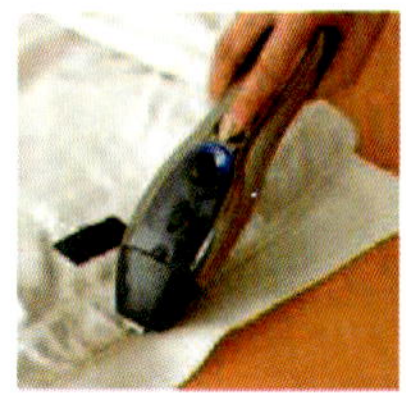
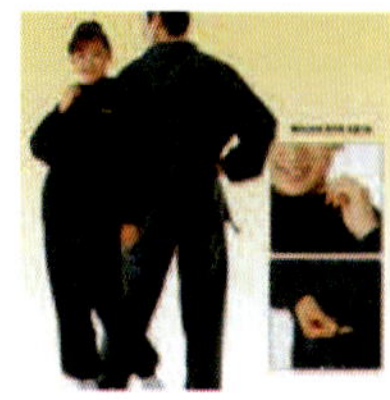
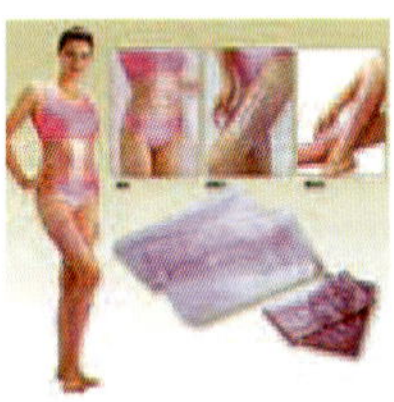
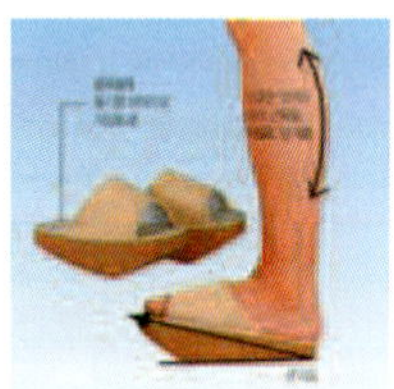
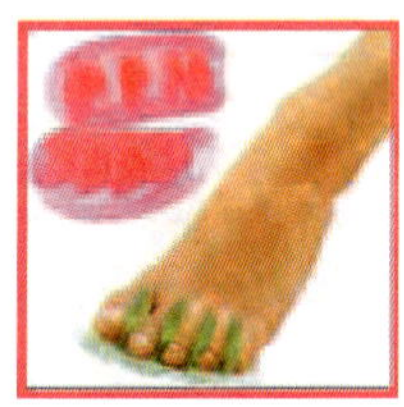
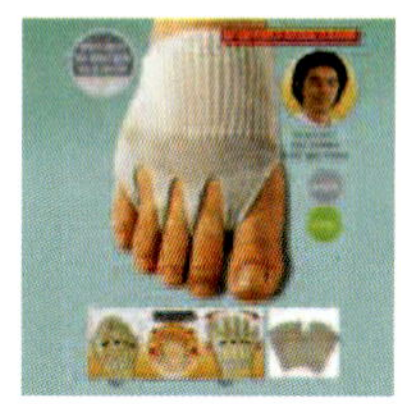
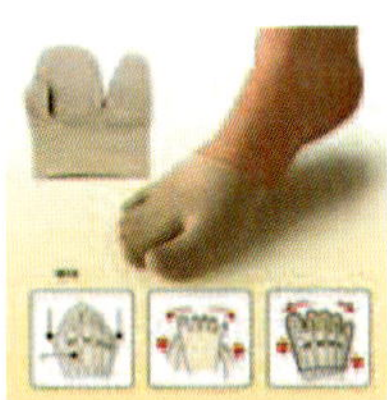
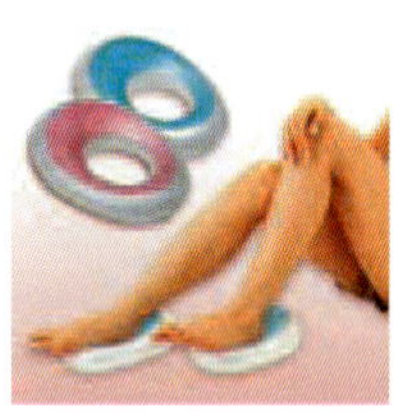
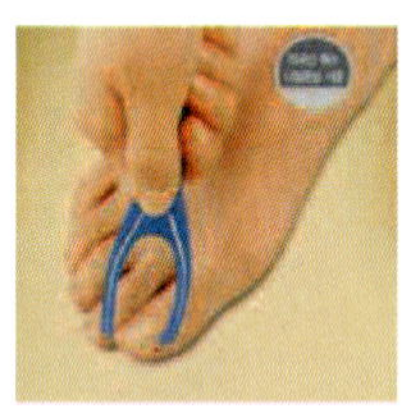

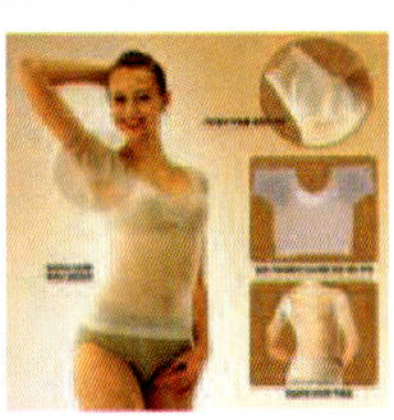
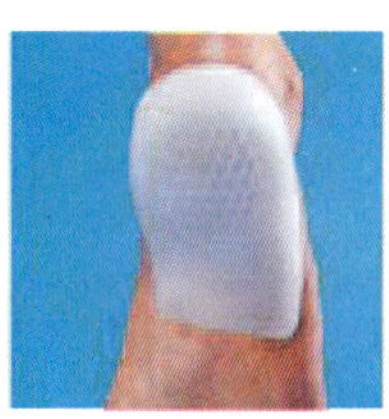
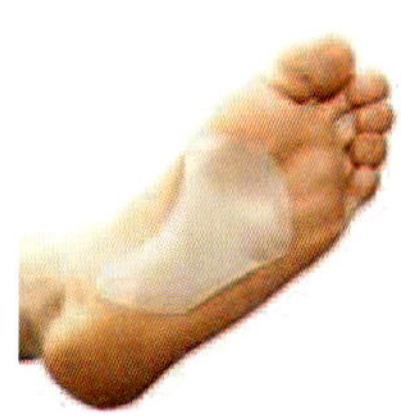

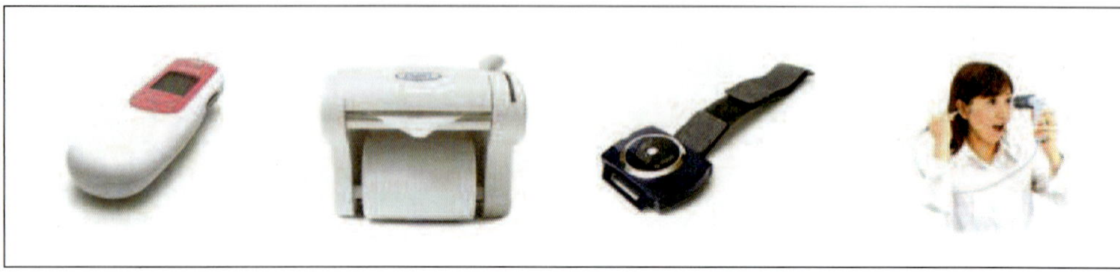

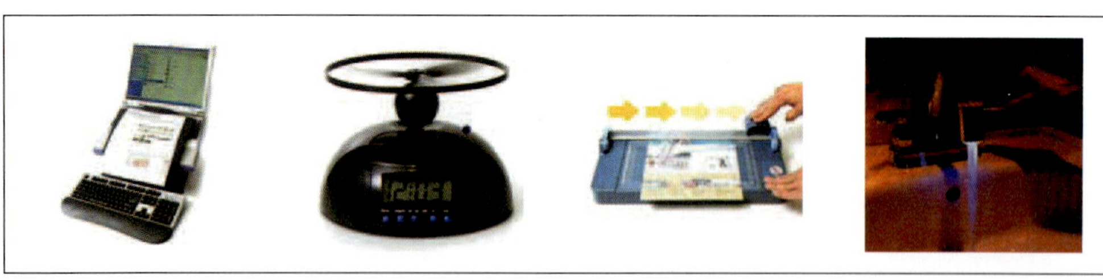
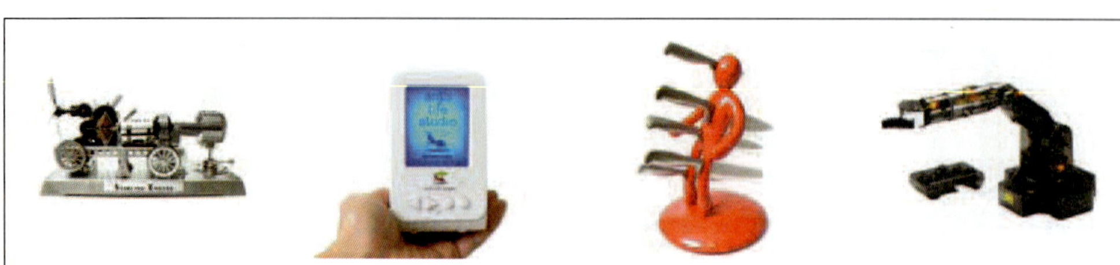

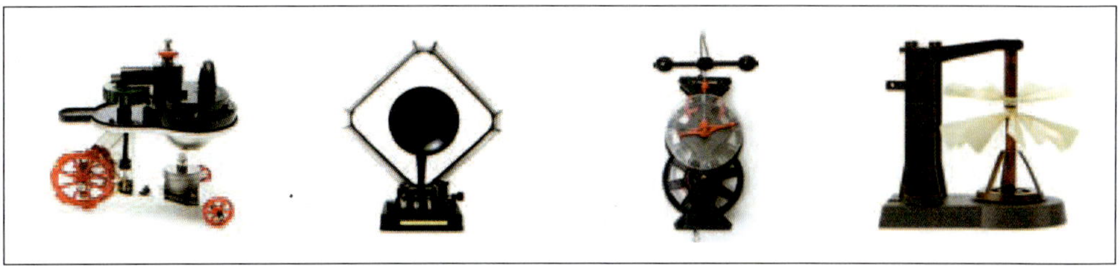

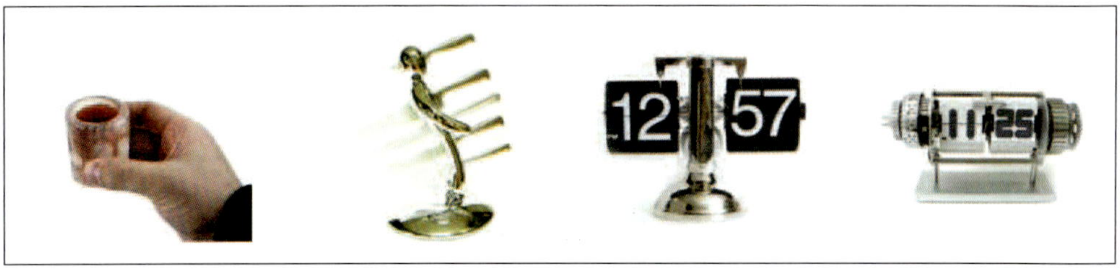
12
57

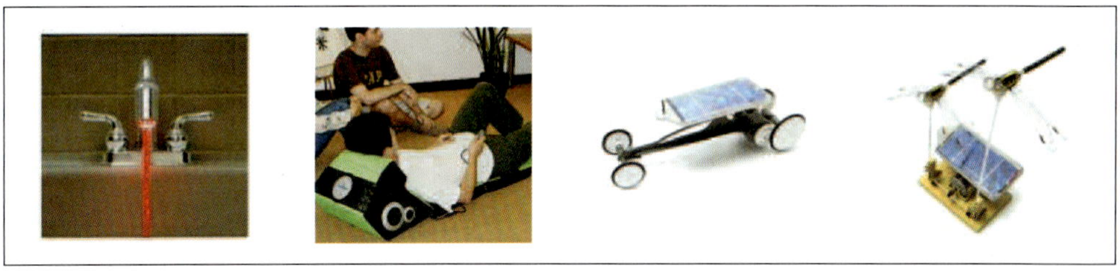

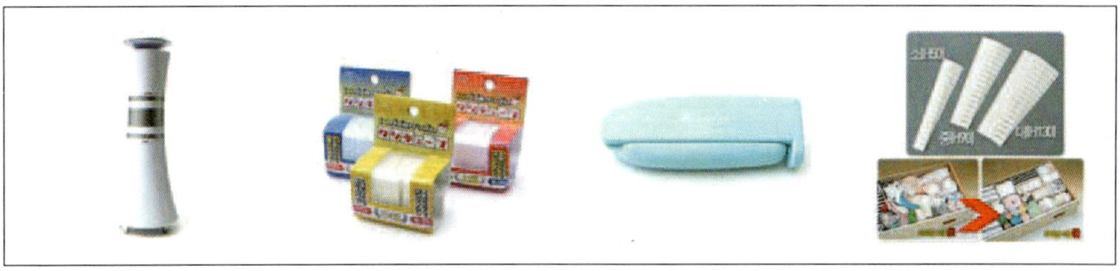

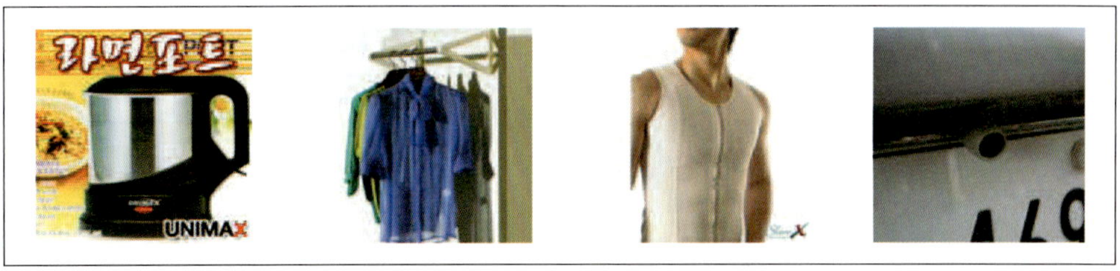
라면포트
UNIMAX

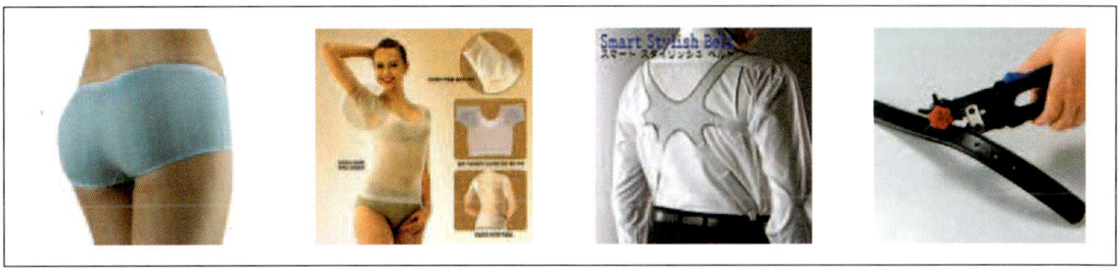
Smart Stylish Belt

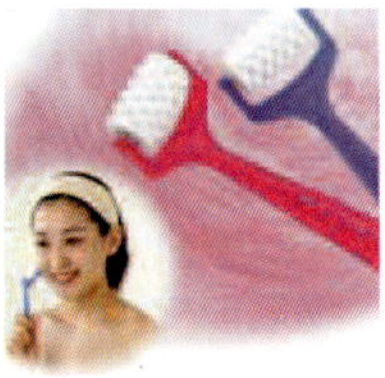
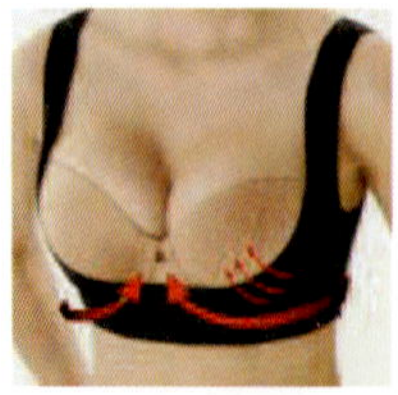

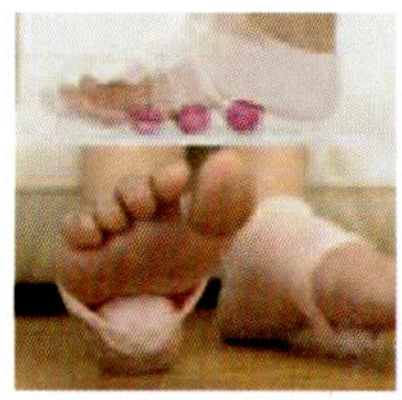

ロースター

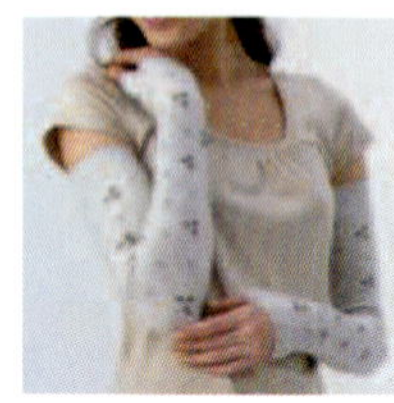

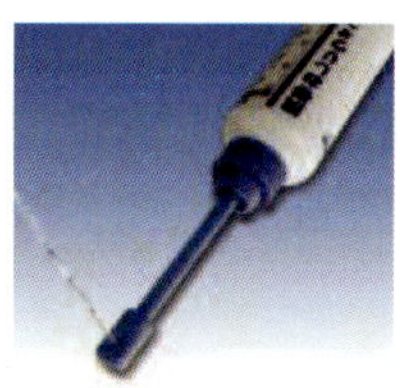

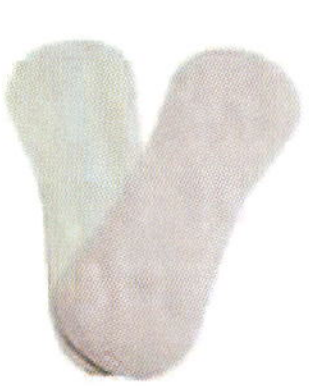

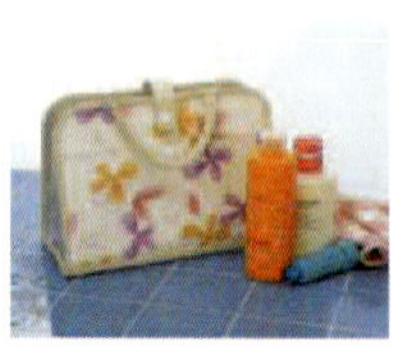
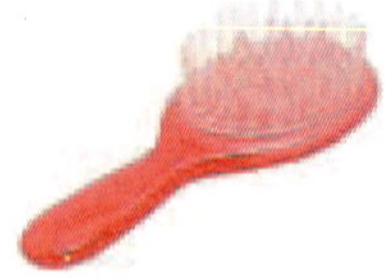

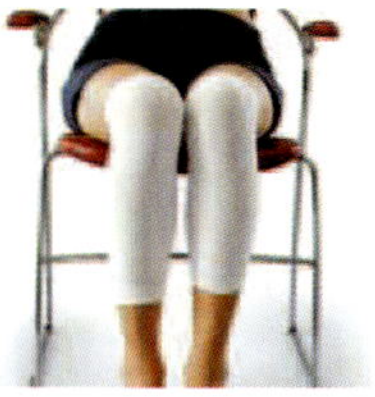

19 TV SHOPPING

✤ TV SHOPPING 디자인 연구

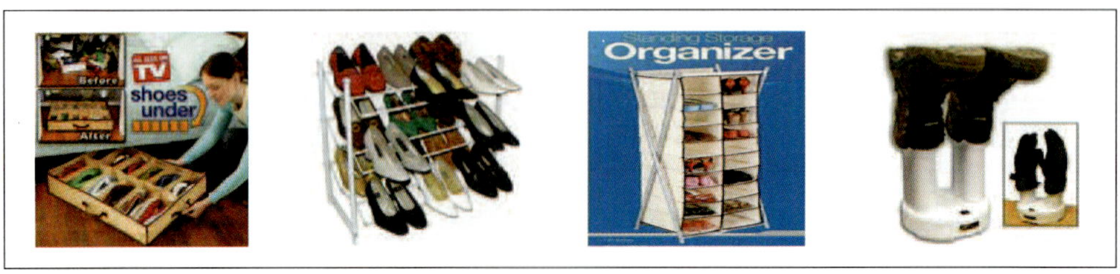

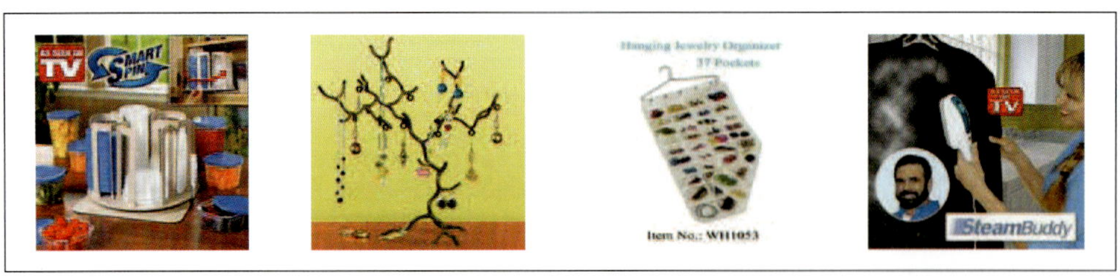

STEAM MOP
MAGIC BRUSH
TV
Glass Wizard
AS SEEN ON TV

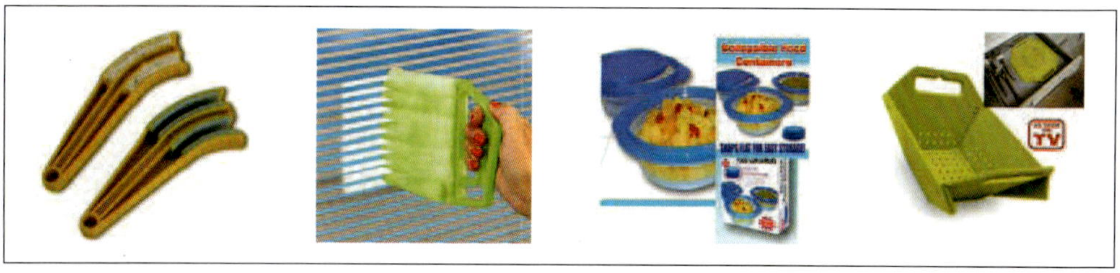

Flat Fold Colander
AS SEEN ON TV
Pancake Puffs

Tater Mitts
AS SEEN ON TV

Samurai Shark
AS SEEN ON TV
ROTATO EXPRESS
AS SEEN ON TV

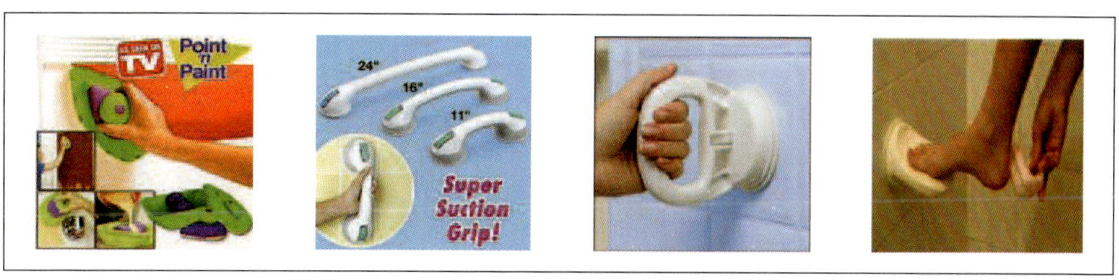
AS SEEN ON TV
Point 'n Paint
24"
16"
11"
Super Suction Grip!

AS SEEN ON TV

AS SEEN ON TV

GUARD AGAINST DRAFTS
DUST, ODORS, INSECTS & NOISE
Twin
Draft
Guard
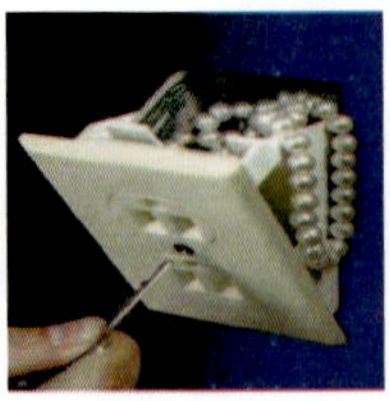

Vidalia
Slice Wizard
TV
BONUS

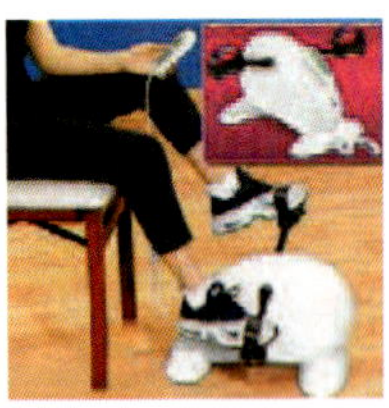

AS SEEN ON TV

TV

EZ
CANDY FLOSS
MAKER
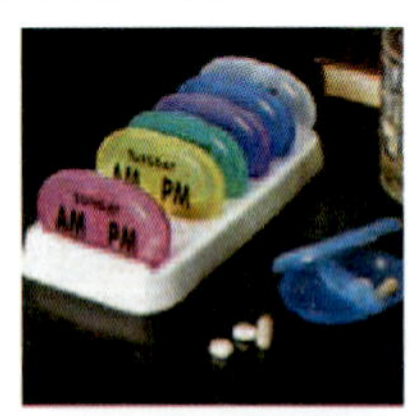
AM PM
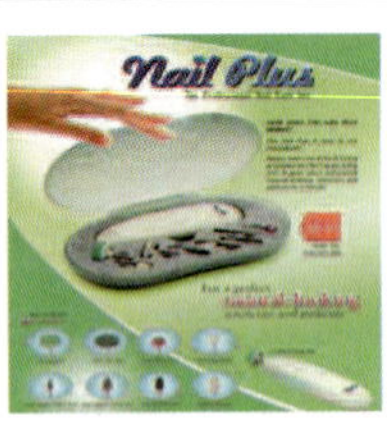
Nail Plus
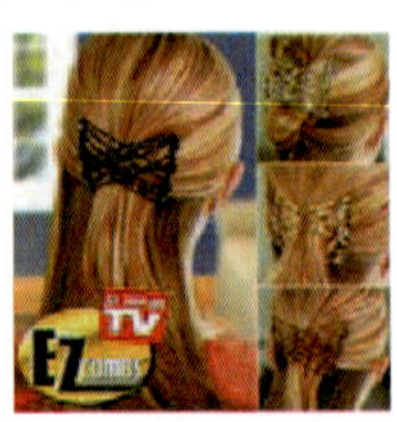
TV

TV
HD Vision
READERS

NeckSaver
Pillow
A Cervical Support Pillow
That Really Works!

TV
Neck Massager

Sleeper
TV
GreenBags
TV
fridgeballs

MINI
Seal
TV
Full Body Support &
ZERO GRAVITY
COMFORT
3 Piece
Collapsible Food Covers
Spinal
Channel
TV
Tapered
Bottom
Form
Fitting

MEMORY FOAM INSOLES
Anti-Aging Spa Slippers

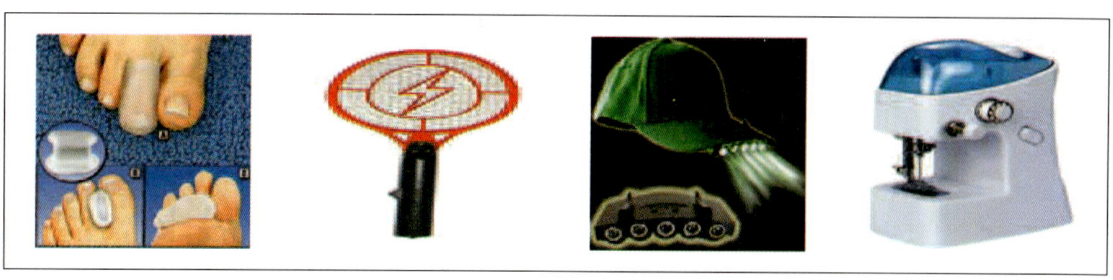

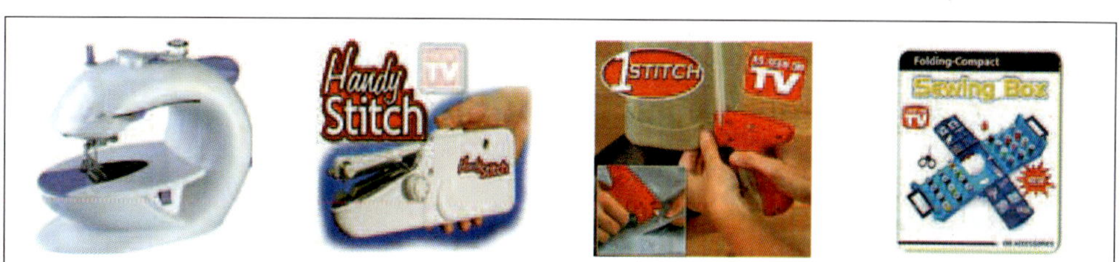
Handy
Stitch
TV
STITCH
TV
Folding Compact
Sewing Box
TV

SPACE BAG
Triple Your Storage Space
SPACE BAG

SPACE BAG
HANGING BAG
Triple Your Closet Space!
SPACE BAG
Triple Your Storage Space
As Easy As 1, 2, 3!
Dryer Balls

TV
Before
After
TV
Bend-a-Hanger
Before
After
TV
Wonder hanger

Purse Hook
Before
After
TV
Cling Wrap

Before
TV
After
CANADA GREEN

Coleman

20 BABY PRODUCTS

(1) 유아의 정의

The term infant derives from the Latin word infans, meaning "unable to speak." It is typically applied to children between the ages of 1 month and 12 months. However, definitions vary betweenbirt hand 3 years of age.

(2) 유아용품의 개념

유아용품은 유아가 사용할 목적으로 생산·제작된 공산품들을 말한다. 이 범위는 유아의 만 0세부터 3세까지 사용하는 제품군을 말한다. 유아용품은 최근 경제 성장 및 생활수준의 발달로 인해 다양하고 고품질의 다양한 디자인의 유아제품이 생산·보급되고 있으며 이는 다양한 방법의 유아용품 판매 마케팅으로 발전하고 있다. 무역에서의 유아용품은 baby products 또는 infant products라고 칭한다. 최근 경제성장 및 과학기술의 발달로 인하여 다양한 유아용품이 생산, 보급되고 있지만, 안전성이 확보되지 않은 신기술, 신제품의 유통으로 인하여 유아의 안전이 위협 받고 있다.

(3) 유아용품의 분류

유아용품은 크게 세 가지로 분류 될 수 있다.

첫째는 의류 및 잡화이다.

유아들이 사용하는 모든 의류를 칭하며 잡화는 집안에서 사용하는 유아용 놀이 도구를 칭한다. 여기에 가장 대표적인 상품은 baby toy, diapers, baby cloths, baby body care products, baby bed(=baby cot, =baby playpen), walker, baby rocker etc

둘째는 외출 시 필요한 용품이다.

즉 외출함에 있어 필요한 용품들이며 주요 상품군으로는 baby carrier, baby car seat(=baby safety seat, baby tricycle, baby stroller etc.)

셋째는 지능발달을 위한 교육적인 장난감들이다.

여기에는 크게 교구나 완구로 분류된다.

이는 놀이나 학습을 통하여 유아들의 지능에 도움이 되는 제품군들을 말한다. 여기 상품군에서는 유아 발달에 따라 다섯 가지로 분류 할 수 있다.

1) 사회 상상 놀이 학습 용품이다

사회 상상 놀이 학습 용품은 구조화된 놀이에 사용되며 주로 역할 놀이의 재료로 소꿉놀이나 병원놀이 등의 소도구가 사용되며 교통 관련 장난감이나 유닛 블록, 레고 등이 이에 속한다.

(상품: 인형, 블록, 자동차 등)

2) 탐구능력 놀이 학습 용품이다

탐구능력 놀이 학습 용품은 퍼즐, 모양 맞추기, 옷 입히기, 끈 꿰기, 모래와 물놀이 도구 등 구체적인 기술을 발달시키는 용품으로 그밖에는 짝짓기, 분류하기, 셈하기, 소리에 따른 문자 구별짓기 등이 있다.

(상품: 퍼즐, 끈 꿰기, 샘하기 도구 등)

3) 음악 미술 움직임 놀이 학습 용품이 있다

음악 미술 움직임 놀이 학습 용품은 미술과 표현 재료들, 음률 활동을 위한 도구들과 시청각 자료, 관련 서적 등 화구 세트, 색칠공부 책, 스탬프 놀이 등 그림을 그리며 즐길 수 있는 용품이다.

(상품: 그림책, 실로폰 등 음악 악기, 그림을 그리는 화구 등)

4) 유아들이 신체적 운동을 할 수 있는 운동용 장난감이다

근육 발달 놀이 학습 용품은 밀거나 당기는 장난감, 올라탈 수 있는 기구, 실외놀이 기구, 체육 시설 등 활동을 하며 즐길 수 있는 용품으로 신체적 행동을 많이 요구 한다.

(상품: 농구대, 미끄럼틀, 타는 자동차 등)

5) 디지털 놀이 학습 용품이다

최근 들어 가장 발달 가능성이 있고 상품의 다양한 콘텐츠로 제품 개발이 활발한 제품군이다. 사이버 세상으로 소통할 수 있는 디지털 기기도 가능하지만 또 디지털을 모방한 장난감도 개발이 진행되며 다양한 제품군이 나오고 있다.

(상품: 모니터, 키보드, 유아용 컴퓨터, 유아용 노래방, 유아용 산수게임 등)

유아용품의 개발 시 가장 중요한 포인트는 모든 제품군들의 디자인이나 제작 및 개발은 유아의 입장에서 기획, 설계, 디자인, 제작되어야 한다는 것이다.

(4) 대표되는 유아용품 연구

1) 자동차용 어린이 보호 장치

자동차에 의한 교통사고 등이 발생하였을 때, 승차하고 있는 어린이를 상해로부터 보호하거나 상해를 경감하기 위하여, 자동차 시트 위에 부착하여 사용하는 어린이 보호 장치에 대하여 적용한다.

보호 장치라 함은, 어린이를 앉히거나 뉘어서 구속 또는 위치를 고정하기 위하여, 그 차량에 붙어 있는 안전벨트를 사용하여 자동차 시트 위에 부착하여 사용하는 장치를 말한다. 다만, 어린이용 벨트를 단독으로 사용하는 것은 제외한다.

2) 유아용 침대

일반 가정에서 사용하는 요람(등받이 조절 요람 포함), 유아용 침대(간이 침대 : 시소식, 그네식, 전동식 등 포함) 및 접이식 침대에 대하여 적용한다(다른 품목으로 전환될 수 있는, 즉 변환 장치 또는 어린이 놀이터로 전환될 수 있는 유아용 침대도 적용된다). 다만, 병원 및 보육원에서 사용되는 유아용 침대, 유아 이동을 위한 침대는 제외한다.

3) 유모차

유아를 태우는 데 사용하는 유모차(휴대용을 포함한다)에 대하여 규정한다. 여기서 유아란 원칙적으로 생후 24개월까지를 말하며 그 종류는 다음과 같다.

① A형
유아의 다리를 완전히 펴고 누운 상태로 사용할 수 있는 유모차

② B형
유아를 등판에 기대 앉혀 사용하는 유모차. 다만 등 받침 기구 및 발판 등을 조정하여 유아를 눕히거나 기대앉도록 하여, 겸용으로 사용할 수 있는 유모차는 A형으로 구분한다.

③ 상자 형 해먹
바닥면이 수평이고, 전후좌우 4방향이 보호막으로 완전히 둘러싸여 유아가 앉거나 눕도록 되어 있는 구조를 말하며, 보호막의 높이가 15cm 이상이어야 한다.

4) 보행기

유아가 혼자서 일어설 수 있을 때부터 혼자서 걸을 수 있을 때까지의 보행보조 및 운동 등에 사용되는 유아용 보행기에 대하여 적용한다.

5) 유아용 섬유제품

유아용 및 접촉성 섬유제품이란 속옷 류, 유아복 및 유아용 섬유제품, 침구류 등 사람의 신체와 직접 접촉하거나 만 24개월 미만의 영·유아용의 섬유제품으로, 그 구체적인 대상은 아래의 종류에 한한다.

① 유아복 : 외의류, 내의류

② 유아용 제품 : 침구류, 신발류, 양말류, 신생아용 기본품, 가방류, 모자류

6) 완구(자율 안전 확인 대상 공산품)

완구란 14세 미만의 어린이가 놀이에 사용할 용도로 고안되었거나, 명백히 그러한 용도로 사용되는 제품 또는 재질을 말한다. 여기에서, '놀이에 사용'이란 정상적인 사용의 경우 뿐 아니라 합리적으로 예견할 수 있는 오용(misuse)도 내포하는 의미이다. 완구는 크게 작동 완구와 비작동 완구로 구분된다. 작동 완구는 전기(모터를 사용하는 것에 한한다) 또는 관성(톱니바퀴 3개 이상을 결합하여 사용하는 것에 한한다)에 의하여 작동하거나 태엽이 장치된 유아 및 아동용 완구를 말하고, 비작동 완구는 작동완구가 아닌 완구를 말한다. 또한 충전완구는 36개월 이하의 어린이가 사용하는 완구로 본다.

이 기준에서 연령을 나타내는 '세 또는 개월' 등의 용어를 사용할 때 '세 또는 개월' 수는 '만 세 또는 개월' 수까지를 의미한다. 즉, 14세는 만 14세까지를, 18개월은 만 18개월까지를 포함한 연령을 의미한다.

7) 유아용 의자

유아용 의자란 일반적으로 6개월에서 만3세 사이의 어린이가 식사용 또는 놀이용으로 사용하는 의자로서 어린이를 식탁 높이 위치에 앉힐 수 있도록 설계되고 목재 또는 합성수지제로 제작된 높은 의자를 말한다. 여기서 높은 의자란 좌면의 높이가 450mm 이상 600mm 이하인 것을 말하며 그 종류는 다음과 같다(단, 특수한 기능이 포함된 제품의 경우 좌면까지의 높이는 450mm 이상으로 한다)

① I형 : 의자 본체에 테이블이 부착되지 않은 형식의 것

② II형 : 의자 본체에 테이블이 부착된 형식의 것

8) 유아용 삼륜차

주로 5세 이하의 유아가 페달을 발로 돌려서 사용하는 발판식 삼륜차에 대하여 규정한다. 다만 손의 힘으로 작동하는 삼륜차는 제외한다.

9) 유아용 캐리어

캐리어란 등에 업는다든지, 안는다든지 하기 위해 일어서고 걸을 때 손으로 자유 조정을 허용하는 성인 상체에 부착되는 것을 말하며 그 종류는 다음과 같다.

① 프레임 없는 캐리어 : 후면식, 전면식, 주머니식

② 프레임 있는 캐리어 : 스탠드가 붙어 있는 것, 스탠드가 붙어 있지 않은 것

10) 일회용 기저귀

자기 힘으로 용변을 보기 어려운 유아나, 대·소변을 스스로의 힘으로 가리기 힘든 성인의 대·소변을 받아 내는데 일회용으로 사용되며 사용 후 폐기되는 기저귀 제품을 말하며 그 종류는 다음과 같다.

① 팬티형(입히는 형)

② 테이프형(접착테이프 및 기계 접착테이프 등으로 고정하는 형)

③ 일자형

(5) baby products(유아용품들)

- baby walker
- baby bottles sterilizer
- baby furniture
- baby swing
- baby stroller(=jogger)
- baby bed(=crib), bedding set
- baby chair
- baby carriage
- baby rocker
- baby bouncer
- baby diaper
- baby wipes(=skin care wipes, cleaning wipes, canister baby wipes)
- baby wear(=baby clothes, =baby apparel)

- baby monitor
- baby car seat
- baby carrier
- baby toy
- baby trailer
- baby bicycle trailer
- baby reclining chair
- baby cushion
- baby rattle
- baby shoes(=kids' shoes)
- baby socks
- baby romper
- baby travel baby potty
- baby skin care products(lotion, skin care oil, shower cream, baby powder, shampoo, perfumes, body cream, soap
- baby activity mat
- baby silicone nipple
- baby blanket
- baby swimming pool
- baby bath tub
- baby doll toy with music
- baby robe
- baby product of rotated musical carnie
- baby bibs
- baby mat
- baby feeding bottle
- baby cap(=hat)
- baby integrated series

(6) 유아제품 취급 시 주의사항

1) 상품 기획 시 유아 발달 심리에 대한 지식을 숙지한 후 제품을 개발하는 것이 중요
2) 유아들의 발달행동·성장 시기를 면밀히 연구한 후 제품을 기획
3) 모든 유아용품 기획 초기 단계에서부터 상품의 안전성, 즉 잡화의 경우 유아들이 제

품을 가지고 입에 넘길 수 있는지 또는 신체 접촉 시 상해를 입는 것은 아닌지, 제품에 납 성분 등 유해물질이 묻어있는지 등 다양한 경우의 수를 연구 검토해야 한다. 심지어 유아복의 경우 탈색이나 제품이 유아들의 피부에 닿았을 때 알레르기 발생 등 제품의 안전성 검사를 사전에 연구 검토하는 것이 중요하다.

4) 제품 디자이너나 MD의 경우는 유아들의 부모 입장에서 제품 기획, 개발이 중요하다.
5) 제품 소재 개발도 중요하지만 유아들의 신체 구조에 맞는 재질 선택이 중요함.
6) 유아제품의 디자인성 보다도 기능성이 우선시 되어야 함.
7) 유아용품은 성장기가 빨라서 제품 사용의 장기성 보다는 단기성을 고려하여 제품을 제작할 필요가 있다.
8) 출산 저하로 유아제품 산업은 장기적으로 성장 둔화가 예상된다.
9) 인터넷 및 카다로그 판매가 로드샵보다도 더 성장 가능성이 있다.
10) 디지털 시대에 맞게 유아용품도 디지털 산업에 연관 된 제품개발이 시급하다. 즉 컴퓨터로 유아들에 맞는 다양한 컨텐츠 개발이 중요하다.
11) 유아들의 저출산으로 유아제품의 렌트 비즈니스가 성장한다.
12) 유아용 disposal product 취급 시 제품의 판매가 장기성이 있기 때문에 이 제품군들의 판매 연구 개발이 중요하다.
13) 중국 광주(廣州)에 일반 유아제품의 도매상이 집결되어있으며 복건성(福建省) 샤먼(廈門)지역에는 플라스틱 제품군들의 도매 시장이 집결되어있으며 절강성(浙江省) 이우(義烏) 지역 잡화 도매시장에도 다양한 유아제품들의 도매상들이 많이 있지만 아직은 품질 면에서 떨어진다. 그러나 가격은 타 지역보다 20% 정도가 더 싸다.

✤ BABY 상품 디자인 연구

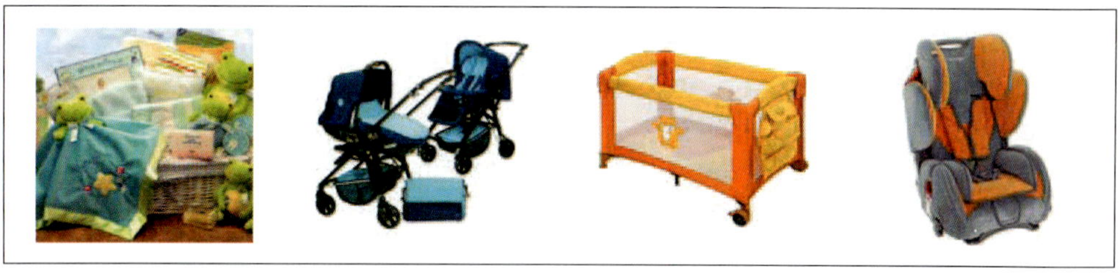

75219-33H
75654H

83081H

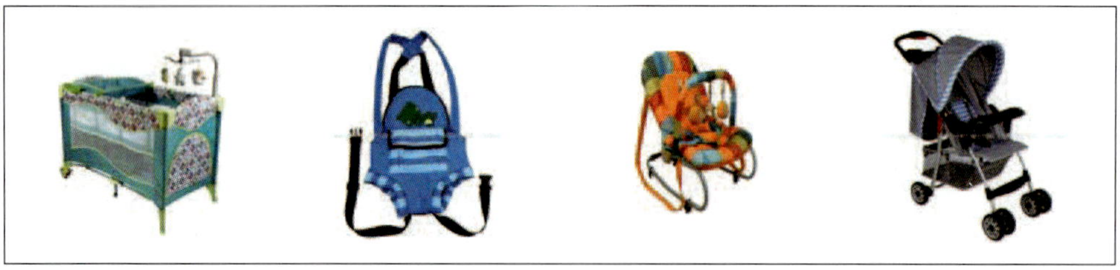

JAMES

Merry Christmas
WiL

Matthew Tyler
Sophia

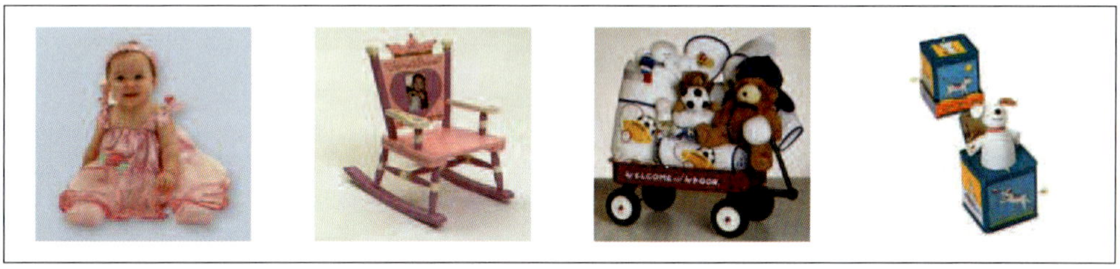

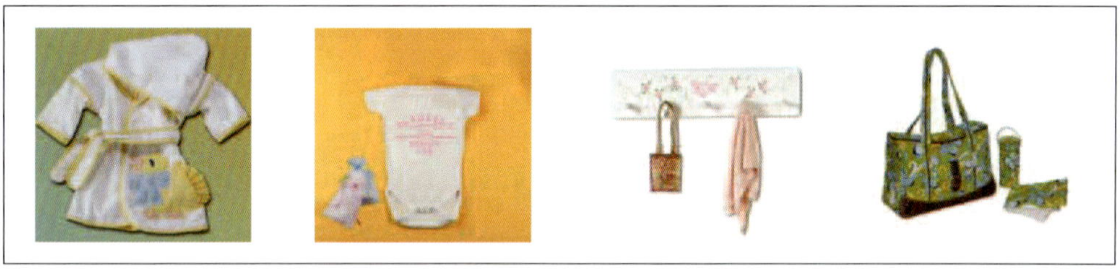

GENIUS BABIES!

dolphin
seahorse

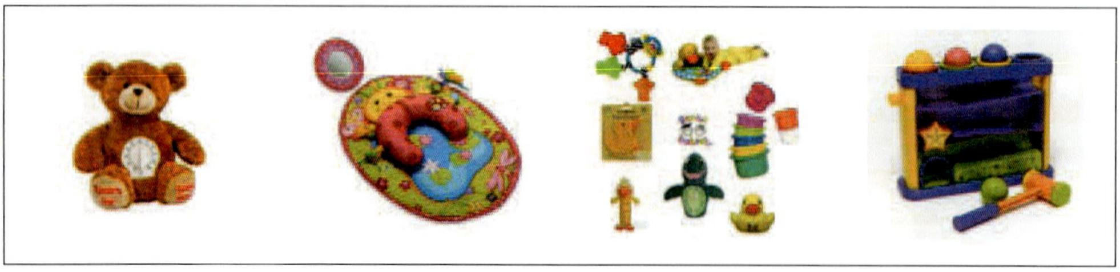

SPORT

Jack

Morgan

Abigail

William

Stewart Michael

The Hansens

Kadence

Happy Birthday!
Jacob

Andrew

ribbet!!!

Thomas
ELLIE
Watch me on
You Tube

21 CLOTHS

(1) Apparel 상품 분류

✤ garments 일반 분류

- Jackets
- Jeans
- Ladies' Blouses & Tops
- Men's Shirts
- Pants & Trousers
- Shorts
- Skirts
- Sleepwear Bathrobes
- Lounge Pants
- Nightgowns
- Nightshirts
- Other Sleepwear
- Pajamas
- Sleep Shorts

1) Boy's Clothing

- Boy's Clothing Sets
- Boy's Hoodies & Sweatshirts
- Boy's Jackets & Coats
- Boy's Jeans
- Boy's Pants
- Boy's Shirts
- Boy's Shorts

- Boy's Suits
- Boy's Sweaters
- Boy's T-Shirts
- Boy's Underwear
- Boy's Vests & Waistcoats

2) Girls' Clothing

- Girls' Blouse & Tops
- Girls' Clothing Sets
- Girls' Dresses
- Girls' Hoodies & Sweatshirts
- Girls' Jackets & Coats
- Girls' Jeans
- Girls' Pants
- Girls' Shorts
- Girls' Skirts
- Girls' Sweaters
- Girls' T-Shirts
- Girls' Underwear
- Girls' Vests & Waistcoats

3) Men's Clothing

- Men's Hoodies & Sweatshirts
- Men's Jackets & Coats
- Men's Jeans
- Men's Shirts
- Men's Shorts
- Men's Suits
- Men's Sweaters
- Men's T-Shirts
- Men's Trousers & Pants
- Men's Underwear

- Men's Boxers & Briefs
- Men's Long Johns
- Men's Sex Underwear
- Men's Shapers
- Men's Undershirts
- Men's Vests & Waistcoats

4) Children's Clothing

- Children's Clothing Sets
- Children's Coats
- Children's Hoodies & Sweatshirts
- Children's Jackets
- Children's Jeans
- Children's Pants & Trousers
- Children's Shirts & Tops
- Children's Shorts
- Children's Sweaters
- Children's T-Shirts
- Children's Underwear
- Children's Vests & Waistcoats

5) Girls' Dresses

- Girls' Skirts
- Coats
- Costumes Anime Costumes
- Mascot
- Reenactment Attire
- Sexy Costumes
- TV & Movie Costumes
- Dresses Career Dresses
- Casual Dresses
- Cocktail Dresses

- Evening Dresses
- Prom Dresses

✤ 해외지역별 의류 무역 분류

- Ethnic Clothing Africa Clothing
- Asia & Pacific Islands Clothing
- India & Pakistan Clothing
- Islamic Clothing
- Traditional Chinese Clothing

6) baby wear

- Infant & Toddlers Clothing Baby Bibs
- Baby Clothing Sets
- Baby Dresses
- Baby Jackets & Coats
- Baby Pants & Shorts
- Baby Rompers
- Baby Shirts & Tops
- Baby Skirts
- Baby Sleeping Bags
- Baby Sweaters
- Baby Sweatshirts
- Baby T-Shirts
- Baby Underwear
- Baby Vests & Waistcoats

7) Sports wear

- Sportswear American Football Wear
- Baseball & Softball Wear
- Basketball Wear
- Camping & Hiking Wear
- Cycling Wear

- Fishing Wear
- Fitness & Yoga Wear
- Ice Hockey Wear
- Martial Arts Wear
- Motorcycle & Auto Racing Wear
- Rash Guard
- Rugby Football Wear
- Ski & Snow Wear
- Soccer Wear
- Swimwear & Beachwear
- Tennis Wear
- Training & Jogging Wear
- Wetsuits
- Stage & Dance Wear Performance Wear
- Training Dancewear
- T-Shirts

8) underwear

- Underwear Bra & Brief Sets
- Bras
- Camisoles
- Garters Belt
- Long Johns
- Men's Briefs & Boxers
- Sexy Underwear
- Shapers
- Women's Panties

9) Uniforms

- Uniforms Airline Uniforms
- Bank Uniforms
- Bank Uniforms

- Fireman Uniforms
- Guard Uniforms
- Hospital Uniforms
- Hotel Uniforms
- Military Uniforms
- Other Uniforms
- Promotion Uniforms
- Restaurant & Bar Uniforms
- School Uniforms

10) party dresses

- Vests & Waistcoats
- Wedding Apparel & Accessories Boys' Attire
- Bridesmaid Dresses
- Flower Girls' Dresses
- Men's Attire
- Tuxedo Shirts
- Tuxedo Vests
- Tuxedos
- Mother of the Bride Dresses Attire
- Wedding Accessories
- Bridal Gloves
- Bridal Veils
- Petticoats
- Wedding Dresses
- Wedding Jackets / Wrap
- Workwear

참고

1) socks 분류

- Hosiery Body Stocking

- Leg Warmers
- Leggings
- Pantyhose / Tights
- Socks
- Stockings
- Toe Socks

2) Accessories & Tools
- Garment Accessories　Badges
- Buckles
- Buttons
- Cords
- Garment Beads
- Garment Clips
- Garment Eyelets
- Garment Hooks
- Garment Labels
- Garment Rivets
- Garment Tags
- Interlinings & Linings
- Lace
- Patches
- Rhinestones
- Ribbons
- Sequins
- Shoulder Pads
- Stopper
- Trimming
- Underwear Accessories
- Velcro Tapes
- Webbing
- Zipper Sliders
- Zippers
- Mannequins
- Sewing Supplies
- Sewing Needles
- Sewing Threads
- Tailor's Scissors

- Tag Guns
- Apparel Design Services
- Apparel Processing Services
- Find Apparel by Gender

(2) Garments 상품 대분류

1) Men and Women's clothing

Men's Suit Jackets, Trousers, Shirts, Waistcoats, Suits, Sweaters

Women's Blouses, Skirts, Trousers, Waistcoats, Suits, Coats, Sweaters

Wedding Dresses, Cocktail Dresses, Evening Gowns

2) Kids' Wear

Tops, Skirts, Trousers, Ensembles, Coats

3) Underwear

Underwear and Sets, Pajamas, Bathrobes, Loungewear, Swimwear

Infant and Maternity Wear

4) Sports and casual Wear

Sportswear: Pro Sportswear, Casual Sportswear

Casual Wear: Jackets/Coats, Wind Cheaters, T-Shirts, Shorts, Jeanswear

Special: Uniforms, Work Clothing

5) Furs, Leather, Down & Related Products

Fur & Fur Products, Leather & Leather Products, Down & Down Products, Cashmere & Cashmere Products

6) Fashion Accessories and Fittings

Fashion Accessories: Hats, Gloves, Scarves, Handkerchiefs, shawls, Socks, Ties

Garment Fittings: Shoulder Pads, Labels, Zippers

(3) 인터넷 쇼핑몰 창업의 절차 및 주의사항

1) 사업 예산 책정

소자본으로 창업할 수 있는 것이 인터넷 쇼핑몰이다. 그렇다고 자본이 너무 없으면 매출을 올리기가 쉽지 않다. 적어도 아래의 자본은 있어야 창업이 가능하다.

① 도메인등록비용

최소 2만원(도메인 2개 co.kr 도메인과 .com 도메인 또는 한글 인터넷 주소)는 10만원 정도

② 사업자등록 및 통신판매업신고

사업자등록은 비용이 들지 않으나 통신판매업신고 시 면허세 45,000원 소요됨. 다만, 사업자등록 시 간이과세자로 하면 통신판매업신고를 하지 않아도 됨

③ 쇼핑몰 솔루션 구입

④ 쇼핑몰 디자인

20~50만원 정도 추가비용 발생

⑤ 신용카드결제 신청

신용카드결제는 사용하는 카드사에 따라서 초기가입비 55,000~110,000원과 38,400원의 보증보험료가 소요됨.

⑥ 광고비

광고비는 자기가 어떠한 경로의 광고를 하느냐에 따라 비용이 다르다. 검색엔진을 등록하는데 한 곳당 (네이버, 다음, 엠파스, 야후 등) 20만원 정도가 소요된다. 2~3곳 정도 등록하면 40~60만원 정도가 소요된다.

검색엔진을 등록했다고 광고가 되는 것은 아니며, 처음에는 검색엔진 등록에도 불구하고 광고 효과는 전혀 없다고 보아야 하며, 별도의 키워드광고 등을 진행하여야 방문자를 유치할 수 있다.

이 키워드광고비는 월 10~20만원에서부터 월 3~4백만원까지 다양하므로 판매상품에 맞는 광고 전략을 세워야 한다.

⑦ 상품구입비용

처음엔 최소한의 수량으로 구입해야 하고 사업의 범위에 따라 점점 구입량을 증가하면 되고 카테고리도 다양하게 넓힐 수 있다. 재고가 많이 생기면 사업이 어려워지기 때문에 최소한의 적절한 재고를 유지한다. 대량구매에 따른 구입단가의 낮춰지는 부분보다 팔지 못해 생기는 손실이 더 크다. 이점은 다양한 사업의 흐름을 파악하여 적절한 구매가 중요하다.

⑧ 기타 사무실 및 집기 등

상품 및 사무실, 집기 등을 마련하는 데는 비용 차이가 다양하다. 사업 초기에는 집에서 해도 되고 친구나 지인의 사무실을 무료로 임대해서 함께 사용하는 것도 좋은 방법이다.

사업자등록부터 쇼핑몰 구축까지 소요되는 비용은 다양하다.

검색엔진 하나 등록하는데 20만원 정도 소요

광고비 및 상품 사입비는 별도

디자인을 별도로 할 경우 20~50만원 정도 소요

2) 아이템 선정 및 상품 구입처 확보

아이템을 무엇으로 할 것인지는 정말 중요하다. 그래서 아이템에 따라서 사업의 성공 여부를 가늠할 수가 있다.

하루에도 수십 개 씩의 쇼핑몰이 생기는 현실에서 아이템 선택은 그 어떤 것보다 더 중요하다.

제일 많이 선택하는 아이템은 의류이며 또 제일 많은 쇼핑몰도 의류 쇼핑몰이다. 그만큼 쉽게 시작할 수 있는 아이템이지만 그에 반해서 성공하기는 매우 어려운 아이템이다.

요즘 뉴스를 통해 억 단위 매출을 올리는 쇼핑몰들에 대한 기사를 종종 보지만 이 기사를 보면 억 단위로 돈을 버는 것처럼 생각되겠지만 이것은 매출액이고, 많이 파는 쇼핑몰의 대부분은 순수익이 10%도 안 되는 경우도 있다.

의류 쇼핑몰들이 워낙 많다보니 가격 경쟁이 심화되어서 마진폭이 높지 못하다. 남들과 차별화된 아이템, 인터넷으로 팔기 어렵다는 아이템 이런 아이템들이 상품구입 및 판매 자체가 쉽지 않을지라도 성공 확률이 더 높다.

초기에 아이템에 대한 전문적인 지식은 그렇게 중요하지 않다. 단 자신이 성공할 수 있다는 의지와 자신감과 주변의 변화나 노력 또한 무척 중요하다. 또한 트랜드 의류를 빨리 조사해서 판매에 대응하는 것도 무척 중요하다.

아이템을 선정했다면 그 상품을 구입 할 구입처나 제조업체, 수입업체를 잘 찾아야 한다. 의류 같은 경우에는 동대문, 남대문 등에서 쉽게 구할 수 있지만 요즘은 인터넷상에서도 도매처를 쉽게 찾을 수 있다.

상품을 구입할 때 주의해야 할 점은 몇 장씩 살 때와 수 십장, 수백 장 씩 살 때 사입단가가 달라질 수 있는데 판매량을 정확하게 예측하지 않은 상태에서 싸게 준다고 많이 사서는 절대 안 된다.

10% 싸게 샀더라도 10장 팔고 2장 남으면 손해가 발생한다. 실물 상품 판매의 경우에는 재고를 남기지 않는 것도 다른 어떤 것 보다 중요하다. 재고가 쌓이게 되면 그만큼 손실이 커지게 되고 사무실 또는 창고 공간도 차지하게 되어서 이 또한 추가 비용이다.

3) 쇼핑몰명 선정 및 도메인등록

아이템을 선정했으면 그에 맞는 쇼핑몰 이름을 정해야 한다. 쇼핑몰 이름과 도메인명이 같아야 고객들에게 쇼핑몰을 홍보하기가 쉽다. 쇼핑몰 이름과 도메인명이 다를 경우 고객들은 검색엔진을 통하지 않고는 다시 방문하기가 쉽지 않다.

요즘엔 쇼핑몰 이름을 선정하는 것도 쉽지 않다. 많은 이름들이 이미 등록되어 있기 때문에 도메인을 찾기가 쉽지 않기 때문이다. 아이템 명 앞뒤에 접두사를 붙여주는 방법이 제일 쉽게 할 수 있는 방법 중의 하나이다. 의류의 경우에는 이 방법이 적당하지 않고, 어차피 의류라는 아이템은 홍보를 위한 단어로 쓰기에는 적합하지 않으니 말이다.

가령 디카를 판매하는 쇼핑몰일 경우 dica.co.kr 이나 dica.com 도메인이 있으면 더없이 좋겠지만 이런 도메인을 아직까지 나둘리가 없을 것이다.

도메인 등록비용은 2만원 내외이며 도메인등록 회사별로 조금씩 차이가 있다. 도메인은 가급적 co.kr 과 com 도메인을 다 등록하는 것이 좋겠지만 아주 좋은 단어가 아니라면 처음부터 2개 다 등록할 필요는 없다. 하나만 등록하고 나중에 쇼핑몰 운영이 잘 되면 추가로 등록하면 될 것이다.

4) 쇼핑몰 솔루션 결정

쇼핑몰 솔루션은 임대형과 독립형이 있다.

독립형은 자신이 직접 사이트를 만들거나 홈페이지를 만들어서 운영하기에 처음에는 운영 관리비가 많이 든다. 임대형의 경우 많은 회사들이 서비스를 하고 있는데 요즘은 단순히 쇼핑몰 기능만 지원하는 것이 아니고 마케팅 부분까지 다양하게 지원하고 있다.

5) 사업자등록

세무서에 방문해서 신분증만 가지고 신고하면 된다.

비용은 들지 않으며 사무실일 경우 임대차 계약서를 가지고 가야하며, 집을 사업장으로 할 경우에는 등기부등본이 필요하다. 방문 전에 관할 세무서 민원실에 사업자등록을 하기 위한 서류를 한 번 더 확인하고 방문하면 된다. 사업자등록 시 '일반과세자'와 '간이과세자'중에서 선택해야 한다.

우선은 간이과세자로 등록하고 년 매출액이 4,800만원을 초과하게 되면 그때 일반과세로 전환하면 된다. 다만, 간이과세자로 등록할 경우 부가세 세금계산서를 발행 할 수 없다. 사업자를 대상으로 판매하는 분이라면 세금계산서를 발행해야 하므로 일반과세자로 등록해야 한다. 간이과세자로 등록하면 통신판매업신고를 하지 않아도 되며, 부가가치세는 일반과세자는 매출액의 10%를 간이과세자는 2%를 내야한다.

6) 통신판매업신고

인터넷상에서 쇼핑몰을 운영할 경우 관할 시군구청에 통신판매업신고를 해야 한다. 지역경제과 또는 민원실에서 신청하면 되고 처음 신청 시 면허세 45,000원이 부과된다. 또한, 등록 후 등록내용 변경 등을 할 경우에도 면허세 45,000원이 부과되며, 매년 1월에 면허세 정기분 45,000원이 부과된다.

7) 샘플상품촬영

샘플 촬영이 필요한 아이템의 경우에는 상품사진 촬영도 매우 중요하다.

요즘은 다들 사진들을 잘 찍어 올려서 시원치 않게 사진 올려서는 안 된다. 그러니 상품의 이미지가 상당히 중요하다.

상품 사진을 찍을 때 중요한 것이 카메라라고 생각하는 사람들이 많은데 카메라의 성능은 그렇게 중요하지 않다. 인화를 목적으로 하는 것이 아니고 인터넷상에서 보여주는 것이기 때문에 3백만 화소 정도의 카메라만 있어도 충분하다. 그래서 카메라 보다 중요한 것이 조명이다. 조명이 좋으면 일반 디카 사용으로도 제품 사진이 잘 나온다. 반대로 아무리 비싼 DSLR 카메라라고 하더라도 조명이 좋지 않으면 좋은 사진을 찍을 수 없다. 사실 전문가도 아니고 조명을 설치해서 사진을 찍는 것이 쉬운 일은 아니지만 많은 시행착오도 거쳐야 하고 카메라, 조명장치 등도 구입해야 하고 기술적인 어려움도 있지만 너무 두려워하지 않기를 바란다. 카메라 조명이 뒷받침이 안 되면 포토샵으로 커버할 수 있다.

조명기구를 구입하기 어렵다면 실내에 있는 전등이라도 밝은 것으로 사용하면 된다. 다만 유의할 것은 전등에 따라서 색이 달라진다는 것이다. 햇빛에서 볼 때와 형광등 불빛에서 볼 때 또 백열등 불빛에서 볼 때 색이 다 다르게 보인다.

쇼핑몰의 상품은 햇빛에서 볼 때를 기준으로 촬영하여 올려야 한다. 그렇기 때문에 사무실 또는 집의 거실 등 상품을 촬영할 장소에 서로 다른 종류의 등이 있으면 상품 고유의 색을 나타내기가 어렵다.

등의 종류가 다르더라도 같은 색을 내는 전구로 바꿔 주는 것이 좋다. 형광등의 경우 가급적이면 '주광색' 이라고 표시된 것으로 되도록 조금이라도 더 밝은 것 와트 수가 큰 것으로 바꿔주고 형광등과 백열등이 함께 있는 환경이라면 사진 촬영할 때는 백열등은 꺼주는 것이 좋다. 또는 햇빛이 잘 드는 환경이라면 햇빛을 이용해서 사진을 촬영하는 것도 좋다. 다만 직사광선 아래에서는 그림자가 생기므로 반사판을 이용하여 그림자가 생기지 않도록 하는 것이 좋은데 사진용 반사판이 없다면 흰색 도화지 등으로 햇빛을 반사시켜서 찍어도 좋다. 여유가 되면 쇼핑몰용 조명을 구입하는 것이 좋고, 찍어야 하는 제품의 종류에 따라서 조명도 달라지게 된다.

아래 두 사진을 보고 연구해 보자. 아래 사진은 일반 디카로 찍은 사진을 포토샵에서 보정한 것이다. 아무런 조명장치 없이 그냥 흰색 배경에 햇빛이 드는 장소에서 촬영했는데, 썩 좋은 사진이 되지는 못했지만 상품 사진으로 쓸 만큼은 수정이 되었다.
상품 사진을 수정하는 것은 포토샵의 몇 가지 기능만 익히면 누구나 할 수 있다. 다만, 원본 사진을 잘 찍으면 포토샵 작업하는 시간을 줄일 수 있겠고 좀 더 멋진 사진을 올릴 수 있다.

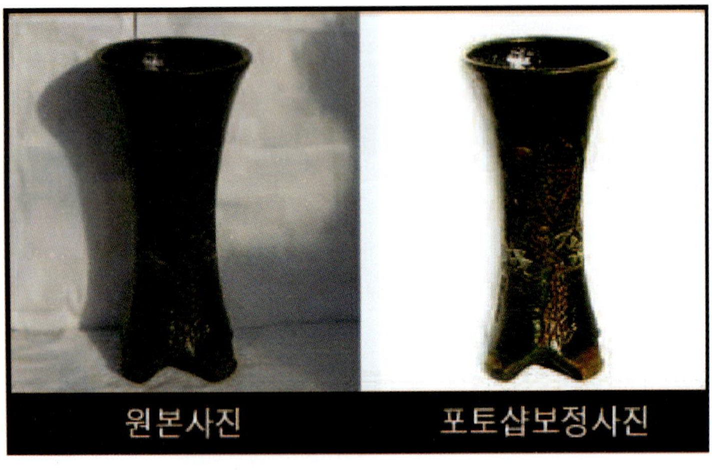

8) 쇼핑몰 세팅 및 상품등록

쇼핑몰에 각종 정보들을 입력하는 단계이다.
쇼핑몰 이름, 도메인, 주소, 전화번호 등등의 정보와 쇼핑몰 회원가입 조건, 배송조건, 계좌 번호 입력 등의 정보를 입력하는 것들이며 해본 사람은 10~20분 내에 가능하다.
상품등록은 시간이 많이 소요되는 작업이므로 실제로 품목수가 많으면 10일 이상이 넘게 소요되기도 하다.
상품입력은 여러 명이 동시에 할 수도 있으니 상품이 많을 경우 나눠서 작업하면 시간을 줄일 수 있다.

9) 신용카드 등 결제시스템 세팅

기본적으로 온라인 입금으로 주문을 받을 수 있으며 신용카드, 에스크로, 휴대폰결제, 실시간계좌이체 등의 결제 수단 중 선택해서 등록할 수 있다.

모든 결제는 서류만 작성해 주면 신용카드결제 대행사와 쇼핑몰 솔루션 회사에서 세팅해준다.

신용카드 결제의 경우 신용카드 결제 대행사(PG)에 따라서 초기 가입비용이 55,000원~110,000원이 소요되며 보증보험료 38,400원이 소요된다. 신청에서 완료까지 10여일 정도 소요됨.

카드결제 서비스를 제공해야 하는 기간에 맞춰 미리 신청하는 것이 좋다.

10) 택배사 선정

택배사 선정은 그리 어렵지 않은 과정이다. 택배사 선정 시 고려해야 할 사항은 택배비와 서비스 품질이다. 처음엔 주문수량이 많지 않을 것이기 때문에 좋은 가격으로 계약하기 어려우나 회사의 비전이나 향후 비즈니스 규모에 대해 설명을 잘 하면 가격을 인하 받을 수 있다. 아니면 쇼핑몰 관련 카페 등에 가입하여 공동택배를 이용하는 것도 한 방법이다.

택배 송장 출력 및 배송 추적 등의 기능이 지원되고 택배 사원의 친절도는 쇼핑몰의 이미지에 많은 영향을 미치니 좋은 택배회사를 선택하는 것이 중요하다.

택배 사원이 불친절하게 배송했을 경우 주문 고객은 쇼핑몰에 대해서 좋지 않은 감정을 가지게 되고 재방문 및 재구매 입소문에 의한 방문자 증가 등을 어렵게 할 수 있다. 가급적 서비스가 좋은 택배사를 선정하는 것이 좋은 비즈니스 창출의 요인이 된다.

또한, 배송도 경쟁력이다. 빠른 배송과 고객에게 좋은 느낌을 줄 수 있는 포장 또한 매출을 높이는 한 방법이다.

11) 홍보

일반적으로 제일 어려운 부분이 홍보이다. 한번 보면 안사고는 못 배기고 하나 팔아도 많이 남는 그런 아이템이라면 돈을 쏟아 부어서라도 광고를 내면되겠지만 그런 아이템을 찾는 것은 너무 힘들다. 하지만 우리는 도전해야 한다. 예산에 따라서 전략을 달리해야 한다. 예산이 풍부하고 상품이 경쟁력, 쇼핑몰이 외관상의 경쟁력을 갖추었다고 생각되면 처음부터 광고비를 많이 들여서 홍보하면 될 것 같다.

이런 경우에는 할 수 있는 것들이 많기 때문에 별도로 고민할 필요가 없을 것 같다.

만일 광고비를 지불하기가 어려우면 처음 2개월 정도는 광고 없이 운영해 보는 것도 괜찮다.

쇼핑몰의 외형을 갖추는 작업이 우선이다. 방금 만들어진 따끈따끈한 쇼핑몰로 보이면 고객들은 방문하여도 물건을 사지 않는다. 그러니 처음 한두 달은 믿을 수 있는 쇼핑몰, 고객들이 많이 찾고 물건도 많이 판매하는 쇼핑몰처럼 보이도록 하는 작업이 필요하다. 이벤트도 열고, 공지사항도 이것저것 올리고, 게시판에 고객들이 많이 찾아와 글을 올리는 것처럼 게시판에 글도 등록하고 답변하고 이런 것들을 통해서 믿을 수 있는 쇼핑몰로 만들고 그 이후에 광고를 하면 된다.

처음에는 고객들이 쇼핑몰 이름으로 찾아올 수 있어야 하니 검색엔진 한 두 곳에만 등록하고 물론 여유가 되면 여러 검색엔진에 다 등록하면 더 좋은 성과가 있을 것이다. 또한 인터넷을 찾아보면 돈 안들이고 할 수 있는 홍보 방법들이 많이 있다.

쇼핑몰관련 카페에 가입해 보면 그런 방법들을 터득할 수 있으니 찾아보고 그런 방법들을 통하여 홍보한다면 시간이 흐를수록 더 많은 경험들이 쌓여서 더 멋진 홍보와 광고를 하게 될 것이다.

(4) 제품 취급 방법과 관련된 라벨의 중요성

의류 소재는 쾌적감과 착용감이 좋고 내구성과 관리성이 양호해야 한다. 고급화, 차별화를 원하는 소비자의 요구에 맞춰 수많은 다양한 신소재가 개발되고 있으나 소비자는 신소재의 성능과 취급 방법에 대한 지식이 부족하기 쉽다. 생산자는 제품에 대한 구체적인 정보 내용 즉 취급 방법, 가공 내용, 주의사항 및 폐기 방법 등을 상세히 표기하여 소비자에게 알릴 필요가 있다. 소비자는 의류소재의 물성을 충분히 알아서 합리적인 사용과 관리를 함으로써 의복의 물적 내구성을 연장시킬 수 있다.

(5) 가죽 제품 취급 시 주의사항

가죽 제품은 착용이나 손질 등 가죽 특성에 따른 취급 사항을 반드시 지켜야만 고가제품인 만큼 제품을 오랫동안 착용할 수가 있다. 그럼 가죽 제품의 취급 시 주의 사항을 체크해 보자!

1) 가죽 소재별 취급 주의사항

① 납빠 타입(NAPPA TYPE, 일반 가죽)

- 세탁 시 반드시 가죽의류 전문점에 의뢰한다.
- 우천 시 착용을 피한다.

- 부분 오염 제거를 위해 벤젠이나 물로 닦을 경우 탈색으로 인한 부분 색바램이 있으므로 특히 주의
- 다림질은 저온에서 두꺼운 헝겊을 덮은 후 사용하고 증기다리미 사용 금지
- 착용 시 안에 입은 옷은 색상이 진한 옷을 착용하는 것이 좋다. 연한 옷은 염색이 묻어날 수도 있음.

② 드럼다이드 타입(DRUMDYED TYPE)

- 표면에 보호막(코팅)이 없기 때문에 특히 오염 부위(목둘레, 소매)에 가죽 크리너 또는 콜드크림을 사용하면 가죽 표면으로 흡수되어 검게 변하게 되므로 절대 사용 금지(만약 오염이 되었을 경우에는 즉시 가죽의류 전문 세탁소에 의뢰하여 수선을 요함)
- 우천 시 착용을 피함.
- 가죽 특성상 강도가 약하여(특히 양피 DRUMDYED) 외부 물체에 걸려 파손되면 수선이 불가능하오니 착용 시 주의
- 다림질은 저온에서 헝겊을 덮은 후 사용하고, 증기다리미 사용은 절대 금지한다.
- 착용 시 가죽 표면에 살갗이 직접 닿지 않도록 목(손목)이 긴 옷을 입고 착용하는 것이 좋다.

③ 누박/스웨이드 타입(NUBUCK/SUEDE TYPE)

- 우천 시 착용을 피함.
- 가죽 특성상 세탁이 어렵기 때문에 연한 색상의 제품은 특히 먼지나 기름때 오염(목둘레·소매)에 주의하고 가죽 클리너(CLEANER) 또는 콜드크림(COLD-CREAM)을 사용하면 검게 변하므로 절대 사용을 금한다(만약 오염되었을 때에는 즉시 가죽의류 전문점에 의뢰한다).
- 착용 시 기모(털가루)가 약간 묻어나는 것은 가죽의 특성으로 스펀지나 헝겊으로 가볍게 문질러 주면 털가루가 제거되어 다소 회복이 가능하며 특히 밝은 색 의류와 함께 착용 시 주의
- 다리미 사용은 절대 금지

④ 토스카나, 더블페이스(TOSCANA, DOUBLE FACE)

- 세탁은 반드시 가죽 의류 전문 세탁소에 의뢰하여 사용하는 것이 좋다.
- 물에 젖었을 때 직사광선이나 열로 말리면 딱딱하고 변질될 염려가 있으니 통풍이 잘되는 그늘에서 자연 건조하는 것이 좋다.
- 우천 시 착용을 피하는 것이 좋다.
- 다리미 사용을 절대 금지

- 부분 오염 제거를 위해 벤젠이나 물로 닦을 경우 탈색으로 색이 변하게 되므로 특히 주의

2) 가죽 제품 손질 방법

① 일반적인 손질 방법

㉠ 납빠 타입(NAAPPA TYPE, 일반 가죽)

- 먼지가 묻었을 경우 마른 수건 또는 브러시로 가볍게 털어준다.
- 착용 시 마찰 또는 기름에 의한 약간의 오염일 경우에는 콜드크림 또는 액상류의 가죽 전용 클리너로 닦아주면 제거될 수 있다(단, 가죽 안쪽에 클리너를 발라 보았을 때 색상 변화가 없을 시 사용가능).
- 물에 젖었을 경우 마른 수건으로 충분히 수분을 흡수시켜 통풍이 잘되는 그늘진 곳에 옷걸이에 걸어 말리지 말고, 말린 후 딱딱해진 부분이 있으면 약하게 주물러 펴주고 가죽 전용 클리너를 엷게 발라주는 것이 좋다.

㉡ 드럼다이드 타입(DRUMDYED TYPE)

- 오염 및 때가 묻었을 경우에는 즉시 가죽 의류 전문 세탁소에 의뢰.
- 물에 젖었을 경우에는 마른 수건으로 수분을 흡수시켜 통풍이 잘되는 그늘진 곳에서 옷걸이에 걸어 말리는 것이 좋다.

㉢ 누박/스웨이드 타입(NUBUCK/SUEDE TYPE)

- 착용 후 반드시 브러시로 가볍게 털어줌으로써 먼지 및 오염이 제품에 스며들어 자국을 남기지 않도록 주의.
- 가장 주의해야 할 것은 액체 성분으로 오염되었을 시 바로 흡수성이 좋은 종이, 거즈 등으로 가볍게 두드려 닦아내는 것이 좋음.
- 털끝에 묻었을 때에는 간단히 제거되나 털 깊숙이 스며들면 얼룩이 되고 그대로 방치하면 말라붙어 제거하기 어렵다.

㉣ 토스카나, 더블페이스(TOSCANA, DOUBLE FACE)

- 착용 시 스펀지 등으로 가볍게 문질러서 먼지를 없애주고 클리너 사용은 금한다.
- 비에 젖으면 즉시 마른 수건으로 두들기듯 닦아주고 충분히 건조된 후 손으로 비비듯이 털어 주면 빗물자국을 제거할 수 있음.

② 전문 클리닝 업소 세탁 의뢰 시 주의사항

가죽 제품은 외국의 경우 거의 세탁하지 않으며 자연 상태 그대로의 멋으로 착용한다. 최근에는 가공 또는 코팅, 스키핑(깎아냄) 등의 기술을 구사하므로 조심스럽게 착용하고 더럽히지 않는 것이 최선의 대책이다.

㉠ 클리닝 후 나타날 수 있는 단점

가죽은 견뢰도가 좋지 않으므로 클리닝 후 최초의 색상과 똑같이 나오지 않으며, 그로 인해 재염색이 필요하게 되는 경우가 있다. 세탁 후 원래의 유연성, 신축성, 염착성, 분위기 등이 달라질 수 있으며 특히 누박/스웨이드는 원단이 후줄근해지는 등 새 옷 같은 느낌이 많이 저하된다.

ⓛ 세탁 후 확인해야 할 점

- 색상이 밝게 나왔는지의 여부와 탈색의 정도를 확인한다.
- 축이나 질감의 변화 등을 확인한다.

3) 가죽 제품 보관 방법

① 착용 계절이 지나 장롱에 넣기 전에 곰팡이의 원인이 되는 더러움을 확인하고 오염을 제거한 후, 어깨 넓이에 맞는 굵은 옷걸이에 반나절 정도 그늘에서 통풍시킨 후 어깨나 가슴에 신문지를 말아 넣어 크게 접고 한 벌씩 종이에 싸서 방습 가능한 상자에 보관하는 것이 좋다.

② 옷걸이 사용 시에는 늘어나지 않도록 주의하며 옷걸이에 타월을 감아 사용하고, 커버는 통풍이 잘되는 헝겊 커버로 방충 효과가 있는 것이 좋다.

③ 가끔 꺼내어 손질(통풍)을 해주는 것이 좋다.

4) 가죽 제품 종합 관리 방법

① 가죽류 제품을 선택할 때는 촉감이 부드럽고 촉촉한 느낌을 주며 전체적으로 두께가 고르며 흠집이 적으면서 윤기가 있는 제품을 선택하는 것이 좋다.

② 가죽은 물세탁을 하게 되면 가죽에 함유된 유지의 유출은 적은 반면 제품의 변형이 심하고 세탁후의 마무리 가공에 어려움이 뒤따른다. 반면 드라이크리닝을 하게 되면 물세탁에 비해 탈지는 심하나 변형이 적다.

③ 진한 색상의 경우 착용 중 마찰에 의해 다른 의류에 오염될 수 있으니 주의를 요한다.

④ 가죽의 전체적인 때를 뺄 경우에는 신용있는 가죽의류 전문 세탁소에 의뢰하는 것이 좋다(전문 세탁소라 하여도 가죽은 일단 드라이크리닝을 하고나면 윤기가 떨어지고 약간은 탈색이 되므로 꼭 필요할 때 외엔 가능한 드라이크리닝을 하지 않는 것이 좋다).

⑤ 착용 후 가죽 전용크림이나 콜드크림으로 손질해주면 제품을 오래 사용할 수 있다.

⑥ 오염이나 때를 제거하기 위해 일반 세척제나 벤졸 등 유기 용제는 절대 사용하지 않는 것이 좋다.

⑦ 물에 젖었을 경우 직사광선이나 열로 직접 건조하면 변질될 수 있으니 마른 타올로 물기를 닦아내고 통풍이 잘되는 그늘에서 자연 건조하는 것이 좋다.

⑧ 다림질은 저온에서 두꺼운 종이 또는 천을 깔고 해야 하며 증기다리미의 사용을 피하는 것이 좋다.

⑨ 겹쳐 두지 말고 온도 및 습도가 낮고 바람이 잘 통하는 곳에 보관한다.

(6) 그 외의 제품 취급 시 주의사항

1) 벨벳 및 골덴 제품

① 벨벳은 젖었을 경우 누르면 기모가 눕는다든지 주름이 지게 되므로 비가 올 때는 착용을 가급적 피하는 것이 좋다.

② 짙은 색상의 옷을 처음 착용할 경우 속옷 등에 색상이 묻는 경우와 마찰로 인하여 털이 빠지는 경우도 있다.

③ 착용 후 기모가 누운 부위는 기모결 방향으로 잘 손질하여 반드시 옷걸이에 걸어서 보관 하는 것이 좋다.

2) 모 및 모혼방 제품

개버딘, 플란넬, 트위드는 모를 이용한 직물들이다. 이러한 직물들의 세탁 시 주의사항은 다음 과 같다.

① 정장의류는 매일 같은 옷을 착용하기 보다는 옷을 번갈아 입고 입지 않는 옷은 휴식을 시킴으로서 언제나 새로운 옷을 입는 기분을 갖도록 해야 한다.

② 모의 특성상 비누액에서는 서로 엉켜 수축이 심하므로 드라이크리닝을 해야 변화(형태/오염)없이 오랫동안 착용할 수 있다. 그러나 방축 가공된 모 제품일 경우는 중성세제로 약한 손세탁을 할 수도 있다.

③ 모 제품에 구김이 심한 경우는 수증기가 많이 서린 목욕탕에 걸어두면 모의 특성상 구김이 펴져서 자연스러운 상태가 된다.

④ 착용 후 그냥 두게 되면 먼지나 오염 등에 곰팡이가 슬거나 좀 벌레의 먹이가 되니 착용 후엔 반드시 손질 한 후 보관하여 옷의 품위를 유지시켜 주는 것이 좋다.

⑤ 신사복 등 정장의류는 주머니의 물건을 꺼내고 옷걸이에 걸어서 보관해야 옷의 모양이 흐트러지지 않는다.

⑥ 드라이크리닝 후에 기름 냄새가 많이 날 경우에는 기름 냄새를 제거한 후 보관하여야 좀이나 곰팡이의 피해를 방지할 수 있다.

⑦ 보관 중에는 가끔씩 꺼내어 통풍이 잘되는 곳에서 건조시켜 주는 것이 좋다.

[DIY 원단 및 레이스, 부자재]

- 화이트패브릭 (http://www.whitefabric.com/)
- 레이스나라 (http://www.lacenara.co.kr/)
- 천나라닷컴 (http://1000nara.com/)
- 싸다천 (http://ssada1000.com/v2/)
- 더싸다 (http://www.thessada.com/)
- 소잉박스 (http://www.sewingbox.net/)
- 데코랜드 (http://my.dreamwiz.com/decohome/mainp.html)
  원단, 레이스, 태슬, 커버링
- 천모아 (http://www.1000moa.com/)
- 슈리본 (http://www.sueribbon.co.kr/) 수입리본재료, 선물포장 재료판매

✤ CLOTHS 디자인 연구

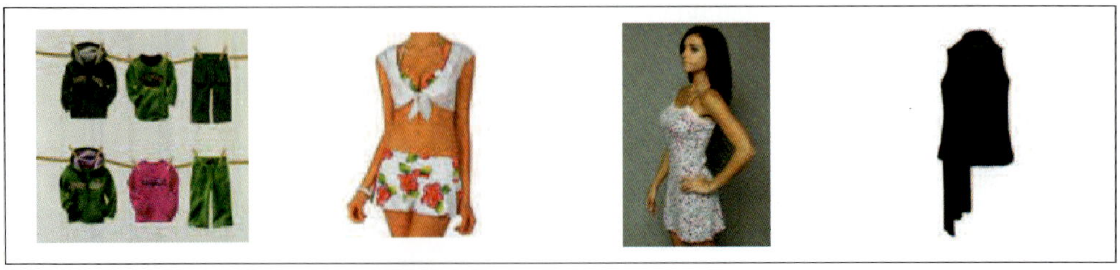

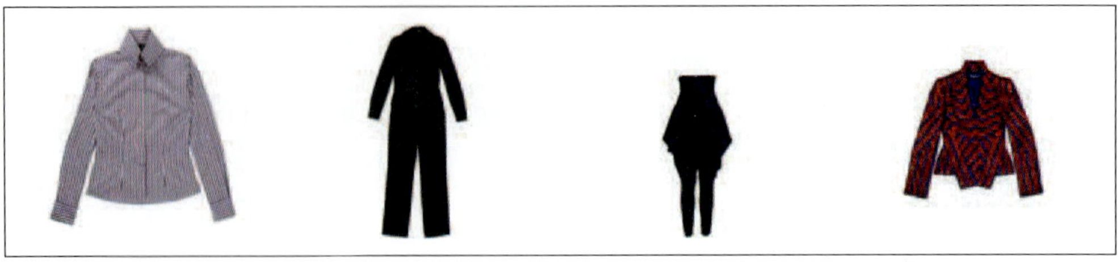

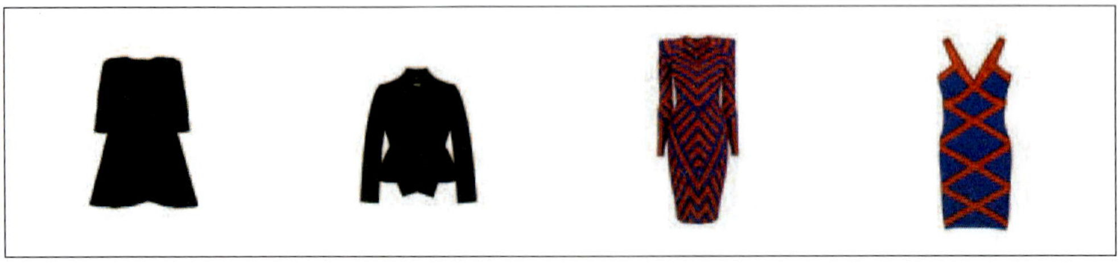

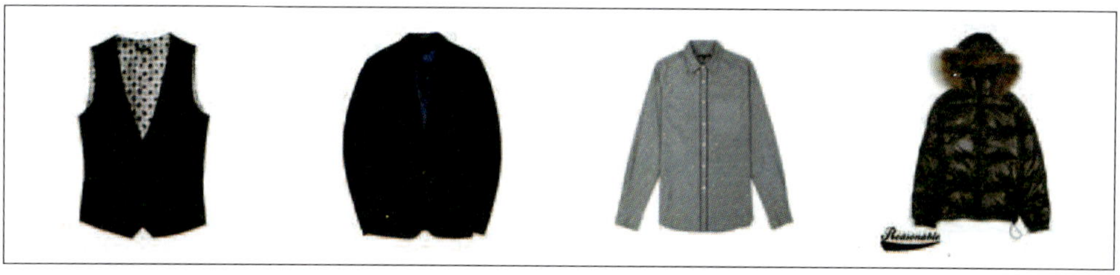

22 AUTOMOBILE & TRANSPORTATION

- Auto Accessories
- Auto Electrical System
- Auto Batteries
- Auto Ignition System
- Auto Lighting System
- Auto Starter System
- Auto Electrical Generator Alternator
- Auto Electrical Motor
- Auto Electrical Relays Sensors
- Auto Electrical Switches
- Auto Electrical Speaker Horn
- Auto Electronics
- Auto Electronics Car Audio
- Auto Electronics Car Video
- Auto Electronics Communications
- Auto Electronics Navigation GPS
- Auto Electronics Radar Detector
- Auto Maintenance
- Auto Production Line Equipment
- Auto Parts
- Auto Parts Auto Bearing
- Auto Parts Auto Filter
- Auto Parts Auto Meter
- Auto Parts Brakes
- Auto Parts Car Glasses Mirrors
- Auto Parts Clutches Parts
- Auto Parts Cooling System

- Auto Parts Engine Parts Mounts
- Auto Parts Exhaust System
- Auto Parts Heating Air Conditioning
- Auto Parts Muffler Assembly
- Auto Parts Radiator & Parts
- Auto Parts Security & Safety
- Auto Parts Shock Absorbers
- Auto Parts Steering Transmission
- Auto Parts Tank & Parts
- Auto Parts Tube Assembly
- Auto Parts Wheel & Tire
- Auto Parts Windshield Wipers
- Auto Parts Wire Assembly
- Automobile
- Automobile & Parts Agent
- Auto Production Lines
- Auto Security & Safety
- Car Beauty & Care
- Electric Motorcycles
- Garage Tool & Equipment
- Maintenance Equipment
- Marine Engine
- Marine Equipment & Parts
- Motorcycles
- Motorcycle Accessories
- Motorcycle Parts
- Parking
- Repairing Tools
- Special Transportation Equipment
- Vehicle
- Transportation
- Aviation
- Elevators & Funicular Cars
- Passenger Car

- Trains & Railroads
- Truck & Parts
- Transportation Equipment
- Transportation Product Agents
- Transportation Projects

✤ AUTOMOBILE & TRANSPORTATION 디자인 연구

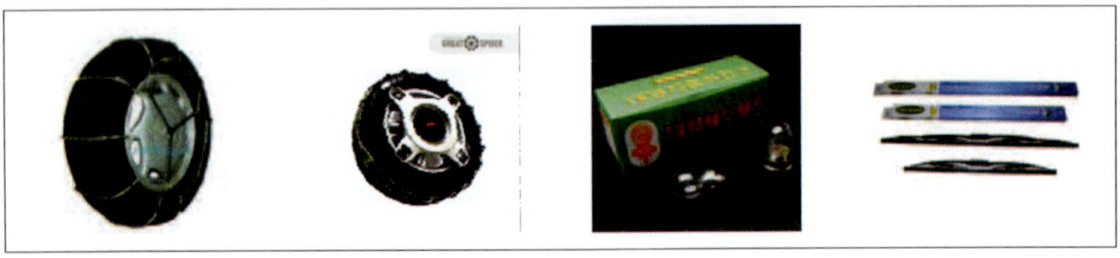

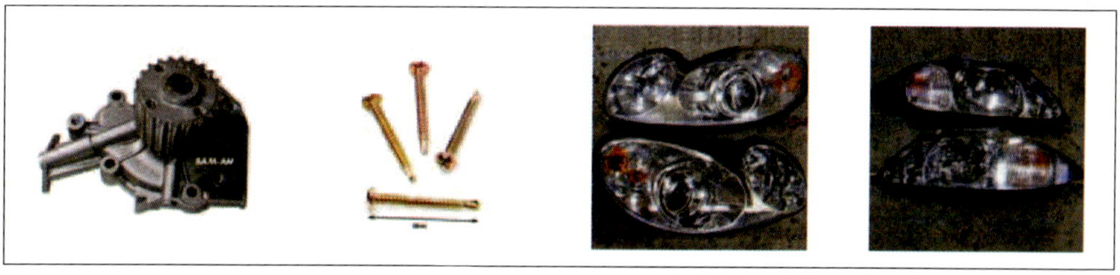
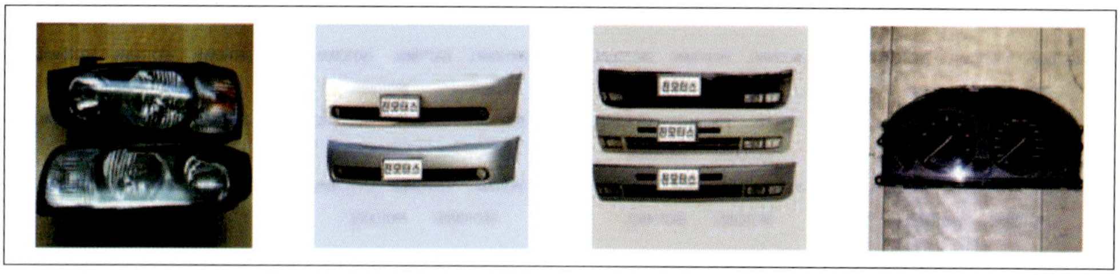

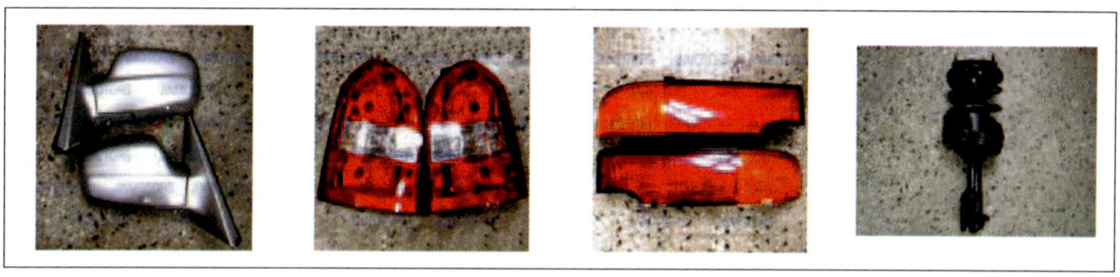

23 CHEMICAL & MATERIALS

✤ 상품학 상의 상품분류

- Activated Carbon
- Adhesives & Sealants
- Agrochemicals & Pesticides
- Bio Technology Products
- Catalysts
- Chemical Additives & Auxiliary
- Chemical Machinery
- Chemical Projects
- Chemical Reagent
- Chemical Waste
- Chemical Agents
- Chemical Minerals
- Coatings
- Cosmetics Chemicals
- Desiccants
- Dyestuffs
- Engineering & Consulting
- Explosive
- Fertilizer
- Fungicide
- Fine Chemicals
- Fine Chemicals Air Freshener
- Fine Chemicals Detergent

- Fine Chemicals Flavour & Fragrance
- Fine Chemicals Soap
- Fodder & Feed Additives
- Food Additives
- Herbicides
- High Polymers
- Inorganic Chemical Materials
- Inorganic Chemical Alkali
- Inorganic Chemical Elementary Substance
- Inorganic Chemical Inorganic Acid
- Inorganic Chemical Inorganic Salt
- Inorganic Chemical Oxide
- Laboratory Supplies & Services
- Organic Chemical Materials
- Organic Chemical Aldehyde & Ketone
- Organic Chemical Alkene
- Organic Chemical Amine
- Organic Chemical Benzene Ramification
- Organic Chemical Ester
- Organic Chemical Hydrin
- Organic Chemical Organic Acid
- Organic Chemical Organic Intermediate
- Organic Chemical Organic Salt
- Organic Chemical Saccharide
- Painting Materials
- Petroleum & Products
- Petroleum Bitumen
- Petroleum Coke
- Petroleum Crude Oil
- Petroleum Fuel Oil
- Petroleum Graphite
- Petroleum Lubricant

- Petroleum Paraffin
- Petroleum Vaseline
- Pharmaceutical Chemicals
- Pigment
- Plant Growth Regulator
- Plastics & Products
- Plastic Machinery
- Printing Oil
- Resin
- Rubber & Products
- Rubber Machinery
- Special Chemical

24 FOOD & BEVERAGES

✤ 식·음료 재료의 상품학

(1) Types of beverage

1) Water

Main article: Drinking water

Despite the fact that all beverages contain water, water itself is not a beverage. The word beverage has traditionally been defined as not referring to water.

2) Alcoholic beverages

Main article: Alcoholic beverage

An alcoholic beverage is a drink that contains ethanol, commonly known as alcohol (although in chemistry the definition of "alcohol" includes many other compounds).

Beer has been a part of human culture for 8000 years. In Germany, and many other European countries such as the United Kingdom and Ireland, drinking beer and alcoholic beverages in the local pub is a very cultural tradition.

3) Non-alcoholic beverages

Orange juice is usually served cold.

Main article: Non-alcoholic beverage

Non-alcoholic beverages are drinks that usually contain alcohol, such as beer and wine, but contain less than 0.5% alcohol by volume. This category includes low-alcohol beer, non-alcoholic wine, and apple cider.

4) Soft drinks

Main article: Soft drink

The name "soft drink" specifies a lack of alcohol by way of contrast to the term "hard drink" and the term "drink", the latter of which is nominally neutral but often carries connotations of alcoholic content. Beverages like colas, sparkling water, iced tea, lemonade, squash, and fruit punch are among the most common types of soft drinks, while hot chocolate, hot tea, coffee, milk, tap water, alcohol, and milkshakes do not fall into this classification. Many carbonated soft drinks are optionally available in versions sweetened with sugars or with non-caloric sweeteners.

5) Hot beverages

- A cup of coffee.

  A hot beverage is any beverage which is normally served heated. This may be through the addition of a heated liquid, such as water or milk, or by directly heating the beverage itself. Some examples of hot beverages are:
- Coffee-based beverages
- Cappuccino
- Coffee
- Espresso
- Caf au lait
- Frapp
- Flavored coffees (mocha etc.)
- Latte
- Hot chocolate
- Hot cider
- Mulled cider
- Gl hwein
- Tea-based beverages
- Flavored teas (chai etc.)
- Green tea
- Pearl milk tea

- Tea
- Herbal teas
- Yerba Mate
- Roasted grain beverages
- Sanka

(2) 상품학상 식·음료 아이템들

- Alcohol(wine, beers)
- Aquatic Products
- Baby Food
- Bean Products
- Beef
- Beverages
- Beverage Processing Machinery
- Bread & Biscuit
- Canned Food
- Cigarette & Tobacco
- Confectionery
- Cooking Equipment
- Dairy Products
- Frozen & Dried Fruit
- Egg Products
- Fast－Food
- Inflatable Products
- Flour
- Food Additives
- Food Agents
- Food Ingredients
- Food Chocolate Ingredients
- Food Cultures Enzymes & Yeast
- Food Edible Fats & Oils
- Food Flavors Flavor Enhancers

- Food Gums & Stabilizers
- Food Nutrient Additives
- Food Spices & Seasonings
- Food Starch & Derivatives
- Food Sugar & Sweeteners
- Food Processing
- Food Processing Machinery
- Food Projects
- Frozen & Dried Food
- Health Food
- Honey Products
- Meat & Poultry
- Milk & Dairy
- Noodles
- Snacks
- Tea
- coffee
- chocolate
- Vegetable
- confectionery
- candy(toy candy, soft candy, milk candy, popping candy, gummy candy, lollipop, candy toy, hard candy, fruit candy, coffee candy, sweet candy, lollipop candy)
- biscuits
- jelly
- coffee creamer
- health food
- juice drink

25 COMPUTER & IT

✤ computer & it 상품 분류

- Computer & PC Case
- Computer Cables & Connectors
- Computer & Software Agents
- Computer Related Projects
- Computer Assembly & Manufacturing
- Computer Bag
- Computer Security Devices
- Computer Furniture
- Consumables
- CPU Card
- CPU Cooling Kit
- CPU Processors
- Computer Games Entertainment
- Digital Photography
- Drives & Storage Devices
- Earphone & Headphone
- GPS & Navigation
- Graphic Cards Terminals
- Hard Disk
- Hardware Components
- IC Card & Readers
- Internet Web Related Products
- LCD Plasma Monitor
- Network Device

- Network Engineering
- New Product
- Notebooks Laptops
- PDA
- Peripherals
- PC & Digital Camera
- PC & Mac
- Printers & Scanners
- Joysticks & Game Controllers
- Keyboards
- Memory Module Chips
- Mobile Computing Devices
- Modems
- Monitors & Displays Accessories
- Mouse & Accessories
- Motherboard & Mainboards
- Multimedia Speakers Devices
- Second Hand computer
- Server & WorkStation
- Software OS Database
- Software
- Software Design
- Sound Card Devices
- Terminals H& held Interactive
- Wireless Infra Red Devices
- UPS & Power Supply

✤ 최근 젊은 층의 소비경향

소형 아파트나 오피스텔에서 사는 신혼부부와 싱글족들을 위한 '미니기기'들이 인기를 끌고 있다. 단순히 크기가 작아진 것에서 나아가 싱글족 등에 유용한 기능과 특색 있는 디자인으로 작은 집에서도 삶의 질을 높이도록 한 것이 특징이다.

좁은 공간에 책상과 컴퓨터를 놓기가 부담스러운 직장인들에게는 작은 사이즈의 미니노

트북과 넷북이 제격이다. 넷북보다 작아 '핸탑(hand-top)'이라 불리는 빌립의 7인치 미니 노트북 'S7'은 문서작업을 할 수 있으면서도 LCD를 뒤로 돌려 접어 영화와 드라마 등을 터치스크린을 통하여 즐길 수 있다. 또 최근에는 혼자서 한 끼라도 정성을 다해 요리할 수 있는 미니 주방기기들도 출시되고 있다. 바쁜 싱글족과 맞벌이 부부를 위한 미니정수기가 출시되어 기존 크기의 반으로 줄어 부엌이나 원룸에 설치하기가 좋다. 또 깊은 맛의 커피 한 잔은 요즘세대에 빼놓을 수 없는 삶의 여유이기에 작은 크기의 미니 커피머신이 출시됨과 동시에 LED조명까지 더해 카페 분위기를 연출하는 신제품의 등장으로 사이즈가 작은 상품이 하루가 다르게 출시되고 있다.

✤ COMPUTER & IT 디자인 연구

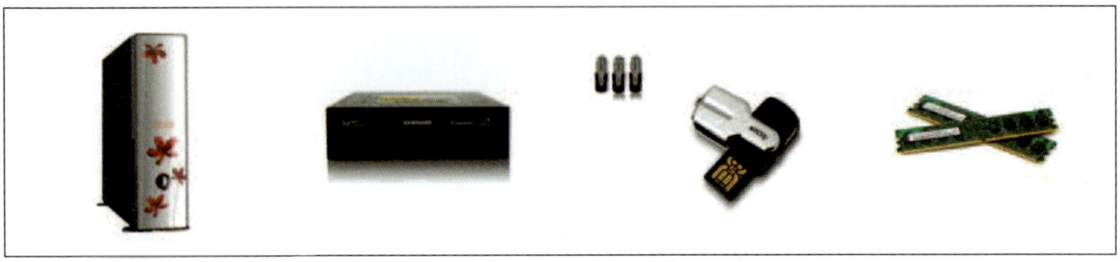

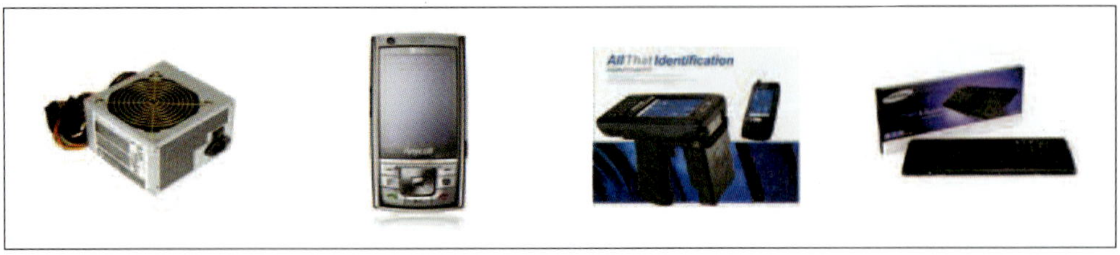

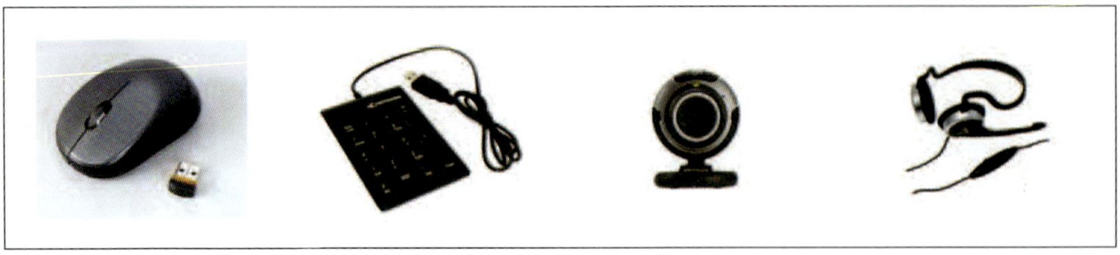

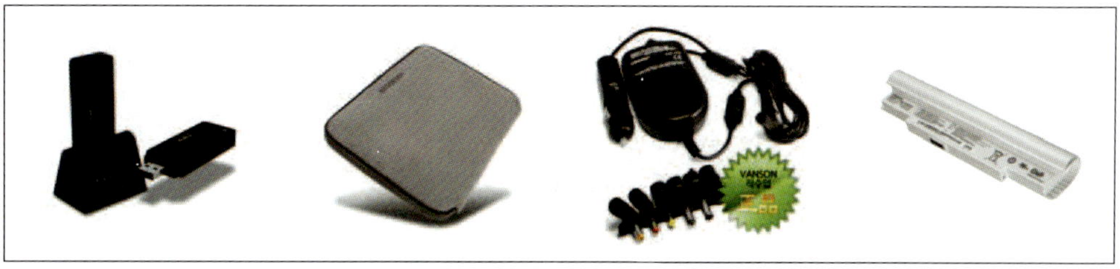

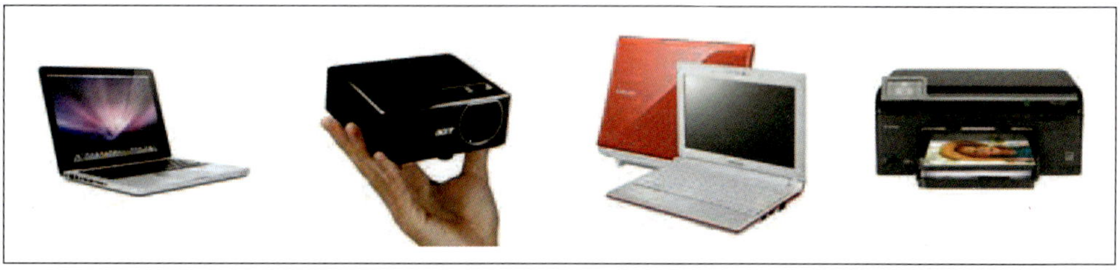

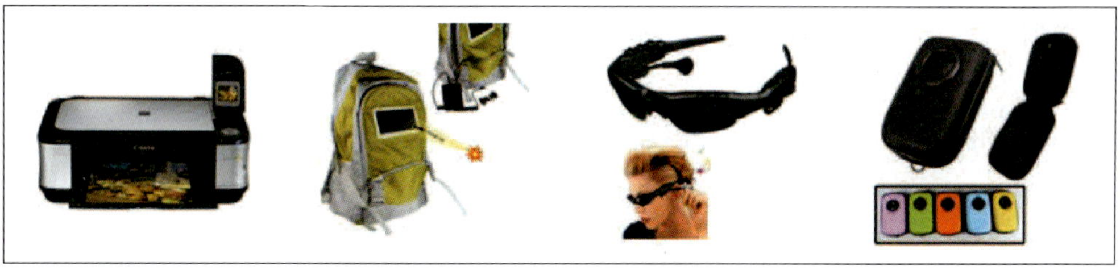

SanDisk
SD Card
2GB
TDK
EMTEC

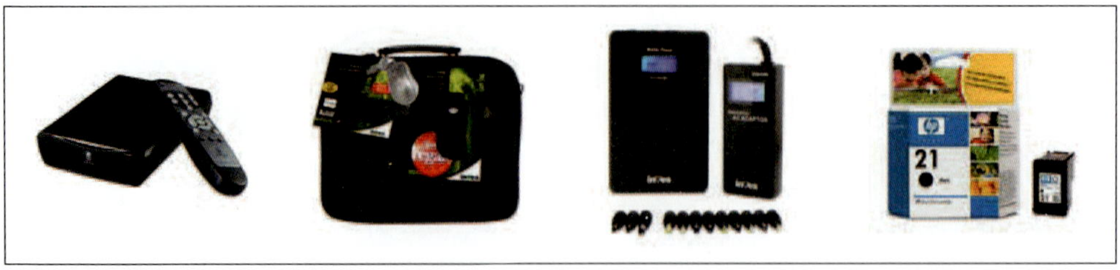
21

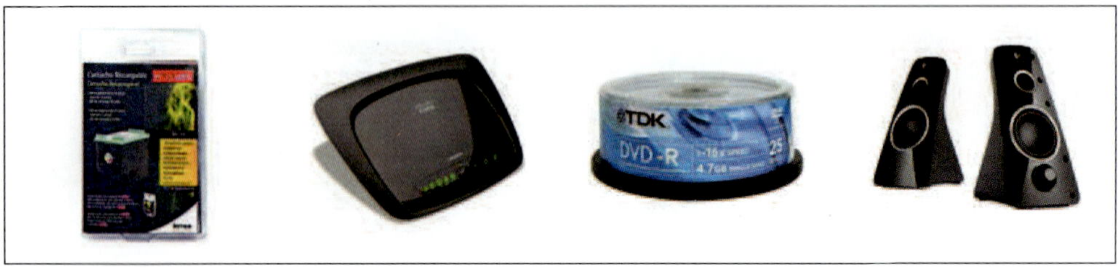
TDK
DVD-R
25

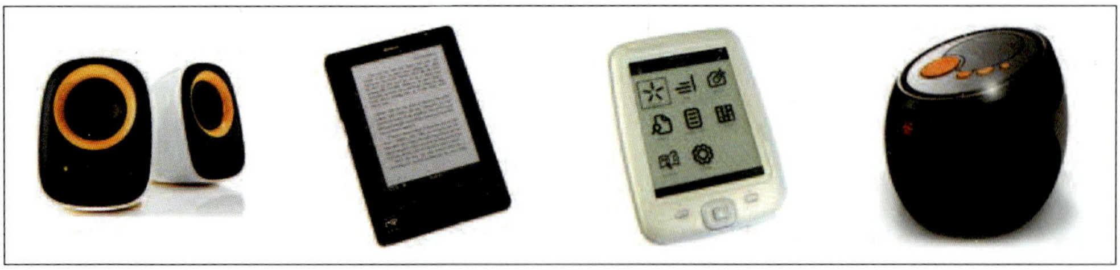

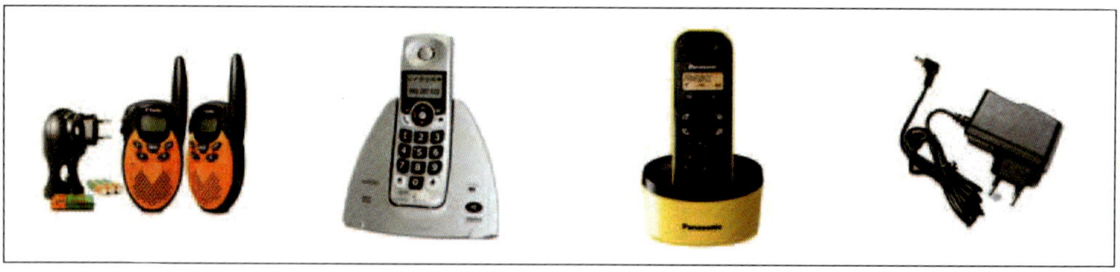

nooki

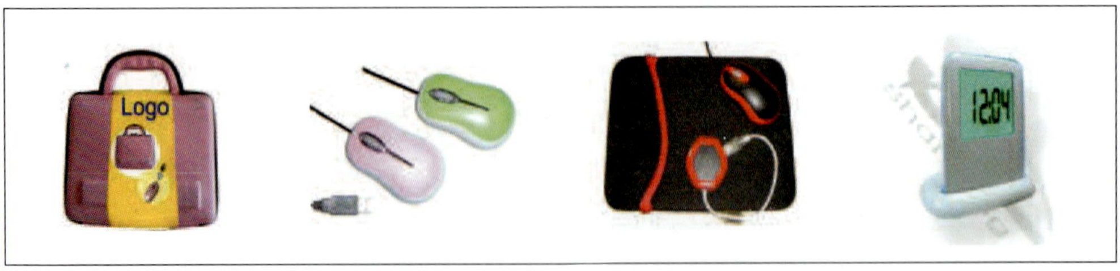
Logo
12:04

NEW!

AGAMA
DEPENDABILITY

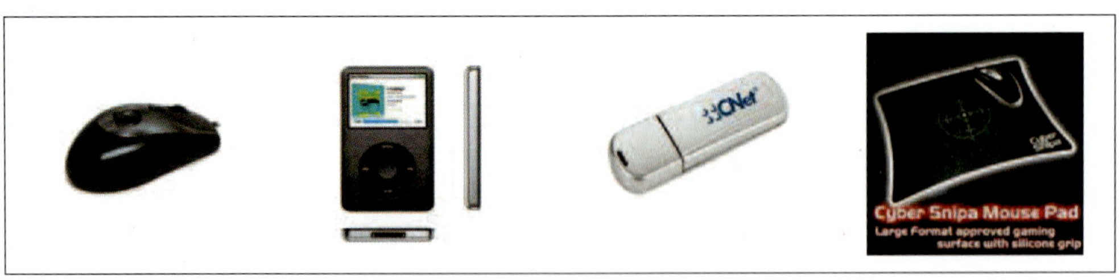
CNet
Cyber Snipa Mouse Pad
Large Format approved gaming surface with silicone grip

GARMIN

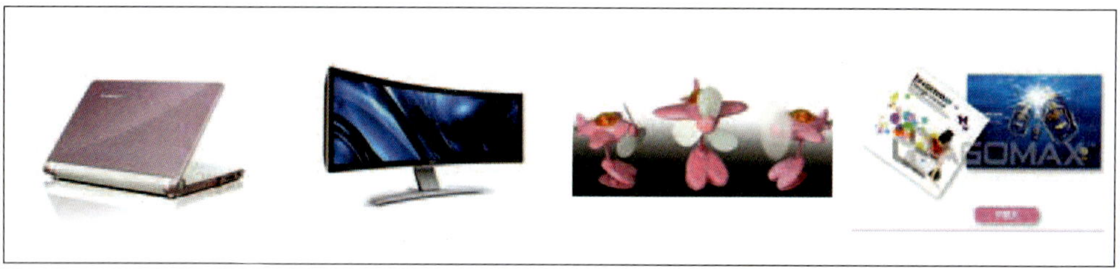
GOMAX

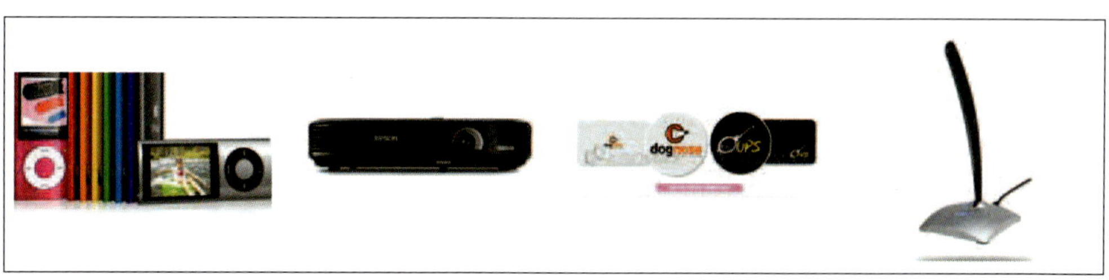
dognose

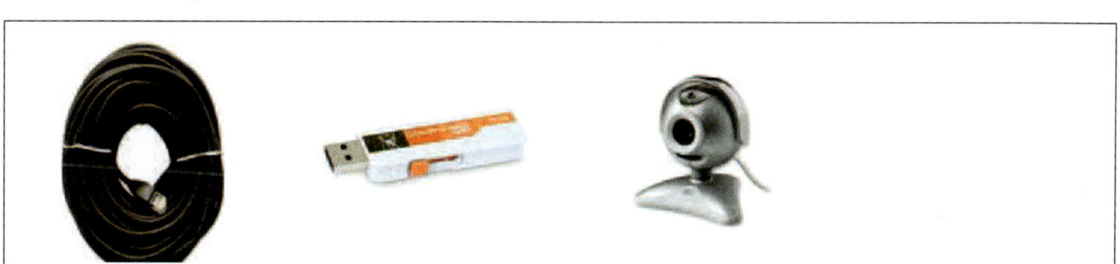

26 CONSTRUCTION & DECORATION

✤ Construction & Construction decoration

이 상품은 건설, 빌딩, 건축, 인테리어에 사용하는 원자재를 말한다. 이 상품군은 일반적으로 전문성을 가진 사람들이 상품을 움직이며 handling하는 경향이 두드러진다. 초기 진입에는 조금 어렵지만 어느 정도 전문성을 갖춘다면 다른 경쟁자의 장벽이 그리 높지 않다. 이 상품군을 취급하기 위해서는 3-5년간 이 상품을 취급하는 회사에서 근무를 하고 난 후에 이 상품에 접근하면 용이하다. 최근이 이 상품군도 중국 생산이 많기 때문에 도전해 볼 가치는 있다.

또 몇 가지 아이템들은 국제적 표준 SPEC.(규격)을 갖추고 있어 접근하기에 용이하다. 미래에는 중국의 원자재 생산이 증가하므로 도면만 가지고 중국에서 모든 건축 원자재를 생산과 수입하여 한국으로 가지고 와서 조립만 하는 시대가 곧 도래 할 것으로 사료된다.

- Adhesives
- Bath & Toilet Accessories, Toilet Bathtub
- Bricks & Pavers
- Building Facilities
- Building Facilities Building Ceramic
- Building Facilities Building Coating
- Building Facilities Building Glass
- Building Facilities Building Metallic
- Building Facilities Building Plastic
- Cement
- Coatings
- Construction Hardware

- Construction Machinery
- Materials Agents
- Crystallized Glass Panel
- Construction Projects
- Decorating Design
- Decorative Materials
- Decorative Tools
- Doors & Windows
- Earthwork & Products
- Earthwork & Products Fiberglass
- Earthwork & Products Fireproof
- Furniture & House
- Furniture & Children
- Furniture & Laboratory
- Furniture & Office
- Furniture & Computer
- Furniture & Contempory
- Fireproof & Materials
- Flooring & Tiles
- Flooring & Tiles Carpet Rug
- Heat & Insulation
- Heat Ventilation & Air Conditioning
- Insulation
- Kitchen Appliances
- Lime & Plaster
- Locks
- Paint
- Pipe & Fittings
- Pipe & Fittings Aluminum Pipes
- Pipe & Fittings Composite Pipes
- Pipe & Fittings Copper Pipes
- Pipe & Fittings Iron Pipes

- Pipe & Fittings Other Metal Pipes
- Pipe & Fittings Pipe Fittings
- Pipe & Fittings Plastic Pipes
- Pipe & Fittings Steel Pipes
- Real Estate
- Real Estate Apartment Villas
- Real Estate Office Building
- Real Estate Real Estate Agents
- Real Estate Real Estate Projects
- Real Estate Workshops & Plants
- Real Estate Agents
- Soundproof Materials
- Special Material
- Stone & Marble
- Stone Marble Bathroom Kitchen Fixture
- Stone Marble Cobble & Pebble
- Stone Marble Counter Vanity Table Top
- Garden decoration
- Garden furniture
- Garden tool
- Garden lighting
- Garden solar light
- Garden pot
- Garden Stone Carving Sculpture
- Garden Tombstone Monument
- Timber & Plank
- Tools
- Undertaking Contracted Projects
- Wall Materials
- Wall Materials Wallpaper
- Waterproof Materials
  - metal crafts

- PVC panel, pvc wall panel, pvc decoration wall panel, pvc ceiling panel
- plastic wall panel
- PVC board
- PVC sheet
- Aluminium panel
- tile(ceramic tile, floor tile, wall tile, porcelain tile, glazed tile, polished tile, rustic tile, mosaic tile, granite tile etc)
- glass mosaic tile
- building glass, tempered glass, safety glass, float glass, laminated glass, decorative glass, art glass
- door(PVC door, wooden door, interior door, security door, metal door, safty door, room door, steel door, molded door etc
- aluminum window profile
- aluminum bathroom & shower room profile
- aluminum sheet, rolls, alloy, panel, components, coil
- aluminum window and door

27 ELECTRONICS & ELECTRICAL

✤ Electronics & Electrical 상품연구

- Acoustic Component
- Wires & Cables Accessories
- Wires & Cables Audio Video Cable
- Wires & Cables Bare Wire
- Wires & Cables Cable Wiring Accessories
- Wires & Cables Manufacturing Equipment
- Wires & Cables Communication Cables
- Wires & Cables Computer Cables Connectors
- Wires & Cables Connectors & Terminals
- Wires & Cables Instrumentation Cable
- Wires & Cables Power Cable
- Wires & Cables Power Cord
- Wires & Cables Cable & Wire Harness
- Wires & Cables Specialty Cable Assemblies
- Wires & Cables Others
- Batteries & Chargers Accessories
- Batteries Auto Batteries
- Batteries Battery Packs
- Batteries Battery Testers
- Batteries Dry Disposable Primary Batteries
- Batteries Fuel Cells
- Batteries Lithium Nickel Hydride Batteries
- Batteries Rechargeable Batteries
- Batteries Storage & Secondary Batteries

- Batteries Solar Cells & Solar Pane
- Batteries & Chargers Others
- Calculator
- Capacitors
- Chargers
- PCB & PCBA
- Circuit Breaker
- Contactor
- Commercial Field
- EL Products
- EL Electronic Instrument Enclosures
- EL Electric Power Tools
- EL Electrical Contact Materials
- EL Electrical Outlets & Plugs
- EL Electrical Product Agents
- EL Electronics Component
- EL Electronics Data Systems
- EL Electronics Instrument
- EL Electronics Signs
- EL Electronic Agents
- EL Electronics Designing Processing
- EL Electronics Projects
- EL Financial Field
- Generators
- High Low Voltage Electrical Apparatus
- Insulation
- Keypad & Keyboard
- Laser
- LED Backlight
- LED Calendar
- Lighting Bulbs & Tubes
- Lighting Bulbs Energy Saving Fluorescent

- Lighting Bulbs Halogen Bulbs
- Lighting Bulbs HID Bulbs
- Lighting Bulbs Incandescent Bulbs
- Lighting Bulbs & Tubes Others
- Lighting Accessories
- Lighting Accessories Ballast Starter
- Lighting Accessories Lamp Cover shade
- Lighting Accessories Lighting Transformer
- Lighting Accessories Others
- Lighting Fixtures Accessories
- Lighting Fixtures Emergency Lights
- Lighting Fixtures Flashlights Torches
- Lighting Fixtures Holiday Lighting
- Lighting Fixtures Industrial Lighting
- Lighting Fixtures Outdoor Lighting
- Lighting Fixtures Residential Lighting
- Lighting Fixtures Wall Lamp
- Lighting Fixtures Others
- Magnetic Materials
- Motors & Engines
- Optical Instrument & Parts
- Power Accessories
- Power Supplies
- Power Supplies AC/DC Adapter
- Power Inverter & Converter
- Power Industrial Power Supply
- Power Switching Power Supply
- Power Transformer & Inductor
- Power Uninterrupted Power Supply UPS
- Power Voltage Regulator Stabilizer
- Power Others
- Professional Audio Video & Lighting

- Radio & TV Equipment
- Rectifiers
- Relays
- Semiconductors
- Sensors
- Speaker
- Switches
- Transformers
- LED Torch

28 ENVIRONMENT & ENERGY

✤ ENVIRONMENT & ENERGY 상품연구

최근에 이 분야 아이템들의 연구와 개발이 한창이며 수많은 아이디어 상품과 연구개발된 상품들이 개발되고 있으며 또한 정부의 지원 아래 산업으로 등장하고 있다.

이 분야는 전문성의 상품군으로 일반 상품과는 다른 분야이다.

- Environment Product Agents
- Environment Projects
- Gas Disposal
- Noise Reduction Device
- Recycling
- Recycling Chemical Waste
- Recycling Metal Waste
- Recycling Textile Waste
- Recycling Waste Paper
- Recycling Others
- Sewer
- Waste Management
- Water Treatment
- Charcoal
- Coal
- Electricity
- Energy Agents
- Energy Projects
- Generators
- Natural Gas

- Petroleum & Products
- Petroleum & Bitumen
- Petroleum & Coke
- Petroleum & Crude Oil
- Petroleum & Fuel Oil
- Petroleum & Lubricant
- Petroleum & Paraffin
- Petroleum & Others
- Power Supplies
- Power AC DC Adapter
- Power Inverter & Converter
- Power Industrial Power Supply
- Power Switching Power Supply
- Power Transformer & Inductor
- Power Others
- Solar & Recycling Energy
- UPS & Power Supply

29 FARM MACHINERY & EQUIPMENT

(1) 농업용 기계류나 정원용 공구

1) Agricultural & Gardening Tools

- Brush Cutters
- Chainsaws
- Forks
- Garden Shredders
- Garden Trowels
- Hedge Trimmers
- Hoes
- Lawn Mowers
- Leaf Blowers
- Pickaxes
- Pruning Saws
- Pruning Shears
- Rakes
- Sickles
- Snows Blowers
- Spaders & Shovels
- Sprayers

2) Agricultural & Gardening Tools

3) Agricultural Greenhouses

4) Animal Husbandry Equipment

- Animal Cages
- Animal Drinkers
- Animal Feeders
- Ear Tags
- Egg Incubators
- Other Animal Husbandry Equipment

5) Aquaculture Equipment

- Aquaculture Machine Aerators
- Aquaculture Traps
- Fishing Nets
- Fishing Ropes
- Other Aquaculture Equipment

6) Farm Machinery

- Balers
- Cultivators
- Harvesters
- Milking Machines
- Oil Pressers
- Seeders
- Shellers
- UTV
- Other Farm machinery
    - Farm Machinery Parts
    - Flower Pots & Planters
    - Forestry Machinery
    - Irrigation & Watering
    - Silos

(2) Agricultural Services

- Agriculture & By – product agents
- Agriculture products processing
- Agriculture Projects

(3) Other Agriculture Products

- Agricultural products stock
- Agricultural Waste
- Charcoal
- Other Agriculture products

30 INDUSTRIAL SUPPLIES & MACHINERY

✤ INDUSTRIAL SUPPLIES & MACHINERY 상품 연구

- Aquaculture Equipment & Supplies
- Air Compressing & Air Separation
- Air Treatment & Conditioning
- Animal Husbandry
- Auto Bearing
- Ball Bearings
- Ball Bearing Angular Contact
- Ball Bearing Angular Contact
- Ball Bearing Ceramic
- Ball Bearing Deep Groove
- Ball Bearing Thrust
- Bearings
- Bearing Accessories
- Bearing High Precision
- Bearing Needle
- Bearing Pillow Block
- Bearing Roller
- Bearing Cylindrical Roller
- Bearing Spherical Roller
- Bearing Spherical Thrust Roller
- Bearing Taper Roller
- Bearing Sliding
- Bearing Spherical Plain
- Boilers

- Cast & Forged
- Chains Rope Wires
- Chemical Machinery
- Construction Machinery
- Consumer Electronics Production Lines
- Daily Products Machinery
- Draught Fan
- Electronic Data Systems
- Electronic Testing Instrument
- Energy Saving
- Farm Machines & Tools
- Fasteners
- Filters
- Fishery Machinery
- Food Processing Machinery
- Forest Machinery
- Garden Tools & Equipment
- Gaskets & Seals
- Generator
- Hardware & Tools
- Hardware & Tools Accessories
- Tools Cutting
- Tools Electric Power Tools
- Tools Gasoline Powered
- Tools Hydraulic Pressure
- Tools Machining
- Tools Measuring & Gauging
- Tools Pneumatic & Air
- Tool Case & Bag
- Tool Sets
- Storage Batteries Secondary Batteries
- Industrial Lighting

- Industrial Materials Accessories
- Industrial Materials Abrasives
- Industrial Materials Carbon
- Industrial Materials Ceramics
- Industrial Materials Ceramic Fibers
- Industrial Materials Coatings
- Industrial Materials Fiberglass
- Industrial Materials Fireproof
- Industrial Materials Glass
- Industrial Materials Magnetic
- Industrial Materials Plastic
- Industrial Materials Printing Packaging
- Industrial Materials Recycled
- Industrial Supplies Agents
- Industrial Supplies Projects
- Industrial Supplies Stocks
- Industrial Washing Machine
- Internal Combustion Engine
- Machinery Designing & Processing
- Materials H& ling Equipments
- Materials H& ling Cranes & Hoists
- Materials H& ling Stacking Equipment
- Materials H& ling Storage Carts Trolleys
- Materials H& ling Wheelbarrows H& carts
- Measurement & Meter
- Metallic Processing Machinery
- Metallurgy Machinery
- Mining Machinery
- Mould
- Packaging Equipment & Machinery
- Paper Machinery
- Plant Equipment & Machinery

- Plastic Machinery
- Pharmaceutic Machinery
- Precision Machinery & Parts
- Pipe & Fittings
- Pipes Aluminum
- Pipes Composite
- Pipes Copper
- Pipes Iron
- Pipes Steel
- Pipe Fittings
- Plastic Pipes
- Power Transmission Equipment
- Power Transmission Conveyor Belt
- Power Transmission Coupling
- Power Transmission Gear – & – Gearbox
- Power Transmission Speed Reducer
- Power Transmission Motors & Engines
- Power Transmission Pulley
- Power Transmission Chain
- Printing Machinery
- Protective Tools
- Pumps & Vacuum Equipment
- Recycling Machinery
- Refrigeration & Heat Exchange
- Rubber Machinery
- Sawmill Machinery
- Sealing Machinery
- Shoe Making Machinery
- Sewing Machinery
- Spring
- Textile Machinery & Parts
- Tube Filling Machinery

- Used Machinery
- Valves
- Welding & Solders
- Woodworking Machinery
- Wood Based Panels Machinery
- Woodworking Benches & Tables

31 MEDICAL HEALTH & BEAUTY

✤ MEDICAL HEALTH 상품 연구

- Personal Care Hair Care
- Personal Care Nail Care
- Personal Care Razors Shaving Products
- Personal Care Skin Care
- Personal Care Soap
- Personal Care Weight Loss
- Personal Care Others
- Pharmaceutic Machinery
- Pharmaceutical Chemicals
- Sex Products
- Therapies
- Veterinary Medicine
- Weight Loss

32 PRINTING & PUBLISHING

✤ PRINTING & PUBLISHING 상품 연구

- printing service : name card, all kinds of envelopes, paper bag, form sheet, receipt, company business form.
- book printing
- canvas printing
- vinyl printing
- paper printing
- brochure(=catalogue) printing
- guide book
- magazine printing
- advertising paper printing
- heat transfer printing
- screen printing
- packaging box
- shopping bag printing
- CDs Records & Tapes
- Electronic Books
- Internet Service
- Movie
- Printing Machinery
- Printing Plate
- Printing Product Agents
- Transfer Printing

(1) 카드의 종류 연구

1) plastic card

① pvc card; gift card; VIP card; barcode card; business card; calendar card;

② member card; membership card; game card; magnetic stripe card; member-ship

③ id card; phone card; photo staff id card; plastic blank card; plastic business card

④ plastic calendar card; plastic calling card; telecome card; plastic gaming card

⑤ plastic gift card; plastic ID card; plastic member card; plastic membership card

⑥ plastic name card; plastic phone card; plastic scratch card; plastic telecom card

⑦ plastic vip card; printing gift card; printing member card; printing plastic card

⑧ printing pvc card; printing vip card

2) smart card

① ID card; RFID card; IC card; plastic IC card; PVC IC card; Smart card; smart

② IC card; contactless IC card; contact card

3) hang tag

① PVC luggage tag; metal luggage tag; plastic luggage tag; PVC hang tag; metal

② hang tag; plastic hang tag

4) key tag

ABS disc tag; ABS Key tag; PVC Key tag

5) metal card

Metal card; metal business card; metal name card; Gold－plating card ; Silver－plating card

6) paper card

paper card; paper telecom card; paper scratch card

(2) 주요 카드별 연구

1) membership cards

Member card are very popular using in the world. A well desugned, card design with a high quality portrait and an attractive and clear "corporate identity" are the status and success of the company will be greatly enhanced.

Members also are ambassadors for the company, and they will generate lots of free promotional advertising if they are proud of their member, and are eager to show off their member card. A well-designed member card is therefore a benefit, not a cost, for any company.

2) VIP cards

Present your valuable customers with plastic vip card with their names on them to show your respect and appreciation.

3) magnetic stripe cards

The magnetic stripe card is a kind of medium card can be written down magnetism the. It is made by the high strength, able to bear the high-temperature plastics or the paper coating plastics. Can be dampproof,

Wear-resisting and having certain flexibility. It is reliable to comparatively carry convenient, use steadily. Usually, One side of magnetic stripe card prove message of briefing and etc. to have to print. Such as inserting the card direction. Another side is magnetosphere or magnetic stripes. Have 2-3 magnetism in order to write down the relevant information data ones.

Magnetic stripe one arranging directional iron nature oxidize the material that the particle makes up thin. (Call it the pigment too). Glue and mix together tightly with the resin binder. Is it shut in at the magnetism substrate media to glue.

Magnetic stripe make peace tape that computer spend or magnetic disc the same from essential meaning. It can be used for recording the letter, character and digital information. Equal to or hot and shut and exactly mix with the plastics or the paper together and form the magnetic stripe card firmly through glueing. The information included in the magnetic stripe is generally bigger than rectangular yard. Can be divided into three independent magnetism ones in the magnetic stripe. Called TK1, TK2, TK3. Can write 79 letters or characters at most. TK2 can write 40 characters at most. TK3 can write 107 characters at most.,Accord with the international standard ISO7810,7811

4) barcode cards

The bar code is by one and empty different in width, parallel and adjoint of one group. Symbol made up according to certain code rule. Can represent such information as the letter, figure, etc. Bar code technology is to study how to use the identification information of the bar code. And change the information of the identification of the bar code into the language that a computer can discern. Make use of bar code technology to realize and discern automatically.

5) scratch cards

Scratch card combines modern printing technology with international technology to assure the safety of data and amplify the function of fake defending and increase the difficulty of faking. It is usually used in the sports lottery ticket and rechargeable card.

Strict guarantee of quality

Quality is the life of a company, it reflects in the strict qualitative system and every employee. The company applies the overall qualitative management controlled by setting up the overall qualitative guarantee mode of production, installation and service under strict management rules.

① The material we use is imported from other countries; it has been tested strictly when coming into the factory.

② The design of the scratch card in computer controlling system guarantees the correct construction for 100%, perfect data checking and management guarantee the correct data information for 100%

③ Independent qualitative controlling system has strict demands to every step of testing in illumination, chemistry, temperature and machinery; guarantees the prompt feedback. Tight secure measurement:

scratch card is the valuable bond。 Security is the key point. We establish a whole set of high secure system in printing and delivering lottery card in order to prevent cheating, changing or peeping.

In the producing area of scratch card, we add automatic controlling system near the front door or the producing area, and record for whole day. We have professional employee to charge the controlling system. If there is any situation happened, the person will report immediately. The camera will cover all the producing area to secure.

The semifinished or waste products will be registered. The waste products will be destroyed completely before leaving the factory.

- scratch cards
- product warranty cards
- calendar cards
- photo ID cards
- business card
- gaming cards
- gift cards
- contact IC cards
- contactless IC cards
- RFID cards
- non standard cards
- hang tag luggage tag
- paper cards
- metal cards

■ 참고 : PB상품 [private brand goods]

요약 : 백화점·슈퍼마켓 등 대형소매상이 독자적으로 개발한 브랜드 상품.

백화점·슈퍼마켓 등 대형소매상이 자기매장의 특성과 고객의 성향에 맞추어 독자적으로 개발한 브랜드 상품으로, 패션 상품에서부터 식품·음료·잡화에 이르기까지 다양하다. 해당점포에서만 판매된다는 점에서 전국 어디에서나 살 수 있는 제조업체 브랜드(national brand : NB)와 구별된다. 신세계백화점의 '피코크', 롯데백화점의 '샤롯데', 현대백화점의 '시그너스' 등이 대표적인 예이다.

기존의 생산업체와 유통경로로는 값 싸고 질 좋은 상품을 원하는 소비자들의 취향을 따라가기 어렵기 때문에 유통업체인 대형소매상이 기획·개발·생산 및 판매과정을 전부 또는 일부를 자주적으로 수행하여 만들어낸 상품으로 더 많은 고객을 끌기 위한 상품개발 경쟁이 치열하다.

■ 참고 : 브랜드 [brand]

요약 : 특정한 매주(賣主)의 제품 및 서비스를 식별하는 데 사용되는 명칭·기호·디자인 등의 총칭.

말로써 표현할 수 있는 것을 브랜드명(名), 말로써 표현할 수 없는 기호, 디자인, 레터링 등을 브랜드 마크라고 한다. 또, 브랜드명, 브랜드 마크 가운데에서 그 배타적 사용이 법적으로 보증되어 있는 것은 상표(商標 : 트레이드 마크)라고 한다.

브랜드는 그것이 제조업자에 속하느냐 유통업자에 속하느냐에 따라 메이커 브랜드와 프라이빗 브랜드(private brand)로 나누어진다. 전자는 메이커가 자사 제품에 대하여 사용하는 것임에 반하여, 후자는 대형 소매점, 도매점 등의 유통업자가 자신들이 판매하는 제품에 대하여 사용하는 것이다. 프라이빗 브랜드 상품의 대부분은 이들 유통업자의 기획 아래 메이커에 위탁 생산되는 것이며, 품질에 비해서 가격이 싼 것이 특징이다.

기업이 자사 제품에 브랜드를 부여하는 것은, 그것을 경쟁 상대의 제품과 명확히 구별하기 위해서이지만 그것은 소비자의 상표 충성도(brand loyalty)의 존재와 무관하지 않다. 브랜드 로열티는 브랜드 선택에 있어 소비자가 어느 특정한 브랜드에 대해 갖는 호의적인 태도, 그에 따른 같은 브랜드의 반복적 구매 성향을 보여 구매빈도가 높고 그 품질을 사전에 확인할 수 없는 제품일수록 그러한 경향이 높다.

요인으로는 브랜드 이미지와 소비자 기호의 일치, 소비자의 위험 회피적 태도 및 습관 형성 성향 등을 들 수 있다. 일반적으로 어떠한 브랜드에 대한 지명도가 높은 시장에서는 그 브랜드와 관련이 있는 신제품을 도입할 때 동일한 브랜드를 사용하면 각 제품의 판매촉진활동이 하나의 브랜드 아래에서 상승효과를 노릴 수 있기 때문이다.

제 3 장

Business service의 연구

제3장

Business service의 연구

(1) Advertising

- Advertising Design
- Internet Advertising
- Magazines Advertising
- Newspaper Advertising
- Advertising Services
- Outdoor Advertising
- Radio Advertising
- TV Advertising
- Trade Show Advertising

(2) Agency Services

- 에이전트 비지니스에서의 역할

1) Before the buyer visit to office

- Souring the suppliers in the market according to your target purchasing products. Seeking qualified factory
- Book hotel for the buyer with the best discount
- Airport pickup for the buyer
- Checking the buyer's interesting item
- Information of weather and cloths wearing
- Making itinerary for buyer between every factory and the buyer

2) After the buyer returned

- order follow up, order details checking
- shipping (=logistic)
- customs clearance
- shipping documents preparation
  ① 상업송장(commercial invoice)
  ② 포장 명세서(packing list)
  ③ 보험(Insurance)
  ④ 선화증권(Bill of loading)
  ⑤ 원산지 증명서(Certificate of origin)
  ⑥ 관세 특혜 증명서(GSP FOAM A : GSP는 선진국에서 개도국으로부터 수입을 할 때 그 수입품에 대하여 관세 특혜를 주는 제도이다)
  ⑦ 중량 증명서 (weight list)
  ⑧ 검사 증명서(Certificate of inspection)
- shipping sample sending and keeping for 1 year
- shipping schedule information
- commission receipt
- Copy rights/patent protection
- problem solution
- products developing
  - Advertisement Agents
  - Agriculture & By-product Agents
  - Apparel Agents
  - Automotive & Motorcycle Parts Agent
  - Bag & Luggage Agents
  - Beauty Products Agents
  - Chemical Product Agents
  - Clock Agents
  - Computer & Software Agents
  - Construction Materials Agents
  - Consumer Electronics Agents
  - Electrical Product Agents

- Electronics Agents
- Energy Agents
- Entertainment Product Agents
- Environment Product Agents
- Eyewear Agents
- Fashion Accessories Agents
- Food Agents
- Furniture Agents
- General Industrial Equipment Agents
- General Mechanical Components Agents
- General Trade Agents
- Gifts & Crafts Agents
- Hardware Agents
- Health Product Agents
- Home Appliances Agents
- Home Supplies Agents
- Jewelry Agents
- Lighting Agents
- Manufacturing & Processing Machinery Agents
- Manufacturing & Processing Machinery Parts Agents
- Measuring & Analysing Instrument Agents
- Mineral & Metals Agents
- Office & School Supplies Agents
- Other Agency Services
- Packaging Products Agents
- Photography & Optic Product Agents
- Plastic Agents
- Printing Product Agents
- Pulp & Paper Agent
- Real Estate Agents
- Rubber Agents
- Security Product Agents

- Shoes Agents
- Sport Product Agents
- Textile Agents
- Tool Agents
- Toy Agents
- Transportation Product Agents
- Watch Agents

(3) Assurance Services

(4) Auction

(5) Brokerage, Intermediary Service

(6) Business Travel Services

- Business Travel Packages
- Corporate Travel
- Hotels Services
- Other Business Travel Services
- Tickets

(7) Certification, Inspection & Credit Management

- Credit Investigation & Management
- Inspection & Quality Control Services
- Management System Certification
- Other Certification, Inspection & Credit Management
- Product Certification

(8) Computer & Information Technology Services

- Data Processing
- Other Computer & Information Technology Services
- Software Development

- Software Outsourcing

(9) Construction Services

(10) Consulting

- Computer & Information Technology Consulting
- Corporate Finance Consulting
- Financial Consulting
- Investment Consulting
- Management Consulting
- Marketing Consulting
- Other Consulting
- Technology Consulting
- Trading Consulting

(11) Corporate Register & Transfer

(12) Design Services

- Architecture Design
- Decorating Design
- General Industrial Equipment Processing Services
- Graphic Design
- Industrial Design
- Other Design Services
- Packaging Design
- Website Design

(13) Education & Training

(14) Financial Services

(15) Insurance

- Employees Insurance
- Insurance Agents
- Other Insurance
- Trade Credit Insurance

(16) International Settlement Services

- Collection
- Factoring
- Forfaiting
- Letter of Credit
- Other International Settlement Services
- Remittance

(17) Internet Service

(18) Labour & Employment

(19) Law Services

(20) Leasing Services

(21) Logistics Services

- Air Freight
- Customs Clearance Services
- Express
- Freight Agents
- Freight Insurance
- Other Logistics Services
- Railway Freight
- Road Freight
- Sea Freight
- Warehouse Services

- frozen warehouse services
- Waterway Freight

(22) Other Business Services

(23) Packaging Printing

(24) Passport & Visa

(25) Processing Services

- Agriculture Products Processing
- Apparel Processing Services
- Construction Materials Processing
- Custom Chemical Services
- Electronic Products & Components Processing
- Fashion Accessories Processing
- Food Processing
- General Industrial Equipment Design Services
- General Mechanical Components Processing Services
- Gifts & Crafts Processing
- Hardware Processing
- Home Appliances Processing
- Home Supplies Products Processing
- Internet Service
- Manufacturing & Processing Machinery Parts Processing Services
- Manufacturing & Processing Machinery Processing Services
- Measuring & Analysing Instrument Processing Services
- Mechanical Accessory & Parts Processing
- Metal Processing Service
- Mould Design & Processing Services
- Other Processing Services
- Packaging Product Processing

- Plastic Processing Service
  Plating Services
- Rubber Processing Service
- Shoe Processing
- Telecommunication Processing
- Textile Processing
- Tool Processing Services

(26) Project Cooperation

- Agriculture Projects
- Apparel Projects
- Chemical Projects
- Computer Related Projects
- Construction Projects
- Electronics Projects
- Energy Projects
- Entertainment Projects
- Environment Projects
- Food Projects
- Health Projects
- Home Appliances Projects
- Home Supplies Projects
- Industrial Supplies Projects
  Mining and Metallurgy Projects
- Other Project Cooperation
- Real Estate Projects
- Regional Investment
- Service Projects
- Textile Projects
- Tourism Projects
- Transportation Projects

(27) Public Relations Service

(28) Repairs & Maintenance

(29) Research & Development Services

(30) Royalties & License Services

- Copyrights
- Other Royalties & License Services
- Patents
- Trademarks

(31) Security Services

(32) Telecommunication Services

(33) Trade Show Services

- Booths Design & Executing
- Exhibiting Services
- Exhibition Invitation
- Other Trade Show Services
- Trade Show Equipment
  1) Banner Stands
  2) Other Trade Show Equipment
  3) Panel Display
  4) Tabletop Display
  5) Trade Show Tent
  6) Truss Display
- Trade Show Planning
- Trade Show Training

(34) Translation Services

제 4 장

상품카테고리 총론

제4장

상품카테고리 총론

1 상품카테고리 총론(1)

Textiles & Garments

Men and Women's clothing

- Men's Suit Jackets, Trousers, Shirts, Waistcoats, Suits, Sweaters
- Women's Blouses, Skirts, Trousers, Waistcoats, Suits, Coats, Sweaters
- Wedding Dresses, Cocktail Dresses, Evening Gowns

Kids' Wear

- Tops, Skirts, Trousers, Ensembles, Coats

Underwear

- Underwear and Sets, Pajamas, Bathrobes, Loungewear, Swimwear
- Infant and Maternity Wear

Sports and casual Wear

- Sportswear : Pro Sportswear, Casual Sportswear
- Casual Wear : Jackets/Coats, Wind Cheaters , T-Shirts, Shorts, Jeanswear
- Special : Uniforms, Work Clothing

Furs, Leather, Down & Realted Products

- Fur & Fur Products, Leather & Leather Products, Down & Down Products, Cashmere & Cashmere Products

Fashion Accessories and Fittings

- Fashion Accessories : Hats, Gloves, Scarves, Handkerchiefs, shawls, Socks, Ties
- Garment Fittings : Shoulder Pads, Labels, Zippers

Home Textiles

- Table Textiles : Tablecloths, Table Mats, Napkins
- Upholstery Textiles : Decoration Cloth, Wall Cloth, Curtain Cloth, Sun Protective Cloth, Furniture Cloth, Sofa Covers
- Blankets, Bedding, Bed Sheets, Bed Covers, Mattresses, Towel Quilts, Pillows, Pillow Cases,
- Cushions, Mosquito Nets ·Bathroom Textiles : Shower Curtains, Towels, Facial Towels, Bath
- Towels, Beach Towels, Closestool Lid Covers
- Kitchen Textiles : Aprons, Rags, Microwave Oven Gloves, Other Kitchen Textiles
- Other Textiles : Mats, Cleaning Textiles, Flags, Macrame

Textils Raw Materials & Fabrics

- Textile Raw Materials : Vegetable Fiber, Animal Fiber, Man Made Fiber, Synthetic Fiber, Inorganic/Mineral Fiber, Chemical Fiber
- Fabric : Cotton/Blends, Polyester/Blends, Linen/Blends, Silk/Nitrocellulose Silk, Wool/ Fleece
- Yarns : Cotton /Blends, Linen /Blends, Wool/ Blends, Polyester/Blends
- Special Woven Fabrics, Non-Woven Fabrics, Industrial Cloth · Garments Accessories

Carpets & Tapestries

- Carpets : Machine-made Carpets, Handmade Carpets · Tapestries

Shoes

Shoes

- Fashion Shoes : Men's Shoes, Women's Shoe
- Sports Shoes : Various Sneakers, Running Shoes, Hiking Shoes, Gym Shoes, Training Shoes, and Others
- Kids' Shoes · Sandals, Slippers
- Shoes & Boots for Other Special Use and Semi-finished Products

Office Supplies, Cases & Bags, and Recreation Products

Office Supplies

- Pens : Pencils, Ball Pens, Rolling Ball Pens, High-lighters, Fountain Pens, Pens, Oil Pens, Painting Pens, Refills, Ink
- File Storage : Hardback File Folders, Paper File Folders, Transparent File Covers, Conference File Covers, Computer-printed File Folders, Hanging File Folders, Ring Binders, Board Clips, Pages' Folders, File Plates, File Holders, Name Card Holders, Report Folders, Identification Card Folders.
- Office Supplies : Staplers, Staples, Binders, Staple Removers, Punches, Scissors, Paper Knives, Pen Containers, Paper Clip Containers, Adhesive Tape Holders, Rulers, Tape Lines, Pencil Sharpeners, Correction Fluid, Erasers, Glue, Transparent Adhesive Tapes, Double-Sided

Adhesive Tapes, Buckles, Seals & Stamps, Calculators, Table Pads, Name Card Holders, Newspaper Holders

- Paper Products : Notebooks, Memo Pads, Fax Paper, Computer Paper, Color Ink-jet Printing Paper, Copy Paper, Photo Paper, Writing Paper, Financial Paper, Paper for Financial usage
- Label : Hand-written Labels, Badges, Laminating Pouch Films, Mark Labels
- Desk Decorations
- Office Automation Products & Equipment, Consumable Office Supplies

Cases and Bags

- Cases of Daily Use : Leather Cases, PVC Leather Cases, Plastic Woven Cases
- Briefcases : Leather Briefcases, Plastic Woven Briefcases, PVC Leather Briefcases
- Bags : Leather Bags, PVC Leather Bags, Cotton Bags, Plastic Woven Bags
- Other Cases, Bags and Accessories

Sports, Travel and Recreation Products

- Sports Products

  Indoor & Outdoor Sports Products : Balls and Accessories, Boxing Equipment, Skateboards, Roller Skates, Skates, Fitness Equipment, Household Training Equipment, Sports Nets, Trampoline, Archery, Bicycle and its Accessories, Billiards, Shooting, Hunting, Climbing, Ropes, Track & Field Equipment, Equestrian Equipment, Beach Sports Equipment, Sports Glasses, Sports Cases and Bags Water Sports & Diving Equipment : Goggles, Diving Masks, Diving Suits, Flappers, Snorkels, Diving Accessories, Paddleboard and its Accessories, Swimming Equipment and its Accessories, Water-Skiing Equipment Sports Souvenirs : Trophy Cups, Certificates of Rewards, Medals, Flags, Emblems
- Travel and Recreation Products

  Fishing Tools : Fishhooks, Fish Twines, Fishing Nets, Fishing Rods, Fish Bag, Fishing Bobbins, Fishing Tools and its Accessories Barbeque Tools : Electric Barbeque, Gas Barbeque, Carbon Brick Barbeque, Grills, Ignition Instrument, Barbeque Accessories Outdoor Casual Products : Swings, Hammocks, Sun Umbrellas Musical Instruments Chesses and Pokers Outdoor Tour Articles : Backpacks, Protected Coverings, Air Cushions, Sleeping Bags, Blankets, Tents and Accessories, Camping Articles and Accessories.

Medicines, Medical Devices and Health Products

Medicines and Health Products

- Medicines : Medicines, Chinese Traditional Herbs, Biochemical Medicines, Veterinary Medicines
- Active Pharmaceutical Ingredients : Chinese Herbs, Medicine Raw Materials, Medicine Intermediates, Natural Extract, Pharmaceutical Excipients
- Health Products : Health Medicines, Natural Health Products, Chinese Medicated Alcohol, Health Alcohol, Drinks, Tonics
- Hairdressing and Beauty Care Products : Cosmeceuticals, Body-care Products, Wigs and Artificial Limb, Body-shaping Products, Beauty Care Materials

- Household Medical Equipment : Household Body Scales, Medicine Cabinets, Hot-water Bags, Crutches
- Reproductive Health Products and Equipment : Sexual Health Products and Equipment, Family-planning Products and Equipment
- Health and Rehabilitation Equipment : Rehabilitation Equipment, Massage Equipment, Physiotherapeutic Instruments, Fitness Equipment

Medical Devices, Disposables and Dressings

- Diagnostic and Therapeutic Equipment
  Various Surgical Instruments Medical Electronic Instruments Clinical Laboratory Instruments : In Vitro Diagnostic Reagents and Instruments, Medical Optical Instruments, Medical Laser Instruments, Physiotherapeutic Instruments Lesions-minimally Invasive Diagnoses System Biochip and Related Devices Integrative Devices of Traditional Chinese and Western Medicine Heart Monitoring Facilities Medical Image Facilities Biochemical Detection Facilities Blood-pressure Meters & Thermometers Endoscope Systems Low-temperature Freezing Facilities Dialysis Therapy Facilities
- Hospital Auxiliary Devices
  Medical X-ray and MRI Equipment Ultrasonic Medical Diagnostic Devices, Linear Accelerator ENT & Eye & Dental and Oral Diagnosis and Treatment Facilities Disinfection and Sterilization Products, Oxygen Making and Supply Equipment, Blood Bank Facilities, Water Treatment Equipment, Low-temperature Freezing Facilities Disabled Only Equipment Dental Clinical Equipment : Dental Diagnosis Medical Equipment, Dental Surgery Equipment, Dental Laboratory Equipment, and Dental Materials Telemedicine System, Hospital Information System, Hospital Office Automation System Protection Devices and Protection Devices on Nuclear Radiation Hospital General Devices : Aseptic Wards, Ward Monitoring System, Various Hospital Beds, Hospital Ambulances, Stretchers, and other First Aid Articles Hospital Application Software : Hospital Data and Image Processing System Various Operating tables and Specialized Equipment Medicine Monitoring and Analysis Devices Laboratory Biological Instruments
- Medical Materials, Disposables and Dressings

Food & Native Produce

Food

- Food : Cereals and Oils, Poultry and Meat, Eggs and Dairy Products, Aquatic and Sea Products, Fresh and Dried Fruits, Vegetables, Condiment, Candies, Cakes, Candied Fruits, Canned Foods, Food Additives, Bee Products
- Drinks : Alcoholic Drinks, Beer, Spirits, Wines, Special Wines, Coffee, Fruit Juice, Soft Drinks, Carbonated Drinks, Drinking Water
- Tea : Black Tea, Green Tea, White Tea, Yellow Tea, Dark Tea, Oolong Tea, Scented Tea, Health Tea, Teabag Filter Paper/Fragrant Flowers and other Related Products

Native Produce

- Native Products : Feedstuffs, Spices, Essential Oils and Aromatic Chemicals, Linen Materials and Related Products, Industrially–used Native Produce, Mountain Products, Raw Wax/Candles, Fireworks and Firecrackers
- Animal By–products : Hog Bristle, Sausage Skin, Rabbit Hair, Paint Brushes
- Forest Products : Plate (Floor/Construction Timber), Disposable Limber Products (Disposable Chopsticks, Tooth Sticks), Forest Chemical Products (Rosin, Turpentine and Highly Processed Products), other Bamboo Products
- Others : Plastic Woven Bags, Mosquito Incense, Joss Paper, Pet Products, and etc.

2 상품카테고리 총론(2)

Consumer Goods

Kitchenware & Tableware

- Stainless Steel Containers, Enamel Containers, Containers of Other Materials
- Dining Table Items and Decorations : Dishes, Knives and Forks, Table Candles, Table Decorations
- Kitchenware : Bottle Openers, Corkscrews, Can Openers, Hot Pot Implements, Kettles, Knives for Kitchen and Professional, Kitchen Paper, Peeler, Aluminum Foil, Scales, Knife Sharpeners, Knife cleaners, Pots, Spades, Spoons, Nutcrackers

General Ceramics

- Tableware, Kitchenware and Daily Use Ceramics for Family Use
- Tableware, Kitchenware and Daily Use Ceramics for Hotel Use
- Other Tableware, Kitchenware and Daily Use Ceramics

Household Items

- Cleaning Products : Washing Products and Laundry Appliances; Detergents, Pot Cleaning Products, Refrigerator Deodorants, Window Washing, Brooms, Brushes, Rags, Mops, Polish Appliances, Garbage Buckets, Garbage Spades
- General Houseware : Umbrellas, Sun Umbrellas, Gloves for Civil Use, Gloves for Labor Protection, Basins, Buckets, Clothe Pins, Coat Hangers and Clothe Racks, Clothe Baskets, Clothe Forks, Hooks, Ironing Board, Shoe Racks, Shoe Boxes, Shoe Cabinets, Smoking Gears, Lighters, Thermometers, CD Racks, Paper Bins, Cabinets for Storage, Wine Racks, Trolleys, Other Houseware Products

Personal Care Products

- Cosmetics and Accessories : Cosmetics, Lipsticks, Make-Up Bags, Make-Up Brushes, Make-Up Mirrors
- Skin-Care Products : Beauty Creams, Skin-Care Creams, Hand Creams, Sun Creams, Massage Suppliers, Perfumes
- Hair-care Products and Accessories : Shampoo and Conditioners, Combs, Scissors, Trimmers and Clippers, Headwear
- Nail Beauty Supplies, Foot Care Supplies, Shaving Supplies
- Tooth Care Products : Tooth Paste/Tooth Brush

Toiletries

- Bathroom Products : Soaps, Shower Gels, Mouthwashes, Bath Salt/Bath Oil, Toothpastes/Toothbrushes
- Bath Appliances : Bath Sponges, Bath Mats, Bathroom Mirrors, Liquid Soap Containers, Soap Trays, Stopper, Wet Towels, Shower Caps, Shower Curtains, Towels, Towels Racks, Toilet Paper and Facial Paper

Gifts

Clocks, Watches & Optical Instruments

- Clocks : Quartz Clocks, Mechanical Clocks, Jumping Figure Clocks , Radio Clocks, Cabinet Clocks, Wall Clocks, Table Clocks
- Watches : Quartz Watches, Mechanical Watches, Jumping Figure Watches, LCD Display Watches, Timers, Sport Watches, Fashion Watches, Pocket Watches, Pendant Watches
- Clock & Watch Parts : Dials, Movements, Cases, Dials, Handles, Chains, Straps, Watch Glass, Water Resistant Rings
- Spectacles : Glasses for Short-sight, Presbyopic Glasses, Contact Lens, Sunglasses
- Spectacle Accessories : Frames, Lens, Glasses Boxes

Toys

- Baby Toys
- Electromotive, Remote Controlling and Clockwork Toys
- Action Toys
- Educational Games & Toys
- Plush and Cloth Toys
- Dolls
- Riding Toys : Children's Ride, Babe Carriages, Mini Bicycles
- Musical Toys
- Inflatable Toys
- Other Toys and Toys Accessories

Gifts and Premiums

- Polyresen Crafts
- Traditional Chinese Art Crafts : Cloisonne, Lacquerware & Lacquer Engraving, Craft Fans, Craft

Lights, Four Treasures of Study (Writing Brushes, Inksticks, Inkslabs and Paper), Hair and Hair Products, Embroidery, Vases, Tea Sets, Wine Sets, Carving Handicrafts, Clay Sculptures, Ethnic Handicrafts, Natural Crafts, Other Art Crafts

- Jewellery, Bone Carvings and Jade Sculptures : Jewelry : Gemstones, Pearls, Jewellery Raw Materials, Gold & Silver; Bone Carvings and Jade Sculptures; Yak and Buffalo Bones, Horse Bones, Camel Bones, Hawksbill Turtle Shells, Deer Horns, Corals, Mother-of-Pearls and Other Carvings and Sculpture Products of Animal Origin, Jade Carvings
- Marketing Gifts and Premiums : Marketing Premiums, Medals and Badges, Souvenirs, Key Rings, Key Cases, Notebooks
- Paper and Wrappings : Calendars, Wall Calendars, Desktop Calendars, Cards, Gift Boxes, Gift Packages, Handicraft Paper, Paper Bags, Ribbons, Gift Wrapping Papers

Festival Products

- Party Supplies & Decorations : Balloons, Party Supplies, Party Decorations
- Holidays Supplies and Decorations : Christmas, Easter, Halloween and Other Specialized Supplies and Decorations

Home Decorations

Art Ceramics

- Artistic Ceramics
- Craft Ceramics
- Horticultural and Gardening Ceramics

Glass Artware

- Glassware
- Glass Decorations
- Other Glass Artware

Weaving Rattan and Iron Arts

- Bamboo Crafts, Wood Crafts, Grass Crafts, Wickerwork
- Rattan and Iron Artworks

Home Decorations

- Decorative Candles, Candles Holders and Related Products
- Paintings, Painting Frames, Photo Frames, Mirrors : Chinese Calligraphies and Paintings, Oil Paintings, Carving Paintings, Albums, Frames, Artistic Mirror Frames, Picture Frames, Foldable Supports, Decoration Mirrors
- Desktop Supplies
- Door and Window Decorations, Wall Decorations
- Artificial Flowers

Gardening Products

- Flowers and Nursery Stocks, Dry/Artificial Flowers, Potted Landscapes
- Fishes, Birds and Animals for Display and Decoration
- Horticultural Tools and Outdoor Supplies
- Other Horticultural Supplies : Plant Accessories, Necessary Supplies, Horticultural Decorations

Stone and Iron Products(Outdoor)

- Various Sculpture Products of Stone Origin
- Stone Materials
- Large-sized Cast Iron Products

Furniture

- Furniture of Traditional Chinese Style
- Furniture for Domestic Indoor : Furniture for Sitting Room, Restaurant, Bedroom, Study, Kitchen and Bathroom
- Hotel Furniture
- Office Furniture
- School Furniture
- Hospital Furniture
- Outdoor Furniture : Garden, Patio, Beach, and Camping Furniture
- Furniture for Public Places
- Other Furniture
- Semi-finished and Spare Parts

① Machinery & Equipment

- Machinery & Equipment
  Apparatus; Photographic Supplies; Printing Apparatus; Universal Machinery; Weaving Supplies; Element parts of Machinery; Varied Models of Complete Plants

② Small Vehicles & Spare Parts

- Bicycles; Motorcycles; Automobiles; Vehicle Spare Parts

③ Electronics, IT Products & Household Electrical Appliances

- Household Electric Appliances
  Kitchen Electrical Appliances; Refrigerators and Refrigeration Equipment; Air Conditioners and Ventilation Equipment; Washers and Dryers; Other Small Electrical Appliances
- Electronics & IT Products
  Audio-video Products; Computer Products; Communication Products; Business Automation Equipment; Electronic Security Equipment; Computer Software

- Lamps & Light Fixtures
  Light Sources; Lamps and Lights; Light Fittings

④ Hardware & Tools

- Tools
  Measures; Grinders; Blades; Hand Tools; Electric Tools; Pneumatic Tools; Hydraulic Pressure Tools; Welding Tools; Machine Tools; Incising Tools; Farm Implements
- Hardware
  Builders Hardware; Door-and-Window Hardware; Furniture Hardware; Ornamental Hardware; Sundry Hardware; Locks and Fittings; Silk Screens; Welding Materials; Low- pressure Valves; Water Heating Equipments; Fasteners; Foundry Goods and Forged Pieces; Other Hardware

⑤ Building Materials & Kitchen, Sanitary Equipments

- Kitchen & Sanitary Equipment
  sanitary equipment; kitchen equipment
- Building Materials
  Building Materials; Metal Building Materials; Chemical Building Materials; Glass Building Materials; Cement Products; Building Ceramics; Floors and Flooring Materials; Stones, Tiles and Bricks; Doors, Windows and Walls; Ceiling and Partition; Decorative Materials; Other Building Materials

⑥ Raw Materials

- Organic Chemicals; Inorganic Chemicals; Minerals; Non-ferrous Metal; Steel; Lumber; Textile Materials; Other Raw Materials

⑦ Consumer Goods

- Articles of Daily Use
  Cleaning and Supplies; Bathroom Accessories; Body-care Items; General Houseware Items
- Furniture
  Domestic Furniture; Hotel and Restaurant Furniture; Office Furniture; Medical Furniture; Outdoor Furniture; Public Furniture; Other Furniture; Semi-manufactured Furniture and Furniture Accessories
- Clocks, watches & Optical Instruments
  Clocks; Watches; Clock and Watch Spare Parts; Eyeglasses; Accessories
- Sporting Goods, Tour Equipments & Casual Goods
  Sporting Goods; Casual Goods; Musical Instruments; Chesses and Pokers; Sporting Souvenirs; Outdoor Tour Articles
- Toys
  Baby Toys; Electromotive, Remote Controlling and Clock work
  Toys; Games- action; Educational Games and Toys; Plush and Cloth Toys; Dolls; Riding Vehicles; Musical Toys; Inflatable Toys; Other Toys and Toy Accessories

- Office Suppliers
  Pens and Writing Instruments; File Storage Products; Office Items; Paper Products; Labels; Desk Decorations
- Horticultural Products
  Flowers, Seedlings and Bonsai; Horticultural Tools; Horticultural Item; Pet Fishes and Pet Birds
- Houseware, Kitchenware & Tableware
  Houseware; Kitchenware; Table Accessories
- Cases & Bags
  Cases of Daily Use; Brief Cases; Bags; Other Cases, Bags and Accessories

⑧ Decorations & Gifts

- Advertising Gifts and Presents
  Advertising Gifts and Presents; Paper Products and Packing Products
- Crafts
  Resin Crafts; Traditional crafts; Other Crafts
- Home Decorations
  Home decorative items; Table Decorations; Drawnwork Interior Decorations; Dried Flowers and Ikebana; Drawings, Pictures and Frames; Door and Window Decorations and Wall-hung Adornments
- Festival and Party Decorations
  Party Supplies and Decorations; Festival Decorations; Festival Lights
- Jewellery
  Jewelry; Accessories; Bone Carvings and Jade Carvings

⑨ Food Stuff & Agricultural Products

- Food Stuff; Beverage; Tea; Agricultural Products

Electronics & Household Electrical Appliances

Consumer Electronics

- Audio-video Products : Home Theaters, VCD, DVD, CD, LD, Microphones, Karaoke Equipment, TV, Set-top Boxes, Video Recorders, Tape Recorders, Re-readers, Radios, Megaphones, Loudspeakers, Car Audio System
- Personal Digital Entertainment Products : MP3, MP4, MD, Portable Music Players, Digital Cameras, Electronic Game Products
- Personal Communications : Mobiles, Pagers, Interphones, PDA

Electronic and Electrical Products

- Electronic Security equipment : Monitors, Sirens, Auto Security Products, Detectors, Sensors, Channel Control System, Home Security Products, Office Security Products, Automatic

Security Products, Electronic Lock Systems, Smart Cards.

- Business Automation Equipment : Photocopiers, Electronic Bulletin Boards, Projectors, Shredders, Attendance Machines, Video Conference Meeting Equipment, Electronic Cash Registers, ATM, Card Machines, Bill Counters, Barcode Printers, Barcode Scanners, Data Collectors, IC Cards
- Electronic & Electrician Products : Optoelectronic Devices, Rectifiers, Inverters, Amplifiers, Transducers, Frequency Dividers, Power Relays, Adapters, Batteries, Voltage Transformers, Voltage Stabilizers, Power Inductors, Reactors, Circuit Breakers, Multimeters, Connectors, Measurement Equipment, Chargers, Electronic Testing Equipment, Electronic Components(Capacitance, Resistance, Transistors, Diode, Dynatron, Piezoelectric, Inductance Components, Loops, Sockets, Switches, Wires, Cables, Circuit Boards)

Computer and Communication Products

- Computer Products
- Computer & Parts : Large & Medium-sized Computers, Mini Computers, Micro Computers, Desktops, Laptops, CD-drive, Floppy Drive, Memory, Hard Disks, CPU, Sound Cards, Video Cards, Main Boards, Keyboards, Mouse, Monitors, Computer Spare parts, Word Processors, and other Computers.
- Computer Peripherals : Printers, Disks, CDs, Tapes, Scanners, Web-cams, CD-writers, UPS, and other Peripherals
- Computer Network Equipment : Servers, Modems, Routers, Hubs, Network Cards, Work Stations, Switches
- Computer Software : Operation Software, Office Software, Accounting Software, Management Software, Image Design Software, Computer Security Software, Network Tool Software, Game software, Education Software, Multi-media Software, Developing & Programming Software, Translation & Dictionary Software
- Communication Products : Telephones, Fax Machines, Interphones, Communication Cables, Antenna & Receivers, Pagers, Radio Sets, Rader Navigation equipment, Satellite Communication Equipment, Satellite Receivers, and other Communication Facilities.

Household Electrical Appliances

- Kitchen Appliances : Microwave Ovens, Electric Heat Pots, Electric Rice Cookers, Electric Ovens, Gas Cookers, Kitchen Ventilators, Exhaust Fans, Dishwashers, Disinfection Cabinets, Food Processors, Juice Extractors, Kitchen Mixers, Cleaning Filters.
- Refrigerators & Refrigeration Equipment : Refrigerators, Freezers
- Air Conditioners & Ventilation Equipment : Air Conditioners, Fans, Air Humidifiers, Air Dryers, Air Purifiers
- Washing & Drying Machinery : Washing Machines, Drying Machines, Electric Irons.
- Other Small Electrical Appliances : Calculators, Water Heaters, Hairdryers, Oxygen Machines, Electric Shavers, Electric Power Tools, Torches, Vacuums, Stoves, Mosquito Killers

Lighting Equipment

Lighting Equipment

- Application of Illumination System : Industry Lighting, Decorative Lighting, Emergency and Security Lighting, Entertainment and Stage Lighting, Office, Advertising and Exhibition Lighting, Outdoor Lighting.
- Electric Light Source : Fluorescent Lamps, Energy Saving Lamps, Incandescent Lamps, Neon Lamps, Neon Lights, Iodine Tungsten Lamps, Magnesian Lamps, Bromine Tungsten Lamps
- Light Fittings : Lamp Shades, Lamp Posts, Optical fiber, Lamp Plates, Lamp Holders, Lamp Caps, Ballasts, Voltage Stabilizers, Voltage Transformers, Starters, Adapters, Converters, Sensors.

Vehicles & Spare Parts

Bicycles

- Bicycles : Bicycles, Electric Bicycles, Electric Scooters
- Bicycle Parts

Motorcycles

- Motorcycles, Beach Cars
- Motorcycle Parts

Vehicle Spare Parts

- Vehicle Spare Parts : Engines & Spare Parts, cooling, Lubricants & Fuel Supply Spare Parts, Transmission Parts, Steering & Brake Parts, Vehicle Dashboard & Parts, Auto Electric Equipment and Parts
- Tires
- Vehicle Spare Parts & Optimization Equipment
- Maintenance & Related Products
- Vehicle Decorations

Vehicles(Outdoor)

- Non-construction Vehicles : Cars, Coaches, Off-road Vehicles, Chassis, Trailers, Insulated Vans, Freezer Cars, Fuel Tankers, Buses, Ambulances, Fire Engines, Water Carts, Tool Carts, Aircraft Tractors, Special Vehicles of Airport, Trolley Buses & Equipment, Golf Trolleys, All-Terrain Vehicles, Armor Cash Carriers, Vans, Freight Cars, Dumpcarts.

Machinery

Small Machinery

- Instruments : Electronic Instruments, Electric Instruments, Microscopes, Surveying & Mapping Instruments, Observation Instruments, Physical Optical Instruments, Other Optical Instruments, Material Testing Machines, Geological Exploration Equipment and Instruments, Thermodynamic Instruments, Automation Instruments, Construction Test Instruments, Hydrological Instruments & Civil Engineering Instruments, Laboratory Instruments, Special Instruments, Other Physical

& Chemical Instruments

- Camera Instruments : Cinematographic Instruments, Photographic Instruments, Other Photomechanical & Cinematographic Instruments
- Printing Apparatus
- Processing Machinery & Accessories : Machine Tool Accessories, Bench Drills, Grinders, Grinding Materials, Diamond & Diamond Products, Other Small Machinery
- Household Sewing Machines & Spare Parts, Weaving Supplies
- General Machinery
- Transport Equipment : Ship Equipment and Spare Parts, Underwater Special Equipment, Aeronautic Equipment and Spare Parts, Railway Vehicles and Related Equipment
- Electric Equipment : Power Generators, Transmission facilities, Generating Sets, Electric Welding Machines, Synchronous Condensers, Semi–automatic Gas Cutting Machines, Electric Furnaces, Transmission Line Hardware, Electrical Carbon Products, Wires, Cables, Electric Porcelain, Insulating Materials, Electrical Appliances, Batteries, and etc.
- Mechanical Fundamental Parts : Bearings, Hard Body, Chains, Spring, General Valves, Casting Products, Forging Products, Moulds, Gears, Powder Metallurgy, Pneumatic Components, Seal Components, Hydraulic Components and Parts, other Spare Parts.

Large Machinery & Equipment

- Large Machinery : Metal Cutting Machine Tools, Large Woodworking Machinery, Textile Machinery, Pharmaceutical Machines, Plastics Machinery, Packaging Machinery, Tobacco Machinery, Printing Machinery, Food Processing Machinery, Rubber Processing Machinery, Chemical Machinery, Forging Machinery, Foundry Machinery.
- Complete Sets of Equipment : Production Lines of Various Light Industry Products

Construction Machinery

- Outdoor Open Area
- Construction Machinery : Forklifts, Excavators, Tipcarts, Truck Cranes, Crawler Cranes, Concrete Mixer Truck, Plate Compactors, Suspended Platforms, Brick Cutters
- Civil Construction Engineering Machinery : Mining Machinery, Hoisting Machinery, Coal Mine Machinery, Geological Machinery, Fire Fighting Machinery, Petroleum Machinery
- Agriculture and Forestry Machinery : Agricultural Transport Vehicles, Tractors, Boat–tractors, Farming Equipment, Power Driven Rice Transplanting Machines, Manual Rice Transplanting Machines, Drainage and Irrigation Machinery, Harvesting Machinery, Farmland Improving Machinery, Animal Husbandry Machinery, Spare Parts of Agricultural Machinery, Forestry Machinery
- Outdoor Area under Awning
- Power Machinery : Power–generating Sets, Diesel Engines, Electric Welding Machines, Pumps, Cutting Machines, and etc.
- Gardening Machinery : Mowing Machines, Power–driven/Manual Sprayers.
- Agricultural and Sideline Products Processing Machinery (Blenders, Grinders, Oil Presses), Grain and Oil Processing Machinery, Cotton Processing Machinery, Animal Husbandry and

Veterinary Machinery.

- Equipment Maintenance : Oil Nuzzle Washing and Sterilizing Machines, Vehicle Lifts, Used Oil Extraction Machines, Tyre Changers, Balancing Machines, Four Wheel Alignment Equipment.
- Small Construction Vehicles : Vibration Rammer, Small Suspended Platforms

3 상품카테고리 총론(3)

Hardware & Tools

Hardware

- Hardware : Furniture Hardware, Decoration Hardware, Locks and Fittings, Wire Meshes, Welding Materials, Low Pressure Valves, Water-heating Equipment, Cast Iron Products, Castings and Forgings, Fasteners, Sundry Hardware (Pulley, Metallic Hoses, Bank Nails, Chains), other Hardware Products

Tools

- Tools : Measuring Tools, Grinding Tools, Cutlery, Manual Tools, Electric Tools, Pneumatic Tools, Hydraulic Tools, Welding Tools, Mechanical Tools, Cutting Tools, Farming Tools

Building Materials

Building and Decorative materials

- Building Materials
- General Building Materials, Metal Building Materials, Chemical Industry Building Materials, Glass Building Materials, Cement Products, Fireproof Materials, Thermal Insulation Materials
- Coatings/Chemistry : Wall Surface/Waterproof/Floor Coatings, Coating Auxiliary, Coating Packaging Materials, Dry-mixed Mortar, Adhesives, Admixture, Auxiliary, Building Adhesives, Adhesive Tapes, Caulking Compound, Anti-rust Materials, Waterproof Building Materials, Waterproof Additives, Anti-leakage Materials, Waterproof Technologies and Related Equipment.
- Pipe Fittings
- Construction Hardware
- Decoration Materials
- Tiles : Wall Tiles, Floor Tiles, Tiles for Decoration
- Wood Floor : Solid Wood Floor, Solid Wood Compound Floor, Laminate Wood Floor, Softwood Floor, Bamboo Floor

- Ceiling/Curtain Wall/Wallpaper and Indoor Decorations : Ceiling, Drop Ceiling, Wallpaper, Aluminum Sheets/ Lead Sheets/Point Supported/Unit/Metal Curtain Wall, Curtain Wall fittings and Processing Equipment, Sunshine Board, Gypsum Products, Steel Structures
- Doors & Windows : Wood Doors, Plastic Steel/ Aluminum Alloy/Steel Doors and Windows; Various Auto Doors, Door Control Systems and Fittings, Electronic Door Systems
- Decorative Hardware, Doors and Windows Hardware, Hardware Fittings, Iron Craft Products
- Stone Materials : Stone Floorings, Stones for Horticulture, Special–shaped Stones, Stone Materials, Stones; Man–made Stone Decoration Materials
- Glass : Artistic Glass, Building/Decorative Glass
- Kitchen Equipment : Kitchen Units, Cabinets, Washing Basins, Kitchen Hangs

Sanitary and Bathroom Equipment

- Sanitary Ceramics, Bathroom Units, Steam Rooms, Shower Relevant, Taps, Bathroom Hardware & Fittings, Bathroom Mirrors, Bathroom Furniture, Water Heaters, Bathroom Heaters, Bathroom Cabinets, Partitions, Swimming Pool's Equipment

Chemical Products

Chemical Products

- Chemical Raw Materials : Inorganic acid, Sodium Compounds, Potassium Compounds, Calcium Compounds, Barium Compounds, Manganese Compounds, Chromium Compounds, Nickel Compounds, Zinc Compounds, Magnesium Compounds, Aluminum Compounds, Single Element Chemicals, Inorganic Chemicals Miscellaneous, Paraffin, Other Chemicals Wax, Coking and Oil Chemicals, Alcohol and Aldehyde Chemicals, Ester Chemicals, Ketonize and Ether and Phenol Chemicals, Alkane and Alkene and Alkyne Chemicals, Amine Chemicals, Aromatic Chemicals, Organic Chemicals Miscellaneous, Carboxylic Acid Chemicals, Other Chemical Raw Materials
- Dye and Intermediate, Pigment Raw Materials
- Plastic Raw Materials
- Agricultural Chemicals : Chemical Fertilizers, Pesticides, Growth Promoters, Agricultural Plastic Sheets, etc.
- Fire & Explosive : Explosives, Gunpowder, Civil Explosive Equipment, Pytophoric Alloy, Flammable Materials Products
- Chemical Reagents
- Rubber

제 5 장

인쇄에 대한 연구

제5장 인쇄에 대한 연구

1 인쇄용어

(1) 국판(국전지)

636×939mm의 크기 용지이다. 4×6판과 함께 원래는 영국의 용지 규격 치수였는데, 1880년대에 일본이 영국으로부터 종이를 수입하면서부터 일본의 종이치수의 기준이 되었다.

(2) 터잡기(하리꼬미)

인쇄판을 만들기 위해 1페이지 단위로 따 붙인 것을 필름에 접지방법에 따라 모아 붙이는 일을 말하며 모아 붙이기라고도 부른다.

(3) 가늠표(돔표)

4도(4COLOR) 혹은 2색 이상 인쇄할 때, 각 색판의 가늠을 잡기 위해 인쇄판 짧은변 중앙에 가늠용 표를 (보통 직교된 눈금으로 표시한다. +자의 선을 긋고 그 교차하는 지점을 맞춘다.) 삽입하는 것을 말한다.

(4) PS판

옵셋 인쇄에 사용되는 금속판으로 연마하거나 감광액을 발라 놓았다. Pre-Sensitized 판의 약칭이다. 옛날에는 알미늄판을 사용하였으나 환경보호 차원에서 지금은 사용을 금한다.

(5) 인쇄 구와이

인쇄 기계가 용지를 무는 부분을 인쇄 구와이라고 한다. 인쇄 구와이는 1㎝로 정해져 있지만 인쇄 맞춤표가 들어가므로 용지 크기에서 2㎝를 뺀 즉 788×545의 용지에서 768×525를 최종 재단될 크기로 디자인해야 한다.

(6) 홍가께

앞뒤면 색상이 다르거나 인쇄 도수가 다른 경우 또는 후가공이 다른 경우에는 각각 다른 판에 조판하여야 한다. 또한 인쇄물량이 많을 경우에도 홍가께로 조판한다.

(7) 돈땡

소량이면서 앞뒤면이 같은 색상 및 인쇄 도수로 인쇄될 경우에 같은 판에 좌우 또는 상하에 조판한다. 구와이면이 동일한 구와이돈땡과 하리면이 동일한 하리돈땡으로 구분하며, 일반적으로 하리돈땡으로 조판한다.

(8) 대(다이)

인쇄기에 들어가는 1매의 종이 양면에 찍히는 것을 대수라고 한다. 즉 혼가께로 앞면에 8페이지 앉히고, 뒷면에 8페이지 앉혔을 경우 앞뒷면 16페이지 1대라고 한다.

(9) 루페(Lupe)

볼록렌즈를 사용한 확대경, 인쇄물이나 네거 또는 포지의 화선 혹은 망점을 검사하는데 사용한다.
10-20배의 것이 필요하다.

2 인쇄의 기본공법 종류

(1) 볼록판 인쇄법

볼록판 인쇄(Relief Printing)에 사용하는 판은 잉크가 묻는 화선부가 비화선 부분보다 높게 되어있다. 인쇄물은 일반적으로 선명하고 강한 인상을 준다.

판의 화선부가 볼록하게 나와 있기 때문에 눌린 자국이 약간 튀어나왔으며, 또 화상의 경계에는 윤곽 얼룩(Marginal Zone)으로서 잉크 농도가 짙은 부분이 나타난다.

볼록판의 종류는 목판, 활판, 선화 볼록판, 감광성 수지판, 고무판 등이 있다.

(2) 평판 인쇄법

평판 인쇄(Lithographic Printing, Planographic Printing)에 사용하는 판면은 평평하며 화선부와 비화선부의 높이 차이가 없다. 잉크가 화선부에만 묻는 원리는 물과 기름의 반발작용을 이용한 것이다.

제판할 때 미리 화선부에는 지방성 잉크만 묻게 하고, 비화선부에는 수분만 받아드리도록 광화학적 처리를 한다. 인쇄할 때에는 수분을 판 전면에 주고 이것이 건조되기 전에 지방성 잉크를 묻혀 인쇄하는 화학적인 인쇄방법이다. 평판 인쇄물은 화선이 매우 부드러워 박력이 부족하고, 내쇄력이 비교적 약하다. 그러나 제판비가 싸기 때문에 세계적으로 널리 사용하게 되었다. 최근에는 물을 사용하지 않은 건식 평판 인쇄법도 나왔다. 평판 인쇄물은 주로 상업 인쇄물인 캘린더, 포스터, 카달로그, 광고, 지도 등의 컬러 인쇄에 많이 사용되고 있는데 최근에는 문자 인쇄물인 책자와 신문도 점차 평판인쇄로 이행하고 있다.

(3) 오목판 인쇄법

오목판 인쇄(Intaglio Printing)에 사용하는 판은 화선부가 오목하며, 여기에 잉크를 채워 인쇄한다. 오목판에는 사진 오목판과 조각 오목판이 있는데 일반적으로 사진 오목판을 그라비어(Gravure)판이라 한다. 조각 오목판의 인쇄물에는 지폐, 수료 주권 등이 있으며, 이런 것들은 세밀한 선으로 표현하는 채문 인쇄를 하고 있는데, 잉크가 두껍게 부착되어 촉감으로도 식별할 수 있다.

(4) 공판 인쇄법

공판 인쇄(Stencil Printing)에 속하는 것은 스크린 인쇄(Screen Process Printing)가 대표적이다.

여기에 사용하는 판은 화선부에 망사 구멍이 나타나게 제판하여 이 망사 구멍으로 잉크가 통과하여 피 인쇄체에 부착된다. 비화선부에는 감광막이 경화되어 잉크가 통과하지 않는다.

스크린 인쇄물에는 플라스틱 용기를 비롯하여 유리, 도자기, 금속, 천, 비닐, 가죽제품이 있다.

3 인쇄 기계의 3형식

(1) 평압식 인쇄기

평압식 인쇄기는 판반 위에 판을 놓고 잉크를 묻혀 압판으로 압력을 주어 인쇄하는 형식이다. 구텐베르그가 활판 인쇄를 발명한 당시에 이 형식의 인쇄기가 사용되었다.
인쇄 속도는 느리지만 적은 부수의 인쇄에 적합하며, 명함 인쇄기, 빅토리아 인쇄기, 하이델버그 프래튼 인쇄기 등이 여기에 속한다.

(2) 원압식 인쇄기

원압식 인쇄기(Cylinder Press)는 판반 위에 핀을 놓고 잉크를 묻혀 종이를 집은 압통이 판위에 접촉 회전하면서 인쇄한다. 이때 판반은 왕복운동을 한다.
이 형식의 기계는 평압식보다 인쇄 속도가 빠르고 주로 활판 인쇄에 많이 사용하고 있다. 이 형식의 대표적인 기계에는 정지 원통 인쇄기, 2회전 인쇄기, 1회전 인쇄기 등이 있다.

(3) 윤전식 인쇄기

윤전식 인쇄기(Rotory Press)는 판통에 판을 감아 붙이거나 둥근 판을 부착하여 인쇄 잉크를 묻혀 압통과의 사이에 종이를 통과시켜 인쇄한다. 인쇄 속도가 가장 빠르며, 인쇄기계의 대부분이 이 형식이다.
윤전식 인쇄기에 속하는 것은 볼록판 인쇄에서는 신문 윤전기, 오목판 인쇄에서는 그라비어 윤전기 등이 있다.
인쇄 기계는 어떤 복잡한 기구를 가진 기계라도 대개 이 3가지 형식 중의 어느 것에 해당하는 것이다.
그러나 스크린 인쇄기와 특수 인쇄기는 여기에 속하지 않는 것이 있다.

4 인쇄의 종류

(1) 옵셋인쇄

옵셋인쇄는 인쇄용 필름을 철판(인쇄판)에 밀착하여 소부(빛을 쬐여서 필름의 까만 부분을 철판에 전사)후 인쇄기에 걸어 인쇄하는 방식을 말한다.

원색인쇄는 청, 적, 황, 먹(CMYK)의 순서로 각각의 색을 인쇄하여 사진과 같은 원색의 효과를 나타낸다.

옵셋인쇄는 미세한 점(망)으로 되어 있으며 각각의 색은 각도를 달리하여 서로 겹치지 않도록 되어 있다.

옵셋인쇄는 매우 정밀한 인쇄이며 카다로그 등 원색인쇄는 모두 옵셋이다. 옵셋인쇄는 한번에 CMYK 4색을 찍는 4색기와 2색을 찍는 2색기 1색씩 인쇄하는 단색기가 있으며 윤전기, 평판 인쇄기가 있고 평판인쇄는 전지 인쇄기, 2절 인쇄기, 4절 인쇄기 등이 있다.

옵셋인쇄는 간접인쇄 방법 중의 하나이다. 판에 묻힌 잉크를 묻힌 종이에 옮기는 방법에는 판면에서 잉크를 종이에 옮기는 직접인쇄와 판면에서 잉크를 고무 블랑켓에 옮겨 다시 종이에 옮기는 간접인쇄의 두 가지가 있다. 볼록판 오목판 공판도 옵셋인쇄를 하는 것이 있지만 평판에서는 주로 옵셋인쇄를 하고 있다. 평판에서는 주로 옵셋인쇄를 하고 있기 때문에 일반적으로 옵셋인쇄라면 평판인쇄를 뜻하는 경우가 많다. 옵셋인쇄는 직접인쇄 방법으로 불가능했던 금속과 유리에 처음 적용되었다. 그 특징은 고무 블랑켓을 사용하기 때문에 거친 면의 종이에도 선명하게 인쇄되고 내쇄력이 직접인쇄보다 강하며 판면의 문자와 화상이 인쇄물과 같아 틀린 것을 쉽게 발견할 수 있다.

(2) 마스터인쇄

마스터인쇄는 편집된 원고를 필름 제판하는 과정을 생략하고 마스터페이퍼(옵셋에서는 인쇄판)에 복사하여 마스터 인쇄기에서 바로 인쇄한다. 보통 적은 부수의 책자와 단색의 전단, 서식 등을 인쇄한다.
경인쇄라고도 하며 주로 1도 인쇄를 주로 적은 부수에 사용한다. 원본은 옵셋인쇄처럼 분판 필림을 사용하지 않고 레이저 프린터로 출력해서 사용한다.

(3) 스크린인쇄

공판의 하나로 나무틀에 망사를 붙인 면에 화선을 구성한 판을 사용하여 망사 구멍으로 잉크를 통과시켜 종이에 옮기는 인쇄방식이다. 과거에는 실크망사를 사용했기 때문에 실크 스크린인쇄라고 불렀는데 최근에는 나일론, 테트론, 스테인레스 스틸 망사를 사용하기 때문에 스크린인쇄라고 한다. 스크린 인쇄를 하는 기계에는 평면 인쇄기와 곡면 인쇄기가 있는데 평면 인쇄기에는 종이, 플라스틱, 프린트 배선 기판 등의 인쇄를 하며 곡면 인쇄기는 병, 컵 등에 인쇄한다. 평면 인쇄기는 종이를 놓은 위에 망사를 붙인 스크린틀을 놓고 틀 안에서 잉크를 스퀴지라는 고무주걱으로 스크린 구멍으로 밀어내어 종이에 인쇄한다. 곡면 인쇄기는 스퀴지를 고정시켜 피인쇄체를 스크린의 이동과 같이 회전시켜 인쇄한다. 이 방법은 편면이 유연하여 인쇄압이 약하기 때문에 종이, 플라스틱, 유리, 금속 등 폭넓은 소재에 인쇄가 가능하며 많은 공업 분야에서 이용하고 있다.

(4) 전사인쇄

전사인쇄는 전사지에 인쇄한 글자와 그림을 피인쇄체인 도자기, 천, 플라스틱, 금속, 유리, 법랑(금속 그릇에 도자기에 유약을 입힌 것), 건축자료 등의 표면에 옮기는 방법이다. 전사지에 인쇄하는 방법은 모든 판식이 사용되며 전사에는 습식법과 건식법이 있는데 습식법은 전사 대지에 도포한 수용성 풀층을 물로 축여 기물에 붙인 다음 대지를 벗겨 전사하는 물붙임법과 용제를 내뿜어 인쇄잉크 중의 비클을 녹여 기물에 접착시키는 용제법이 있다. 건식법에는 인쇄잉크 피막을 가열, 가압하여 녹여 붙이는 가열법과 승화성 염료를 가열, 가압하여 염착시키는 승화 전사법이 있다. 전사인쇄는 일반적으로 평판의 오프셋기로 인쇄하는데 잉크막을 두껍게 나타내고 싶을 때는 스크린인쇄 한다. 경우에 따라서는 평판과 스크린 인쇄의 병용인쇄를 하며 수지 볼록판으로도 인쇄를 하고 있다.

(5) 나염인쇄

섬유로 짠 천에 대한 인쇄는 스크린인쇄, 오목판인쇄, 평판인쇄 등 여러 가지가 있는데 이중에서도 가장 많이 사용되는 것이 스크린 인쇄이다. 스크린 방식의 날염은 원단을 그대로 인쇄할 때와 T셔츠와 블라우스 등의 완성품에 인쇄할 때가 있다. 원단 인쇄는 색풀이라는 잉크를 사용하는데 풀의 질은 섬유의 재질에 따라 선택한다. 인쇄에는 수동식, 자동 주행식 등이 있으며 다량의 경우엔 로터리식 스크린 인쇄 방식이 많이 활용된다.

(6) 향료인쇄

향료인쇄는 색잉크에 직접 향료를 혼합한 것을 사용하는 인쇄와 합성 향료를 젤라틴이나 멜라민 또는 PVA의 5~20㎛정도의 마이크로 캡슐에 봉입하여 여기에 수용성 바인더(결합제)를 혼합한 잉크로 인쇄하는 것을 말한다. 잉크에 직접 향료를 혼합하여 인쇄한 것은 약 2주일이 지나면 향기가 나지 않는다. 그러나 캡슐 봉입잉크는 무색으로 투명에 가깝고 전적으로 덧인쇄용이므로 인쇄한 그대로 상당기간 향기를 가진다. 향료 캡슐잉크를 사용하는 인쇄는 스크린 인쇄방법으로 하는데 직접 화상을 인쇄하는 것이 아니고 평판 인쇄한 화상의 일부에 겹쳐 덧 인쇄하는 것이 일반적이다. 종이에 인쇄한 것은 손톱으로 문질러 캡슐을 터트려 향기를 발산하므로 캡슐은 작은 입자로 단단한 것을 사용하는데 T셔츠일 때에는 착용하여 움직이는 데에 따라 캡슐이 조금씩 터져 향기를 발산한다. 따라서 너무 단단한 캡슐은 터지지 않고 반대로 너무 연하면 세탁할 때 견디지 못한다.

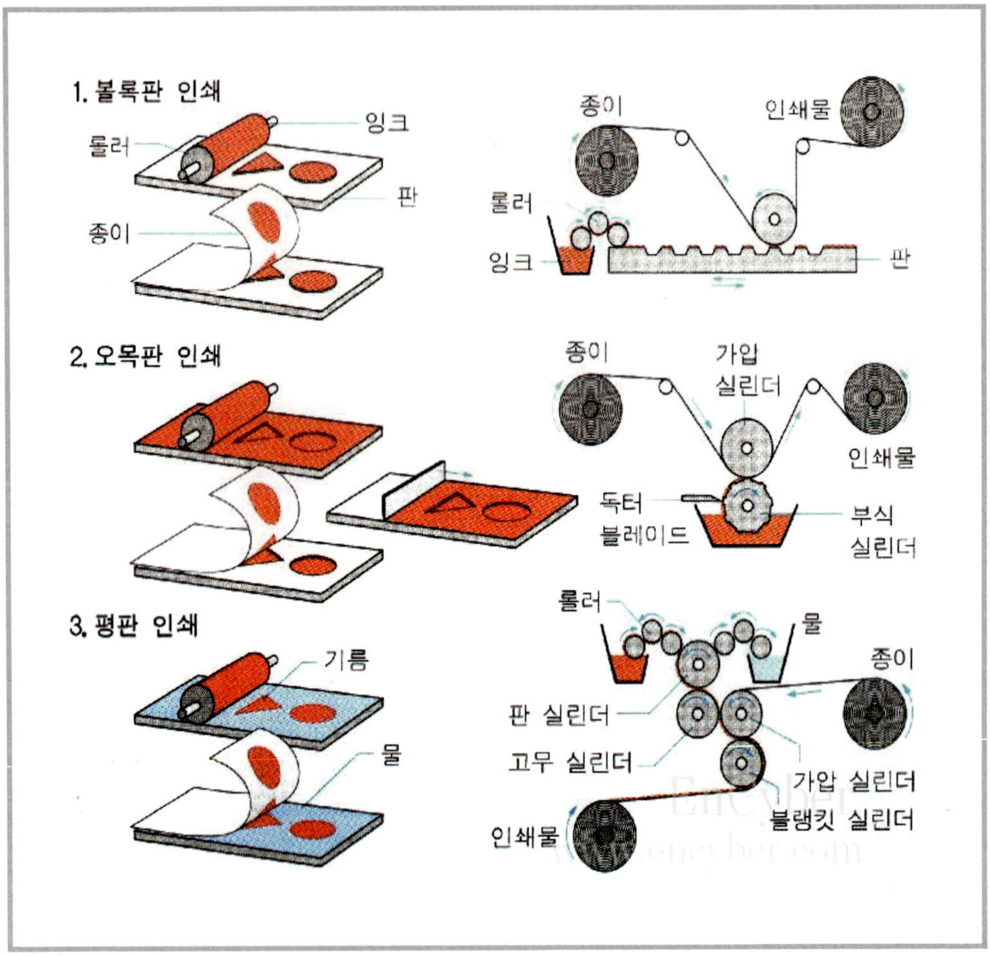
1. 볼록판 인쇄
잉크
롤러
판
종이
종이
인쇄물
롤러
잉크
판
2. 오목판 인쇄
종이
가압
실린더
인쇄물
독터
블레이드
부식
실린더
3. 평판 인쇄
기름
물
롤러
물
종이
판 실린더
고무 실린더
가압 실린더
블랭킷 실린더
인쇄물

인쇄 4색 양면 평판 웨브 윤전기

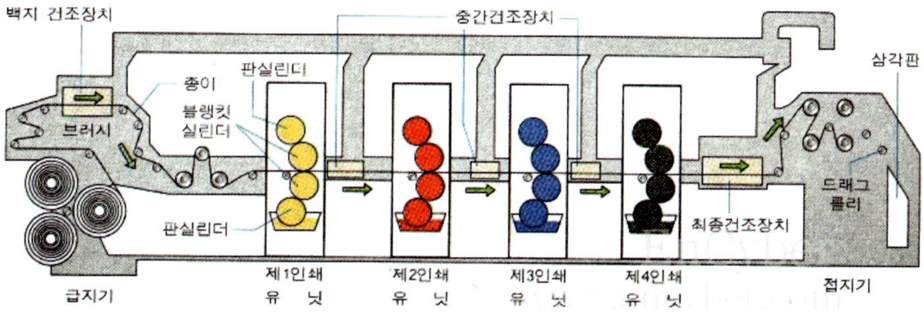

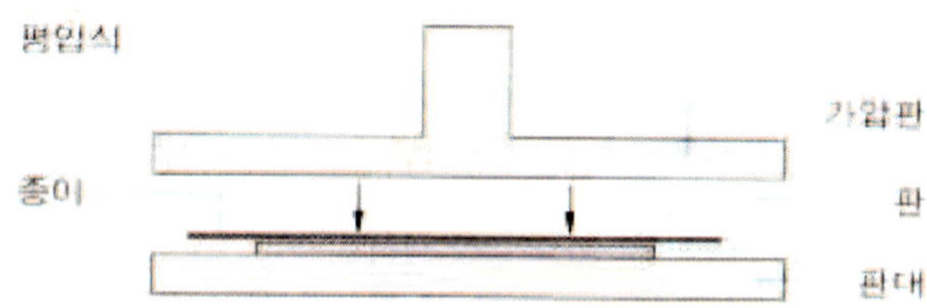

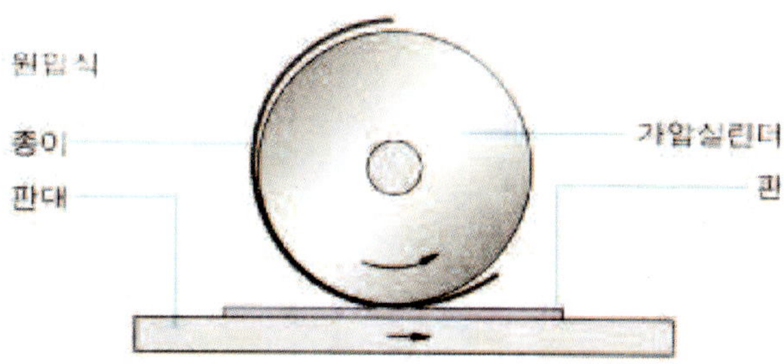

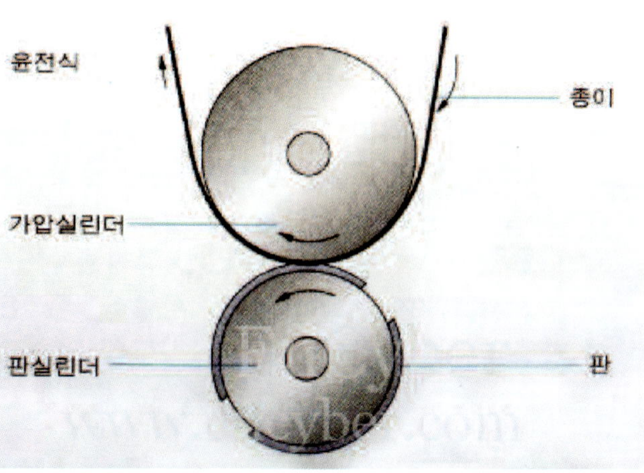

제 6 장

상품학 어휘 목록

제6장

상품학 어휘 목록

– A –

A V Equipment Mounting
A V Equipment Stand
AC AC Adapter
AC Adapter
AC Contactor
AC DC Adapter
AC Motor
ADSL Router
AF Transformer
AM Receiver
ATM
ATM Machine
ATV
ATX Power Supply
AV
AV Accessory
AV Cable
AV Consumable
AV Controller
AV Distributor
AV Switch
AV Transmitter
Abdominal Exercise
Abrasive
Access Card
Access Control
Access Control System
Access Key
Access Management
Access Management Software
Access Management System
Access Monitoring
Accessory Lamp
Accessory Light
Accompaniment
Acid
Acrylic
Acrylic Fabric
Acrylic Dinnerware
Action Toy
Active Component
Active LCD
Active Matrix LCD
Adapter
Additives

Address Lamp
Address Light
Adhesive
Adhesive Materials
Adhesives
Advertisement Inflatable
Advertising Inflatable
Aerobic Equipment
Aerobic Exercise
Aerobic Training
Agitator
Agricultural Equipment
Agricultural Machinery
Agriculture
Agriculture Product
Agrochemical
Air Blower
Air Brake Chamber
Air Compressor
Air Con
Air Con Component
Air Con Impeller
Air Con Part
Air Condition
Air Condition Component
Air Condition Impeller
Air Condition Part
Air Conditioner
Air Conditioner Component
Air Conditioner Impeller
Air Conditioner Part
Air Conditioning System
Air Cooler
Air Core Coil
Air Core Inductor
Air Fan
Air Filter
Air Freshener
Air Ionizer
Air Ozonizer
Air Pot
Air Pump
Air Purifier
Air Purify
Air Tool
Air Warmer
Aircon
Aircon Component
Aircon Impeller
Aircon Part
Aircondition
Aircondition Component
Aircondition Impeller
Aircondition Part
Airconditioner
Airconditioner Component
Airconditioner Impeller
Airconditioner Part
Airpot
Airtight Container
Alarm
Alarm Clock
Alarm System
Album
Alcohol
Aldehyde

Alloy Products
Alphanumeric LCD
Alphanumeric LCD Module
Alternator
Aluminum
Aluminum Capacitor
Aluminum Case
Aluminum Electrolytic Capacitor
Aluminum Furniture
Aluminum Pipe
Amplifier
Amplifier IC
Analog Clock
Analyzer
Analyzers
Animal Hair
Antenna
Antenna Adapter
Anti Explosion Material
Antioxidant
Antique Furniture
Antiseptic
Antistatic Glove
Antistatic Product
Antistatic Slipper
Apparatus
Apparel
Apparel Accessory
Apparel Machinery
Apparel Trimming
Apron
Aquaculture
Aquaculture Equipment
Aquarium
Aquatic Product
Arbor Lattice
Arbor Trellis
Arc Welder
Archaized Furniture
Archaize Furniture
Architectural Plastic
Architectural Signage
Art
Art Glass
Art Material
Artifact Displaying Aid
Asbestos
Ashtray
Attache Case
Attache Portfolio
Attenuator
Audio
Audio Accessory
Audio Cable
Audio Cable Assembly
Audio Connector
Audio Consumable
Audio Controller
Audio Distributor
Audio Game
Audio Mixers
Audio Processors
Audio Switch
Audio Transformer
Audio Transmitter
Auger

Auto AV
Auto Accessory
Auto Air Conditioner
Auto Air Freshener
Auto Alarm
Auto Alarm System
Auto Amplifier
Auto Audio
Auto Body Parts
Auto Bulb
Auto CD
Auto Casting
Auto Charger
Auto DVD
Auto Emergency Kit
Auto Fan
Auto GPS
Auto Generating
Auto Glass
Auto Jump Starter
Auto Lamp
Auto Light
Auto Lock
Auto MP3
Auto Mirror
Auto Monitor
Auto Motor
Auto Navigator
Auto Part
Auto Parts
Auto Plastic
Auto Radio
Auto Recharger
Auto Reversing
Auto Road Emergency
Auto Safety
Auto Security
Auto Security System
Auto Supply
Auto Tire
Auto Vedio
Auto Walk
Automatic Watch
Automobile AV
Automobile Accessory
Automobile Alarm
Automobile Alarm System
Automobile Amplifier
Automobile Audio
Automobile Bulb
Automobile CD
Automobile DVD
Automobile GPS
Automobile Lamp
Automobile Light
Automobile Lock
Automobile MP3
Automobile Mirror
Automobile Monitor
Automobile Navigator
Automobile Part
Automobile Plastic
Automobile Radio
Automobile Recharger
Automobile Repair
Automobile Repair Lamp

Automobile Repair Light
Automobile Reversing
Automobile Safety
Automobile Security
Automobile Security System
Automobile Supply
Automobile Tire
Automobile Vedio
Automotive Air
Automotive Battery Fittings
Automotive Battery Terminal
Automotive Bearings
Automotive Cooling System
Automotive Engine
Automotive Fuel Pump
Automotive Oil
Automotive Oil Pump
Automotive Paints
Automotive Relay
Automotive Rustproofing
Automotive Transmission Parts
Automotive Water Pump
Award
Awning
Axe
Axle Stands

-B-

B W TV
BBQ
BBQ Accessory
BBQ Fitting
BBQ Grill
BBQ Tool
BIOS
Baby
Baby Carrier
Baby Cot
Baby Crib
Baby Diaper
Baby Equipment
Baby Food
Baby Furniture
Baby Highchair
Baby Monitor
Baby Pram
Baby Stroller
Baby Toy
Baby Walker
Back Pack
Back Plate
Backpack
Bacteria killed Lamp
Bacteria killed Light
Badge
Bag
Bag Making
Bag Materials
Bag Part
Baking Pan
Balancer
Ball
Ball Bearing
Ballast
Ballpoint Pen
Balun Coil

Bamboo Flooring
Bamboo Materials
Bamboo Product
Band
Bangle
Bank
Banner Stand
Bar
Bar Set
Bar Soap
Bar Stool
Bar Table
Barbecue
Barbecue Accessory
Barbecue Fitting
Barbecue Grill
Barbecue Supply
Barbecue Tool
Barcode Printer
Barcode Reader
Barometer
Baseball Accessory
Baseball Cap
Basic Timer
Basin
Basin Faucet
Basin Mixer
Basket
Basket Ball
Basket Ball Accessory
Basketball Shoe
Bath
Bath Product
Bath Set
Bath Soap
Bath Towel
Bathing
Bathing Brush
Bathing Cap
Bathing Dress
Bathing Scrubber
Bathing Sponge
Bathing Toy
Bathroom Accessory
Bathroom Appliance
Bathroom Cabinet
Bathroom Fan
Bathroom Furniture
Bathroom Heater
Bathroom Holder
Bathroom Lamp
Bathroom Light
Bathroom Mirror
Bathroom Rack
Bathroom Scale
Bathroom Set
Bathroom Sets
Bathtub
Battery
Battery Case
Battery Charger
Battery Clip
Battery Module
Battery Operated Tool
Battery Operated Toy
Battery Pack

Battery Plate
Battery Tester
Battery Toy
Beach Bag
Beach Chair
Beach Lounger
Beach Wear
Bean
Bearing
Beater
Beauty
Beauty Care
Beauty Set
Beauty Soap
Bed
Bed Linen
Board
Boas
Boat
Bobbin
Body Fat
Body Painting
Body Scrubber
Body Set
Body Spray
Bolo
Bolt
Bolt Cutter
Bond Coil
Bonding Wire
Book
Bookcase
Bookend
Bookmark
Bookstand
Booster
Booster Pump
Boot
Bootie
Bottle
Bottle Opener
Bottle Pourer
Bottle Stopper
Bottled Product
Bottled Water
Bow
Bowl
Box
Box Camera
Box Fan
Boxing Equipment
Bra
Bra Set
Bracelet
Bracelet Watch
Braces
Bracket Hardware
Bracket Lamp
Bracket Light
Braid
Brake Lamp
Brake Light
Brake Parts
Brass Wire
Bread Box
Breadings

Breaker
Breakfast Maker
Brick
Bridal Veil
Briefs
Brochure Holder
Brooch
Broom
Broth
Brush
Brushe
Bucket
Bucket Hat
Buckle
Buffet
Building
Building Apparatus
Building Glass
Building Material
Building Raw Material
Bulkhead Lamp
Bulkhead Light
Bulldozer
Bumper Guard
Bumper Protector
Bunk Bed
Burglar Alarm
Burner
Business Equipment
Butter
Button
Button Badge
Button Battery
Button Cell
Button Cell Batteries
Button Cell Battery
Buttoncell Battery
Buzzer
Bed Mattress
Bedding
Bedroom Chest
Bedroom Dresser
Bedroom Set
Bedroom Suite
Bedroom Wardrobe
Bedspread
Beer
Beer Mug
Bell
Belt
Bench
Beverage
Beverage Container
Beverage Cooler
Beverage Dispenser
Beverage Jug
Beverage Pitcher
Beverage Processing
Beverage Processing Equipment
Beverage Warmer
Beverages
Bib
Bicycle
Bicycle Accessory
Bicycle Component
Bicycle Part

Bicycle Supply
Bidet
Bifold Door
Bike
Bike Accessory
Bike Component
Bike component
Billboard
Billfold
Billiard
Billiard Equipment
Billiard Table
Binding Machine
Biscuit
Bit Set
Black Lamp
Black Light
Black TV
Black Tea
Blacklight
Blade
Blanket
Blended Fabric
Blender
Block
Blower
Blowing Equipment
Bluetooth
Bluetooth Adapter
Bluetooth Handsfree Kit
Bluetooth Headset
Bluetooth Module

-C-

CATV
CCD
CCD Board Camera
CCD Camera
CCD Sensor
CCFL
CCFT
CCTV
CCTV Accessories
CCTV Accessory
CCTV Camera
CCTV Monitor
CCTV System
CD
CD Bag
CD Box
CD Case
CD Changer
CD Player
CD R
CD RW
CD RW Disc
CD Rack
CD Rom Drive
CD Wallet
CDRW
CFL
CFL Cup
CFL Tube
CMH Lamp
CMOS Camera
CPU

CRT
CRT Monitor
CRT TV
CRT Television
Cabinet
Cabinet Lamp
Cabinet Light
Cabinet Liner
Cabinet Set
Cable
Cable Assembly
Cable Cutter
Cable Gland
Cable Lock
Cable Lug
Cable Modem
Cable Organizer
Cable Receiver
Cable Tie
Cage
Calculator
Calendar Clock
Calipers
Caller ID Phone
Camcorder
Camera
Camera Bag
Camera Case
Camera Lens
Camisole Top
Camp Lamp
Camp Light
Camping Bag
Camping Bed
Camping Canteen
Camping Cookware
Camping Tent
Can
Can Opener
Candle
Candle CFL
Candle Compact Fluorescent Lamp
Candle Compact Fluorescent Light
Candle Energy saving Lamp
Candle Energy saving Light
Candle Holder
Candle Lamp
Candle Power saving Lamp
Candle Power saving Light
Candle Set
Candle Shape
Candle fired Lamp
Candlestick
Candy
Canister
Canned Mushroom
Canned Product
Canning Equipment
Canopy
Canopy Floodlight
Canvas
Canvas Briefcase
Canvas Materials
Cap
Capacitor
Car

Car AV
Car Accessory
Car Alarm
Car Alarm System
Car Amplifier
Car Audio
Car Battery
Car Bulb
Car CD
Car Care
Car Cleaning
Car Cooler
Car DVD
Car Exterior Decoration
Car GPS
Car Interior Decoration
Car LCD
Car Lamp
Car Lift
Car Light
Car Lock
Car MP3
Car Mat
Car Mirror
Car Monitor
Car Navigator
Car Park
Car Park Management
Car Park System
Car Part
Car Plastic
Car Radio
Car Recharger
Car Refrigerator
Car Reversing
Car Rug
Car Safety
Car Seat
Car Security
Car Security System
Car Supply
Car TV
Car Television
Car Tire
Car Video
Car Warmer
Car Washing System
Car Wheel Cover
Car Wheel Rim
Carbonated Drink
Carburetors
Card
Card Case
Card Connector
Card Encoder
Card Holder
Card Lock
Card Reader
Carpentry Tool
Carpet
Carpet Cleaning Chemical
Carpet Shampoo
Carriage Clock
Carry Case
Cart
Carving

Case
Cases
Cash Register
Cashmere
Casino
Casserole Dish
Casserole Pot
Cassette
Cassette Air Con
Cassette Air Condition
Cassette Air Conditioner
Cassette Aircon
Cassette Aircondition
Cassette Airconditioner
Cassette Player
Cassette Recorder
Cast
Cast Metal
Cast Metal Part
Caster Roller
Caster Wheels
Casting Part
Casual Bag
Casual Cap
Casual Shirt
Casual Shoe
Casual Shoes
Catalyst
Cathode Ray Tube
Caulk
Caulking Gun
Caution Lamp
Caution Light
Ceiling Fan
Ceiling Lamp
Ceiling Light
Ceiling Materials
Ceiling Mount
Ceiling Panel
Ceiling Speaker
Ceiling Spotlight
Cell Phone
Cement
Cement Making
Central Lock
Central Locking System
Ceramic Dinnerware
Ceramic Fiber
Ceramic Filter
Ceramic Resonator
Ceramics
Chafing Dish
Chaiffy Dish
Chain
Chain Fitting
Chain Lock
Chain Saw
Chain Shear
Chair
Champagne
Chandelier
Changer
Charger
Chart
Chase Lamp
Chase Light

Cheese
Chemical
Chemical Equipment
Chemical Fertilizer
Chemical Fiber
Chemical Machinery
Chemical Product
Chemical Products
Chenille Fabric
Chest
Chestnut
Child Furniture
Child Lamp
Child Light
Children Bag
Children Furniture
Children Lamp
Children Light
Children Toy
Children Underwear
Children Watch
Children Watches
Children Wear
Chili
Chili Sauce
Chillers
Chilli
China Dinnerware
Chinese Medicine
Chip
Chipset
Chisel
Chloride
Chloroprene Rubber
Chocolate
Choke Coil
Chop Board
Chopper
Chopping Board
Chopsticks
Christmas Candle
Christmas Decoration
Christmas Decorative
Christmas Gift
Christmas Lamp
Christmas Light
Christmas Tree
Chrome Accessory
Chronograph Watch
Chronograph Watches
Chrysanthemum
Cigar
Cigar Humidor
Cigarette
Cigarette Case
Cigarette Lighter
Circle CFL
Circle Compact Fluorescent Lamp
Circle Compact Fluorescent Light
Circle Energy saving Lamp
Circle Energy saving Light
Circle Power saving Lamp
Circle Power saving Light
Circle Shape
Circuit Board
Circuit Breaker

Circular Lamp
Circular Saw
Circular Shear
Circular Tube
Circulator
Cistern
Cistern Fitting
Clay
Clean Up Equipment
Cleaner
Cleaning Agent
Cleaning Chemical
Cleaning Equipment
Cleaning Machine
Cleaning Mop
Cleaning Scourer
Cleaning Sponge
Cleaning Tool
Cleaning Towel
Clip
Clip Clock
Clock
Clock Radio
Cloth Toy
Clothe Rack
Clothes Dryer
Clothes Peg
Clothesline
Cloths Fork
Club
Clutch
Coal
Coal Tar
Coaster
Coat
Coating
Coating Equipment
Coating Mixes
Coaxial Cable
Cocktail Shaker
Cocoa
Coconut Materials
Coffee Pot
Coffee Bean
Coffee Grinder
Coffee Maker
Coffee Pot
Coffee Powder
Coffee Table
Coil
Coin Bank
Coin Purse
Coke
Colander
Cold Cathode
Cold Cathode Fluorescent Lamp
Cold Cathode Fluorescent Light
Cold Cathode Fluorescent Tube
Cold Cathode Lamp
Cold Cathode Light
Cold Cathode Tube
Collectible Card
Collectible Memorabilia
Collectible Souvenir
Collector
Collet

Color Bulb
Color CCD Camera
Color Lamp
Color Light
Color Monitor
Color TV
Color Television
Color Tube
Colorant
Coloring
Colour Bulb
Colour Lamp
Colour Light
Colour Tube
Comb
Combination Tool
Combo Cassette Recorder
Combustion Engine
Commercial Equipment
Commercial Furniture
Commercial Heater
Commercial Lighting
Commercial Scale
Communication Device
Communication Equipment
Community Antenna TV
Community Antenna Television
Commutator
Compact Fluorescent
Compact Fluorescent Cup
Compact Fluorescent Lamp
Compact Fluorescent Lamp Cup
Compact Fluorescent Lamp Tube
Compact Fluorescent Light
Compact Fluorescent Tube
Compact Refrigerator
Comparator IC
Compass
Composite Pipe
Compound Fertilizer
Compound Flooring
Compound Materials
Compressed Air Tool
Compressed Spray
Compressed Tool
Compression Spring
Compressor
Computer
Computer Bag
Computer Cable
Computer Cable Assembly
Computer Case
Computer Chip
Computer Component
Computer Connector
Computer Controller
Computer Design
Computer Earphone
Computer Furniture
Computer Headphone
Computer Keyboard
Computer Keypad
Computer Monitor
Computer Networking
Computer Peripheral
Computer Software

Concealer
Concrete Pump
Concrete Tool
Condenser
Condiment
Condiment Set
Conduit Tunnel
Conference Chair
Connecter
Connection Wire
Connector
Connector Housing
Connector Terminal
Console
Console Table
Construction Machinery
Construction Material Machinery
Construction Tool
Contact Lens
Contactor
Container
Container House
Control Box
Controlled Clock
Controlled Toy
Controller
Controller Adapter
Controller IC
Conventional Top Load Washer
Converter
Convertor
Conveyer Pump
Conveyor
Conveyor Belt
Cook Apron
Cooker
Cooker Hood
Cookies
Cooking Oil
Cooking Pot
Cooking Seasoning
Cooking Utensil
Cookware Part
Cookware Set
Cooler
Cooler Bag
Cooler Box
Cooling Fan
Cooling Product
Copier
Copper Pipe
Copper Wire
Cord
Cord Set
Cord Testing Equipment
Corded Phone
Corded Telephone
Cordial
Cordless Phone
Cordless Telephone
Cordless Tool
Core
Corn Materials
Cosmetic Bag
Cosmetic Brush
Cosmetic Case

Cosmetic Component
Cosmetic Container
Cosmetic Mirror
Cosmetic Packaging
Cosmetic Product
Cosmetics
Cot
Cotton Candy Maker
Cotton Fabric
Cotton Fiber
Cotton Yarn
Couch
Counter
Counting
Coupling
Cover
Cowboy Hat
Cracking Machinery
Craft
Crane
Cream
Creeper
Crib
Crimp Connector
Crimper
Crimping Tool
Crochet
Crossover
Crossovers
Crosstrainer
Crowns
Crumbing
Crusher
Crystal
Crystal Craft
Crystal Figurine
Crystal Filter
Crystal Glass
Crystal Lamp
Crystal Light
Crystals Stones
Cubic Chains
Cubic Chokers
Cultivation Hoe
Cultivation Shovel
Cultivation Tool
Cup
Cup Set
Cupboard Door
Currency Converter
Current Transformer
Curtain
Curtain Accessories
Curtain Lamp
Curtain Light
Curtain Pole
Curtain Rod
Curtain Wall
Cushion
Cut Off Machine
Cutoff
Cutter
Cutter Blade
Cutting
Cutting Equipment
Cutting Material

Cutting Tool

-D-

DC Adapter
DC Motor
DIN Connector
DSP
DVD
DVD Bag
DVD Box
DVD Case
DVD Changer
DVD Combo
DVD Drive
DVD Player
DVD R Disc
DVD Rack
DVD Recorder
DVI Adapter
DVI Connector
Daily Chemical
Daily Product
Dailylife Rubber Product
Dairy
Dancing Pad
Dashboard Accessory
Dashboard Gadget
Data Cable
Data Card
Day Camera
Daylight Bulb
Daylight Lamp
Daylight Light
Daylight Tube
Decal
Deck Lamp
Deck Light
Decoder
Decompression
Decorating Fabric
Decoration
Decoration Material
Decorations
Decorative Clock
Decorative Fountain
Decorative Lamp
Decorative Light
Decorative Moldings
Decorative Ornament
Decorative Pebble
Decorative Plastic
Decorative Stone
Decorative Trims
Deep Fryer
Defend Lamp
Defend Light
Defrost
Dehumidifier
Dehydrated Vegetable
Dehydrator
Delayed Device
Delrin Zipper
Dental
Deodorant
Deodorizer
Desiccants

Desk
Desk Clock
Desk Holder
Desk Lamp
Desk Light
Desk Organizer
Desktop Case
Desktop Computer
Desktop Microphone
Desktop Stationary
Desktop Stationery Set
Desserts
Detector
Detergent
Device
Diagnosis
Dialer
Diamond Jewelry
Diaper
Diary
Die Cast
Die Casting
Die casting Component
Die casting Part
Diffuser
Digital Camera
Digital Camera Battery
Digital Camera Pack
Digital Clock
Digital Dictionary
Digital IC
Digital Micrometers
Digital Photo Album
Digital Photo Frame
Digital Radio
Digital Recorder
Digital Switch
Digital TV
Digital Television
Digital Video
Dimmer
Dinette Set
Dining Chair
Dining Furniture
Dining Table
Dinnerware
Diode
Dips
Dirt Bike
Disc
Disc Bag
Disc Case
Disc Rack
Discharge Bulb
Discharge Lamp
Discharge Light
Discharge Tube
Disco Equipment
Disco Lamp
Disco Light
Disco Lighting
Discriminator
Dish
Dish Rack
Dish Washer
Dishwasher

Disinfectant
Disk
Disk Drive
Dispenser
Dispensing System
Display
Display Aid
Display Cabinet
Display Gift
Display Holder
Display Lamp
Display Light
Display Module
Display Panel
Display Rack
Display Shelf
Display Stand
Displaying Aid
Disposer
Distribution Box
Distributor
Diving Goggles
Doll
Doll Accessory
Doll Component
Doll Furniture
Doll House
Dome
Dome Camera
Door
Door Accessory
Door Bell
Door Chime
Door Closer
Door Curtain
Door Frame
Door Guard
Door Handle
Door Hinge
Door Insert
Door Knob
Door Locks
Door Mat
Door Phone
Door Stop
Dope
Dot LCD
Dot Matrix LCD
Double Sim Card
Double Standby
Double sided PCB
Down
Down Lamp
Down Light
Downlight
Drainage System
Drapery Hardware
Drawer Liner
Drawing Board
Drawing Equipment
Drawing Instrument
Drawing Paper
Dress Shoes
Dresser
Dried Fruit
Drill

Drilling Rig
Drink
Drink Stirrer
Drinking Glass
Drive
Drive Part
Drive Transmission
Driver
Driver IC
Dry Battery
Dryer
Drying Equipment
Drying Rack
Duck Board
Dumbbell
Duplexer
Duplicator
Dust Cleaner
Dust Cover
Dustbin
Duster
Dustpan
Dustproof Lamp
Dustproof Light
Duvet
Duvet Cover
Dye Fabric
Dyestuffs

– E –

EPDM
ESD Glove
Ear Muffs
Earphone
Earphone Accessory
Earphone Component
Earphone Sets
Ebook Reader
Edible Oil
Educational Game
Educational Material
Educational Toy
Egg Boiler
Egg Cooker
Eggs
Elastic Bands
Electric Air Pot
Electric Airpot
Electric Bicycle
Electric Blender
Electric Burner
Electric Component
Electric Cooker
Electric Drill
Electric Equipment
Electric Food Processor
Electric Grill Top
Electric Grinder
Electric Heater
Electric Hot Plate
Electric Juicer
Electric Kettle
Electric Knife
Electric Mixer
Electric Motor
Electric Oven

Electric Part
Electric Pest Killer
Electric Pest Repellent
Electric Planer
Electric Polisher
Electric Pressure Cooker
Electric Razor
Electric Sander
Electric Scooter
Electric Shaver
Electric Shavers
Electric Stove
Electric Tool
Electric Warmer
Electric Water Heater
Electrical
Electrical Apparatus
Electrical Component
Electrical Device
Electrical Equipment
Electrical Fuse
Electrical Interconnect
Electrical Meter
Electrical Nailer
Electrical Stapler
Electrical Tacker
Electrical Tool
Electrical Wire
Electrical Wrench
Electricity
Electrode
Electrode Holder
Electrode Less
Electrode Less Lamp
Electrode Less Light
Electrodeless Lamp
Electrodeless Light
Electrolytic Capacitor
Electromagnetic Ballast
Electromagnetic Locks
Electromagnetic Valve
Electromechanical Component
Electronic Ballast
Electronic Breaker
Electronic Circuit Breaker
Electronic Component
Electronic Equipment
Electronic Game
Electronic Gift
Electronic Lighter
Electronic Machinery
Electronic Novelty
Electronic Part
Electronic Pet
Electronic Premium
Electronic Scale
Electronic Security
Electronic Subassembly
Electronic Toy
Electronics Clock
Electronics Equipment
Electronics Production
Electronics Production Equipment
Elliptical
Embedded Lamp
Embedded Light

Emblem
Emblem Badge
Embroidered Crochet
Embroidered Emblems
Embroidery
Emergency Lamp
Emergency Light
Emergency Rescue Equipment
Emergency Roadblock
Emulsifier
Enameled Wire
Enclosure
Encoder
End Table
Energy
Energy Drink
Energy Saving
Energy Saving Cup
Energy Saving Equipment
Energy Saving Lamp
Energy Saving Lamp Cup
Energy Saving Lamp Tube
Energy Saving Light
Energy Saving Tube
Engine
Engine Part
Engine Starter
Engine Valve
Engineering Machinery
Engineering Plastic
Entertainment Furniture
Entertainment Unit
Envclope
Environment
Environmental Equipment
Environmental Machinery
Environmental Protection
Environmental Protection Equipment
Epoxies
Equalizer
Equalizers
Equipment
Eraser
Escalator
Ester
Ethernet Switch
Evening Wear
Event Furniture
Excavator
Exercise Bike
Exercise Dumbbell
Exercise Stepper
Exhaust Fan
Exhaust System Parts
Exhibition Furniture
Exit Lamp
Exit Light
Explosion Proof Electrical
Extender
Extension Cord
Exterior Door
Extinguisher
Extractor Fan
Eye Protection
Eyelet

– F –

FI Speaker
FM Antenna
FM Receiver
Fabric
Fabric Briefcase
Fabric Gift
Fabric Lampshade
Fabric Premium
Fabric Tape
Face Mask
Face Plate
Face Protection
Face Towel
Facial Tissue
Fan
Fan Heater
Fan Motor
Fan Transmission
Farming Equipment
Farming Machinery
Fashion Accessory
Fashion Display Aid
Fashion Display Material
Fashion Garment
Fashion Hat
Fashion Jacket
Fashion Jewelry
Fashion Watch
Fastener
Faucet
Fax
Feather
Feature Phone
Felt Fabric
Felt Mat
Fencing
Fender Mud Flap
Ferrite Core
Ferrite Magnet
Fertilizer
Festival Lamp
Festival Light
Festival Ornament
Festive Supply
Fiber
Fiber Amplifier
Fiber Attenuator
Fiber Optic
Fiber Optic Amplifier
Fiber Optic Attenuator
Fiber Optic Cable
Fiber Optic Communication
Fiber Optic Patch Cord
Fiber Optic Transmission
Fiber Patch Cord
Fiberglass
Fibre
Figurine
Filament
File
File Holder
Filing Box
Filing Cabinet
Filler
Film

Filter
Filter Bag
Filter Cloth
Filtering Equipment
Filters
Filtration Equipment
Finder
Fine Gold Bracelets
Fine Jewelry
Fingerprint Lock
Fingerprint Recognition
Fire Alarm
Fire Blanket
Fire Detector
Fire Hood
Fire Place
Fire Protection
Fire Rated Lamp
Fire Rated Light
Fireplace
Fireproof Lamp
Fireproof Light
Fireproof Materials
First Aid
First Aid Kit
Fish Roaster
Fish Tanks
Fishing Kit
Fishing Tackle
Fishint Tool
Fitness
Fitness Equipment
Fitness Machine
Flag
Flange
Flash Coil
Flash Disk
Flash Drive
Flasher Light
Flashlight
Flask
Flat Cable
Flat Panel
Flavour
Flax
Flax Fiber
Flexible PCB
Flood Lamp
Flood Light
Floodlight
Floor
Floor Air Con
Floor Air Condition
Floor Air Conditioner
Floor Aircon
Floor Aircondition
Floor Airconditioner
Floor Brush
Floor Cleaning Chemical
Floor Clock
Floor Lamp
Floor Light
Floor Mat
Floor Padding
Floor Polish
Floor Polishing

Floor Shampoo
Floor Squeegee
Floorboard Making
Floorboard Making Machinery
Floppy Drive
Flour
Flower Pot
Flower Rack
Fluorescent
Fluorescent Ballast
Fluorescent Bulb
Fluorescent Display
Fluorescent Lamp
Fluorescent Light
Fluorescent Tube
Flux
Flying Disc
Flying Toy
Foam
Foldable Bicycle
Folder
Folding Door
Folding Doors
Food
Food Container
Food Court Furniture
Food Cover
Food Crusher
Food Cutter
Food Processing
Food Processing Equipment
Food Processor
Food Scale
Food Slicer
Food Steamer
Food Storage Container
Food Wrap
Foot Massager
Foot Reflexology
Foot Scooter
Football
Football Accessory
Footwear
Forged
Forged Parts
Forging Part
Fork
Forklift
Form
Foundation
Fountain
Fountain Pen
Fragrance
Frame
Frame Moulding
Free Rack
Freestanding Rack
Freezer
Frequency Synthesizer
Frequency Transformer
Fresh Food
Fresh Fruit Juice
Fresh Meat
Freshener
Front Loader Washer
Front Projector

Frother
Frozen Food
Frozen Meat
Frozen Vegetable
Fruit
Fruit Basket
Fruit Drink
Fruit Juice
Fruit Wine
Fryer
Frying Pan
Fuel Cap
Fuel Filter
Fuel Injector
Fuel Tank
Fuel Turbocharger
Fun Seat
Fun Toilet Seat
Functional Fabric
Fungi
Fur
Furniture
Furniture Locks
Fuse
Fuse Box
Fuse Holde

– G –

GPRS Phone
GPS
GPS Antenna
GPS Receiver
GPS Vehicle Tracking
GPS antenna
GSM Phone
Game
Game Action Toy
Game Card
Game Player
Game Toy
Garage Equipment
Garage Jacks
Garage Remote Control
Garage Tool
Garage Tools
Garden Accessories
Garden Canopy
Garden Cart
Garden Furniture
Garden Gazebo
Garden Lamp
Garden Light
Garden Ornament
Garden Pavilion
Garden Shade
Garden Sprayer
Garden Sprinkler
Garden Stone
Garden Supply
Garden Umbrella
Garden Wheelbarrow
Gardening
Gardening Equipment
Gardening Tool
Garland
Garment

Garment Bag
Garment Rack
Garment Steamer
Gas
Gas Boiler
Gas Burner
Gas Cooker
Gas Equipment
Gas Heater
Gas Hob
Gas Lamp
Gas Stove
Gas Water Heater
Gasket
Gate Lock
Gate Opener
Gate Remote Control
Gauge
Gauze
Gazebo
Gear
Gear Lock
Gearbox
Gel Candle
Gel Ink Pen
Gel Pen
General Hardware
General Mechanical Component
General Mechanical Part
General Module
Generator
Genuine Leather
Genuine Leather Briefcase
Geometry
Germicidal
Germicidal Lamp
Germicidal Light
Gift
Gift Box
Gift Can
Gift Case
Gift Container
Gift Lighting
Gift Pouch
Gift Premium
Gift Radio
Gift Set
Gift Tin
Gilding Product
Girder
Girdle
Gland
Glass
Glass Accessory
Glass Cutter
Glass Dinnerware
Glass Fitting
Glass Lens
Glasses
Global CFL
Global Compact Fluorescent Lamp
Global Compact Fluorescent Light
Global Energy saving Lamp
Global Energy saving Light
Global Power saving Lamp
Global Power saving Light

Global Shape
Glove
Gloves
Glue
Goggle
Goggles
Gold Jewelry
Golf
Golf Ball
Golf Cart
Golf Club
Golf Umbrella
Goods Elevator
Gown
Grab Bar
Grains
Granite
Granulation Equipment
Graphics Card
Graphics LCD
Graphics LCD Module
Graphite
Grass Lamp
Grass Light
Grater
Green Tea
Greenhouse
Greeting Card
Grill Pan
Grill Top
Grille Lamp
Grille Light
Grinder
Grinding Abrasive
Grinding Tool
Grocery Bag
Grommet
Ground Lamp
Ground Light
Ground Spice
Growth Lamp
Growth Light
Guardrail Lamp
Guardrail Light
Guide
Gymnasium Equipment

– H –

H.I.D
H.I.D Bulb
H.I.D Lamp
H.I.D Light
HDD Media Player
HDMI Connector
HDTV
HF Transformer
HI FI
HI FI Speaker
HI Speaker
HID
HID Ballast
HID Bulb
HID Lamp
HID Light
HVAC
Hair Accessory

Hair Care
Hair Clipper
Hair Conditioner
Hair Dryer
Hair Product
Hair Products
Hair Shampoo
Hair Styling
Hair Treatment
Hairdressing
Halogen Bulb
Halogen Lamp
Halogen Light
Halogen Tungsten Bulb
Halogen Tungsten Lamp
Halogen Tungsten Light
Hammer
Hammock
Hamper
Hand Beater
Hand Cleaning Dispenser
Hand Crochet
Hand Drill
Hand Dryer
Hand Grinder
Hand Mixer
Hand Painted Furniture
Hand Recognition
Hand Saw
Hand Tool
Hand Towel
Hand Warmer
Hand Washing Dispenser
Handbag
Handheld Game
Handicraft
Handkerchief
Handle
Handsaw
Handsaw Blade
Hang Tag
Hanger
Hanging Lamp
Hanging Light
Hanging System
Hard Coal
Hard Disc
Hard Disk
Hard Luggage
Hardware
Hardware Accessory
Hardware Fitting
Hardware Supply
Hardware Tool
Hardwood Furniture
Hat
Hat Material
Head Cover
Head Light
Headphone
Headphone Accessory
Headphone Component
Headphone Radio
Headphone Set
Headset
Health

Health Care
Health Care Gadget
Healthcare Gadget
Hearing Aid
Heart Rate
Heat Bulb
Heat Equipment
Heat Gun
Heat Lamp
Heat Light
Heat Pump
Heat Sink
Heat Transfer Equipment
Heat Tube
Heater
Heater Accessory
Heater Fitting
Heating Element
Helmet
Hemp Fiber
Herbal
Herbal Bath
Herbal Medicine
Herbal Spa
Herbicide
Herbs
Hex Key
Hex Nut
Hidden Camera
High Bay
High Fidelity
High Intensity Discharge
High Pole Lamp
High Precision Bearing
High Transformer
Highlighter
High Definition TV
High Definition Television
Hiking Boot
Hiking Shoe
Hinge
Hoe
Hoist
Holder
Holder Accessory
Holder Fitting
Holiday Supply
Home Appliance
Home Appliance Component
Home DVD
Home Decoration
Home Entertainment
Home Fabric
Home Lighting
Home Monitoring
Home Speaker
Home Theater
Home VCD
Home d cor
Honey
Hook
Hookup Wire
Horn
Horn Speaker
Horticulture Supply
Hose

Hose Clamp
Hose Clip
Hospital Device
Hospital Elevator
Hospital Equipment
Hospital Product
Hot Melt Adhesive
Hot Plate
Hotel Furniture
House Heater
Household
Household Broom
Household Circuit Breaker
Household Cleaning
Household Dustpan
Household Glove
Household Heater
Household Hook
Household Organizer
Household Storage
Household Thermometer
Household Utility Hook
Housekeeping
Housing
Housing Hardware
Housings
Hub
Hub Puller
Hula Hoop
Humidifier
Humidity Sensor
Hunting
Hutch
Hydraulic Component
Hydraulic Part
Hydraulic Tool
Hydro Massager
Hydrology Apparatus
Hygeian Facility

– I –

I–Pod Accessory
IAQ
IC
IC Card
IC Card Reader
IC Reader
IC Socket
ID Card
ID Card Holder
ID Key
IEEE
IP Camera
IR Camera
IR Detector
Ice Bucket
Ice Cream
Ice Cream Maker
Ice Crusher
Ice Cube Tray
Ice Maker
Icecream Maker
Icon
Igniter
Ignition Sets
Illuminator

Image Sensor
Immobilizer
Impedance Ballast
Impeller
In Car Monitor
In Car TV
In Flight Monitor
In Flight TV
Incandescent
Incandescent Bulb
Incandescent Lamp
Incandescent Light
Index
Indication Lamp
Indication Light
Indictor
Indirect Lamp
Indirect Light
Indoor Air Quality
Indoor Furniture
Indoor Plastic Furniture
Indoor Resin Furniture
Indoor Sport
Induction Ballast
Induction Bulb
Induction Cooker
Induction Hob
Induction Lamp
Induction Light
Inductor
Industrial Air Con
Industrial Air Condition
Industrial Air Conditioner
Industrial Aircon
Industrial Aircondition
Industrial Airconditioner
Industrial Cable Assembly
Industrial Circuit Breaker
Industrial Equipment
Industrial Fan
Industrial Machinery
Industrial Rubber Product
Industrial Supporting Equipment
Industrial Supporting Machinery
Industry Measuring
Infant Wear
Inflatable Mattress
Inflatable Raft
Inflatable Toy
Infrared Bulb
Infrared LED
Infrared Lamp
Infrared Light
Infrared Ray Bulb
Infrared Ray Lamp
Infrared Ray Light
Infrared Sensor
Ingot
Injection
Injection Tool
Ink Pen
Inorganic Acid
Input Device
Insecticide
Inspection Tools
Instant Noodle

Instant Noodles
Institutional Furniture
Institutional Uniform
Insulated Glass
Insulated Terminal
Insulation
Insulation Element
Insulation Materials
Insulation Tape
Integrated Monitor
Integrated Observation
Intercom System
Interfacing
Interior Door
Internal Engine Part
Internet Communication
Interrupter
Intruder Alarm
Intrusion Detection
Intrusion Detection Device
Inverter
Inverter Product
Iodine Bulb
Iodine Lamp
Iodine Light
Iodine Tungsten Bulb
Iodine Tungsten Lamp
Iodine Tungsten Light
Ionizer
Iron
Iron Furniture
Iron Pipe
Ironing Board
Ironing Cover
Isolator

– J –

Jack
Jacket
Jacquard Fabric
Jacuzzi
Jam
Jasmine Tea
Jeans Wear
Jelly
Jet Printer
Jewelry
Jewelry Box
Jewelry Cord
Jewelry Display
Jewelry Hemp
Jewelry Leather
Jewelry Packaging
Jewelry Satin
Jewelry Set
Jewelry Sets
Jewelry String
Jewelry Tigertail
Jewelry Wire
Jig Saw
Jig Shear
Joint
Jug
Juice
Juice Extractor
Juicer

Jumping Rope
Jute Fiber
Juvenile Lamp
Juvenile Light

- K -

Karaoke Player
Kennel
Kerosene Lamp
Kettle
Key Chain
Key Holder
Key Ring
Keyboard
Keyboard Switch
Keychain
Keypad
Keypad Lock
Keyring
Kid Bicycle
Kid Shoe
Kitchen Appliance
Kitchen Brush
Kitchen Cabinet
Kitchen Cart
Kitchen Faucet
Kitchen Furniture
Kitchen Holder
Kitchen Knife
Kitchen Mixer
Kitchen Rack
Kitchen Scale
Kitchen Scissor
Kitchen Trolley
Kitchenware
Kitchenware Spoon
Kite
Knife
Knit Fabric
Knitted Fabric
Knives
Knob

-L-

LAN Cable Assembly
LCD
LCD Alarm
LCD Backlight
LCD Clock
LCD Display
LCD Module
LCD Monitor
LCD Panel
LCD TV
LCD TV Monitor
LCD Television
LED
LED Accessory
LED Brick
LED Bulb
LED Cabinet Lamp
LED Cabinet Light
LED Clock
LED Controller
LED Cup
LED Deck Lamp

LED Deck Light
LED Decorative Lamp
LED Decorative Light
LED Desk Lamp
LED Desk Light
LED Display
LED Down Lamp
LED Down Light
LED Downlight
LED Driver
LED Fitting
LED Flashlight
LED Floodlight
LED Garden Lamp
LED Garden Light
LED Guardrail Lamp
LED Guardrail Light
LED Keychain Lights
LED Lamp
LED Lamp Box
LED Lamp Cup
LED Light
LED Light Box
LED Light Cup
LED Message Sign
LED Module
LED Motif Lamp
LED Motif Light
LED Panel
LED Pool Lamp
LED Pool Light
LED Power Supply
LED Reading Lamp
LED Reading Light
LED Road Lamp
LED Road Light
LED Rope Lamp
LED Rope Light
LED Screen
LED Sign
LED Signal Lamp
LED Signal Light
LED Spot Lamp
LED Spot Light
LED Spotlight
LED Step Lamp
LED Step Light
LED Street Lamp
LED Street Light
LED Strip
LED Strip Lamp
LED Strip Light
LED Torch
LED Tube
LED Underground Lamp
LED Underground Light
LED Wall Lamp
LED Wall Light
LEDs
LNB
LPG
LPG Burner
LPG Equipment
LPG Hob
LPG Stove
Label

Labor Protection
Labor Safety
Lace Trimming
Ladder
Ladder Part
Lady Shaver
Laminated Core
Laminated Flooring
Laminating Film
Laminating Sheet
Lamp
Lamp Accessory
Lamp Base
Lamp Box
Lamp Cap
Lamp Component
Lamp Controller
Lamp Cup
Lamp Fitting
Lamp Fixture
Lamp Holder
Lamp Illuminator
Lamp Part
Lamp Pole
Lamp Shade
Lamp Source
Lamp Stand
Lamp Transformer
Lamp Tray
Lamp Tube
Lampholder
Lampshade
Land Vehicle
Landscape Lamp
Landscape Light
Language Learning Tape Recorder
Language Tape Recorder
Lantern
Laser Diode
Latex
Laundry
Laundry Appliance
Laundry Bag
Laundry Basket
Laundry Hamper
Laundry Hanger
Laundry Supply
Lawn Sprinkler
Lawn Tool
Lawnmower
Lead Acid Battery
Lead Wire
Lead acid Battery
Leaded Inductor
Learning Aid
Learning Game
Learning Tape Recorder
Learning Toy
Leather
Leather Case
Leather Machinery
Leather Patches
Leather Production
Lens
Letter Box
Lift Table

Light
Light Accessory
Light Assemblies
Light Base
Light Box
Light Candle
Light Cap
Light Component
Light Controller
Light Cup
Light Fitting
Light Fixture
Light Guide
Light Holder
Light Illuminator
Light Part
Light Pole
Light Shade
Light Source
Light Stand
Light Transformer
Light Tray
Light Tube
Lighter
Lighter Adapter Plug
Lighter Cord
Lighter Plug
Lighter Socket
Lighting
Lighting Component
Lighting Part
Lignite
Lime
Limit Switch
Line
Line Switch
Linear Lamp
Linear Light
Liner
Liquefied Petroleum Gas
Liquid Crystal Display
Liquor
Lithium Battery
Lithium Battery Pack
Livestock
Living Room Furniture
Load Cell
Loader
Lock
Lock Nut
Lotus CFL
Lotus Compact Fluorescent Lamp
Lotus Compact Fluorescent Light
Lotus Energy saving Lamp
Lotus Energy saving Light
Lotus Power saving Lamp
Lotus Power saving Light
Lotus Shape
Lounger Chair
Lover
Low Bay
Lpg Heater
Lubricating Oil
Lug
Luggage
Luggage Accessory

Luggage Materials
Lunch Box

-M-

MD Bag
MD Case
MD Rack
MMC
MP3
MP3 Player
MP4
MP4 Player
Macaroni
Machine Screw Nut
Machine Tool
Machined Metal Part
Machined Part
Machinery
Machinery Part
Machinery Parts
Madras Fabric
Magazine Holder
Magazine Rack
Magnet
Magnet Wire
Magnetic Ballast
Magnetic Card
Magnetic Card Reader
Magnetic Clock
Magnetic Encoder
Magnetic Head
Magnetic Materials
Magnetic Reader
Magnifier
Magnifier Lamp
Magnifier Light
Mail Box
Make Up
Make Up Kit
Make Up Tool
Makeup Brush
Makeup Mirror
Makeup Tool
Making Machinery
Man Shoe
Man Shoes
Manicure Set
Manual
Manual Punch
Map
Map Lamp
Map Light
Marble
Marble Furniture
Marine Accessory
Marine Equipment
Marine Hardware
Marine Part
Marine Supply
Marine Vehicle
Marker
Marker Pen
Mask
Masonry
Masonry Tool
Massage Bed

Massage Chair
Massage Cushion
Massager
Mat
Match
Material
Material Handling Equipment
Matrix LCD
Mattress
Measuring Cup
Measuring Spoon
Meat
Mechanical Lock
Mechanical Pencil
Mechanical Seal
Mechanism
Medal
Media Player
Medical Apparatus
Medical Device
Medical Equipment
Medical Gadget
Medical Glass
Medical Product
Medication Apparatus
Medicine Glass
Megaphone Accessory
Megaphone Component
Megaphones Accessories
Megaphones Components
Melamine Dinnerware
Mem Boot
Membrane Switch
Memo
Memo Pad
Memorabilia
Memory
Memory Card
Men Boxers
Men Briefs
Men Sandal
Men Shirt
Men Shorts
Men Suit
Men Trousers
Men Underwear
Mercury Bulb
Mercury Lamp
Mercury Light
Mercury Switch
Mesh Cover
Mesh Fabric
Mesh Wrap
Message Sign
Metal
Metal Alloy
Metal Art
Metal Button
Metal Can
Metal Clock
Metal Coating
Metal Craft
Metal Detector
Metal Frame
Metal Gift
Metal Halide

Metal Halogen
Metal Label
Metal Metallurgy
Metal Part
Metal Pipes
Metal Plate
Metal Premium
Metal Souvenir
Metal Watch
Metal Wire
Metal Zipper
Metallic Fabric
Metallurgy Machinery
Metalworking Machinery
Micro Component
Micro Controller
Micro Fibre
Micro Motor
Micro Switch
Micro System
Microcomputer Controller
Micrometers
Microphone
Microphone Receiver
Microphone Sets
Microphone System
Microwave Assembly
Microwave Component
Microwave Oven
Microwave Ovenware
Milk
Milk Maker
Mineral
Mineral Products
Mineral Water
Mini Cassette
Mini Component System
Mini Fan
Mini PC
Mini Phone
Mini Refrigerator
Mini Speaker
Mini TV
Mini Television
Mini Theater
Mini Torch
Mini Washer
Miniature
Miniature Bulb
Miniature Fountain
Miniature Lamp
Miniature Light
Miniature Motor
Miniature Switch
Mining
Mining Machinery
Mirror
Mirror Lamp
Mirror Light
Miter Saw
Mitt
Mixed Drink
Mixer
Mixing Bowl
Mixing Equipment
Mobile

Mobile Accessory
Mobile Air Con
Mobile Air Condition
Mobile Air Conditioner
Mobile Aircon
Mobile Aircondition
Mobile Airconditioner
Mobile Communication
Mobile DVR
Mobile Ornament
Mobile Phone
Mobile Phone Accessory
Mobile Phone Battery Charger
Mobile Phone Cover
Mobile Phone Housing
Mobile Phone Ornament
Model
Modem
Modular Furniture
Modular Jack
Modular Office Furniture
Modular Plug
Module
Molded Part
Molding Machinery
Money Counter
Money Detector
Monitor
Monitor Mount
Monitoring System
Monomer
Mop
Mosquito Lamp
Mosquito Light
Mosquito Lured Lamp
Mosquito Lured Light
Mosquito Net
Motherboard
Motif
Motif Lamp
Motif Light
Motion Furniture
Motion Sensor
Moto Bulb
Moto Lamp
Moto Light
Motor
Motor Grader
Motor Impeller
Motor Starter
Motorcycle
Motorcycle Accessory
Motorcycle Alarm
Motorcycle Bulb
Motorcycle Engine
Motorcycle Fitting
Motorcycle Lamp
Motorcycle Lift
Motorcycle Light
Motorcycle Part
Motorcycle Parts
Motorcycle Rim
Motorcycle Supply
Motorcycle Tire
Motorcycle alarm
Mould

Moulding
Mountain Bicycle
Mountaineering Boot
Mouse
Movie Card
Mug
Multi Cooker
Multifunction Clock
Multifunction Keychain
Multifunction Phone
Multifunction Watch
Multifunction Watches
Multigym
Multigyms Training
Multilayer PCB
Multimedia Card
Multimedia Speaker
Multimedia Subwoofer
Multiplexer
Multipurpose Equipment
Mushroom
Mushroom CFL
Mushroom Compact Fluorescent Lamp
Mushroom Compact Fluorescent Light
Mushroom Energy saving Lamp
Mushroom Energy saving Light
Mushroom Power saving Lamp
Mushroom Power saving Light
Mushroom Shape
Musical Instrument
Mylar Speaker

– N –

NAS
Nail
Nailer
Name Card Case
Name Card Holder
Napkin
Napkin Ring
Natural Button
Natural Fabric
Natural Gas
Natural Glass
Natural Material Button
Natural Materials
Navigator
Neck
Necklace
Needle
Neon Bulb
Neon Lamp
Neon Light
Net Lamp
Net Light
Network
Network Cabling
Network Card
Networking Cable
Networking Equipment
Networking Housing
Networking Product
New Materials
NiCd Battery
NiCd Pack

NiMH Battery
Night Camera
Night Lamp
Night Light
Nightwear
Nitrile
Nitryl
Noise Reduction
Non Electric Airpot
Non Electric Kettle
Non Ferrous Metal
Non Metal Button
Non Metallic Mineral
Nonfabric Material
Noninsulated Terminal
Noodle
Nose Hair Trimmer
Nosocomial Device
Note
Notebook
Notebook Computer
Novel Card
Novel Flag
Novel Lamp
Novel Light
Novelty
Novelty Watch
Nut
Nylon Fabric
Nylon Zipper

– O –

O Ring
ODM Service
OEM Service
OLED Display
Observation System
Odd CFL
Odd Compact Fluorescent Lamp
Odd Compact Fluorescent Light
Odd Energy saving Lamp
Odd Energy saving Light
Odd Power saving Lamp
Odd Power saving Light
Odd Shape
Office Cabinet
Office Chair
Office Desk
Office Equipment
Office Furniture
Office Grille
Office Lamp
Office Light
Office Stationery
Office Table
Oil
Oil Cap
Oil Heater
Oil Lamp
Oil Seal
Olive Oil
Operated Toy
Operation Device
Operation Equipment
Operation Room
Optic Amplifier

Optic Attenuator
Optic Cable
Optic Lamp
Optic Light
Optic Patch Cord
Optical
Optical Fiber
Optical Glasses
Optical Instrument
Optical Lamp
Optical Machine
Optical Part
Optical Sensor
Optocoupler
Optoelectronic Component
Organizer
Organizer Storage Box
Organizer Storage Container
Ornament
Oscillator
Outdoor Adventure
Outdoor Furniture
Outdoor Hardwood Furniture
Outdoor Heater
Outdoor Lamp
Outdoor Leisure
Outdoor Light
Outdoor Lighting
Outdoor Resin Furniture
Outdoor Sport
Outdoor Tent
Oven
Oven Mitt
Oven Toaster
Ovenware
Overcoat
Overload Relay
Overlocker
Oxide
Ozonizer

– P –

PA
PA Amplifiers
PA Speaker
PA Systems
PAR
PAR Lamp
PAR Light
PBX
PC
PC Camera
PC Card Connector
PC Case
PC Chassis
PC Connector
PC Cover
PC DVR
PC Earphone
PC Headphone
PC Keyboard
PC Keypad
PC Monitor
PCB
PCI Card
PDA

PHS Phone
PLL Radio
PMP
POP Display
POS
POS Display
PTZ Camera
PTZ Controller
PVA
PVC
PVC Material
Pack
Packaging Component
Packaging Equipment
Packaging Machinery
Packaging Material
Packing Machine
Packing Material
Pad
Pad-Printing Machine
Padding
Padlocks
Pager Bag
Paint
Paint Brush
Painted Furniture
Painting
Pan
Pan Connector
Pancake Maker
Panel
Panel Display
Panel Meter
Panoramic Elevator
Panties
Panty Set
Pantyhose
Paper
Paper Bag
Paper Bag-Making
Paper Bag-Making Machine
Paper Cover
Paper Cutter
Paper Shredder
Paper Towel Dispenser
Paper Towel Holder
Paper Wrap
Parabola Aluminium Reflection
Paraffin Lamp
Park Bench
Parking Sensor
Parking System
Party Decoration
Party Decorative
Party Supply
Passenger Elevator
Passive Component
Pasta Machine
Patch Cord
Patch Panel
Patches
Paver
Pavilion
Pay Phone
Payphone
Peaking Coil

Peanut
Peeler
Pen
Pen Holder
Pen Stand
Pencil
Pencil Holder
Pencil Stand
Pendant
Pendant Lamp
Pendant Light
Pepper Grinder
Pepper Mill
Pepper Shaker
Perfume
Permanent Marker
Personal AV
Personal Audio
Personal Care
Personal Computer
Personal Digital Assistant
Personal Vedio
Pest Killer
Pest Repellent
Pesticide
Pet
Pet Bed
Pet Cage
Pet Feeder
Pet Leash
Pet Stroller
Pet Supply
Pet Toy
Petroleum
Pewter Collection
Pharmaceutical Glass
Pharmaceuticals
Phone
Phone Accessory
Phone Battery
Phone Battery Charger
Phone Book
Phone Cover
Phone Holder
Phone Lock
Phone Ornament
Phone Recorder
Phone System
Phosphorus Fertilizer
Photo Album
Photo Frame
Photocell
Photocontrol
Photodiode
Phototransistor
Picnic Bag
Picnic Furniture
Picture
Picture Clock
Picture Lamp
Picture Light
Pictures
Pierced
Piezoelectric Buzzer
Piezoelectric Ceramic
Pillow

Pillow Case
Pin
Pipe
Pipe Fitting
Pipe Insulation
Piping
Pizza Maker
Placemat
Plain Fabric
Planer
Plank
Planner
Plant
Plant Growth Lamp
Plant Lamp
Plant Light
Plant growth Light
Planter
Plasma TV
Plasma Television
Plaster
Plaster Trowel
Plastic
Plastic Accessory
Plastic Bag
Plastic Blowing
Plastic Clock
Plastic Coating
Plastic Cover
Plastic Cup
Plastic Dinnerware
Plastic Ducting
Plastic Equipment
Plastic Extruder
Plastic Fabric
Plastic Fitting
Plastic Foam
Plastic Frame
Plastic Furniture
Plastic Gift
Plastic Granulator
Plastic Grill
Plastic Injection
Plastic Injection Machinery
Plastic Label
Plastic Lens
Plastic Machinery
Plastic Material
Plastic Mould
Plastic Mug
Plastic Pad
Plastic Part
Plastic Pipe
Plastic Premium
Plastic Product
Plastic Product Machinery
Plastic Recycling
Plastic Sheet
Plastic Welder
Plastic Wrap
Plastic Zipper
Plate
Plate Warmer
Plotter
Plug
Plug Adapter

Plumbing Supply
Plumbing Tools
Plunger
Plush Toy
Pocket Bike
Pocket Mirror
Pole
Pole Lamp
Pole Light
Polisher
Polishing Abrasive
Polishing Equipment
Polishing Tool
Polo Shirt
Polo T Shirt
Polyester Fabric
Polyester Yarn
Polyester Zipper
Polymeric Dinnerware
Polypropylene
Polypropylene Fabric
Polyresin Clock
Polyresin Craft
Polyster Fabric
Polyvinyl
Polyvinyl Chloride
Pool Lamp
Pool Light
Poolside Chair
Poolside Lounger
Popcorn
Porcelain Dinnerware
Portable AV
Portable Audio
Portable CD
Portable DVD
Portable Furniture
Portable GPS Receiver
Portable Media Player
Portable Outdoor Furniture
Portable Speaker
Portable TV
Portable Television
Portable VCD
Portable Vedio
Poster
Pot
Pot Set
Pottery
Poultry
Powder Coating
Powdered
Powe Supply Fan
Power
Power Adapter
Power Amplifier
Power Box
Power Capacitor
Power Case
Power Connector
Power Cord
Power Cord Testing Equipment
Power Drill
Power Equipment
Power Fan
Power Grinder

Power Inductors
Power Inverter
Power Jack
Power Management
Power Meter
Power Nailer
Power Planer
Power Plug
Power Polisher
Power Relay
Power Saving
Power Saving Cup
Power Saving Lamp Cup
Power Saving Lamp Tube
Power Saving Tube
Power Saw
Power Socket
Power Sprayer
Power Sprinkler
Power Stapler
Power Strip
Power Supply
Power Supply Device
Power Supply Station
Power Switch
Power Tacker
Power Tool
Power Tool Accessory
Power Transformer
Power Transmitting Equipment
Power Window Kit
Power Window Trunk
Power Wrench
Power saving
Power saving Lamp
Power saving Light
Pram
Premium
Premium Clock
Presentation Gift
Pressure Cooker
Pressure Spray
Print Oil
Printed Circuit Board
Printed Fabric
Printed Label
Printed Material
Printed Product
Printer
Printer Head
Printing Equipment
Printing Machinery
Prism
Processed Vegetables
Processing Equipment
Processing Machinery
Processor
Production Equipment
Professional Audio
Professional Equipment
Programmable Timer
Projector
Promotion Table
Promotional Gift
Proof Electrical
Protection Equipment

Protective Cover
Protective Gear
Protective Padding
Protector
Proximity Sensor
Public Hygeian Facility
Puddings
Pull Cart
Pull Trailer
Puller
Pullover
Pulse Bulb
Pulse Lamp
Pulse Light
Pulverization Equipment
Pump
Pumps
Punch
Pure Water
Purifier
Pushbutton Switch
Pushbuttons
Putty
Puzzle
Puzzle Game
Pyjama
Pyrology Apparatus

– Q –

Quartz
Quartz Bulb
Quartz Clock Movements
Quartz Lamp
Quartz Light
Quartz Stones
Quilt

– R –

RAID Housing
RF
RF Assembly
RF Component
RF Module
RPM
Racer
Rack
Rack Mount
Radiation Proof
Radiator
Radiator Cap
Radio
Radio Controlled Clock
Radio Controlled Toy
Radio Frequency
Radio Receiver
Radio Toy
Rain Boot
Raincoat
Rainwear
Rare Earth
Rare Earth Product
Rasp
Ratchet
Rattan Furniture
Rattan Outdoor Furniture
Rattan Product

Raw Material
Raw Material Processing
Raw Materials Processing
Razor
Reader
Reading Lamp
Reading Light
Reading Materia
Ready to wear Garment
Reagent
Receiver
Recessed Lamp
Recessed Light
Rechargeable Battery
Rechargeable Lamp
Rechargeable Light
Rechargeable Pack
Recliner Furniture
Recognition Product
Recorder
Rectifier
Recycling
Recycling Energy
Red Wine
Refill
Reflective
Reflective Garment
Reflective Material
Reflective Safety Products
Reflective Tape
Reflector
Refrigerated Display Case
Refrigerator
Refrigerator Magnet
Register
Regulator
Rehabilitation
Relay
Relay Socket
Remote Control
Remover
Repair Kit
Repairing Kit
Repairing Tapes
Repairing Wrap
Repeater
Replaceable Blade
Reproduction Furniture
Rescue Equipment
Residential Lamp
Residential Light
Resin Furniture
Resistor
Resonator
Respiratory Protection
Restaurant Furniture
Restrainer
Retainer
Retractor
Rf Component
Ribbon
Ribbon Cable
Rice
Rice Cooker
Ring
Rivet

Riveter
Road Bicycle
Road Lamp
Road Light
Roadblock Device
Roadway Luminaire
Roaster
Rod
Roll Up Display
Roller
Roller Bearing
Roller Blind
Roller Fitting
Roof Racks
Rope
Rope Lamp
Rope Light
Rosette
Rotary Switch
Router
Rubber
Rubber Band
Rubber Bands
Rubber Belt
Rubber Foam
Rubber Hose
Rubber Latex
Rubber Magnet
Rubber Mould
Rubber Part
Rubber Products
Rubber Sealing Ring
Rubber Tube
Rubbers
Rucksack
Rug
Ruler

– S –

SAN
SAW Filter
SBR
SD Card
SDRAM
SIM Card
SSD
SUV
SVCD
Safe
Safety
Safety Belt
Safety Eyewear
Safety Garment
Safety Hasp
Safety Helmet
Safety Latch
Safety Products
Salt
Salt Grinder
Salt Mill
Sand
Sand Making
Sandal
Sander
Sandwich
Sandwich Maker

Sanitaryware
Satellite
Satellite Antenna
Satellite Communication
Satellite Equipment
Satellite Finder
Satellite Receiver
Satin Fabric
Satinette Fabric
Sauce
Sauce Pan
Saucepan
Saucer Set
Sauna
Saute Pan
Saw
Saw Blade
Scaffolding
Scaffolding Part
Scale
Scanner
Scent
School Stationery
Schoolbag
Scissor
Scissors
Scooter
Scourer
Scraper
Screen
Screen Monitor
Screen TV
Screen-Printing Machine
Screw
Screw Nut
Screw Terminal
Screwdriver
Scroll
Scrub Brush
Scrubber
Sculpture
Seal
Sealant
Sealant Repair
Sealant Repair Tool
Sealed Lead Acid Battery
Sealer
Sealing Tapes
Sealing Wrap
Seashells Materials
Seasoning
Seat
Seat Cover
Seat Cushion
Security
Security Alarm
Security Barrier
Security Door
Security Gate
Security Lighting
Security Product
Security System
Security Turnstile
Self Bonded Coil
Semiconductor
Sensor

Sensor Lamp
Sensor Light
Sensor Switch
Sequin
Server
Server Housing
Serviette
Serving Cart
Serving Tray
Serving Trolley
Servo Motor
Set Top Boxes
Set top Box
Sewage Disposal
Sewing
Sewing Accessory
Sewing Kit
Sewing Machine
Sewing Part
Shampoo
Sharpener
Shaver
Shavers
Shaving
Shear
Shed
Sheet
Sheet Metal Part
Shelving Rack
Shelving Wall Shelving
Shine Kit
Ship
Shirt
Shock Absorber
Shoe
Shoe Cabinet
Shoe Rack
Shoe Shine
Shoe Shine Kit
Shoes Machinery
Shopping Bag
Shopping Cart
Shorts
Shoulder Bag
Shovel
Shower Cap
Shower Curtain
Shower Enclosure
Shower Faucet
Shower Fitting
Shower Foam
Shower Gel
Shower Head
Shower Mixer
Shower Pillow
Shower Screen
Shower Set
Shower Unit
Shredder
Shutter Mechanica Part
Shutter Mechanical Component
Sign
Signal Lamp
Signal Light
Silicon Foam
Silicone Bakeware

Silk
Sink
Sink Strainer
Siren
Siren Speaker
Sitting WC Lavatory
Sitting WC Pan
Ski Wear
Skin Care
Skipping Rope
Skirt
Sleeping Bag
Sleeping Bed
Sleepwear
Slice Toaster
Slicer
Slide Switch
Sliding Bearing
Sliding Door
Slipper
Slow Cooker
Small Decoration
Smart Card Connectors
Smart Card Reader
Smart Phone
Smart Reader
Smoke Alarm
Smoke Pipe
Smoking Set
Snacks
Snap Button
Snip
Snooker
Snooker Equipment
Snooker Table
Soap
Soap Dispenser
Socket
Socket Wrench
Socks
Soda Water
Sodium Bulb
Sodium Lamp
Sodium Light
Sofa
Sofa Bed
Soft Coal
Soft Drink
Soft Drink Mixes
Soft Luggage
Softener
Software
Software Platform
Solar Bag
Solar Calculator
Solar Cell
Solar Charger
Solar Collector
Solar Controller
Solar Energy
Solar Flashlight
Solar Heater
Solar Lamp
Solar Light
Solar Panel
Solar Product

Solar Water Heater
Solder
Solid Relay
Solid State Relay
Solid Wood Flooring
Solvent
Solvent Coating
Sound Module
Soundproof Material
Soup
Soup Spoon
Souvenir
Soybean Milk
Soybean Milk Maker
Spa
Spacer
Spaghetti
Spandex Fabric
Spanner
Spark Cable
Spark Plug
Spatula
Speaker
Speaker Phone
Special Equipment
Special-Purpose Bearing
Spectacle Accessory
Spectacle Frame
Spectacle Part
Spectacles
Speed Reducer
Spices
Spiral CFL
Spiral Compact Fluorescent Lamp
Spiral Compact Fluorescent Light
Spiral Energy saving Lamp
Spiral Energy saving Light
Spiral Power saving Lamp
Spiral Power saving Light
Spiral Shape
Splitter
Spoiler
Spoke
Sponge
Spoon
Sport Accessory
Sport Bag
Sport Cap
Sport Equipment
Sport Floodlight
Sport Gear
Sport Protect
Sport Shoe
Sport Tool
Sport Wear
Sporting Accessory
Sporting Coat
Sporting Equipment
Sporting Game
Sporting Gear
Sporting Gloves
Sporting Guard
Sporting Shorts
Sporting Suit
Sporting T Shirt
Sporting Trousers

Sports Fashion
Sports Socks
Spot Lamp
Spot Light
Spotlight
Spray Gun
Sprayer System
Spring
Spring Balancer
Sprinkler
Sprinkler System
Sprocket
Squatting WC Span
Squeezer
Squirt Gun
Stabilizer
Stacking Equipment
Stage Lamp
Stage Light
Stain
Stained Glass
Stainless Steel
Stainless Steel Basin
Stainless Steel Dinnerware
Stainless Steel Mail Box
Stainless Steel Mug
Stainless Steel Panel
Stainless Steel Pipe
Stainless Steel Powder
Stainless Steel Sink
Stainless Steel Supply
Stainless Steel Wire
Stamp
Stamped Metal Part
Stand
Stand Fan
Stand Lamp
Stand Light
Standalone DVR
Standing Air Con
Standing Air Condition
Standing Air Conditioner
Standing Aircon
Standing Aircondition
Standing Airconditioner
Standing Rack
Standoff
Staple
Staple Remover
Stapler
Starter
Static Glove
Static Slipper
Stationary
Stationary Set
Stationery
Stationery Gift
Steam Cleaner
Steel
Steel Bar
Steel Pipe
Steel Rope
Steel Security Door
Steering System Parts
Steering Wheel
Step

Step Lamp
Step Light
Stepper
Stepping Motor
Sterilizing Cabinet
Sticker
Stock Pot
Stockings
Stone
Stone Accessory
Stone Fitting
Stool
Stopwatches
Storage
Storage Bag
Storage Basket
Storage Battery
Storage Box
Storage Cabinet
Storage Cart
Storage Container
Storage Drawer
Storage Rack
Storage Trolley
Storage Unit
Storge Container
Stove
Strain Gauge
Strainer
Strap
Strap Cutter
Strap Snip
Straw Hat
Street Lamp
Street Light
Street Sweeper
String
Strip
Strip Lamp
Strip Light
Stripper
Stud
Stuffed Toy
Stuffings
Subwoofer
Subwoofer Speaker
Suction Cup
Suede Fabric
Sugar
Suit
Sunglasses
Sunglasses Lens
Support System
Supporting Machinery
Surfboard
Surge Arrestor
Surge Protector
Surgical Product
Suspenders
Suspension Parts
Sweater
Sweep
Sweetener
Sweeteners
Swim Caps
Swimming Goggles

Swing
Switch
Switch Plate
Switching Power Supply
Swivel
Swivel Stand
Synchronous Motor
Synthetic Fabric
Synthetic Leather
Synthetic Leather Briefcase
Synthetic Resin
Syringe
Syrup

– T –

T Shirt
T2
T2 Lamp
TAD
TFT
TFT Monitor
TFT TV
TFT Television
TV
TV Antenna
TV Cabinet
TV Combo
TV Monitor
TV Phone
TV Signal
Table
Table Clock
Table Cloth
Table Fan
Table Lamp
Table Light
Table Sign
Table Tennis Table
Tabletop Accessory
Tableware
Tack
Tacker
Tag
Tag Accessories
Tail Light
Talkie
Talking Clock
Tank Jacket
Tank Top
Tanks
Tape
Tape Recorder
Tapes
Tea
Tea Beverage
Tea Maker
Tea Pot
Tea Set
Technical Drawing Equipment
Technical Drawing Instrument
Telecom
Telecom Connector
Telecom Product
Telecom Transformer
Telecommunication Equipment
Telecommunication Services

Telephone
Telephone Accessory
Telephone Jack
Telephone Plug
Telephone Receiver
Telephone Socket
Telescope
Television
Television Monitor
Television Phone
Television Signal
Temperature Sensor
Temple
Tension Spring
Terminal
Terminal Block
Terminator
Terylene
Test Equipment
Test Tube
Tester
Testing Equipment
Textile
Textile Machinery
Textile Packaging
Textile Printing
Theater Speaker
Theater System
Thermal Cutoff
Thermal Printer
Thermal Underwear
Thermocouple
Thermoelectric Cooling Module
Thermometer
Thermometers
Thermostats
Thermoware Container
Thickener
Thin Film Transistor
Thread
Threaded Rod
Throw
Thyristor
Tie
Tie Clip
Tie Hanger
Ties
Tiffany Lamp
Tiffany Light
Tile
Tile Cutter
Tile Making
Tile Making Machinery
Timber
Time Clock
Time Recorder
Timepiece
Timepiece Accessory
Timepiece Packaging
Timepiece Part
Timepieces Part
Timer
Timer Switch
Tin Box
Tin Case
Tin Container

Tip
Tire
Tire Inflator
Tire Parts
Tire Pressure Gauge
Tire Repair
Tire Repair Equipment
Tissue
Tissue Box
Tissue Holder
Tissue Paper
Tobacco
Toffees
Toggle Switch
Toilet Brush
Toilet Brushe
Toilet Holder
Toilet Paper
Toilet Roll
Toilet Seat
Toilet Seat Cover
Toilet Tissue
Toiletry Bag
Tomato Paste
Tomato Sauce
Tong
Tool
Tool Accessory
Tool Box
Tool Kit
Tool Set
Tools Bag
Tools Kit
Tools Set
Tools Sets
Tooth Brush
Toothbrush
Toothbrushes
Toothpick
Topper
Torch
Torchiere Lamp
Torchiere Light
Toroidal Transformer
Touch Pen
Touchscreen Panel
Towel
Towel Warmer
Tower Case
Tower Fan
Toy
Toy Component
Toy Part
Track Lamp
Track Light
Tractor
Traditional Medicine
Traffic Light
Trainer Equipment
Training Equipment
Trampoline
Transceiver
Transfer
Transfer Equipment
Transfer Heat
Transformer

Transformer Bobbin
Transformer Voil
Transistor
Translator
Transmitter
Transmitting Equipment
Transparencies
Travel Bag
Travel Kit
Travel Mug
Travel Sewing
Tray
Treadmill
Tree Lamp
Tree Light
Trellis Lattice
Tri Proof Lamp
Tri proof Light
Trick
Tricot
Trimmer
Trinket Box
Tripod
Trivet
Trolley
Trousers
Trowel
Truck
Truss Display
Tub
Tube Dispenser
Tube Display
Tube Squeezer
Tumble Washer
Tumbler
Tuner Module
Tungsten Bulb
Tungsten Lamp
Tungsten Light
Tunnel
Tweeter Speaker
Tweezer
Twine
Two-Way Radio
Tyre

– U –

U Bolts
U CFL
U Compact Fluorescent Lamp
U Compact Fluorescent Light
U Energy saving Lamp
U Energy saving Light
U Power saving Lamp
U Power saving Light
U Shape
UPS
USB Cable
USB Camera
USB Card
USB Connector
USB Disk
USB Flash Disk
USB Phone
UV
UV Bulb

UV Lamp
UV Light
UVA
UVB
UVC
Ultra Violet
Ultrasonic Sensor
Ultraviolet
Ultraviolet Bulb
Ultraviolet Lamp
Ultraviolet Light
Umbrella
Umbrella Stand
Underground Lamp
Underground Light
Underwater Lamp
Underwater Light
Underwear
Uniform
Uninterruptible Power Supply
Unit Cabinet
Universal Machinery
Universal Remote Controller
Upholstery
Urinal
Utensil Holder
Utility Hook
Utility Knife

– V –

VCD
VCD Bag
VCD Box
VCD Case
VCD Changer
VCD Converter
VCD Decoder
VCD Player
VCD Rack
VCD Recorder
VCR
VCR Cabinet
VCR Combo
Vacuum Cleaner
Vacuum Flask
Vacuum Sealer
Vacuum Tube
Vacuuming Tube
Valve
Van
Vanity Lamp
Vanity Light
Variable Capacitor
Vase
Vault
Vegetable
Vegetable Juice
Vehicle
Vehicle Tracking
Vehicle Tracking System
Vehicles
Veil
Velour Fabric
Velvet
Velveteen
Vent

Ventilating Fan
Ventilation
Ventilation Tunnel
Verifier
Vermicelli
Vernier Calipers
Vest
Vibration Motor
Vibration Sensor
Vibrator
Video
Video Accessory
Video Bag
Video Cable
Video Cable Assembly
Video Case
Video Cassette Recorder
Video Consumable
Video Controller
Video Distributor
Video Door Phone
Video Game
Video Intercom
Video Phone
Video Recorder
Video Switch
Video Transmitter
Videophone
Viewer
Vinegar
Vinyl Siding
Virtual Pet
Viscose Fabric
Visor
Vitamin
Vitamins
VoIP
VoIP Gateway
VoIP Phone
Voice Recognition
Voice Recorder
Voltage Converter
Voltage Regulator
Voltage Stabilizer

– W –

Waffle Maker
Waist Pack
Walkie Talkie
Walkietalkie
Wall Air Con
Wall Air Condition
Wall Air Conditioner
Wall Aircon
Wall Aircondition
Wall Airconditioner
Wall Cabinet
Wall Clock
Wall Fan
Wall Lamp
Wall Light
Wall Pack Floodlight
Wall Panel
Wall Paper
Wall Sconce
Wall Speaker

Wall Split Fan
Wall Switch
Wall Wash
Wall Washer
Wall split Air Con
Wall split Air Condition
Wall split Air Conditioner
Wall split Aircon
Wall split Aircondition
Wall split Airconditioner
Wallet
Wallwash
Wallwash Floodlight
Wallwasher
Wardrobe
Ware
Warmer
Warning Device
Warning Light
Wash Machine
Wash Tub
Washer
Washing Machine
Waste Disposer
Waste Paper
Watch
Watch Cases
Watch Movements
Watch Presentation Boxes
Watch Presentation Case
Watch Straps
Water Bottle
Water Dispenser
Water Filter
Water Heater
Water Jet
Water Nozzle
Water Process
Water Purifier
Water Resistant Watches
Water Softener
Water Switch
Water Treatment
Watercraft Coating
Watering Can
Watering Controller
Waterproof Lamp
Waterproof Light
Waterproof Materials
Waterproof Torch
Watertight Connector
Wave Wheel Washer
Wear
Weather Station
Web Server
Wedge
Welding
Welding Equipment
Welding Material
Welding Rod
Welding Torch
Welding Wire
Wheelbarrow
Wheels
Whirlpool
Whistle

White Board
White Board Marker
White Board Pen
White TV
Whiteboard Marker
Whiteboard Pen
Wicker Furniture
Wicker Outdoor Furniture
Wide Camera
Winch
Wind Energy
Wind Energy Equipment
Wind Generator
Wind Shield
Wind Turbine
Windbreaker
Window
Window Accessory
Window Air Con
Window Air Condition
Window Air Conditioner
Window Aircon
Window Aircondition
Window Airconditioner
Window Bars
Window Blind
Window Curtain
Window Curtain Pole
Window Frame
Window Grilles
Window Handle
Window Hinge
Window Insert
Window Kit
Window Lock
Window Roller
Window Squeegee
Window Trunk
Windows Curtain
Windscreen
Windshield Washers
Windshield Wiper
Wine
Wine Cellar
Wine Cooler
Wine Rack
Winter Coat
Winter Jacket
Wiper
Wire
Wire Accessory
Wire Crimper
Wire Cutter
Wire Harness
Wire Mesh
Wire Rope
Wire Stripper
Wired Alarm
Wired Intruder Alarm
Wireless AV
Wireless Alarm
Wireless Assembly
Wireless Audio
Wireless Camera
Wireless Communication
Wireless Component

Wireless Intruder Alarm
Wireless Microphone
Wireless Mouse
Wireless Networking
Wireless Product
Wireless Speaker
Wireless Terminal
Wireless Transmitter
Wireless Video
Wireless VoIP
Wiring Accessory
Wok
Woman Shoes
Women Blouse
Women Boot
Women Dress
Women Nightwear
Women Panties
Women Pullover
Women Sandal
Women Shirt
Women Shorts
Women Skirt
Women Sleepwear
Women Slipper
Women Suit
Women Sweater
Women Top
Women Trousers
Women Underwear
Women Watch
Women Wear
Wood Flooring
Wood Watches
Wooden Clock
Wooden Furniture
Wooden Gift
Wooden Premium
Wooden Toy
Woodworking Machine
Woodworking Tool
Wool Fabric
Work Lamp
Work Light
Work Platform
Woven Label
Wrap
Wrap Paper
Wrapping Paper
Wrapping Ribbon
Wrapping String
Wreath
Wrench
Wrist Rest

– X –

Xenon Bulb
Xenon Lamp
Xenon Light
12V Lighter Cord
12V Lighter Plug
12V Lighter Socket
3D Game
9 Monitor

참고문헌

1. 국내 가구 산업의 경쟁력 강화 방안에 관한 연구/박정자.
   -인천대 경영 대학원 200402.
2. 중국 유통 지도, KOTRA, 2009.
3. GLOBAL ICON CULTURE, 태학원, 2007
4. 대학 홍보를 위한 기념품 포장 디자인 개선에 대한 연구/권은실, 성균관대 디자인 대학원, 200408.
5. 홍보. CI. 광고의 시대, 현대 경영 연구소 편저, 2009.
6. 글로벌 상품학(Global the Study of Merchandise), 김성엽·주혜영 공저, 2008.
7. 한국 문구 60년사, 대한 문구 공업 협동조합, 2009.
8. 무역 상품학, 김재식 저, 2005.
9. 도·소매-유통업 창업, 기업은행, 2000.
10. 신상품 마케팅, 이규현 저, 2005.
11. 무역 창업 노트, 김철·신광하 저, 1999.
12. 무역영어 이렇게 하면 된다. 이기찬 저, 중앙경제평론사.
13. 이화형, "한국 가구", 대한 가구 공업 협동조합 연합회, 1993.
14. 김명석, "가구 디자인과 인간 공학" 대한 가구 공업 협동조합 연합회, 1993.
15. 이인세, "한국 현대 가구의 디자인 특성에 관한 연구", 2001.

상품 카테고리별 연구

2010년 5월 28일 초판1쇄 발행

저 자 / 박범용
발행인 / 이무형
발행처 / 태학원

등록 / 제10-193호(1988년 1월 25일)
주소 / 서울시 마포구 신수동 88-13
전화 / 02-719-6680, 02-715-3554
팩스 / 02-719-6681

가격 / 39,000원

ISBN / 978-89-92832-45-8 93600